불교를 알면 영원히 행복하다

<불교 역사와 교리의 지침서>

불교를 알면 영원히 행복하다

<불교 역사와 교리의 지침서>

류정훈 지음

도서출판 역락

ca 수정증보판을 내면서

이 책의 원 이름은 <알기 쉽게 풀어 쓴 불교입문>이다. 절판된 지 이미 오래인데도 찾는 독자들이 있고, 더욱이 교재용으로 적합하다는 스님들의 권유도 있어서 수정증보판을 내기로 하였다. 이 기회에 책 이름을 바꾸고 부제도 첨가하여 <불교를 알면 영원히 행복하다-불교 역사와 교리의 지침서->라고 하였다.

소위 만물의 영장이라 뽐내는 인간이지만 고작 100년도 채 못 사는 주제에, 마치 몇 천 년이나 살 듯이 호기를 부리는 것은 올바른 진리를 모르는 어리석음 탓이라 하겠다. 우리가 때로는 희희낙락 우쭐대다가도, 순간에 불과한 즐거움(재물·명예·권력·출세 등)이 사라지지나 않을까, 아니면 느닷없이 괴로움(질병·노쇠·죽음·실패 등)이 닥치지는 않을까 하는 생각으로 전전긍긍, 노심초사하면서 살아야 하는 것은 헤아릴 수 없는 과거세부터 자신이 지은 업(행위)의 보답으로서, 한 치의 오차도 없이 되받아야 하는 인과응보의 법칙인 것이다.

때문에 우주만유의 모든 것들은 인연 따라 잠시 모였다가 인연이 다하면 흩어지는 것이 자연법칙이며 부처님의 가르침이라는 것을 알아야 한다.

그런데도 그 도리(진리)를 모르거나 혹은 알면서도 자신은 영원한 존재라고 착각하여 철부지 행동을 일삼다가 삽시간에 들이닥친 불행한 일을 당하고서야 비로소 만사휴의(萬事休矣) 모두가 끝장이라며 자포자기하면서 오히려 세상을 원망하는 추태를 보이는 것은 흔히 보고 듣는 일이라서 애석하기 짝이 없다 하겠다.

그러나 세상 이치란 기기묘묘하여 쥐구멍에도 볕 들 날이 있고 하늘이 무너져도 솟아날 구멍이 있다는 속담과 같이 삶에 대한 의지와 올바른 정신을 가진다면 처절한 낙망의 늪에서 벗어날 길이 있기 마련이다.

그 길이 바로 대도무문(大道無門)인 불교이다. 대도는 불교를 이르는 말이며 큰길에는 여닫는 문이 없듯이 불교의 진리에는 들어가는 특별한 문이나 일정한 형식이 없다. 또 그 불법을 배우기 위한 일정한 방법 역시 정해져 있지 않다. 오직 마음만 먹고 뜻만 있으면, 또한 언제 어디서든 익혀서 실천한다면 마치 죽은 고목나무에 꽃이 다시 피어나듯 절체절명의 나락에서도 기사회생하여 생사고해를 건너 영원무궁토록 행복을 누리는 열반적정(불생불멸)의 안락세계에 이를 수 있다. 이 방법을 가르쳐 주신 분이 바로 석가여래 부처님이시며, 그 가르침인 대도에는 부귀 · 빈천 · 남녀 · 노소를 가릴 것 없이 그 누구라도 들어갈 수 있도록 큰 문이 활짝 열려있다.

그러므로 필자가 감히 "불교를 알면 영원히 행복하다"고 서슴없이 갈파하는 뜻이 여기에 있다고 하겠다.

이번에 수정 보완한 부분은 여러 곳이며 특히 그동안 아쉽게 생각하고 있던 선의 근원과 선사상 그리고 한국불교 약사를 첨가하였다.

끝으로 이 한 권의 책이 불교를 올바르게 앎으로써 많은 사람이 행복해지는 지지대가 되어주길 간절히 기원하면서 분향 합장하는 바이다.

불기 4551년 부처님 나신 날에
여여산인 류정훈 근지

☯ 추천사

불가(佛家 : 禪宗)에서는 지극한 도(道)를 언어로 표현하는 것을 참된 도가 아닌 희론으로 치부하였다. 그래서 불립문자 교외별전(不立文字 敎外別傳)으로 무위(無爲)의 가풍(家風)을 세워 사자상전(師資相傳)하기에 이르렀다. 그러나 세속에서 언어는 백세의 스승이요, 행동은 천하의 법(法)이라 하여 일상의 언어와 행동을 기준으로 그 삶을 평가하는 척도로 삼는 것은 예나 지금이나 다를 바 없다. 하지만 이 점이 바로 무위(無爲)의 승(僧)과 유위(有爲)의 속(俗)의 분기점이다. 그렇지만 돌이켜보면 부처님께서도 중생을 구제하는 방편으로 음성불사(音聲佛事 : 설법)를 행하셨는데 빈도(貧道) 또한 어찌 그 뒤를 따르지 않으리요.

듣건대 항간에서는 불교가 어느 종교보다 어렵다는 말을 많이 한다. 어쩌면 당연한 지적인 것 같다. 그래서 <불교를 알면 영원히 행복히디>(인제 : <알기 쉽게 풀어쓴 불교입문>)라는 이 책을 추천하고자 한다.

대한불교 조계종 전 종정 고(故) 고암(古庵) 큰스님께서 여여(如如)거사의 희곡 <業(업)>의 추천사에서 그를 일러 정명(淨名 : 유마거사)·광세(光世 : 부설거사)·방온(龐蘊 : 방거사)과 견수지(肩隨之)함이라 하였음이 결코 과찬의 말씀이 아니었으므로, 빈도 또한 몇 줄의 글로나마 저자의 불교학에 대한 높은 안목에 경의를 표하는 마음으로 강호제현에게 필히 일독을 권하는 것으로 이 추천사를 대신하고자 한다.

불기 2551년 정해 단월일
대한불교 조계종 제3교구 신흥사 회주
卍 霧山 曹五鉉 謹識

☙ 튼튼한 주춧돌

마하반야바라밀

부처님 말씀은 소리나 빛깔이 아니다.
의식으로써 알 수도 없고
지혜로써도 통할 수 없나니
중국말로써 부질없이 번역하고
범어로써도 억지로 이름했네.
왜 그런가?
마음이라 한 것도 억지로 이름이요
부처라 한 것도 억지의 일컬음이요
발을 걷으매 가을빛이 차갑고
창을 열면 더운 기운이 맑다.
만일 능히 이렇게 알면 그 제목이
매우 분명하리라.

우연찮게 이 글을 읽고 이것을 이 서문의 머리에 두면 좋겠다는 기쁜 마음을 숨길 수 없었다.

몸은 세속에 살면서 한결같이 부처님을 여의지 않았고, 한 마음으로 정진하여, 그것을 아낌없이 회향하고픈 간절한 염원이 모이고 쌓여 이렇게 쉬운 한 편의 책을 저술하였다. 그것도 명예나 돈벌이를 위함이 아닐진대 그야말로 보살행이 아니고 무엇인가. 여여거사님의 이 보살행 앞에 그저 머리 숙일 따름이다.

이 인연으로 마음이 어두워 방황하는 이들의 가슴에 빛으로 남아 보리(菩提)의 눈을 뜨는 데 좋은 밑거름이 되기를 바랄 뿐이다.

　이 세상의 일 가운데 제일 먼저 서둘러 해야 할 일, 그리고 꼭 해야 할 일 가운데 하나가 마음을 깨끗이 하는 일이다. 마음 하나 깨끗하면 한 세상 살아감이 자유롭고 행복하다. 이 참된 자유와 행복이 마음에서 비롯됨은 자명한 일이다.

　<불교를 알면 영원히 행복하다>는 이 책은 분명히 마음을 밝히는 일에 그 주춧돌 노릇을 할 것이다. 튼튼한 주춧돌은 큰 건물일수록 더욱 확실하여야 한다. 이 책이 불교를 알고자 하는 이들에게 좋은 이정표가 되리라 믿는다.

불기 2551년 4월 15일
팔공산 파계사 주지
불교방송 사장
釋性愚

❀ 자 서

    고대 인도에는 바라문 종족이 교조로 받드는 조화신(창조주)인 범천(梵天)을 신앙하는 바라문교와 육사외도(六師外道) 등 여러 신앙체제가 형성되어 있었다. 그런 환경에서 불교가 탄생하여 아시아 전역으로 전파되어 세계 3대 종교의 하나로까지 발전하였다.

    필자가 불교와 인연을 맺게 된 것은 어머니의 하해 같은 은혜의 덕이었고 나의 큰 행운이었다. 그렇지만 타종교에 비해 방대한 양의 경전과 그 안에 담겨진 심오한 사상과 격외(格外)의 도리를 터득하기까지 많은 의문과 회의와 갈등 속에서 방황해야 했으며 많은 인내와 노력이 필요했다. 그 결과로 안심입명(安心立命)할 수 있는 불교관을 바탕으로 한 인생관을 정립할 수 있게 되었다.

    여기서 돌이켜 볼 것은 다름 아닌 종교 문제다. 원시 시대의 고대인은 불가항력의 천재지변이나 기근·병고·전쟁·죽음으로부터의 구원과 안녕과 행복을 얻는 것이 최대 급선무였다. 그래서 위급 상황에서 벗어나기 위한 수단을 타력의 신앙에서 찾았던 것이다.

    그 대상은 죽은 사람을 숭배하거나 신비한 힘을 가졌다고 믿는 주물(呪物)이나 꿈과 죽음의 경험에서 영혼을 상상하여 신봉하는 샤머니즘 형태를 띠게 되었다. 뒤이어 숭고하고 위대한 초자연적 존재인 신(神), 곧 무한 절대의 천지창조 신(조물주)이라는 가상의 존재를 인격화하는, 내적으로 절대 권능을 부여하고 인간 스스로가 그에게 복종하고 경배하면서 자신들의 욕구 충족을 위한 소원을 기원(애원)하는 단계로까지 발전하기에 이르렀다. 그러니까 다소 무례한 지적일지는 모르지만 인간에 의해 창조된 신(창조주)이 도리어 인간 위에 군림하여 인간의 행·불행을 좌우하는 격이 되었다고 할까. 여하간 그같이 발생한 종교가 점차 확산되어 마침내 우리는 종교의 천국에서 살고 있는 것이 오늘의 현실이라 하겠다.

그 많은 신 중심의 종교 중에서 절대 권능자인 신을 부정하고, 인간의 본성(本性)을 깨달음으로써 생사윤회에서 벗어나 일체 중생의 구제는 물론 영원한 안락의 경지인 열반을 목표로 수행하는 법(法) 중심의 종교가 바로 불교다.

이런 특징을 가진 불교이기 때문에 곳에 따라 새로운 신앙 문화를 창출하였다. 즉, 인도불교가 티베트에서는 밀교로, 중국에서는 선(禪)·정도(淨土)·천대(天台) 교화으로, 일본에서는 고유의 신도(神道)를 신불습합(神佛習合) 불교로 정착하게 되었다.

우리는 중국에서 불교를 받아들였지만 그대로 모방하지 않고 우리 사상과 철학과 문화를 총화(總和)시킨 회통불교(會通佛敎)를 창출해 냈다. 고구려·백제는 별다른 무리 없이 불교를 수용하였고 신라는 순교자의 돈독한 신심으로 찬란한 불교문화를 창출하였다. 고려는 처음부터 불교를 국교로 삼아 많은 불교의식과 제도를 만들었지만 지나친 호불정책에 편승한 사승(邪僧)들이 정치에 참여함으로써 오백 년 왕업이 하루아침에 조종을 울리는 결과를 맞았다.

역성혁명으로 건립된 조선조는 고려의 전철을 밟지 않으려고 숭유배불을 국시로 삼았지만 건국 초부터 골육상쟁으로 왕권을 찬탈하였고 권신들의 당쟁은 결국 왜란을 자초하여 무고한 백성들만 도탄에 빠지게 하는 등 난세가 거듭되었다. 그 와중에 왜인의 재침으로 국토마저 병탄당하는 치욕을 당했다. 왜인들은 우리의 고유문화는 물론 1천 6백 년의 불교 전통마저 파괴하고자 대처승 제도까지 만드는 등 갖은 만행을 자행하다가 급기야 패망하고 말았다.

국가가 누란의 위기에 처할 때마다 주장자를 총칼 삼아 선봉장이 되었던 승려와 백성들은 국권회복의 감격도 잠시 6·25 사변이라는 동족상잔의 비극을 맛보게 되었다. 설상가상으로 종권 분쟁은 결국 종단이 양분되는 불행을 가져왔다. 이로써 불교의 준엄한 법통이 권위를 잃고 우왕좌왕하는 사이에 많은 사람들을 괴롭히고 피해를 입히는 사이비 종교가 날로 팽창하고 있다.

이 같은 현실을 감안하여 불자의 한 사람으로 무량한 불은(佛恩)에 보답하기 위한 방편으로 이번에 <불교를 알면 영원히 행복하다>는 수정증보판을 내어 강호제현에게 선보이니 많은 질정(叱正)이 있기를 고대하는 바이다.

불기 2551년 4월 초파일에

柳晸薰 焚香 謹識

೦ 차 례

제1부 불교 전후의 인도사상

제2부 부처님의 가계

제3부 부처님의 가르침

제4부 부처님의 제자들

제5부　간추린 불교사

불교 전후의 인도사상

불교 전후의 인도 사상

인도의 풍토

불교에 대한 올바른 이해를 돕기 위해서는 먼저 불교 발생지인 인도에 대한 예비지식이 나소나마 필요할 것 같다. 특히 서가모니(釋迦牟尼)로 불리기 이전의 싯달타 태자(悉達多 太子)의 탄생 전후의 인도 사상과 그 특징을 살펴보는 것은 독자들에게 큰 도움이 될 것이기 때문에 먼저 약술하기로 한다.

흔히 인도를 가리켜 환상의 나라이며 불가사의한 나라라고 한다. 그것은 천지창조 이래 오늘에 이르기까지 찌는 듯한 태양의 폭사에도 녹을 줄 모르는 만년설을 머리에 이고 있는 '히말라야(경전에는 須彌山·雪山으로 표현함)'의 초연한 위용에서도 그렇고 그 험준한 품안에서 시공을 초월한 채 심원한 명상과 끝없는 사색에 잠겨 인간 삶의 존재에 얽힌 근원을 추구하고 있는 고행자들의 숭고한 옛 모습을 오늘에도 그대로 볼 수 있는 데서 비롯된 비유인 것 같다.

인도는 이러한 비유에 상응하는 여러 가지 사상과 종교가 발달하면서 부수적으로 5,000여 년 전부터 찬란한 인더스 문명을 만들어 복잡한 문화권을 형성하기에 이른다. 과거에는 인더스 문명의 연대를 BC 3000~2000년으로 추정하였으나 1949년 방사성 탄소 측정으로 BC 2800~1800년으로 수정되었다. 인더스 문명의 멸망 원인을 과거에는 세 가지로 보았다. 첫째, 해일에 의한 홍수설, 둘째, 전쟁에 의한 파괴설, 셋째, 괴질에 의한 질병설이 그것이다. 그러나 방사성 측정 결과 급격한 지형 변화로 인한 것으로 밝혀졌다.

먼저 지리와 풍토적인 면을 살펴보면, 인도의 지형은 아시아 대륙 남부에 위치해 있고, 인도양으로 돌출한 반도로 역이등변 삼각형의 모습을 하고 있다. 그러나 반도라고 하기보다는 대륙이라는 편이 더 어울린다고 할 수 있다. 면적은 우리나라의 33배나 되며 러시아를 제외한 유럽 면적보다 클 정도로 어마어마한 땅 덩어리를 차지하고 있다. 뿐만 아니라 역사 역시 5,000년이나 되는 유구한 고대 국가로부터 시작되고 인구 수 또한 10억이 넘을 정도인데 이는 세계에서 두 번째로 많은 수이며, 인구밀도도 매우 높다.

북쪽으로는 대륙을 횡단하는 히말라야 산맥으로 차단되어 있고 서쪽으로는 힌두쿠시 산맥이 가로질러 있어서 아시아 대륙과 구분되어 있다. 동으로는 벵갈 만, 서로는 아라비아 해에 접하고 남으로는 코모린 곶(岬)에서 인도양을 마주 바라보고 있는 형태다.

이 같은 지리적 여건은 단적으로 인도의 고립성을 나타내는 것으로 서양과 대립된 동양의 문화권을 형성하면서도 다른 동양권과도 구별되는 특징을 갖게 했다.

풍토적인 면에서 볼 때도 최남단이 북위 8도 캐시미르의 최북단

이 북위 37도이므로 그 기후는 열대에서 온대로 걸쳐 있어 항상 덥
다. 여름에는 최고 섭씨 50도 이상일 때도 있고 겨울에도 영하로
떨어지는 일이 없다. 또 아시아 대륙과 인도양의 특수한 관계는 1년
의 반가량 남서 계절풍이 대륙 쪽으로 향해 불고 나머지 반년은 북
동 계절풍이 바다로 향해 부는 기이함을 보여준다. 이런 열대몬순
기후의 변화는 3월 초부터 더워지기 시작하여 찌는 듯이 무더운 여
름인 4~5월과 열대성 장마철인 6~9월, 건조기인 10~2월의 세 계
절로 나뉘어 진다. 그러나 엄밀히 따지면 우기와 건기 두 계절뿐이
라 할 수 있다.

　인도불교 교단에는 3개월간의 안거(安居)제도가 있다. 이것은 다
름 아닌 기후 때문인데 남서 계절풍이 불어와 세계의 지붕인 히말
라야 산에 부딪혀 냉각되면 이때부터 우기인 장마가 시작된다. 이
것은 해양에서 과열된 바람이 수증기를 잔뜩 품고 있기 때문으로
6~9월까지 비만 쏟아진다. 우리나라의 비와는 비교가 되지 않을 만
큼 퍼붓기 때문에 승려들이 탁발을 다닐 수가 없다. 부득이 사원이
나 동굴 같은 곳에서 수행할 수밖에 없는데 이것이 안거의 시작이
다. 이 제도가 우리나라 선원에 도입되어 1년에 두 번의 안거를 시
행하고 있다.

　같은 아시아권에 속하지만 중국·한국·일본은 주로 온대몬순
기후에 속하기 때문에 사계절이 대체로 분명하고 계절의 변화 역시
뚜렷하다.

　그러나 우리나라의 경우 한여름이면 남태평양의 열기로 찜통 같
은 삼복더위를 만들고 겨울에는 시베리아 한랭 기후의 영향을 받아
찬바람과 폭설이 몰아치는 엄동설한이 엄습하기도 한다. 이처럼 양

극단의 기후 조건은 평온하다가도 갑작스런 변화를 일으켜 국민의 성격형성에 커다란 영향을 미쳤음이 분명하다. 그러므로 사계절이 뚜렷한 우리나라의 경우 국민들을 부지런하게 만드는 대신 느긋하게 참고 견디는 인내심이 부족하여 무엇이든 시도 때도 없이 서두르고 덤벙대는 다혈질적인 성격을 형성해 놓았다고 볼 수 있다.

여기서 참고로 말하면 대개 환경과 기후 조건이 좋은 곳보다는 가혹한 곳에서 위대한 인류의 종교가 탄생하였다는 것이다. 그 예로 불교는 찌는 듯이 더운 인도에서 탄생하였고, 기독교는 아주 극심한 사막의 모래 바람이 몰아치는 거친 환경에서 탄생하였다. 소위 사막의 종교라고 일컬어지는 이슬람교(일명 회교) 역시 조건이 열악한 사막의 오아시스를 중심으로 한 몇몇 부족들이 그들의 삶을 위하여 만든 종교다.

대체로 기후 조건이 나쁠수록 삶에 염증을 쉽게 느끼게 되는데 이러한 악조건을 극복하기 위한 방안으로 철학적이거나 종교적인 분위기가 쉽게 형성되었다고 볼 수 있을 것이다. 뿐만 아니라 종교의 성격도 기후와 풍토적인 영향을 많이 받고 있다. 불교와 기독교, 이슬람교의 세 종교를 비교해 보면 그런 사실을 쉽게 발견할 수 있다.

이 같은 관점에서 볼 때 40~50도에 달하는 찌는 듯한 무더위와 높은 습도, 그리고 건조한 기후는 인도인에게 오래 참고 기다리는 인내심과 깊이 생각하고 추리하는 사색력을 길러 주었다고 볼 수 있다. 그 예로 그들의 기억력은 타의 추종을 불허할 만큼 어느 민족보다도 놀랍고 뛰어나다는 것이 정평이다. 정규 교육을 받지 못한 사람이라 할지라도 우리들의 상상을 초월할 만큼 수준 높은 정치 연설이나 고전 설화 같은 것들을 한 번만 들어도 그 즉시 줄줄 외우는 사람이 많다고 한다. 그런 기억력은 철학적 사유를 촉발시켜 범(梵 : 브라만)이라는 최고 원리를 창출해 내게 되었고 드디어 인류 사상 가장 위대한 불교라는 종교를 탄생시켜 모든 인류에게 크게 공헌하고 있다.

인종과 언어에 있어 인도는 매우 광활한 대륙에 자리 잡은 나라이기 때문에 우리와 비교할 수 없을 만큼 다양한 인종들이 살고 있어 그 수조차 파악하기 어려울 정도다. 인종이 다양하고 복잡한 만큼 그들이 구사하는 언어 또한 다양하다. 따라서 그들이 만들어낸 문화도 역시 다양한 것은 두말할 나위가 없다.

우선 언어를 보면 1천만 명 이상이 사용하는 언어가 약 20종이며 소수 민족이 쓰는 언어는 대략 200여 종이었을 것으로 추정하고 있다. 이처럼 복잡하고 다양한 언어는 세계 언어를 연구하는 데 공헌한 바 크다.

그러나 현실적으로 인종에 따라 언어가 다르기 때문에 의사소통 문제가 심각하다. 말하자면 여러 인종이 뒤섞여 다양한 언어와 문화를 형성한 것을 비유하자면, 문화의 용광로라 할 수 있는데 미국이 2백 년이 조금 넘는 기간에 통일된 사회를 만든 것에 비해 인도는 수천 년이 지난 현재까지도 다양한 문화와 언어를 통일하지 못한 사회로 남아있다. 공식어인 힌디 어와 준공용어인 영어 외에도 14개 주의 공용어와 수백 개가 넘는 언어들이 그대로 존재하고 있어 현재 인도는 준공용어인 영어가 아니면 서로 간에 의사소통이 어려울 정도다.

우리가 잘 알다시피 인도의 고대 언어는 범어(梵語 : 성스러운 언어)인 산스크리트 어다. 옛 경전은 이 범어(힌디 어)와 속어(방언)인

팔리어로 기록되어 있다.

고전학 및 고대 언어학의 대가인 막스무렐라는 "영어의 어원은 물론 라틴어다. 라틴어의 어원은 그리스어인데 이는 인도의 산스크리트 어에서 비롯되었다."고 한다. 이 얼마나 놀라운 사실인가.

그런데 아이러니한 것은 그와 같은 세계 언어의 모체인 종주국에서 언어 문제로 어려움을 겪는다는 것은 과유불급이란 말이 이 경우에도 적용되는 것 같다.

인도인의 생활관은 참으로 태평스럽고 편리한 면이 있다. 그들은 부모에게 받은 자신의 몸이 단 일 회에 끝나는 생명체가 아니라 금생의 삶은 다음 생의 시작이라고 생각한다. 이러한 사고는 금생의 생이 끝나면 내생에 무엇인가 다른 몸을 받아 다시 태어난다고 굳게 믿는 윤회사상으로 발전했다. 그래서 그들은 금생에 자기 목표를 꼭 달성해야 한다는 조급한 생각을 하지 않는다. 절대 서두르지 않는 인도인은 옛날과 마찬가지로 21세기의 초고속 시대인 현재에도 아무런 변동이 없다. 인도는 역사도 없고 확실한 기록도 없는 나라라는 말을 듣는 것도 그런 이유 때문이다.

시간에 대한 것을 예로 들면 인도에는 서늘한 숲 속에 봄꽃이 피어나는가 하면 태양이 작열하는 뙤약볕에서는 여름 꽃이 피어 있다. 하나의 공간에 봄과 여름이라는 상이한 시간이 공존한다. 그런데 인도인들은 이러한 시간 차이를 인정하지 않고 그대로 무시해 버린다. 그러니까 이것을 봄 꽃, 저것은 여름 꽃이라고 구별하는 것은 단지 인간들이 그렇게 생각하는 것일 뿐이라고 생각한다.

인도에는 놀랄 만큼 목가적이고 낭만적인 장면이 있다. 이것은 기차 여행을 해 본 사람이면 다 아는 사실이다. 승객을 실은 기차가 몇 시간을 달리다가 어느 정거장에 도착하면 승객들이 차를 끓여 마시려고 기차에서 내려 기관차 앞쪽에 쭉 줄을 선다. 그러면 기관사는 증기기관의 뜨거운 물을 호스로 승객들에게 나누어 준다. 승객들은 그 물로 차를 끓여 마시면서 이리 저리 흩어져 유유자적하게 여유를 즐긴다. 그런 다음 승객들이 모두 기차에 타면 그때 기차가 떠난다. 이로 인해 기차 운행은 연착하는 것이 상식으로 되어 있다. 앞에서 언급한 그런 환경에서 몇 천 년을 살아온 그들이 자연적으로 그 영향을 받으면서 무엇인가를 추구하고 추리하고 명상하는 데 익숙해진 것은 필연적인 사실일 것이다. 지역적, 풍토적인 특색이 점차 체질화되어 민족성의 본질로까지 고정된 것 같다. 그러나 근자에는 획기적인 과학발달로 핵보유국으로까지 성장 일로에 있다.

아리아인의 침입과 베다의 성립

BC 1500년경 힌두쿠시 산맥을 넘어 서북 인도에 침입해 온 게르만족의 조상인 아리아인들은 원래 유목민으로 전쟁에 능하였다. 때문에 전쟁 경험이 없는 갈색 피부에 키가 작고 코가 낮은 원주민들을 쉽게 정복할 수 있었다. 이로써 신천지를 개척한 아리아인들은 새로운 인도문명을 만들기 시작하였다.

물론 그 이전부터 자리 잡고 살아온 원주민인 문다족과 드라비다족이 있었다. 그중 드라비다족이 가지고 있던 수준 높은 문화는 아리아인에게 노예 계급으로 흡수당한 후에도 많은 영향을 끼쳤다.

특히 여신을 비롯한 뱀신·수목 등에 대한 숭배 사상은 힌두교 성립에 큰 영향을 주었다.

비옥한 인도에 자리 잡은 아리아인들은 BC 1200년경에 다신교인 <리그베다>를 중심으로 한 새로운 종교를 탄생시키게 된다. 그들은 하늘(天)·비(雨)·구름(雲)·우뢰(雷) 등 자연현상을 지배하는 힘을 신격화하여 법률신과 창조신으로 숭배하였다. 이 신들은 인간의 생활 속에 직·간접으로 관계를 맺고 있기 때문에 사람들의 필요에 따라 그때마다 신을 초청하여 제사를 올렸다. 그 수는 천(天)·지(地)·공(空) 삼계에 존재하는 신으로 33신(혹은 3,333신)이나 되었다. 이것은 인간이 자신의 현실적인 소망을 비는 기도의 신이라는 존재를 활용한 것이다.

아리아인이 인도로 이주한 후 처음 만든 성전을 '베다'라고 한다. 베다는 '알다(知)'라는 뜻이다.

<리그베다>에 이어지는 <사마베다>, <야주르베다>, <아타르바베다> 등 3베다의 성립은 BC 1000년경이며 그 뒤 제사 의식과 그 방법을 설명하는 브라마나(祭儀書)는 BC 800년경, 문헌이나 철학적 사색의 성과로 이루어진 '우파니샤드'는 BC 500년경에 성립되었다. '우파니샤드'란 '심원한 의의'라는 뜻인데 흔히 '오의서(奧儀書)'라 번역한다.

BC 1000년경부터 동쪽으로 이동하여 갠지스강과 야무나강 중간 지점에 해당하는 비옥한 평원, 즉 갠지스강의 상류에서 중류에 걸친 땅을 차지한 아리아인들은 외침도 없고 농경과 목축이 순조로워 오랫동안 태평시대를 보냈다. BC 1000~600년경이 바라문 문화가 정착된 시기다.

그 후 여러 원시 부족으로 나뉘어져 농경·목축·상공업이 더욱 발전함에 따라 인도의 세습적 계급제도인 사성제도(四姓制度)가 확립하게 되었다.

사성은 첫째 바라문(brahmana, 婆羅門), 즉 사제 계급으로 고대 인도의 사성제도의 최상위자로서 신에게 제사 지내는 의식을 담당한 그룹이다. 그들은 제사의식에 관한 전문적인 지식을 독점하였으며 그 직책은 세습제였다.

다음은 독립적으로 군대를 통솔하고 정치를 담당한 왕권과 귀족 계급인 크샤트리아(ksatriya, 刹帝利)로 샤카족이 이 계급에 속한다.

또 농경·목축·상업·수공업 등에 종사하는 서민 계급인 바이샤(vaisya, 吠舍) 그리고 위의 세 계급에 봉사하는 최하위층에 속하는 천민 계급, 즉 노예인 슈드라(sudra, 首陀羅) 등이다.

사성 중 바라문이 최상위를 차지하게 된 것은 아리아인이 원주민인 문다족이나 드라비나족을 예속시킬 때 바라문의 주술(呪術)이 원주민보다 더 뛰어났기 때문이라고 한다. 물론 원주민도 주술성의 종교를 가지고 있었지만 바라문이 그들보다 더 복잡하고 고도의 주술적인 종교의례를 갖추었기 때문에 자연적으로 원주민들이 귀의하게 되었다는 것이다.

현대 종교에서도 그런 예를 찾아볼 수 있듯이 고대 사회에서 제사 의례가 차지하는 비중은 절대적이었다. 그 이유는 전쟁의 승리, 농경의 번영, 순조로운 출산 등 일상생활에서 길흉화복을 결정하는 것은 종교의례에 그 효력이 있다고 믿었기 때문이다.

그러니까 제사 의식을 집행하는 사제는 주술적인 힘으로, 특히 성어(聖語)인 범어에 의존하면 우주나 신까지 능히 지배할 수 있다고 믿게 되었다는 것이다.

바라문들은 인간의 운명은 자신들의 의지에 좌우된다고 하면서 민중을 핍박하였다. 더 나아가 바라문들은 자신들의 혈통을 하늘의 범천에 연결시키는 등 바라문 지상주의 사상을 만들어 내게 되었다. 그것이 바로 바라문계급이 최상위를 차지하게 된 내력이다.

바라문교란 후대 학자들이 만든 말이다. 사성 계급제도를 바탕으로 종교가 발전하였지만 후대에는 힌두교로 변신한 종교다. 따라서 비록 현재 많은 수의 신도를 확보하기에 이르렀지만, 명확하게 말하면 종교라기보다는 인도의 전통적인 민중 생활의 근간을 이룬 정통 철학사상과 그 해석이 신학과 제사, 의례 등 종교 전반을 포함한 것이라고 말할 수 있다.

브라만(梵 : 인도 정통 바라문 사상에서 최고 원리)은 처음에는 베다의 찬가 제사(祭詞), 주사(呪詞)를 의미하였고, 그 본질로서 신비력을 목표로 하였으나 뒤에 베다를 최고로 삼은 제식(祭式) 만능의 브라마였으나 문헌 이후부터는 근원적 창조 원리가 되었다.

이 만유의 근원인 브라만이 신격화된 것이 바로 범천(梵天)으로 불교가 성립된 후 불교에 귀의하여 불법의 수호신이 되었다.

또 베다 신화에 나오는 가장 강력한 인드라(Indra, 因陀羅)는 우뢰 신이었으나 불교에 귀의하여 제석천(帝釋天), 일명 제석천왕이라는 이름의 불법 수호신이 되었다. 우리나라 사찰에 있는 사천왕은 제석천왕의 부하들이다.

인도인이 숭배하는 신

인도 사람들도 원시 사회인들이 생각한 것처럼 불가사의한 자연현상의 배후에는 필연코 그 자연현상을 지배하는 어떤 존재가 있을 것이라고 생각하였다. 처음에는 소박하게 일신(一神)만을 생각하였다. 그러나 차츰 생각을 바꾸어 하나가 아닌 여러 신을 창출하게 된다. 일신보다 다신이 그 기능면에서 다양하고 보다 더 효율적으로 이용할 수 있을 것 같은 생각에서 천신에서 태양신, 우뢰신, 바람신, 지신 등을 고안해낸 것이다. 그리고 그 신들에 대한 여러 가지 내력의 신화를 생각해 내어 마침내 그 내용을 문자화하면서 신의 존재를 불가사의한 초능력을 가진 존재로 신격화하기에 이른다. 신의 존재를 인간보다 훨씬 차원 높은 세계에서 인간의 생사와 길흉화복을 주재하는 절대자의 위치로, 인간들의 예배 대상이나 신앙 대상으로 격상시켰던 것이다.

이런 측면에서 보면 인도는 예로부터 지금에 이르기까지 참으로 다양한 신이 존재하는 나라다. 그러기에 신에 대한 신화가 풍부하다.

인도는 농촌이든 도시든 구별할 것 없이 가는 곳마다 신을 모신 신전이 있다. 그 기능에 대해서는 따지지 않고 골고루 신봉하고 있다.

그중에 가장 대표적이고 위대한 신은 쉬바(Siva) 신과 비슈누(Visnu) 신으로 도처에서 특별한 존경을 받고 있다.

쉬바 신은 처음에는 가축을 보호하고 은혜를 베푸는 것이 주된 임무였으나, 뒤에 생식과 재생을 관장하는 위대한 신이 된다. 그래서 쉬바 신을 남근(男根)으로 표현하게 되었으며 인도 전역에 골고루 퍼져 있다.

이렇게 고대 인도인은 소박한 남근 숭배 사상을 가지고 있었기 때문에 오늘에 이르러 현대적 안목으로 볼 때도 링가(Iinga, 남근)에서 유희적이거나 음란한 경향을 전혀 찾아볼 수 없다고 한다.

쉬바 신이 다양한 기능을 갖게 된 것은 쉬바 신이 고행에 의해서 절대적인 힘을 얻었기 때문이라고 인도인들은 생각한다. 쉬바 신은 중세 이후 힌두교의 조각가들이 조각의 소재로 많이 묘사하고 있다.

비슈누 신은 힌두교의 중요한 여러 신들 중에서 쉬바 신과 쌍벽을 이루는 신이다. 원래는 아리아인의 태양신의 화신이었는데 토착 관념에 의해서 인도적인 신으로 널리 발전하게 되었다. 비슈누 신은 정의를 실현하기 위하여 지상에 왔다고 하는데 이 같은 권화(權化), 즉 화신(化身) 사상은 BC 2~3세기 이전부터 인도에 뿌리내린 사상으로 불교의 화현(化現) 사상과 동일하다.

비슈누 신은 22개의 화신(불교의 관세음보살은 32~33의 화신이다)으로까지 변신하여 이 지상의 악을 제거하고 정의(선)를 실현하는 뛰어난 신이다. 그러나 그 기능이 10개 정도로 축소되고 정리되어 현재에 이르고 있다. 그 10가지 기능 중 9번째가 불교의 교주인 부처님이라고 생각한다. 이런 관계로 인도인들은 부처님의 가르침이나 부처님에게 친근감을 갖는다고 한다.

이와 같이 아주 다양한 형태의 신들은 동물, 수, 목, 일, 월, 성신에 이르기까지 빼놓지 않고 골고루 분포되어 있다. 특히 동물 중 소를 신성시하여 죽이지 않는 나라는 인도뿐이다.

부처님의 출현과 거의 같은 시기에 북인도에서 형성된 힌두교가 점차 동쪽과 남쪽으로 전파됨에 따라 쉬바 신도 인도 전역으로 확산되면서 재래의 토착신과 교감을 가진다.

　그러나 원래 토착신들이 가지고 있는 고유한 기능을 완전히 흡수하여 변화시키지는 않았다. 다시 말하면, 토착신이 쉬바 신과 합체되면서도 종전의 권능은 그대로 보유하고 있었다는 것이다. 참으로 흥미로운 신관이며 발전된 발상으로 이것이 다채로운 신들이 공존하는 인도 풍습의 단면인 것이다.

　앞에서 열거한 신들 외에도 다 열거하기 힘들 정도로 인도에는 많은 신들이 있다. 그 많은 신들에게 여러 지방에서 제사를 드리고 있다.

　그중에 학문과 기술, 예술을 맡아온 사라스바티(Sarasvati) 여신과 미와 행복을 맡은 비슈누 신의 아내인 락슈미(Laksmi) 여신, 또 쉬바 신의 두 아내인 칼리(Kali) 여신과 두루가(Durga) 여신은 아주 무서운 능력을 가지고 있다. 문학과 재물을 관장하는 가네샤(Ganesa) 신은 코끼리 머리를 한 형상인데 쉬바와 파르바티(Parvati) 사이에서 태어난 아들이라 한다.

　이와 같이 인도에는 무엇 하나 신이 아닌 것이 없다. 이 많은 신들이 오랜 역사와 함께 인도 사람들의 품 안에서 숨 쉬고 있다.

　이러한 역사적 환경에서 살아온 불교도 역시 힌두 신들과 아주 무관할 수만은 없었다.

　말하자면 먹을 가까이 하면 검어진다는 말과 같이 부처님의 가르침대로 바른 생활을 하면서도, 불교 외적인 신들일망정 그 신을 굳이 부정해 버릴 필요까지는 없다고 생각했던 것이다. 결국 인도의 여러 신들은 불교에 흡수되게 되었고 불교가 전파되는 다른 여러 나라까지 따라가게 된 신들도 많다. 이러한 이유로 하여 불교가 범신교라는 오해를 받게 되기도 한다.

불교의 호법신으로 흡수된 대표적인 신이 바로 제석천과 범천이다. 또 비사문천·위타천·사천왕·금강역사·염라대왕 등과 악어가 신격화된 금비라(金毘羅), 뱀이 신격화 된 용왕(龍王) 등이 있다. 귀령(鬼靈)으로는 야크샤인 야차(夜叉), 야크쉬인 야차녀(夜叉女), 아귀, 나찰, 지모신(地母神), 모자귀신(母子鬼神)과 심지어 코끼리, 원숭이, 나무신인 목신까지 조각하여 모신 곳이 인도 각 지방마다 수없이 산재해 있다.

갠지스강물에 몸을 담그고 신들에게 기원하는 여인들의 모습은 원초적인 인간의 성스러운 옛 자취를 생각하게 한다.

힌두교의 가정에 갖가지 모양으로 묘사된 크리슈나(Krsna) 그림을 자주 발견하게 되는데 이는 유명한 비슈누 신의 화신이라고 한다.

이처럼 인도인의 뛰어난 사색력과 탁월한 상상력은 다기다능한 신화를 남겨 놓았다.

변혁기의 여러 종교와 육사외도

여기서 한 번 더 짚고 넘어가야 할 사항은 부처님 초기에 해당하는 그 시기의 중인도 지방은 사회적으로나 사상적으로 큰 전환기였다는 점이다.

그때 북인도 지방에서는 베다 신앙이 한창 번성한 시기여서 바라문계급의 권위가 존중되었다. 그러나 신개척지인 중인도에서는 무사계급의 세력이 당당하였기 때문에 바라문이 제대로 행세하지 못하는 처지였다.

　같은 인도였지만 이와 같이 지역 차이가 뚜렷한 변혁기에 새로운 종교인 불교가 세습적인 계급 타파의 평등사상을 지향하는 혁신적인 면을 지녔기에 그 영향은 컸고 순조롭고도 빠른 속도로 전국적으로 확산할 수 있었다.

　그동안 영역 확장에 힘을 쏟고 있던 아리아인들이 중인도로 진출함에 따라 자연적으로 군소 부족들이 왕국으로 통합되는 현상이 두드러졌다.

　그 같은 추세로 변천해 가는 중인도에는 중국에서 군웅이 할거하던 5호 16국과 같은 16대국이 있었다. 그러나 그들 역시 차츰 강력한 대국에 병합되는 처지가 되고 만다.

　샤카족의 왕국도 부처님의 말기에 코살라 국에 멸망당하고 만다(그 이유는 후술함). 그러나 코살라 국도 결국 인도 전체를 통일한 마가다국에 흡수당하는 비운을 맞는다.

　기성 계급의 쇠퇴는 새로운 계급의 출현을 뜻한다.

　당시 여건이 좋은 갠지스 강 유역에서 농경의 번창은 자본 축적을 이루게 했고 드디어 지주가 생기는 발판이 되어 소위 장자(長者 : 좋은 집안에서 태어나 많은 재산을 가지고 있는 덕이 있는 이를 말함) 계급이 출현하게 되었다.

　상업과 수공업의 발달은 큰 도시를 형성하는 요인이 되었으며 급기야 바라문 계급에게까지 그 효과가 파급되는 결과가 되었다. 이것은 오랫동안 신봉해 온 자연숭배의 베다 종교의 몰락을 뜻하는 것이었다. 범아일여(梵我一如)는 인도 세계관의 근본사상으로 우주의 근본원리인 브라만, 즉 범(梵)과 개인의 본체인 아트만인 아(我)가 동일하다는 사상인데 자연현상을 숭배 대상으로 삼는 '우파니샤드'에서는 더 이상 추구할 것이 없다는 생각이 만연한 결과였던 것이다.

다시 부연하면 물질적 풍요로 육체적 향락을 추구하게 된 장자계급인 상공인들은 도리어 '우파니샤드'의 전통적 권위를 미신 행위로까지 전락시켜 버리는 결과를 초래하였다.

이런 현상에다 앞에서 언급한 대로 아리아인들은 노예 계급으로 흡수당한 수준 높은 문화와 종교를 신봉하는 드라비아 인과 접촉하면서 민감한 종교적 반응을 일으켜 새로운 종교를 모색하게 되었다. 이것은 새로 대두한 힌두교에 큰 영향을 끼쳤다.

그런가 하면 이 같은 환경 변화에 쉽게 적응하지 못한 별도의 젊은 층들은 새로운 현실에 회의와 불안감을 느낀 나머지 새로운 진로를 찾게 되었다. 그것은 진리 탐구를 위한 출가의 길이었다.

바라문은 전통적인 베다 종교를 믿고 제사를 지내면서도 범아일여의 철학에 도취하여 불사(不死)의 진리를 획득하는 것이 목적이었다.

바라문의 수행을 범행(梵行)이라 한다. 범행의 범은 청정의 뜻으로 모든 욕망을 끊는 수행으로 일생동안 거쳐야 하는 네 단계가 있다. 학생기(學生期) · 가주기(家住期) · 임주기(林住期) · 유행기(遊行期)가 그 것이다.

행이란 수행승이 중생 교화와 자기 소양을 위하여 여러 곳을 돌아다니는 것을 말한다.

첫째, 학생기는 베다의 학습, 제사 행위의 습득 등 종교적 교육을 받는 기간이다.

둘째, 가주기는 가정에 돌아와 결혼하여 가장으로서 책임과 의무를 완수하는 기간이다.

셋째, 노인이 되면 아들에게 모든 것을 맡기고 숲 속으로 들어가

임주기를 보낸다.

마지막인 유행기가 되면 숲 속의 주거까지 다 버리고 빈 몸으로 유행생활을 하면서 일생의 삶을 마감한다.

이것이 그들의 수행 방법이며 이것을 최고의 이상으로 알고 실천하였다.

그런데 바라문에 대항하는 새로운 정신적 지도자가 나타났다. 그들을 사문(沙門)이라 하였다. 사문이란 노력하는 사람이란 뜻이다. 원래 인도에서는 출가자의 총칭으로 삭발하고, 모든 악을 버리고 심신을 제어하여 선을 실천하는 데 힘쓰고 깨달음을 얻기 위하여 노력하는 사람을 뜻한다.

그들은 집을 버리고 걸식 생활을 하면서 바로 유행기의 수행에 들어가는데 철저한 금욕 생활을 하며 숲 속에 들어가 명상 수련을 쌓는다. 때로는 혹독한 고행을 하고 궁극의 진리를 체득하여 죽지 않는(불생불멸) 성시에 도달하는 것을 목표로 수행하였다.

그들은 설법의 대가로 음식을 보시 받아 생활하였다. 또한 생활하는 외형에 따라 유행자(遊行者)·둔세자(遁世者)·고행자(苦行者)·걸식자(乞食者) 등으로 구분하였고 그 그룹의 지도자를 사문이라 하였다.

사문이란 명칭은 불교권에서는 공통적으로 사용하는 용어가 되어 있다.

부처님과 거의 같은 시기에 중인도에서 세력을 갖고 있던 여섯 사람의 외도(外道 : 불교 이외의 사상과 종교를 믿는 사람들, 즉 이교도) 자유사상가가 있었다. 이들을 육사외도(六師外道)라고 부르는데 불전에 자주 등장한다.

그중 요가(瑜伽)를 중심으로 한 일파가 생겨났다.

그 수행자를 요기(Yogi)라 하고 기성 종교의 경전의 권위를 인정하지 않고 오로지 육체를 통하여 해탈의 경지에 들어가려는 사람들이다.

수행 방법은 좌선행(坐禪行)과 역근행(易筋行) 두 가지다.

좌선행의 설명은 뒤로 미루고 역근행은 현대의 권법과 흡사한 것으로 이는 부처님의 28대 법손인 달마(達磨) 대사가 인도에서 중국으로 건너와 소림사에 주석하면서 제자들에게 권해준 권법이다.

육사외도란 첫째 회의론자, 둘째 유물론자 및 쾌락주의자, 셋째 숙명론적 자연론자, 넷째 무도덕론자, 다섯째 무인론적(無因論的) 감각론자, 여섯째 자이나교의 개조 마하비라(Mahavira, 大雄)이다.

육사외도뿐만 아니라 95종의 사상이 있었다는 기록도 있고 <범망경>에 62견으로 전해지는 것 외에 363명의 논사가 있었다는 기록도 있다.

회의론자 산자야 벨라디풋타

발라타족 출신의 산자야는 인도사상 최초의 정통적 회의론자(不可知論)로 그 당시 인도 사회의 대표적 사상가 중의 한 사람이다.

회의론자인 산자야에게 내세의 유무를 묻는 질문을 하면 그는 이렇게 대답한다.

"내가 만일 내세가 있다고 생각한다면 내세가 있다고 대답할 것이다. 하지만 나는 그렇다고 생각하지 않고, 그러리라고 생각하지도 않는다. 그렇다고 해서 또 그렇지 않다고도 생각하지도 않는다. 또 그렇지 않은 것은 아니라고도 생각하지 않는다.”

또 ‘선악에 과거가 존재하는지, 또는 성자가 죽은 후에도 존재하는지’ 등의 질문에 대해서도 역시 모호한 대답으로 교묘하게 빠져나간다.

그래서 다른 학파에서는 미꾸라지같이 종잡을 수 없는 논법이라고 비난하였다.

그 같은 주장은 고대 서양의 회의론이나, 근대의 불가지론과 상대가 된다고 할까. 여하튼 그의 행동에 회의를 느낀 ‘사리풋타(舍利佛)’와 ‘목갈라나(目犍蓮)’는 그에게서 더 배울 것이 없다고 생각하고 자신들을 이끌어 줄 훌륭한 스승을 물색하기 시작하다가 마침 부처님께서 라자가하에서 설법하신다는 소식을 듣고는 자신들의 제자 250명과 함께 부처님께 귀의하였다.

산자야는 그 소식을 듣고 분함을 참시 못해 스스로 분시히였다 한다. 사리풋타와 목갈라나 등 250명의 제자가 없는 산자야는 존재 가치가 없었기 때문이다.

유물론적 쾌락주의자 아지타 케사캄발리

유물론자인 ‘아지타’는 ‘우파니샤드’에서 말하는 범아일여(梵我一如)의 브라만 사상을 부정하였다.

인간의 영육(영혼과 육체)은 하나이기에 사람이 죽으면 육체와 영혼은 같이 없어진다고 주장하였다. 이런 유물론은 당시 귀족 사회에서 널리 받아들여지고 있었다.

그래서 아지타는 자연스럽게 유물론의 대표자의 위치에 서게 되었다. 그는 당시 유행하는 수행자들의 모습대로 모발(털)로 만든 누더기를 걸치고 다녔다.

'우파니샤드'의 사상 중에 자연계를 구성하고 있는 원소(元素)와 인간의 육체를 구성하고 있는 원소가 같다는 설이 있다.

아지타는 이 설에서 원래 지수화풍(地水火風 : 이것을 四大 원소라 한다)의 물질적 요소만이 진실한 존재라고 생각하였고 원소가 운동할 수 있는 공간으로 허공을 설정하였다(실은 지수화풍 네 요소에 허공을 더한 다섯 요소가 된다).

아지타는 인간이 죽으면 인간은 구성하고 있는 네 가지 원소 중, 지는 자연 본래의 흙의 집합체로 돌아가고, 수는 물로, 화는 불로, 풍은 바람으로, 모든 기관의 능력은 허공으로 돌아간다고 생각하였다. 그래서 인간은 죽으면 무(無)로 돌아가기에 사후 영혼이 존재할 수 없다는 것이다.

다시 말해 현재의 육체 소멸은 영혼의 소멸이므로 내세라는 것은 있을 수 없으므로 선·악을 행하였다고 해서 받을 주체가 없어 과보를 받을 수 없다는 것이다.

그러니까 아무것도 남는 것이 없는데 혼령을 위한 제사 따위가 무슨 소용이 있겠느냐는 것이다.

그는 죽으면 부모나 바라문이나 사문이나 모두 존재하지 않는다고 부정할 만큼 철저한 감각적 유물론을 주장하였다. 이를 불교에서는 순세외도(順世外道)라 불렀다.

숙명론 자연론자 막칼리 고살라

경전에서는 이를 사명외도(邪命外道)로 기록하고 있다. 비뚤어진 생활자란 뜻이다.

불교 외의 종파에서는 그들을 비꼬아 생활 수단을 수행하는 자라고 조롱하였다. 고살라라는 이름은 그의 부모가 그를 외양간에서 낳았기 때문에 지어준 이름이라 한다.

그들은 탁발 편력승의 단체로 알려져 있다. 그러나 부처님 당시부터 차츰 큰 교단으로 발전해 나갔다. 그것을 입증하는 것은 아소카 왕의 조칙(詔勅)이다. 조칙에는 불교, 자이나교와 함께 바이세시카교(인도의 바라문 사상인 六派哲學의 하나) 역시 큰 종단으로 기록되어 있다. 더구나 아소카 왕의 아들 다사라타 왕은 이 종파를 위해 사원을 건축해 주었다는 것이 기록되어 있다. 하지만 마우리아 왕조가 몰락한 후에는 자이나교에 흡수되는 비운을 맞게 된다. 고살라는 영혼·지·수·화·풍·허공·득·실·고·낙·생·사의 12종류를 구성요소로 삼았다. 그 가운데 허공은 나머지 11종류의 요소를 성립시키는 공간적 장소로 상정하였다. 그리고 득·실·고·낙·생·사의 6종류는 이러한 현상을 가능케 하는 원리로서 그것을 실체라고 생각하였다. 또 영혼 등 다섯 원소를 별개의 것으로 인정하였음을 볼 때 이원론을 주장하는 것 같지만, 실은 파쿠다 캇차야나와 같이 영혼을 물질의 일부로 여겼기에 유물론자이다. 하지만 파쿠다 캇차야나와 다른 점은 영혼은 동물이나 식물도 가지고 있다고 주장한 점이다. 이런 사상은 고대 원시인들이 생각했던 물활론(物活論)에 근거한 이론을 발전시킨 것으로 보인다.

그는 모든 생물의 운명을 결정론적으로 보았다. 그래서 일체의 생물이 윤회를 계속하는 것은 무인무연(無因無緣 : 원인도 없고 조건도 없다는 것)이라고까지 생각하였다. 생물이 청정해져서 해탈하는 것 역시 무인무연이라고 주장하였다.

그러니까 이 세상은 자기 자신이 만드는 것이 아니듯이 그들에게는 지배할 힘도 의지도 없고, 다만 운명과 조건에 지배되어 정해진 상태에서 고락을 되풀이하고 있을 뿐이라는 것이다. 즉 무한시간 안에서 귀하거나 천한 사람도 유전하고 윤회하다가 결정된 종점에 도달하면 윤회는 끝나는 것이므로 수도에 의한 해탈도 있을 수 없다는 것이다.

윤회의 기간은 이미 결정되어 있음으로 그 기간의 가감은 불가능하다.

마치 날아가는 연이 얼레의 실이 다 풀리면 날기를 멈추는 것과 같이, 인간의 자유의지에 의한 일체의 행위를 부정하였다. 그러니까 인과응보가 부정된 철저한 숙명론(宿命論)만을 주장한 셈이다.

이것은 어디까지나 철학사상일 뿐, 실천생활의 지도 원리가 될 수는 없다. 그러면서도 그는 많은 제자들을 가르치고 종교적 수행을 실천하도록 하였다. 그들의 수행 방법은 엄격한 고행을 원칙으로 하여 의식주는 극히 제한되었으며 때로는 주기적인 단식까지도 시켰다.

앞에서 언급한 대로 모든 운명이 결정되어 있음에도 불구하고 왜 그렇게 엄격한 고행을 실천했는지에 대해서는 밝혀진 바가 없다. 결국 그는 단지 고행을 위한 고행을 했다고 볼 수밖에 없다. 어쨌든 이해하기 어려운 사도(邪道)에 불과한 결정론자라 하겠다.

무인론적 감각론자 파쿠다 캇차야나

인도에서는 고대부터 심오한 철학, 사상, 인명(因明 : 논리) 등이 크게 발달하였다. 특히 우주와 인간을 구성하는 요소, 즉 사물의 성립, 효력 등에 없어서는 안 될 근본적인 조건에 관한 학설이 널리 연구되었다. 예를 들면 지수화풍의 4요소설과 5, 7, 12요소설 등 다양하다.

그 가운데 파쿠다 캇차야나는 사람은 7가지 요소가 결합되어 구성되었다고 주장하였다. 즉 지, 수, 화, 풍, 고, 낙, 생명 등이다.

그는 고와 낙은 개인의 주관적 속성이나 심리상태로 보지 않고, 단지 독립된 실체 원리로 파악하였다. 때문에 이 원소들은 창조된 것도 아니고 다른 것을 만들어 내는 것도 아니다.

또 이 원소는 산처럼 불변하고 돌기둥처럼 단단하여 안정된 것이라 하였다. 그래서 고와 낙은 상대적으로 고와 낙을 주는 일이 없다. 마찬가지로 7개 요소로 이뤄진 인간들도 서로에게 고와 낙을 줄 수 없다고 하였다.

이러한 그의 주장을 7요소설이라 하는데 인도철학에서는 복수(複數) 요소설을 집적설(集積說)이라 한다.

바이세시카 파는 당시 파쿠다 캇차야나의 집적설의 영향을 받은 것이다.

한편 실천 윤리에서 볼 때 도덕을 부정한다는 면에서는 앞의 아지타와 푸라나의 유물론과 그 맥을 같이 한다고 볼 수 있다.

무도덕론자 푸라나 캇사파

예나 지금이나 향락주의가 만연하게 되면 전통적 도덕과 윤리가 부정되는 것은 어길 수 없는 법칙이다.

푸라나 캇사파 당시의 인도 사회 역시 그런 경향이 농후하여 기존의 도덕을 부정하는 무리들이 많았던 것 같다. 그래서 그 도덕을 부정하는 이유를 공공연히 선동하는 사상가들이 있었는데 그 대표적인 사상가가 푸라나 캇사파였다.

그가 무도덕론자의 대표가 된 배경을 살펴보자. 그는 노예의 아들로 마굿간에서 태어났다. 불우하게 태어난 환경에서 벗어나려고 그는 주인집을 탈출하려다가 붙잡혀 옷을 빼앗겼고 그 이후부터는 죽을 때까지 옷을 걸치지 않은 알몸으로 살았다고 한다. 그만큼 그는 괴짜였다.

그는 사람이나 생물이 아무리 흉악한 죄를 지었다 해도 죄책감을 느낄 필요조차 없다고 주장했다. 사람에게 고통을 주는 잔악한 행동을 저질러도 죄가 되지 않는다는 것이다. 설령 강도, 강간, 더 나아가 목숨을 빼앗는 짓을 저질러도 과보를 받을 하등의 이유가 없다고 하였다. 따라서 보시·제사·극기의 고행을 실천했다고 뒷날 그 대가로 좋은 과보 받기를 기대하는 것은 어리석을 뿐 아니라, 어떠한 선행도 필요 없다고 극언하였다. 선행과 덕을 행하면 복을 받는다는 말은 사람을 속이는 일이라고 비난하였다. 그가 이처럼 극렬하게 도덕을 부정한 것은 당시의 사회적 모순이나 자신이 겪은 압박에 대한 증오심의 발로에서 기인한 것은 아닐까 생각된다.

자이나교

인도는 원래 창조신(創造神) 브라만, 수호신(守護神) 비슈누, 파괴
신(破壞神) 쉬바 등 다양한 신들을 숭배하였다. 그런 환경에 있던 BC
5세기경 자유사상가들이 등장하면서 기존의 바라문교를 비판하는
양대 종파가 탄생하였다. 즉 불교와 자이나교가 그것이다.

우선 불교와 자이나교의 유사점을 열거하면 같은 시대 · 지방 · 왕
족(혈통은 다르다) 출신이라는 점을 들 수 있다. 우연의 일치겠으나
교리마저 유사한 점이 너무 많다. 원시불교와 원시자이나교의 구성
과정 역시 출가승을 중심으로 한 재가신자 합동의 교단을 성립하였
다. 거기에다 경전을 기술할 때 산스크리트 어(梵語) 대신 속어인 팔
리어(巴利語)를 사용하였다.

더욱이 교주의 호칭을 불교에서는 붓다(Buddha, 佛陀, 覺者), 자이
나교에서는 마하비라(Mahavira, 大雄) · 타타카타(Tathagata, 如來) · 아르
하트(Arhat, 阿羅漢) · 바가바트(Bhagavat, 世尊)라는 용어를 공통으로 사
용하였다. 그래서 불교와 자이나교를 혼동하였다. 또 자이나(지나)를
승자(勝者)라 한다. 그것은 수행의 완성자를 일컫는데 모든 번뇌인
마(魔, 장애)와 싸워 승리한 것을 찬양하기 위해 붙여진 이름이라 한
다. 초기 불교에서는 붓다를 '지나'라고 부른 것같이 자이나교에서
도 '붓다'라고 한 적이 있으나 뒤에는 '지나'는 자이나교, '붓다'는
불교에서만 쓰게 되었다.

육사외도 중 현재까지 본토에서 존재하는 것은 자이나교뿐이며
200만의 신도가 있다. 불교는 본토에서 현재 350만의 신도가 있지

만 국내보다 국외로 진출하여 세계 종교로 발전한 것이 다르다.

나타 족 출신인 지나는 BC 444년 쿤다 촌에서 왕족의 아들로 태어났다. 아버지의 아명은 붓다의 아명인 싯달타와 같았다. 지나는 결혼하여 딸 하나를 낳았다. (부처님은 아들 하나를 낳았다.) 30세 때 출가하여 수도생활 12년 만에 성도하였다. 그의 본명은 바르드하마나(Vardhamana)인데 성도 후 위대한 영웅이라는 존칭인 '마하비라'로 바꾸었다. 그 후 30년 동안 중생 교화에 주력하면서 이전의 교리를 혁신하는 등 활동을 하다가 72세 때 입적하였다. 전설에 의하면 '지나' 이전에 23인의 구세주가 있었다 한다. 하지만 23대 '파르슈바'만이 실제 인물인 것 같다. 자이나교의 교리 또한 앞에서 언급한 대로 우주 창조신(創造神)을 부정하였다.

나이나교에서는 우주의 구성 요소를 영혼·비영혼으로 나누어 다르마(dharma, 運動因)·아다르마(Adharma, 靜止因)·허공·물질의 넷과 영혼을 합쳐 다섯 개의 실체가 있다고 생각하였다.

물질은 원자로부터 구성되어 하강성을 갖지만 영혼은 상승성을 가져 그 자신은 장애를 받지 않는 자유이며 물질을 형성하는 업에 의해서 계박(繫縛), 구속되는데 이것이 윤회의 원인이라고 한다. 이것을 벗어나기 위하여 무상해·불망어·불투도·불음주·무소득의 오계(五戒 : 五大誓)를 엄수하는 도덕적 고행 생활을 해야 한다. 다시 말해 육체적인 욕망이나 본능을 극복함으로써 마음의 자유를 얻는 것을 목표로 하고 있다. 그 방법은 육체에 고통을 가함으로써 신체의 세력을 약화시키고 엄격한 계율을 실천하여야 하고, 특히 살생을 금하고 무소유를 강조하여 의복까지 입지 않는 공의파(空衣派)는 나체로 수행한다.

이들은 영혼의 본성을 발휘하여 지멸(止滅)에 도달하여 해탈을 얻는 것을 열반이라고 한다. 또한 영혼·비영혼·선업·악업·누입(漏入)·계박·제어·지멸·해탈 등의 9개를 수행의 원리로 삼았다. 또 판단의 상대성을 설하는 부정주의와 비판적 관찰법을 설하는 관점론이 이 종교의 지식론의 특색이며, 후대에는 훌륭한 학자가 많이 배출되었다.

신자는 부유한 상인계급이 많다. 후대에 흰 옷을 입는 백의파(白衣派)가 생겼는데 인도에서 흔히 볼 수 있는 나체로 고행하는 엄격주의인 공의파와 둘로 나누어졌다.

이처럼 많은 사상가와 종교가를 배출하게 된 것은 중인도는 갠지스강 중류에 위치하여 농경에 알맞아 생활이 여유로웠기 때문이다. 더욱이 열대 고온의 기후는 음식물을 빨리 부패시키기 때문에 속히 처리하지 않으면 버려야 하는 관계로 걸식 생활로 수행하는 그들을 많이 거두어 줄 여건이 되어 있었던 것이다.

성도 후의 부처님은 육사외도들과 갖은 접촉이 있었다는 기록이 있다. 그들은 앞에서 언급한 대로 유물론·무도덕론·무윤회론을 주장하였다. 부처님은 그것은 진리가 아니라고 반대하였다. 또한 쓸데없는 공리공론은 시간 낭비며 무지한 사람을 잘못 인도할 위험이 있다고 비판하였다. 부처님의 출가 목표는 오직 인간 삶의 근본을 추구하는 데 있었다. 육사외도의 사상은 논쟁을 위한 논쟁에 지나지 않았다. 부처님께서 그들에게 들려준 <전유경(箭喩經)>의 독화살의 비유는 유명하다.

어떤 사람이 만일 독화살을 맞았다고 하면 제일 먼저 해야 할 일은 화살을 뽑고 의사에게 달려가 치료를 받고 약을 쓰는 일이다. 그런데도 화살의 독이 어떤 것인가, 화살의 재료는 무엇인가, 화살을 쏜 사람은 누구인가 하는 따위의 문제로 시간을 끈다면 그동안 화살의 독이 온몸에 퍼져서 결국 죽고 만다는 것이다. 이와 같이 현재 인간에게 시급하고 중요한 것이 무엇인지가 문제지, 백해무익한 공론에 매달릴 시간이 없다고 강조한 부처님은 현실주의자였다.

그러나 후에 불교는 본고장에서 차츰 쇠잔해져 버렸고, 오직 자이나교만이 명맥을 유지하게 되었다. 그러나 인도에서 불교가 완전히 소멸해 버린 것은 아니다. 불교적 사상이나 실천 가운데 가치가 있는 것은 힌두교에 흡수되어 남아있는 것이 많이 있다. 그리고 1956년 이래 독립 인도의 초대 법무장관이었던 B. R. 암베드카에 의한 신불교 운동은 1971년에 350만 명의 불교 신자를 만들어 놓는 성과를 올렸다.

근래에는 과거에 불가촉민(노예계급)이었던 사람들이 집단으로 불교로 개종하는 사례가 증가일로에 있다 한다.

부처님의 가계

부처님의 가계

부처님의 전생 설화

여기서 누구나 궁금하게 생각하는 것은 모든 영화를 다 버리고 유사 이래 어느 누구도 감히 이룩하지 못한 그 원대한 꿈(서원)을 단 6년간의 짧은 고행으로 달성할 수 있었을까 하는 점이다.

우리가 흔히 위인전기(傳記)를 읽어보면 출생에서 시작해서 부모·형제, 어렸을 때의 환경 등의 내력이 소상히 기록돼 있다. 그러나 그 사람이 태어나기 이전에 대해서는 문제 삼지 않는다(물론 불가능하기 때문이라 할까?). 하지만 인도에서는 위인의 경우에는 그의 전생에 대한 이야기가 나온다.

불교경전 중에 자타카(전생 설화 : 본생담)라는 경전이 있다. 여기에는 부처님의 전생 이야기가 547가지가 있다. 몇 가지 예를 들면 부처님이 정각을 이룬 후 첫 설법으로 유명한 녹야원 설화, 원숭이와

왕, 거짓말을 않겠다는 약속을 지켜 99명의 임금을 살려낸 설화 등
이 있다.

그중 굶주린 범과 왕자에 대한 것을 살펴보면, 어떤 나라에 '전단
마제'라는 태자가 있었다. 어릴 때부터 자비심이 남달라 어려운 사
람을 보면 누구에게든지 가졌던 물건을 아낌없이 줄 뿐 아니라 자
기 몸까지 팔려가 노예가 되기까지 하였다. 그 나라에 용맹(勇猛)이
라는 선인(仙人)이 5백 명의 제자와 함께 수행하고 있었다. 태자는
그 곳에 가서 선인들에게 공양 보시도 하고 함께 지내다가 선인들
이 하는 이 세상은 이슬같이 덧없고 허무하고 모두가 고통뿐이라는
말을 듣고 그들과 같이 수행하기로 했다.

그러던 어느 날 그 산 절벽 아래 한 마리 어미 호랑이가 7마리
새끼를 낳았다. 그런데 마침 큰 눈보라가 닥쳐 눈이 쌓여 호랑이는
며칠째 먹이를 구하지 못하여 새끼 7마리가 모두 얼어 죽을 지경에
이르게 됐다. 그대로 두었다가는 굶주린 어미가 새끼를 잡아먹을
수밖에 없는 지경에 이르게 됐다.

산 위의 선인들은 이 광경을 보고도 감히 누구 한 사람 아무런
조치도 못하고 그대로 지켜볼 뿐이었다. 이때 태자는 '이제야말로
좋은 기회가 왔구나' 하는 생각에 벼랑 위에 서서 어미 호랑이와
새끼들의 가엾은 모습을 바라보면서 자비심을 일으켜 선정에 들어
과거의 무수한 생을 하나하나 살펴보았다.

아득한 옛날 자신이 서원하기를 1천 번 몸을 바쳐 보시할 것을
다짐하고 그동안 999번까지 실행한 것을 알게 됐다. 이번 한 번이
면 그 서원이 성취되므로 그날이 온 것을 몹시 기뻐했다. 태자는 옷
을 벗어 얼굴을 가리고 합장한 채 호랑이에게로 뛰어 내렸다. 어미

호랑이는 눈물을 흘리며 태자를 잡아먹고 기운을 차려 새끼들에게
젖을 먹여 모두 살아나게 했다. 산 위에서 이 광경을 지켜본 선인들
의 통곡 소리는 하늘과 땅에 울려 퍼졌다. 이때 5백 명의 선인들은
무상보리를 구하는 마음이 솟아났고 그의 스승은 깨달음을 얻었다.
몸을 던져 8마리의 호랑이를 살린 왕자는 바로 석가모니의 전신이
었다. 이 같은 서원과 공덕으로 마침내 도솔천 내원궁의 보처존(補
處尊)이 되셨다. 보처존이란 장차, 일설에는 56억 7천만 년 후에 성
불할 보살을 말하고 그 밖에 부처가 될 후보자 위치에 있는 보살들
은 모두 보처보살, 또는 일생만 지나면 바로 성불하게 되므로 일생
보처보살이라 한다. 그분들이 문수, 보현, 관음, 세지보살 등이다.

부처님의 탄생과 샤카족의 가계

　부처님은 왜 탄생하시기 이전에 도솔천에 머무르셨는가에 대한
이유는 앞에서 설명하였다.
　도솔천은 욕계 6천의 하나이며 도사다·도솔타·도솔이라 하고,
상족·묘족·희족·지족이라 번역한다. 지족이란 만족할 줄 알아서
자기 분수대로 편히 산다는 뜻이다. 도솔천은 수미산 정상에서 12만
유순에 있는 하늘세계이며, 금·은 등 7보로 된 궁전으로 많은 천인
들이 살고 있다. 도솔천은 내원과 외원의 두 원(院)이 있다. 외원은
사바세계에서 많은 선행으로 덕을 베푼 공덕으로 이곳에 태어나서
즐거움을 누리는 욕락처이며 내원은 과거 무량아승지겁 중에 10신

10주 10행 10회향 10지 51위는 등각, 52위는 묘각 등이 있다. 그중 51위는 보살의 최고위로 무량겁에 수행을 쌓은 인(因)이며 마지막 52위인 묘각은 온갖 번뇌를 끊고 여실한 이치를 깨달은 과(果 : 결과)로 장차 사바세계에 출현하여 부처가 되는 자리이다.

도솔천은 석가보살이 장차 부처가 되기 위해 사바세계에 탄생할 시기를 기다리며 머무르는 천궁인 셈이다(현재는 다음 세상에 출현하실 미륵보살이 계신다).

석가보살은 도솔천에 머무르면서 탄생시기, 장소(국토), 가문 등을 살펴본다.

탄생시기는 인간사회가 너무 이상적인 상태이면 종교심이 희박하고 너무 타락한 세상이면 종교에 관심을 둘 여유가 없으므로 그중 간시기를 가장 알맞은 시기로 택해야 한다. 장소는 고대 인도의 세계관에 의해 동서남북 4대주 가운데 염부주는 인도를 중심으로 한 인간사회로서 부처님이 출현하시기에 가장 적당했다. 이유는 외진 곳이 아닌 중앙에 위치해 있기 때문이었다.

또 인도사회는 4계급 체제인데, 그중 세습 종교인 바라문과 무사, 귀족계급인 크샤트리야가 상위계급에 속해 있기 때문에 그 당시 상황으로서는 크샤트리야 쪽이 적당하다고 판단하여 그런 집안에 태어나기로 했다.

그리고 어느 나라 왕을 택해야 할지를 여러 보살들과 의논한 결과 카필라 성주인 숫도다나(정반왕)와 왕비인 마야부인이 가장 적당하다는 중론에 따라 선택하기로 한 것이다. 태어날 시기는 우주만물이 새로운 삶을 시작하는 봄으로 정했다.

이같이 여러 과정을 거쳐 드디어 삼계도사 사생자부가 되어 일체 중생의 구제를 위해 고해며 화택인 이 사바세계에 오시게 된 것이다.

뒷날 부처님이 된 싯달타의 탄생지인 룸비니 동산은 인도의 고고학자인 훼라 박사에 의해서 1896년에 발견되어 비로소 룸비니의 위치가 확정되었다(불교에 귀의한 아소카 왕이 성지 순례차 이곳에 들러 세워 놓은 석주에 의함).

그러나 샤카족의 본거지였던 카필라성(迦毘羅城, Kapila-vatthu)의 소재지는 현재까지 뚜렷이 밝혀 내지 못한 실정이다. 대개 현재의 인도와 네팔 국경의 근방에 위치한 네팔 타라이 분지로 당시 인도로 보면 동쪽에 위치한 반농 반목축지였다는 가설뿐이다. 한 경전에는 샤카족의 영토가 설산의 중턱, 즉 히말라야산 중턱으로 기록되어 있다. 그러나 4세기의 법현(法顯)과 7세기의 현장(玄奘)의 기록에 의하면 정반대 방향이다.

샤카족은 옛날 태양 종족 중의 하나인데 첫째 왕의 이름은 싱하하누(Simhahanu, 師子頬)이며 그에게는 네 명의 아들이 있었다.

첫째는 숫도다나(Suddhodana, 淨飯)로 싯달타와 난타(難陀)라는 두 아들이 있었다. 둘째는 슈클로다나(Suklodana, 白飯)이며 밧디야(跋提)와 파사(波沙)라는 두 아들이 있었고, 셋째는 드로노다나(Dronodana, 斛飯)이며 데바닷타(提婆達多)와 아난다(阿難) 두 아들이 있었다. 넷째는 아므리토다나(Amrtodana, 甘露飯)며 역시 마하나마(摩阿男)와 아니룻다(阿那律) 두 아들이 있었다. 딸인 감로미(甘露味)에게는 사바라(施婆羅)라는 아들이 있었다.

첫째인 숫도다나는 뒤에 샤카족의 왕이 되었는데 그의 장자가 싯달타 태자로서 뒷날 출가하여 부처님이 된 인물이다. 둘째인 난타 역시 성불한 형을 따라 출가하였다. 슈클로다나의 아들이며 왕위

계승자인 밧디야는 출가 문제로 수차의 절충 끝에 7일간만 교단생활을 하기로 하고 그 후 왕위를 계승했으나 결국 제위 중에 나라가 멸망하는 비운을 맞고 말았다.

셋째인 드로노다나의 아들 데바닷타는 부처님과 사촌이면서 부처님을 죽이고 교단을 장악하려는 탐욕 때문에 삼역죄(三逆罪)를 범하고 생지옥에 떨어진 죄인이 되었다. 그의 동생인 아난다는 부처님의 수제자가 되어 25~27년간이나 부처님을 시봉하고 다문제일(多聞第一)로 제1결집 시 경전을 송출하는 등 불교에 지대한 공헌을 한 인물로서 캇사파(迦葉)와 함께 교단을 잘 이끌어 나갔다. 후일 캇사파로부터 부처님의 법을 이어받아 제3조가 되었다.

넷째인 아므리토다나의 아들인 아니룻다는 출가하여 천안제일(天眼第一)의 아라한이 되었다.

부처님의 아들인 라홀라 역시 10세에 출가하여 밀행제일(密行第一)의 아라한이 되었으며 양모인 마하파자파티(摩訶波闍坡提)는 부처님의 처인 야소다라 등과 함께 최초의 비구니가 되었다. 즉 샤카족 출신인 부처님이 불교를 창시함으로써 그 일족들이 거의 출가하여 불교 교단에 지대한 공을 세웠다.

말과 글이 아무리 많다 해도 도저히 다 기록하고 표현할 수 없는 우주 만유의 애환의 역사를 간직한 이 지구에 불교의 창시자인 싯달타가 태어난 것은, BC 6세기경 북위 27도 동경 82도에 위치한 카트만두에서 약 200km 떨어진 지점에 있는 룸비니 동산에서인데 현재 룸민데이라고 불리는 곳이다.

싯달타는 카필라 국의 샤카족 출신으로 성은 고타마(한역으로 瞿曇이라 하는데 그 뜻은 '최상의 소'다)라 하고 이름은 싯달타(悉達多)라고 한다. 싯달타란 '목적을 달성한다'는 뜻이다.

카필라란 황색이나 황적색을 뜻한다. 일설에는 황두(黃頭) 선인이라는 황발(금빛머리)을 한 종교가가 그곳에 살았다는 전설에 의한 것이라 한다. 뒤에 부처님을 황두 대사 또는 황면 노자라고 부른 연유도 이 때문이다.

그의 아버지는 그 나라의 수장인 숫도다나 왕이며 정치는 자치제였으나 완전한 독립국이라기보다 코살라 국의 간섭을 받는 형편이었던 것 같다. 어머니는 데바다하(天臂城)의 수장인 안쟈나(善覺)의 딸 마야부인(摩耶婦人)이다.

하루는 꿈속에 흰 눈같이 빛나는 여섯 개의 어금니가 있는 흰 코끼리가 마야부인 품으로 들어오는데 그때 수천의 신들이 노래를 부르며 그녀의 잉태를 찬양하였다 한다. 마야부인은 세상의 근심 걱정과 모든 허물이 다 녹아 없어지고 행복의 기쁨에 감싸이는 기분이었고 잉태한 후 아무린 괴로움 없이 편안하게 지내다가 산달에 이르러 인도의 풍속대로 친정으로 가던 중 룸비니 동산에 이르렀을 때 갑자기 산기가 있어 사라나무(無憂樹) 아래에서 왕자를 출산하였다.

그러나 불행하게도 성인이 될 아들을 낳은 기쁨이 채 가시기 전 7일 만에 세상을 떠나고 말았다. 그래서 싯달타는 어머니의 여동생인 마하파자파티(부처님이 성불하여 교단을 성립하였을 때 최초로 비구니가 된 여인)에게서 양육을 받았고 배 다른 동생인 난타(難陀)가 있었다.

전설에 의하면 왕자가 태어났을 때 히말라야에 살던 아시타 선인(세간을 떠나 산에 살면서 신통 자재한 도력이 있다는 사람)이 내려와 왕자의 관상을 보고 장차 앞날에 두 길이 있다면서 세속에 살면 제왕이 되어 전 세계를 통일할 전륜성왕(轉輪聖王)이 될 것이며 만일 출가 수행하면 반드시 성자인 부처님이 될 것이라고 예언하였다는 기록이 있다. 또 본생담(本生譚)에는 왕자의 탄생 당시의 모습이 잘 묘사되어 있다.

룸비니 동산은 사라나무로 둘러싸여 있었는데 왕자의 탄생 시에 사라수꽃은 그 밑동에서 가지 끝까지 흰색으로 변하였으며 가지나 꽃 사이에 오색 꿀벌과 갖가지 새들이 무리지어 아름다운 목소리로 지저귀어 마치 제석천궁과 같았다고 한다.

아시타 선인은 '불꽃처럼 빛나고 하늘을 떠다니는 별의 왕같이 맑으며 구름에서 벗어난 가을 태양과도 같이 눈부신 아기'를 보고 이렇게 왕자의 미래를 예언하였다고 한다.

"이 동자는 최고의 깨달음을 얻는 사람이 될 것이다. 최상의 청정함을 보고 많은 사람들을 이롭게 하며 자비로운 마음으로 진리의 법륜을 굴리리라. 이 사람의 깨끗한 행위는 널리 세상에 퍼질 것이다."라고 왕자를 찬미하였다.

7세기에 현장 법사나 8세기에 우리나라 혜초 스님도 이곳을 참배하였다는 기록이 있다. 더 뚜렷한 것은 앞에서 언급한 아소카 왕의 석주가 확실한 증거이다. 그 비문의 해석으로 룸비니 동산이 싯달타 탄생지라는 사실이 확인되었다. 비문 내용을 보면 "룸비니 마을의 조세를 감면해 주고 생산의 8분의 1만을 지불하게 한다."라고 기록되어 있다.

부처님의 출생 연대에 대해서는 여러 가지 설이 있다. 부처님이 80세에 입멸하였다는 설은 일치하지만 입멸 시기에 대해서는 구구한 의견이 많다. 그중 가장 유력한 것이 세이론의 <도사(島史)>에

기록된 것인데 불멸 연대를 BC 483년으로 계산하여 탄생을 BC 563년
으로 본다. 그런가 하면 탄생 BC 466년, 불멸 BC 386년 또는 BC
463~387년 등 여러 설이 많으므로 이 문제는 앞으로 더 연구가 필
요할 것이다.

그러면 현재 쓰고 있는 불기(佛紀)는 무엇을 근거로 하여 만들어
졌는지 알아보자.

이것은 남방 아시아 불교국인 인도·태국·스리랑카·미얀마·캄
보디아 등에서 예로부터 전승되어 오던 것으로 탄생을 BC 624년으
로 계산하여 1956년에 불멸 2,500년을 기념하는 행사에서 채택된
것이다. 물론 중국에 전해오는 중성점기(衆聖点記)설에 의하면 BC
544년을 부처님 입멸 연도로 잡아 1934년이 2,500년이 된다. 그러
나 이 설도 의문이 있기는 마찬가지다.

부처님 탄생일은 동양에서는 음력 4월 초파일로 정하여 성대한
행사를 치르지만 남방 불교에서는 베사가 월(月), 인도력으로는 두
번째 달 보름날, 다른 곳에는 2월, 태양력은 5월 등 몇 가지 설이
있다.

한역 경전 중 반니원경에는 부처님이 4월 8일에 탄생하여 4월 8일
에 출가했으며 4월 8일에 정각을 얻었고 4월 8일에 입적하신 것으
로 되어 있다. 이 같은 차이점은 기본적으로 역법(曆法)의 차이에서
오는 것이며 그 당시의 정확한 기록이 없는 탓도 있다고 본다.

현재 쓰고 있는 달력은 율리우스 시저가 고안한 율리우스력(달력)
을 기본으로 한 것이다. 그는 종교상으로 특히 중요한 달은 31일로
정하고 그다지 중요하지 않은 달은 30일로 정했는데 시저의 후계자
아우구스투스가 8월에 자기 이름을 붙이고 31일로 만들어 버렸다고

한다. 그러기 위해서 2월에서 1일을 깎아 28일로 하였다는 우스운 이야기도 있다.

우협 탄생설과 천상천하 유아독존의 전설

싯달타의 어머니 마야부인은 정상적인 산도(産道), 즉 자궁이 아닌 오른쪽 옆구리로 아들을 해산하였다는 전설이 있다. 이것은 마치 성모 마리아가 동정녀의 몸으로 예수 그리스도를 탄생하였다는 말과도 비슷한 이야기다. 참으로 그럴 수가 있을까? 정상적인 사고를 갖고 있는 사람이라면 쉽게 이해할 수 없는 것은 당연하다.

그러나 동정녀 마리아에 대한 것은 예외로 하고 싯달타의 우협 탄생설을 살펴보면 확실한 근거가 있음을 알 수 있다.

그 연원은 인도의 사성제도에서 비롯된다. 고대 인도인들은 인간의 시조인 원초적인 원인(原人, Purusa)이 있다고 생각하였다. 브라만은 원인(시조)의 입에서 태어나며 네 계급 중 최고이다. 다음의 둘째 계급인 크샤트리아(刹帝利, 왕족, 무사)는 양팔에서 태어나고, 서민인 바이샤(舍)는 양 정강이에서, 천민인 수드라(首陀羅)는 발바닥에서 태어난다는 것이다.

이 신화가 태자의 우협 탄생설의 근거가 된다. 이것을 소재로 한 많은 불교미술 작품이 있다. 그 당시 인도는 예로부터 전해오는 종교나 사상적인 면에서 변화를 겪고 있는 중이었다. 그러나 확실히 정착되어 있는 브라만 문화의 영향을 배제할 수 없는 환경이었던

것도 사실이다. 그런 연유로 아리아인의 최고 경전인 <리그베다>
에 나오는 원인찬가(原人讚歌)에 크샤트리야족은 원인이 팔에서 태
어난다는 전설을 받아들인 것이다. 다시 말하면 원인의 팔에서 태
어난다는 전설이 우협 출생, 즉 오른쪽 옆구리 출생설로 변한 것이
고, 그것은 샤카족이 왕족이라는 것을 증명해 준다.

새로 탄생한 불교는 인도의 토양 속에 오랫동안 뿌리내린 바라문
계급과 협조하면서도 인간 차별 사상이나 아리아와 비아리아의 구
별에 기초를 둔 카스트 제도를 용납하지 않았다. 그런데 불교의 이
러한 평등사상이 역설적이게도 불교를 인도에서 단명하게 한 원인
이 되었다. 불교에 비해 자이나교는 카스트 제도에 쉽게 타협하였
기 때문에 장수를 누릴 수 있었다.

부처님은 처음부터 인간의 존엄성을 강조하고 평등을 부르짖었기
때문에 교단 안에서는 카스트 제도를 부정하고 평등을 실현하였다.
그러나 사회 전체에 있어서는 그것이 불가능하였다. 그도 그럴 것
이 사회 전체를 통해 깊이 뿌리내린 인도 고유의 사상이나 문화를
하루아침에 바꾼다는 것은 용이한 일이 아닐 뿐만 아니라 반발 세
력도 컸을 것이기 때문이다. 그런 관점에서 어쩔 수 없이 기존 세력
과 유대하면서 새로운 사상을 만들어 나간 불교의 입장을 밝힌 것
이 우협 탄생설이라 할 수 있다. 그리고 또 중요한 것이 칠보, 즉
일곱 걸음의 전설이다. 마야부인의 옆구리에서 태어난 태자는 오른
손으로 하늘을 가리키고 왼손으로는 땅을 가리키면서 '천상천하 유
아독존(天上天下 唯我獨尊, 모든 세계에서 나 홀로 존귀하다)'이라고 외
쳤다 한다. 어느 경전이든 동서남북으로 각각 일곱 걸음씩 합계 56걸
음을 걷고 제자리로 돌아온 후 탄생게를 외쳤다고 기록되어 있다.

여기에는 다분히 신화적인 요소가 가미되어 있다는 것은 누구나 쉽게 알 수 있다. 이 비밀을 푸는 열쇠는 샤카족이 살던 곳의 지리적, 문화적 특색에서 찾아보아야 할 것이다. 샤카족은 천상 숭배와 관계가 있었는데 천상 숭배 사상에서는 천상과 지상 간에는 일곱 단계가 있다고 생각하였다. 즉 신이 사는 천상까지 인간이 도달하려면 일곱 단계를 거쳐야 한다고 여겼다. 그리고 인도인들은 7이라는 숫자를 신성시하였다. 또 오른손으로 하늘을 가리킨 것 역시 그들이 오른손을 신성시하는 표시다.

과거칠불(過去七佛 : 지난 세상에 출현하신 일곱 부처님으로 毘婆尸佛, 尸葉佛, 毘舍浮佛, 拘留孫佛, 拘那含牟尼佛, 迦葉佛, 釋迦牟尼佛) 중 비바시불의 탄생 설화에도 칠보설이 있고 과거 칠불설 역시 같은 맥락에서 이해할 수 있다.

여기서 가장 중요한 것은 물론 후대에 만들어진 것이기는 하지만 '천상천하 유아독존'의 내용이다. 이것은 부처님이 모든 인간을 대표하여 인간의 존엄성을 선언한 것이다. 자유평등주의자였던 부처님의 본 모습을 여실히 부각시킨 제일성이라는 것을 간파해야 할 것이다.

부처님의 아내

왕자로 태어난 싯달타는 조금도 부족함이 없이 매우 풍족한 생활을 하였다. 훗날 부처님이 직접 술회한 경전에 의하면 1년 중 찌는 듯한 여름, 장마철인 우기, 추위 없는 겨울 등 매 계절마다 각기 다른 궁전에서 살았다고 한다. 궁전은 아름다운 보석으로 장식되었고 앞뜰에는 여러 종류의 아름다운 새들이 고운 목청으로 노래 부르고 정원의 연못에는 청·홍·백색의 세 가지 연꽃이 청초하게 피어 있었다고 한다. 몸에는 부드러운 옷을 걸쳤으며 고급 향수는 바람결에 따라 그윽한 정취를 더해 주었다. 정원 뜰을 거닐 때면 뜨거운 햇볕을 피하기 위한 양산이 준비되어 있었다. 더욱이 3개월 동안의 긴 우기에는 여자들만으로 꾸려진 악사들이 귀를 즐겁게 해주어 매일 흥겹게 지낼 수 있었다. 이런 즐거운 세월 속에서 장차 왕위를 대비한 교육을 게을리하지 않았다고 한다.

싯달타의 나이 16세 때 야소다라와 결혼하여 귀여운 라훌라(羅睺羅)를 낳았다.

태자의 부인 야소다라에 대해 여러 설이 있다. 대승불교의 <불본행집경>이나 <수행본기경>에는 분명 야소다라라고 하였다. 이에 반해 대승불교보다 원형이라고 자부하는 남방 불교권의 불전에는 라훌라의 생모는 첫째 아내였다고 기록하였으나 이름은 명기하지 않았고 어떤 문헌에는 싯달타의 아내가 데바다하에 사는 코릴 족의 딸이며 밧다카치나라고 하였다. 또 샤카족의 단다파니의 딸 고피라는 기록도 있다. 그 외에 여러 이름으로 나타나 있어 싯달타의 아내가 몇 명인지 의문을 불러일으킬 수도 있기 때문에 여기서 싯달타의 집안에 대한 설명이 좀 필요한 것 같다.

여기에는 당연히 전생이나 전전생의 먼 옛날의 인연, 즉 연기에 대한 설화가 있고 후세에는 더 많은 형태의 전설이 첨가되어 자그마치 547개에 이른다.

그런데 어디를 보나 부처님의 가문을 명가(名家)라고 표현하였다. 명가란 '좋은 인연을 쌓은 집'이라는 뜻이다. 한 예로 인연을 설해 놓은 본생담 중에 부처님의 생가는 4아승지 십만 겁으로 숫자로 셈할 수 없는 아주 오랜 옛날에 선혜(善慧)라는 브라만의 집이었는데, 그 집은 대대로 선근(善根), 즉 좋은 과보를 받을 수 있는 선인(善因)을 심었다고 설해져 있다. 이는 부처님이 초전법륜(初轉法輪), 즉 첫 설법에서 '나는 업론자(業論者)'라고 설한 것처럼 부처님은 출생 전 전생에서부터 바른 깨달음을 구하는 집안에서 태어났으며 금생에 태어나서도 전생과 마찬가지로 명문가에 태어나 바른 도를 위하여 정진하는 사람이었음을 증명하는 것이라 하겠다.

부처님의 아버지만 봐도 마야부인이 죽은 뒤 처제를 아들의 양모로 받아들여 아들을 하나 더 낳았을 뿐 다른 여인을 맞아들였다는 기록은 없다.

이로 미루어 볼 때 본생담 등이 한 사람만의 기록도 아니고 또 같은 시대의 기록도 아니기 때문에 여러 사람이 집필하는 과정에서 많은 동인이명(同人異名)의 야소다라가 만들어져 사람들이 의문을 갖게 한 것이 틀림없을 것이다.

결혼에 얽힌 비화

숫도다나 왕은 아시타 선인의 예언이 항상 마음에 걸렸다. 부왕은 아들이 출가하여 성인이 되는 것보다 세속에 살면서 전륜성왕이 되어 가문을 빛내주기를 바랐다. 그는 여러 가지 궁리 끝에 아들의 마음을 돌리기 위해서 우선 여자에 대한 즐거움을 알려주는 것이 최선책이라고 생각하였다.

그는 태자비 간택을 서둘렀다.

"아들아, 너는 이제 결혼할 나이가 되었다. 혹시 마음에 드는 여자가 있으면 말해 보아라."

"아바마마, 죄송한 말씀입니다만 제가 결혼할 여자는 찾기 어려울 것입니다. 그 이유는 젊고 아름다워야 하고 누이처럼 다정해야 하며, 어머니처럼 인자하고 부드러워야 하며, 모든 일에 진실하고 거만하지 말아야 하며, 잘난 체도 하지 말아야 하고 귀한 것을 시기하거나 부러워해서는 안 되며, 노예처럼 온순하고 하녀처럼 겸손하고 일찍 일어나고 늦게 자야 하며, 비단옷으로 치장하거나 향수를 바르거나 소란스러운 놀이나 호화로운 잔치에도 무관심해야 하고 몸과 마음이 순결해야만 하기 때문입니다. 만일, 이런 여인이 있다면 서슴지 않고 결혼하겠습니다."

왕은 아들의 말을 듣고 지혜와 식견이 빼어난 궁전의 승려를 불러 아들의 의견을 말하고 그런 여인을 찾을 것을 명령하였다. 왕명을 받은 승려는 그날부터 여러 날 동안 수많은 여인을 찾아보았다. 그러나 그런 여인을 만날 수가 없었다. 실의에 빠져 이제는 더 찾아볼 여력이 없었다. 지친 몸을 이끌고 궁전으로 돌아오는 수밖에 없었다. 그때 마침 어머니와 함께 하녀를 데리고 나들이에서 돌아오는 한 소녀를 발견하게 되었다. 그 순간 그의 눈이 빛났다.

샤카족 출신 단다파니의 딸 야소다라였다. 승려는 그녀에게 여러 가지를 물어보았다. 더 이상 질문할 것도 없고 조금도 의심할 여지가 없었다. 왕궁으로 돌아온 그는 왕에게 고하였다.

"폐하, 드디어 찾아냈습니다. 틀림없는 천생연분입니다. 이 이상 더 찾아볼 필요가 없을 것입니다."

하지만 왕은 아무리 슬기로운 승려라 하더라도 실수는 있는 법이어서 그와 의논하여 야소다라를 직접 시험해 보기로 하였다.

그는 신하를 시켜 일주일 후 싯달타 태자가 젊은 처녀들에게 보석을 나누어 줄 터이니 모두 궁전으로 오라고 공표하였다. 약속한 날 많은 처녀들이 몰려왔다. 왕자는 처녀들에게 보석을 일일이 하나씩 나누어 주었다. 야소다라는 맨 뒤에 있었다. 모든 처녀들이 보석을 받아들고 기쁜 표정으로 돌아갔다. 이제 야소다라만이 홀로 남게 되었다. 그러나 왕자의 보석 바구니는 텅 비어 있었다. 야소다라의 몫이 없었다. 천천히 왕자 앞에 선 야소다라는 미소를 머금은 음성으로 말했다.

"왕자님, 아무것도 없군요. 저를 업신여기신 것인가요?"

"천만에요, 아가씨가 마지막으로 왔기 때문이지요. 그 대신 내 손가락에 낀 반지를 드리지요."

그러자 야소다라는 머리를 가볍게 흔들었다.

"아닙니다. 받을 수 없습니다. 왕자님 것이지 제 것이 아닙니다. 오히려 제가 보석이 있다면 왕자님에게 드리고 싶을 뿐입니다."

야소다라가 물러가고 그 말을 전해들은 숫도다나 왕은 그녀가 바로 진짜 보석이며 태자비로 손색이 없음을 직감하였다.

승려의 통찰력이 틀림없음을 확인한 후 야소다라 부친인 단다파니를 궁전으로 불렀다.

"단다파니여, 자네 딸을 우리 아들에게 주게나."

그러나 그는 머뭇거릴 뿐 쉽사리 승낙하지 않았다. 숫도다나 왕이 재차 청혼을 하였다.

"폐하 용서하십시오. 쾌히 허혼할 수가 없습니다. 왕자께서는 온갖 사치와 호강 속에서 자랐습니다. 조금도 부족함을 모릅니다. 저의 가문은 힘세고 슬기롭고 용감하고 머리 좋은 남자에게만 딸을 줍니다. 왕자께서는 분명 명예와 권세에 나약하고 나태에 젖어 있을 것입니다. 그러므로 제 딸의 남편감으로는 적격자가 아닙니다."

단도직입적인 거절에 왕은 오히려 당황하고 부끄러웠다. 태자는 부왕의 부름을 받고 달려왔다.

"아바마마, 몹시 슬프고 괴로워 보이십니다. 무슨 사연인지 들려주십시오."

왕은 여러 가지 생각 끝에 단다파니에게 딸을 태자의 아내로 달라고 했으나 거절당했다고 털어 놓았다. 태자는 얼굴에 웃음을 띠며 말했다.

"공연한 걱정을 하고 계셨군요. 아바마마, 저보다 더 재능 있고 힘센 남자는 카필라 성안에는 드물 것입니다. 저와 겨룰 사람을 모두 모아 주십시오. 저의 재능과 힘을 보여 드리겠습니다."

부왕은 아들의 말을 듣고 안도의 숨을 쉬었다. 태자의 제의에 따라 일주일 뒤 카필라 성의 건강한 젊은이들이 다 모여 여러 가지 시합을 치렀다. 아무도 싯달타의 적수가 되지 못하였다. 이를 지켜본 단다파니는 속으로 외쳤다. '저같이 훌륭한 젊은이와 내 딸이 부부가 된다면 얼마나 자랑스럽고 영광스러운 일인가. 하마터면 큰 보물을 잃는 큰 실수를 저지를 뻔했구나!'

단다파니는 대왕에게 사과하고 청혼을 받아들일 것을 오히려 간청하였다 한다.

부처님이 기원정사에 계실 때 담마루치가 찾아왔다. 부처님은 그에게 "참 오랜만에 보는구나." 하시고 반가이 맞이하시는 것이었다. 그러나 제자들은 처음 왔는데 왜 오랜만이라고 하시는지 궁금했다. 이를 알아차린 부처님께서는 그 연유를 말씀해 주셨다.

과거 수천 겁 전에 정광여래(定光如來)가 출현하셨을 때 일이다. '발마'라는 나라에 있는 '아냐달범지'에게는 뛰어난 제자 한 사람이 있었다. 그는 스승에게서 초술(超術)이라는 이름을 받고 수행하다가 스승의 허락을 받아 발마국에 들어가 학술강론을 하게 됐다. 그의 강론에 감동한 사람들이 많은 선물을 주었으나 그중 금 5백 냥을 받았다.

초술은 스승에게 돌아가려고 거리에 나오자 사람들이 길을 청소하고 깃발을 내거는 등 축제 분위기였다. 부처님이 오신다는 말에 꽃 공양을 하려고 있으나 그 나라 왕이 부처님께 혼자 꽃 공양을 올리려고 꽃을 사지도 팔지도 못하게 했다. 낭패스런 모습으로 서 있는 초술 앞에 선미(善味)라는 처녀가 꽃을 들고 지나가는 것이었다. 그에게 다가가 금 5백 냥을 줄 테니 꽃을 팔 것을 제의했다. 그러나 선미는 조건을 달았다.

"당신은 보기에 훌륭하신 분 같습니다. 만일 다음 생이라도 저와 부부의 연을 허락하신다면 이 꽃을 팔겠습니다."

"그러나 나와 부부가 되면 이별을 해야 할 것입니다. 수행을 하자면 집을 떠나야 하기 때문입니다."

"부부만 돼 주신다면 떠나는 것을 막지 않을 것이니 염려 마십시오."

초술은 선미에게 약속하고 푸른 연꽃 7송이 중 5송이를 얻었다(이 약속으로 5백 생 동안 부부가 됐다 한다). 꽃을 사서 정광왕여래가 오시는 길에 뿌렸다. 그런데 다른 사람이 뿌린 꽃은 땅에 떨어졌는데 초술이 던진 꽃은 부처님 머리 위에 떠서 맴도는 것이었다. 이 광경을 보시고 꽃길을 가시던 부처님은 걸음을 멈추시는 것이었다. 발이 진흙탕에 빠지기 때문이었다. 그때 초술은 재빨리 자신이 입고 있던 가죽옷과 머리를 풀어 진흙탕을 덮어 부처님을 지나가게 했다. 부처님은 초술의 갸륵한 마음가짐이나 수행공덕을 가상히 여기시고 91겁 뒤에는 석가모니라는 부처가 되리라고 수기를 주시었다.

여기까지 말씀하신 부처님은 그때의 초술은 지금의 나이며 선미는 야소다라이며 담마루치는 같이 공부하던 도반이었다고 과거의 인연을 들려주시었다.

부처님의 아들

앞에서의 일화대로 어렵사리 결혼하여 태자비가 된 야소다라는 아들을 낳아 기르면서 일찍 출가하여 아버지의 얼굴도 보지 못하고 자라나는 아들 라후라에게 수시로 성자(聖者)가 된 아버지의 존귀함을 들려주었다.

"라후라야, 너의 아버지는 성스럽고 고귀한 석가족 왕자님의 몸으로 누구도 이룰 수 없는 경지를 이루어 세상 모든 사람들의 이익을 위해 젊음을 바쳐 봉사하시는 분이며, 얼굴빛은 보름달처럼 빛

나고 아름다워 하늘 사람과 인간에게 더할 수 없는 존경과 사랑을
받은 분이다.

청아한 목소리는 부드럽고 희열에 넘쳐 듣는 사람들의 마음을 저
절로 감동케 하시고 항상 많은 제자와 사람들에게 둘러쌓여 애욕에
허덕이는 가엾은 중생들로 하여금 스스로 깨달음을 얻어 이고득락하
여 열반에 들 수 있는 가르침을 펴시는 분이다."라고 일깨워 주었다.

싯달타가 16세에 결혼하여 라후라가 탄생한 해인 29세에 출가하
였으므로 결혼 후 13년 만에 아들을 낳은 셈이다. 손자의 탄생 소
식을 학수고대하던 숫도다나 왕은 왕자 출생의 기쁜 소식을 듣고
흐뭇한 표정으로 아들에게 그 소식을 전했다고 한다.

그런데 라훌라의 출생에 얽힌 여러 가지 설이 있다. 그것은 남방
불교권의 전승과 북방 불교권의 전승의 차이에서 비롯된 것으로 심
지어 부처님이 성불한 날 밤에 라훌라가 태어났다는 경전의 기록이
있을 정도로 불합리한 것도 있다. 그런 까닭에 앞의 야소다라의 경
우와 같은 의문이 생길 수밖에 없다.

한 기록에는 대신이나 모든 사람들이 라훌라는 불종(佛種 : 부처님
종자), 즉 부처님의 아들이 아니라는 의문이 대두되자 숫도다나 왕
은 크게 상심하였으며, 만일 소문이 사실이라면 며느리인 태자비와
손자를 죽이고 자신도 자살할 결심을 하였다고 한다.

그러나 경솔한 행동을 취할 수 없어 한 가지 묘방을 생각해냈다.
잔인한 방법이지만, 손자를 목판 위에 싣고 돌을 매달아서 왕궁 연
못에 띄우는 것이었다. 만일 가라앉으면 내 손자가 아니고 돌만 가
라앉으면 내 손자가 틀림없다는 생각이었다. 결심을 한 숫도다나
왕은 여러 신하와 궁녀들 앞에서 자신의 생각대로 실천한 결과 다

행히도 돌만 가라앉고 어린 왕손은 아무 일이 없었다고 한다.

그런 우여곡절을 겪은 끝에 무사히 성장한 라훌라는 그의 나이 10세가 되었을 때 아버지인 부처님을 처음으로 만났으며 얼마 후 출가하여 불교사상 최초의 사미(沙彌)가 되었다.

그 후 라훌라는 친아버지며 스승인 부처님 밑에서 밀행제일(密行第一)의 수행자가 되었다. 밀행이란 밀교와 같은 비밀한 수행이 아니라 여러 계율을 세밀하게 지키고 잘 수행한다는 뜻이다.

물론 어린 시절 경솔한 언동으로 부처님이 소망어계(小妄語戒)를 만들기도 하였지만 철이 들면서 계율을 잘 지켰다. 일례로 <라운인욕경(羅雲忍辱經)>을 보면 한때 사리풋다 존자와 사위성으로 탁발을 나갔는데 동네 악동들이 사리풋다 발우에 모래를 집어넣고 라훌라의 머리를 때리는 행패를 부렸지만 아버지인 부처님의 가르침대로 조금도 흔들림 없이 잘 참았다고 한다. 또 그의 태도는 겸허하였다. 계율의 규정대로 구족계를 받지 않으면 비구가 아닌 사미이기 때문에 비구들과 동숙할 수 없어서 다른 장소(경전에는 변소라고 하였음)에서 혼자 자면서도 조금도 불평하지 않았다고 한다.

라훌라는 부처님이 열반에 드신 후에 지극한 효심을 발휘하였다는 기록이 있다. 현장법사가 부처님 입적지인 쿠시나가라를 참배하였을 때는 1,100여 년이 지나 변화하였던 옛 모습은 간데없고 황폐해진 사당뿐이었다. 그것을 본 현장 법사는 가슴이 아팠다고 한다. 그는 그때 그 지방에 오랫동안 살고 있는 한 분 브라만에게 깜짝 놀랄 이야기를 들었다.

"이곳에 이상한 비구승이 한 사람 있었습니다. 그는 옛날부터 부처님의 사리탑을 지키고 있었지만 아무도 그에 대한 내력을 알 길이 없었습니다. 하루는 그 비구에게 '스님은 어디서 왔으며 출신은 어디냐?'고 물은 즉 '예, 나는 이 탑 주인인 부처님의 아들 라훌라로 이 탑묘가 너무 황폐한 것을 보고 마음이 아파 이곳을 지킨 것이 오늘에 이르렀습니다. 금후 이 지방이 다시 번창해질 때까지 이곳을 지키고 있을 것입니다.'라는 말을 남기고 자취를 감추었다고 합니다."

라훌라는 부처님의 독자이면서 출가하였으며 인욕행과 계율을 잘 지키고 수행을 잘하여 아라한(阿羅漢)이 되어 존경을 받았다. 아라한이란 소승불교에서는 최상의 성자이며 처음에는 부처님을 일컫는 명칭이었으나 뒤에 부처님과 아라한을 구별하게 되었다.

샤카족에 관한 설화는 많다. 그중 부처님의 아들 라훌라의 이름에 대한 흥미로운 전설이 있다. 여하간 보통 사람들에게는 이해하기 어려운 점이 더 많다고 할 수 있다.

상식적으로 생각할 때 자신의 귀여운 아들에게 상서롭지 못한 이름인 라훌라라는 이름을 붙여 준다는 것은 상상할 수 없는 일이기 때문이다. 한역 경전에는 라훌라 또는 라호라(羅怙羅)로 되어 있다. 원뜻은 장애(障碍)라고 한다.

이만하면 더 이상의 설명이 필요 없을 것 같지만 궁금증을 풀어 주기 위하여 좀 더 자세히 설명해 보기로 한다. 부처님은 태자 시절부터 항상 명상에 잠겨 시간 가는 줄도 모르고 인간 문제에 대해 고민하는 일이 많았다. 특히 생사 문제의 해결 없이는 진정한 행복이 있을 수 없다는 생각은 그를 괴롭혔다.

이 같은 사고는 점점 사회적 향락에서 멀어져 조용한 명상에 들기를 좋아하는 성격으로 바뀌었고 결국 부왕도 이 사실을 알게 되

어 서둘러 결혼을 시켰던 것이다. 그 결과 아들을 낳았지만 태자로
서는 싫증을 느낀 결혼생활에서 아들을 낳았다는 소식을 듣는 순간
자신도 모르게 '오 라훌라(장애)!'라고 한탄하였던 것이다.

왕손의 탄생 소식을 학수고대하던 숫도다나 왕은 왕손 탄생의 기
쁜 소식을 전하라는 명을 내렸다. 그러나 태자의 입에서 기쁨 대신
장애가 생겼다고 한탄했다는 말을 듣고 잠시 생각을 가다듬은 후 그
렇다면 내 왕손의 이름을 라훌라로 명명하라는 분부를 내렸다. 이런
연유로 부처님의 아들인 라훌라의 이름이 탄생하게 되었다 한다.

고대 인도에는 가장 힘세고 용감한 인드라(뒤에 제석천이 됨) 신과
일식과 월식을 일으켰다는 '라후'라는 두 신이 있었다. 항상 불만을
품은 것은 악마 라후였다. 그도 그럴 것이 인드라에게는 불로불사
의 영약인 '아므리타(Amrta)'가 있는데 그는 그런 영약이 없기 때문
에 불안하였던 것이다.

신비의 영약을 먹으면 섦어지고 힘이 천하제일이 된다고 한다.
어떤 수단을 써서라도 그 신비의 영약을 훔쳐 먹어야 인드라를 이
길 수 있다고 라후는 생각하였다. 기회를 노리던 라후는 인드라가
외출한 틈을 타서 몰래 숨어 들어가 인드라가 비장해 두고 애음하
는 신비의 영약을 훔쳐 마시게 된다.

그때 마침 집으로 돌아온 인드라는 악마 라후가 자기의 영약을
훔쳐 마신 것을 알고 라후의 목을 단칼에 치고 말았다. 하지만 과연
신주(神酒)의 위력은 대단하였다.

인드라의 칼을 맞은 악마의 목이 공중에 떠돌다가 요령성(妖靈星)
이 되어 양약을 훔쳐 마신 것을 일러바친 해와 달을 원망하여 일식
과 월식을 일으켰다고 한다. 이것이 해와 달을 먹은 라후가 요령성

(요사스런 별)이 되었다는 전설이다.

7세기 중반경 인도의 소·대승불교를 거쳐 밀교가 성립하면서 라후도 태장계 만다라의 제일 바깥쪽 안에 들어가게 되어 불보살의 일원이 되었다.

부처님의 귀향과 일곱 왕자의 출가

부처님께서는 성도(成道)한 후 풍찬노숙을 하면서 형극의 고행을 마치고 또 여러 곳을 유행하면서 4년여 동안 포교 한 후 많은 제자들과 함께 고향인 카필라 성으로 금의환향하게 되었다. 그때 부왕을 비롯한 많은 사람들이 부처님을 열렬히 환영하였다.

카필라 성에 돌아온 부처님은 부왕과 대신, 바라문과 장자, 일반 백성을 상대로 자신이 깨달은 법을 가르쳐 주어 그들의 가슴에 신선한 새로운 길을 열어 주기 시작하였다. 이로 인해 카필라 성 안은 물론 나라 전체에 새로운 기류가 감돌기 시작하였다.

그런데 샤카족에게 일대 사건이 일어났다. 그것은 다름 아닌 왕자들의 출가 문제였다. 너나 할 것 없이 왕위를 포기하고 부처님의 제자가 되어 출가하겠다는 것이었다. 이렇게 되자 왕실에서는 후계자 문제로 파란이 야기되었다.

당시 왕위 계승자인 밧디야(Bhaddiya, 跋提)가 출가를 고집하므로 왕실은 당황하여 강경하게 반대하고 출가를 적극 저지하기로 하였다. 고민 끝에 밧디야는 7년간만 교단생활을 하고 돌아오겠다는 대안을 제시하였다. 그것마저 허락할 수 없다고 강하게 반대하자 어쩔 수 없이 그러면 5년만이라도 허락해 줄 것을 요청하였다. 이것도 저지되자 한 달을 요청하였다. 우여곡절 끝에 결국 7년이 7일간으로 단축, 승낙을 받았다. 밧디야는 할 수 없이 일곱 왕자들과 함께 7일간 수행을 하고 석별의 정을 나누며 궁중으로 돌아왔다.

출가가 결정된 일곱 왕자들은 자신들과 같이 출가하게 된 이발사 우팔리(Upali, 優波離) 문제를 논의하였다. 7일간의 수행 과정에서 왕자들은 교단의 규칙상 먼저 머리 깎은 사람이 상수인 윗사람 대우를 받게 된다는 사실을 알게 되었다. 부처님은 세속에서는 우팔리가 자신들의 종이었는데 출가 후에도 자신들이 우팔리의 위에 있으면 자만심이 생겨 수행에 지장이 올 것을 염려하였다. 그래서 우팔리의 머리를 먼저 깎아주고 우팔리에게서 순서대로 머리를 깎기로 하였다. 참으로 훌륭한 결정이었다. 이것은 부처님의 평등사상을 그대로 실천한 본보기로 높이 평가받을 만한 행동이었다.

부처님은 그들을 7일간 혼자 있도록 하였다. 그것은 7일간 혼자 지내면서 자신들이 과거 왕자였다는 생각을 완전히 잊게 한 다음 교단 규칙대로 기꺼이 수행할 것을 다짐받고 정식으로 제자로 받아들이기 위함이었다.

그 다음 부왕과 양모인 마하파자파티, 자신의 아내였던 야소다라비, 왕족과 귀족, 일반인 등 오백여 명이 재가신자로 귀의하거나 제자가 되었다. 왕후 마하파자파티와 야소다라 비는 여러 번의 거절에도 불구하고 아난다의 노력으로 결국 불교 교단의 첫 비구니가 되었다.

여기서 궁금한 것은 귀향 시기에 관한 문제이다. 어떤 경전에는 성도 직후 녹야원에서 첫 안거를 지내고, 우루벨라에서 3개월간, 또 라자가하에서 2개월간 머물고, 3개월에 걸쳐 카필라 성으로 돌아왔다고 한다. 그러나 <대방장엄경> 제7권에는 부처님이 6년간 수행하고, 성불한 6년 후에 부왕을 만났다고 기록되어 있다. 그러니까 12년 후인 셈이다. 또 성불한 후 10년 만에 만났다는 설도 있다. 결국 10여 년이란 세월 동안 가족들과 떨어져 지낸 것은 사실인 것 같다.

샤카족의 멸망

부처님 재세시에 강대국의 하나였던 코살라 국 파세나디 왕과 빔비사라 왕은 부처님의 큰 후원자들이다. 그러나 불행하게도 파세나디 왕의 대를 이은 비두다바(Vidudabha, 琉璃) 왕대에 이르러 엄청난 참극이 벌어졌다.

파세나디 왕은 미남 미녀가 많은 샤카족의 왕족이나 귀족의 미녀를 왕비로 삼기를 원하여 샤카족에게 청혼을 하였다. 그 청혼을 거절하기 어려웠던 샤카족들은 그 대안으로 왕족 마하나마(Mahanama, 摩訶男)와 그 하녀 사이에서 태어난 딸을 왕족이라고 속이고 코살라 국 왕비로 시집보냈다. 그 몸에서 태어난 아이가 바로 비두다바다. 그가 성장하면서 외갓집인 카필라 성에 갔을 때, 샤카족 사람들은 그를 천민의 자식이라고 경멸하고 모욕을 주었다. 그때 어린 왕자의 가슴에 원한의 싹이 심어졌던 것이다.

부왕인 파세나디 왕의 재세시에는 어쩔 수 없었지만 자신이 왕위에 오르자마자 군대를 동원하여 샤카족 정벌에 나섰다. 일설에는 파세나디 왕의 재위 중에 일어난 참사라 한다.

그때 부처님은 이미 노년에 접어든 시기였으나 자신의 조국이 멸망하는 것을 차마 보고만 있을 수 없어 비두다바의 군대가 진격해 오는 길목에 말라 죽어가는 니그로다 나무 옆 땡볕에 앉아 그들을 기다리고 있었다.

많은 군대를 이끌고 오던 비두다바는 나무 그늘을 마다하고 태양이 작열하는 땡볕에 앉아 있는 부처님을 발견하게 된다. 부왕인 파세나디 왕이 그토록 존경하던 위대한 부처님이 지금은 아주 늙은 노인이 되어 슬픈 모습으로 자신을 기다리고 있는 뜻을 직감한 비두다바는 부처님에게 정중히 예배하였다.

"부처님이시여! 어찌하여 그늘을 마다하고 이처럼 더운 불볕 밑에서 앉아 계십니까?"

"대왕이여! 동족이 없는 것은 그늘이 없는 것과 똑같습니다."

부처님이 이렇게 대답하자 비두다바는 군대를 그대로 철수하기를 세 번(일설에는 두 번)이나 반복하였다 한다. 그러나 어린 소년 가슴에 깊이 박힌 원한은 맹렬히 타오르는 복수의 불꽃이 되어 사그러질 줄 몰랐다. 참고 참아도 억제할 수 없어 네 번째 정벌에 올랐다.

만일 이번에도 부처님이 보이면 복수를 포기하고 그대로 되돌아갈 각오로 달려온 비두다바는 자신의 눈을 의심하였다. 이번에도 틀림없이 땡볕에서 자기를 기다리고 있을 줄 알았던 부처님의 모습이 보이지 않았다. 비두다바는 더 이상 망설일 이유가 없었다. 이제 비두다바에게는 걸릴 것이 없었다. 오직 복수의 일념뿐이었다.

밀물처럼 쳐들어간 비두다바의 군대는 군왕을 위시한 모든 백성을 가릴 것 없이 모조리 살육하였다. 갖가지 금·은·보석으로 호화롭게 꾸며 놓은 궁전은 삽시간에 불바다가 되었다. 마침내 카필라 성은 폐허가 되어 현재는 그 흔적조차 찾을 길이 없다.

이렇게 철저한 살육 속에서 천행으로 살아남은 두 그룹이 있었다. 그중 하나는 불가사의한 인연으로 살아남았다. 그것은 부처님의 가르침과 깊은 관계가 있다. 부처님은 망어, 즉 거짓말을 경계하였는데 이 가르침을 지키는 샤카족 사람들 목에 칼을 들이댄 병사들은 물었다.

"너희들은 샤카족이냐, 코살라 족이냐?"

만일 정직하게 샤카족이라고 대답하면 그 자리에서 죽임을 당하는 판이었다. 이 광경을 지켜본 샤카족의 한 장로는 너무나 참혹한 일이라고 생각한 나머지 한 방편을 생각해 냈다. 인도 사람에게는 예나 지금이나 즐겨 씹는 담배 풀이 있다. 이 풀은 이 앓는 데도 씹는다고 한다. 이것을 씹고 있으면 대답을 하지 않아도 거짓말이 되지 않는다는 것이다. 극소수이긴 하지만 그 씹는 담배 덕분에 살아남았다 한다.

하지만 안타깝게도 위대한 성자를 탄생시킨 샤카족은 인도 역사에서 완전히 사라져 버리고 말았다. 그런가 하면 참혹하게 샤카족을 멸망시킨 코살라 국 역시 머지않아 마가다국에 멸망당해서 마우리야 왕조의 일부가 되고 말았으니 너무나 정확한 인과응보라 하지 않을 수 없다.

부처님의 가르침

부처님의 가르침

부처님의 출가와 고행

부처님의 출가는 29세가 정설이지만 19세, 31세 설도 있다. 부처님은 비록 대국은 아니지만 사치권이 인정된 왕국의 태자로 태어나 아무 부족함이 없는 유복한 환경에서 곱게 성장한 사람이다. 왕위가 보장되어 있고 여러 사람의 선망의 대상으로 영광과 행복이 기다리고 있을 뿐이었다.

그러나 인간사 호사다마라는 말이 있듯이 항상 혈기왕성하고 패기만만한 싯달타에게도 우수와 고뇌의 그림자가 깃들기 시작하였다.

비단, 구도자나 사상가나 철학자가 아닌 누구라도 한두 번쯤은 쉽게 생각해 볼 수 있는 '인간이란 무엇인가' 하는 풀기 어려운 수수께끼에 싯달타도 빠져들게 된 것이다. 다시 말해 싯달타의 우수와 번민은 삶과 죽음에 대한 인간적인 고뇌며 생·노·병·사의 네 가지 고통을 초월해 보려는 시도였던 것이다.

이미 탄생 7일 만에 어머니와의 쓰라린 이별을 경험하였지만 부왕의 애틋한 보살핌은 그 같은 고뇌도 다 극복할 수 있었다. 그러나 알게 모르게 어머니에 대한 그리움이 있었을 것이고 호기심 많은 사춘기를 넘어서면서 형용할 수 없는 울적한 고적감은 아름다운 아내의 사랑도 어쩌지 못하여 번민의 늪에서 벗어나지 못하고 결국 출가를 생각하기에 이른 것이다.

그러나 싯달타의 경우는 보통의 평민과 같이 쉽게 출가할 수 있는 환경이 아니었다. 부모와 처자에 대한 의무와 책임은 차치하더라도 그는 장차 군왕이 되어 한 나라를 책임지고 모든 백성을 행복하게 해 주어야 할 의무가 있는 사람이었다. 이 같은 처지에서 자신의 의무와 책임을 포기하고 출가한다면 그에 상응한 대가로 왕위 계승권은 물론 부모와 처자와 백성과 재산 등 모두를 포기하는 이중, 삼중의 괴로움을 겪어야 했다.

이렇게 중대한 위치에 있던 싯달타가 모든 것을 다 버리고 혈혈단신으로 고행 길을 선택한 것은 요원의 불길처럼 훨훨 타오르는 삶에 대한 의문을 풀고자 하는 구도심의 발로였다. 진정한 삶의 진면목을 찾고자 하는 집요한 구도자의 염원이었다.

이 출가의 동기는 사문유관상(四門遊觀相)에서 비롯되었다고 할 수 있다. 세속 물정을 전혀 알지 못하고 궁중에서 행복하고 평화롭게 지내던 싯달타는 인간에게 늙고 병들고 죽어야 하는 고통이 있다는 사실을 알게 된다. 그는 1년이면 한 번씩 성대히 치러지는 농경제 행사에 참석하게 되어 지금까지 알지 못한 여러 가지 광경을 보고 들음으로써 마음속 깊은 곳에서 인간에 대한 의문이 서서히 싹트기 시작하였다. 연례행사인 농경제란 왕과 대신이 직접 논에 나아가

씨앗을 뿌리는 행사로서 그날은 전국적인 축제일로 왕궁을 호화롭게 장식하고 노예나 심부름꾼까지 향수 뿌린 새 옷과 꽃으로 곱게 단장한다. 그야말로 푸짐한 한마당 행사가 벌어지는 날이다.

왕이 씨앗을 뿌릴 장소에는 갖가지 농기구가 준비되는데 왕의 쟁기는 금으로 장식하고 소나 보습까지도 잘 꾸민다. 모든 것이 준비되면 왕은 왕자와 대신들을 거느리고 현장에 참석하여 왕은 금쟁기, 대신은 은쟁기, 평민들은 보통 쟁기로 밭을 간다. 우리나라의 권농일에 임금이 친히 나가 모를 심는 것과 같이 동양권 여러 나라들은 이러한 행사를 치른 것 같다.

싯달타는 부왕이 식전에 참석한 사이 시원한 잠부나무 그늘 아래 앉아 조용히 명상에 잠겼다. 한참 후 명상에서 깨어나 눈을 뜨는 순간 흙 속에서 기어 나오는 벌레가 갑자기 날아온 새에게 잡아먹히는 광경을 보았다. 아직까지 한 번도 이런 광경을 보지 못한 싯달타는 신기하고 무서웠다. 이번에는 벌레를 잡아먹은 새가 독수리에게 잡혀 먹히는 것을 보게 되었다. 이것을 보고 인생무상을 절감하였던 것이다.

다른 경전에는 아침나절 풀잎에 영롱하게 맺혔던 이슬이 태양이 떠오르자 자취를 감춘 것을 보고 모든 인간도 역시 나고 늙고 병들어 죽어 없어져야 하는 무상한 존재라는 것을 깨닫게 되었다고 한다.

어느 날 카필라 성 동쪽 성문을 나섰다가 한 노인을 만났는데 그는 그 자리에서 인간이 늙으면 추해진다는 사실을 알았다. 또 어느 날 남쪽 성문을 나섰다가 한 중병 환자를 보고는 병고의 고통을 알았다. 또 어느 날 죽은 사람의 행상을 보고는 인생의 무상함을 절실히 깨닫게 되었다. 그리고 마지막 북쪽 성문을 나섰다가 싯달타는 세속의 고뇌와 증오, 더러움 등 괴로움에서 벗어난 수행자를 만나 큰 감동을 받았다.

이와 같은 일을 겪은 싯달타는 부왕에게 늙고 병들고 죽음이 닥쳐오기 전에 출가할 뜻을 간청하게 되었다. 이 세상에서 생·노·병·사 문제는 인간으로 태어난 이상 도저히 피할 수 없는 가장 두려운 존재인 것이다.

우리는 스스로가 늙고 병들어 죽음을 피하지 못하는 존재인데도, 남이 늙고 병들어 죽어가는 모습을 보고는 자기와는 아무 상관없는 일이라고 생각하면서 어떻게 하면 남보다 더 잘 살고, 더 출세하고, 더 즐길 수 있을까 하는 생각만 하고 조금도 되돌아볼 줄 모르는 어리석은 인간들이다. 이런 현실을 정확히 파악한 싯달타는 출가의 뜻을 굳혔던 것이다.

또 이런 기록도 있다.

싯달타의 주위에는 품위 있고 아름다운 미녀들이 항상 그를 감싸고 있었다. 이것은 사색에 잠겨 있는 태자가 아시타 선인의 예언대로 출가할 것을 염려한 부왕의 배려였다.

후일 부처님의 말씀에 따르면 앞에서 언급한 대로 태자에게는 세 개의 궁전이 있었다. 겨울·여름 궁전과 우기(장마철) 3개월 동안을 지내는 궁전이 있었는데 그곳에서 태자는 여자 가무단에 둘러싸여 궁전 밖으로 나간 적이 없었다고 한다. 이것은 부왕이 미인계를 써서 태자의 마음을 잡아보려는 계획이었다.

그러던 어느 날 선녀같이 아름답던 악사와 무희들이 곤히 잠든 광경을 보게 되었다. 조금 전까지 발랄하고 청순하고 귀엽게만 보이던 그녀들이 이리저리 뒤엉켜 잠자는 모습은 참으로 꼴불견의 추한 모습이었다. 입을 벌리고 침을 질질 흘리는 모습, 이를 박박 가는 소리, 드르릉 드르릉 코 고는 소리, 횡설수설 시시덕거리며 잠꼬대 하는 소리, 젖가슴을 내놓은 모습, 심지어 허연 허벅지를 드러내놓은 모습을 본 순간 비위가 거슬리고 아찔한 혐오감을 느끼게 되었다고 한다. 언제나 아름답게만 보이던 그녀들이 어쩌면 저렇게도 추할 수 있을까 하는 생각에 온몸이 오싹하는 한기를 느꼈다 한다. 그 후 모든 것에 점점 흥미를 잃게 되었고 출가할 결심만 더욱더 강하게 굳혀갔다.

<불본행집경>, <사궁출가품>에는 여인들이 수면 중에 추태를 보인 것은 천인인 법행(法行)이 태자에게 무상함을 깨닫게 하기 위하여 신통력으로 일부러 그렇게 한 것이라는 기록이 있다.

수많은 날 동안 거듭 궁리하고 몸부림쳤지만 현실적인 문제인 부모와 처자, 특히 백성들이 자신에게 걸고 있는 희망이 무엇이라는 것을 잘 알고 있는 태자로서는 참으로 무거운 짐이 아닐 수 없었다. 그렇다고 포기하고 주저앉을 수도 없는 절박한 심정은 말할 수 없이 답답했다.

숫도다나 왕은 아들의 출가를 막기 위하여 필사적인 노력을 하였다. 성문을 굳게 닫고 500명의 힘으로도 움직일 수 없는 빗장을 채워 놓고 많은 미녀들로 하여금 아들의 마음을 회유하려 하였다. 그러나 세속 생활에 환멸을 느낀 태자의 마음을 도저히 돌이킬 수 없었다.

당시 인도의 정통 바라문교에서는 남자의 경우 7세가 되면 의무적으로 입문이 결정되며 세 가닥의 무명실을 꼬아 만든 성삭(聖索)이란 것을 준다. 그 다음 스승으로부터 여러 가지 규칙과 베다와 각종 성전을 학습해야 한다. 이 과정을 마치면 범행의 계를 잘 지킨 자는 스승의 허락을 받아 집으로 돌아가 재산을 모으고 결혼하여 가장으로서의 의무를 다하면서 살게 된다. 그 후 머리가 희어지고 대를 이을 아들이 생기면 모든 재산과 아내를 아들에게 맡기고 혼자서 혹은 아내와 함께 숲 속으로 들어가 아주 간소하게 살면서 수행을 쌓는다. 마지막으로 세속의 집착을 버리기 위하여 숲을 떠나 홀로 유행(遊行 : 떠돌이)생활을 하면서 일생을 마치는 것을 최상의 이상적인 삶이라 생각한다. 이것은 <마누법전>에 기록되어 있으며 인도에는 지금도 이런 생활을 하는 사람이 많다.

마우리야 왕조 시대에는 능력의 유무를 막론하고 부모, 처자, 미성년의 형제, 홀로 사는 과부를 부양하지 않는 사람에게는 벌금을 부과하였으며 처자에게 재산을 나누어 주지 않고 편력하는 자에게도 무거운 벌금을 물렸다.

싯달타의 경우는 결혼해서 대를 이을 아들도 있고 가족에 대한 장래 걱정도 없지만 다만 백성에게는 미안한 감이 없지 않았다. 그러나 태자의 출가는 부왕과 야소다라에게는 큰 충격이었고 대신과 일반 백성들에게도 큰 슬픔이었다. 하지만 어려운 처지임에도 싯달타는 부모와 처자, 찬란한 왕관까지 모두 버리고 한밤중을 틈타 노비인 찬타카에게 미리 대기시켜 놓으라 했던 백마를 타고 카필라 성을 탈출하였다.

싯달타는 몸에 걸쳤던 보석들을 찬타카에게 풀어 주면서 일렀다.

"아버지에게 전해다오. 이 아들을 믿어 달라고. 내가 언젠가 다시 돌아올 때는 늙음과 죽음의 정복자가 되어 돌아올 것이니 그때까지 평안하게 지내시라고 전해다오."

찬타카와 헤어진 태자는 칠흑 같은 머리와 수염을 깎고 가사를 걸친 채 유랑자가 되어 갠지스강을 건너 훌륭한 종교가와 사상가가 많은 마가다국으로 갔다고 기록되어 있다.

마가다국의 수도 라자가하에서 걸식하고 있을 때 빔비사라 왕이 우연히 싯달타의 모습을 발견하게 되었다. '저 수행자는 누구일까? 마치 신(神)과 같이 성스러운 모습을 하고 있지 않은가? 한번 만나 봐야겠구나.' 빔비사라 왕은 신하에게 그의 처소를 수소문하여 단신으로 그를 찾아갔다.

"당신을 만나게 되어 매우 기쁘오. 외람된 말이지만 아무도 없는 이런 곳에서 왜 고행을 하는지요. 지금부터 바라는 모든 것을 채워 드릴 터이니 저의 궁전으로 같이 가는 것이 어떻소."

싯달타는 조용히 대답하였다.

"저는 고행자입니다. 모든 것을 다 버리고 세속을 떠나온 몸입니다. 더 이상 무엇이 필요하겠습니까?"

"그러나 당신은 젊고 당당하고 유능해 보입니다. 당신 같은 분은 모든 부와 권세와 명예와 쾌락을 다 차지할 수 있습니다."

"대왕이여, 저는 이미 그런 관능적인 쾌락과는 아무 상관이 없는 몸입니다."

"그게 무슨 말씀이오? 도무지 이해가 되지 않습니다."

"대왕이여, 저는 이 세상의 모든 것이 다 헛되다는 것을 잘 알고 있습니다. 대왕의 젊음이나 영화도 잠시일 뿐이며 삶 자체가 일시적인 현상에 지나지 않습니다. 그런 무상한 것에 집착하고 연연할 것이 못 됩니다."

"그렇다면 이 세상에 대한 하등의 욕망도 없다는 뜻입니까?"

"그렇습니다. 이 세상에 존재하는 것은 무엇 하나 영원한 것이 없기 때문입니다. 무상하고 유한한 삶 속에서 인간들은 왜 괴로워해야 합니까? 그 괴로움의 원인은 무엇입니까? 그 괴로움의 싹은 자신의 욕망이 채워지지 않는 데서 비롯되는 것이 아닙니까? 인간은 누구나 젊음이 영원하기를 바랍니다. 그러나 그렇게 되지 않습니다. 또 부와 권세를 누리고 싶어 합니다. 그러나 그것 역시 뜻대로 되지 않습니다. 자신의 욕망을 충족시키기 위하여 남을 해롭게하고 강탈하고 남의 평화와 행복을 짓밟습니다. 이 같은 현상이 계속 되풀이되어 왔습니다. 이것은 독과 같은 욕망 때문입니다. 그 욕망을 버리지 않는 한 앞으로도 영원히 윤회의 굴레에서 벗어나지 못할 것입니다. 대왕이여, 이 몸은 기필코 이 세상 모든 존재들이 평화와 자유 속에서 제각기 나름대로의 행복을 누릴 수 있는 그 법(최고의 진리)을 기필코 발견해야 할 의무가 있는 몸입니다. 그렇기때문에 청을 들어 드릴 수가 없습니다."

"당신은 걸식하고 자신만을 위한 고행자라고 생각했었습니다. 그런데 이처럼 훌륭하고 지혜로운 생각을 지녔다니 최고의 예경으로 존경합니다. 당신의 신분과 출신국을 알고 싶습니다."

"대왕이여 저는 카필라국 출신이며 숫도다나 왕이 저의 아버지입니다."

"아, 이럴수가! 그렇게 귀한 신분임을 몰라보고 어리석은 행동을 저질러 부끄럽습니다. 이 사람의 허물을 이해해 주십시오 언젠가 당신의 큰 소망이 이루어지는 날 이 몸에게 꼭 그 가르침을 일러주십시오"

대왕은 싯달타에게 사과한 후 세 번 절하고 궁으로 돌아갔다. 이것이 빔비사라 왕과의 첫 대면이었다.

두 스승과의 만남

싯달타는 출가하기 전 궁중생활을 하면서도 꾸준히 수행하여 초선(初禪), 즉 욕계의 미혹을 초월하여 색계(色界)에 태어나는 네 단계 중 첫 단계의 경지에 이르렀다고 한다. 싯달타는 빈다 산맥에서 많은 제자를 가르치고 있던 뛰어난 고행승인 알라라 칼라마의 제자가 되었다. 그는 많은 제자들에게 금욕과 고행을 가르쳤는데 가는 곳마다 사람들의 마음을 끄는 매혹적인 힘이 있었다. 싯달타는 이곳에서 무소유처정(無所有處定 : 아무것도 존재하지 않는다는 체험의 경지)에 도달하기 위한 선정을 배웠다. 얼마 가지 않아 수많은 제자 중 가장 뛰어난 제자가 되었다.

어느 날 스승으로부터 제안을 받게 되었다.

"그대는 내가 아는 진리를 다 알고 있다. 이제부터 그대는 나와 함께 제자들을 가르치자."

그러나 싯달타는 깊은 생각에 잠겨 있을 뿐이었다. '나의 스승이 가르치고 있는 것이 진실한 진리인가. 그의 가르침이 진실로 해탈의 경지로 이끌 수 있을까. 진정한 깨달음을 얻을 수 있는 것인가.'

이런 끊임없는 고뇌 끝에 얻은 결론은 부정적이었다.

싯달타는 스승에게 당신의 가르침으로는 최고의 정각(正覺)에 이를 수 있는 길을 찾지 못할 것이라는 이유를 들어 정중히 사양하고 그곳을 떠났다.

다음은 웃다카 라마풋타에게서 비상비비상처정(非想非非想處定), 즉 무소유처정보다 더욱 미묘한 경지까지 도달하는 선정을 배웠지만 역시 만족하지 못하고 또다시 떠났다.

비상비비상처정의 선정에 들면 마음이 완전히 고요해지고 진리와 일체가 된 것 같은 생각이 든다. 그러나 선정에서 깨어나면 다시 일상의 동요하는 마음으로 되돌아온다. 이것은 존재 세계의 최정상(표상이 있는 것도 아니고 없는 것도 아닌 삼매의 경지)인 가르침이지만 싯달타에게는 자신의 목표가 아니기 때문에 그곳을 떠났다고 한다.

불교의 세계관에서는 사람이 죽어 윤회하는 세계를 욕계(欲界)·색계(色界)·무색계(無色界)의 셋으로 분류한다.

욕계란 제일 아래에 있고 음욕과 식욕과 수면욕이 왕성한 중생들이 사는 세계이다. 욕계는 지옥·아귀·축생·아수라(阿修羅)·인(人)·천(天)의 육도(六道) 또는 육취(六趣)라 하고 이를 육욕천(六欲天)이라고도 한다. 우리가 사는 세계는 육도 중 다섯 번째인 인계(人界)에 해당한다.

색계란 욕계 위에 있고 수행의 힘으로 음욕과 식욕이 없어진 중생이 사는 곳이다. 이곳은 절묘한 색(色 : 물질)으로 이루어졌기 때문에 색계라 하고 4선정을 닦아 욕심이 없어진 청정한 세계이며 사선천(四禪天)이라 한다. 이것을 초선천(3천), 2선천(3천), 3선천(3천), 4선천(8천 내지 9천)으로 나누며 17천 혹은 18천으로도 나눈다.

무색계란 최상의 영역으로 물질을 완전히 초월한 정신만이 존재하는 최고도의 정신세계를 말한다. 물질을 싫어하며 사무색정(四無色定)을 닦는 자만이 태어나는 곳이다. 그러나 여기도 수명의 한계가 있는 세계인 천계(天界)에 속한다. 사무색처란 공무변처·식무변처·무소유처·비상비비상처를 말하며 최고처인 비상비비상처는 유정천(有頂天)이라고도 한다. 유정천이란 존재세계의 최정상이란 뜻

이다. 여기서 말하는 두 가지 선정은 원시불교 교리의 사무색정에
포함되는데 이로 미루어 보아 이 수행방법이 불교 이전부터 존재했
음을 알 수 있다.

유영굴(留影窟)의 전설

인도인은 원래부터 고행 그 자체를 수행으로 보는 특징을 가진
국민들이며 세계에서 그 유례가 없을 정도의 다양한 고행 방법을
창출해 내는 천재성을 가진 민족이라 하겠다.

고행의 원어 타파스(Tapas)는 '열'을 뜻한다. 인도인들은 고행을
실천하면 신체에 열이 축적되어 그 열의 힘으로 자신의 목적이 성
취된다고 생각하였다. 그 근거는 가장 강력한 세력을 가진 우뢰신
인 인드라의 고행에 의하여 성력(聖力)을 얻었다는 <리그베다>의
기록에 의한 것이다. 후에 힌두교에서는 최고 원리인 브라만의 고
행으로 열이 발생하여 우주와 모든 세계가 생겼다는 창조설을 만들
었다. 아마 이 창조설이 기독교에 영향을 미쳤는지도 모른다. 그만
큼 인도의 고행사상은 철저한 것이고 고행에 얽힌 전설은 수없이
다양하고 많다.

부처님 역시 두 스승을 떠나 고행을 위해 숲으로 들어갔다. 다음
은 <안반수의경(安般守意經)> 첫머리에 나오는 구절이다.

"먼저 부처님께서 지월국에 계실 때 안반수의(호흡법)를 90일간
행하셨다. 안반은 입식과 출식(들이마시는 숨과 내쉬는 숨)을 뜻한다."

이것으로 볼 때 부처님의 고행은 호흡법, 즉 요가행부터 시작되었음을 알 수 있다.

요가란 둘을 하나로 동여매는 것을 뜻한다. 어떤 목적을 위하여 마음을 끌어매는 힘을 집중하는 것으로 그 목적은 명상에 의해서 적정의 신비경에 들어가 절대자와 합일을 실현하는 것이다. 그러므로 요가는 두뇌나 심정으로만 되는 것이 아니라 육체 전부를 바치지 않으면 안 된다. 그 방법에는 두 가지가 있다. 하나는 좌선행(坐禪行)이고 다른 하나는 역근행(易筋行)이다.

역근행을 현대의 체조 같은 것으로 알고 있지만 실은 그렇지 않다. 부처님의 28대 법손인 보리달마(菩提達摩)가 남인도에서 중국까지 불법을 전하였는데 불법(좌선법)뿐만 아니라 부처님께 전수받은 호흡법과 역근행인 권법을 소림사 제자들에게 전해 주었다. 일정시간 동안 숨을 멈추고 정신을 집중시키는 지식선(止息禪)은 오히려 부처님을 괴롭혔다. 지식선은 혈액 부조를 일으킨다는 사실을 뒤늦게 깨닫고 <안반수의경>에 강력히 경고하였다. 또 코와 입으로 드나드는 숨을 차단하고 귀로 공기를 통하는 방법도 큰 피해만 입고 중지하였다고 한다.

부처님의 또 다른 고행은 절식과 단식이다. 절식은 하루에 보리와 삼씨 한 알로 연명하는 것이고 단식이란 10일이나 15일 동안 음식을 조금도 먹지 않는 것이다.

몸은 대부분 알몸이었으며 음식은 야채와 생쌀·참깨가루·풀·열매·떨어진 과일만 먹었고 물고기·고기·술은 먹지 않았다. 옷은 삼옷이나 나무껍질만 걸쳤으며 누구의 식사 초대도 거절하였다. 잠은 항상 남이 보이지 않는 숲 속 묘지에서 해골과 함께 잤다. 때

로는 세속적인 남녀간의 쾌락에 마음이 흐려지기도 하고 현재생활
이 과연 정당한가 생각하기도 하였다. 이런 여러 가지 유혹과 의문
과 미혹과 공포 등이 악마 파순의 모습으로 나타나 부처님을 회유,
희롱하는 것이었다. 또한 이 고통을 참고 수행하는 목적에 대한 회
의 또한 만만치 않았다.

　이 같은 정신적인 고통과 갈등 속에서 몸은 80세 노인처럼 등이
휘어 걷지 못하고 네 발로 기어야 했으며 앉으려면 뒤로 벌렁 나자
빠지는 지경에 이르게 되었다. 3세기경 작품으로 간다라 지방에서
출토된 고행 상을 보면 두 눈이 푹 패이고 가슴뼈나 혈관이 피부
위로 솟아오른 처참한 모습이다. 이와 같이 부처님의 격렬한 고행
은 인류 역사상 전무후무한 대표적인 인간의 진리 탐구에 대한 위
대한 승리의 표본이라 할 수 있다. 경전의 기록에 의하면 부처님의
몸은 피골이 상접하였고 얼굴이 잿빛으로 변했지만 그래도 깨닫지
못하였다 한다.

　극한 상황에서 6년을 보낸 부처님은 육체적 고행만으로는 도저히
올바른 지혜를 얻지 못한다는 것을 깨닫고 일단 고행을 포기하기로
하였다. 그러나 다시 '만일 내가 여기서 고행을 포기한다면 그것은
원래 나의 목적을 포기하는 것과 같다. 다른 방법을 모색하여 다시
수행해야겠다.'고 결심하고 장소를 옮기기로 하였다. 그리하여 찾아
간 곳이 뒷날 전정각산(前正覺山)이라 불리게 된 곳이다. 전정각산이
란 부처님이 깨닫기 전에 수행하던 산이란 뜻이며 이 산은 붓다가
야에서 보이는 산이다.

　부처님은 한 동굴을 발견하고, 그곳에서 깨달음을 이루어야겠다

는 생각으로 최후의 고행처라 결심하고 좌선을 시작하였다. 그러나 웬일인지 산이 갑자기 요란스럽게 진동하기 시작했다. 부처님이 이상한 생각이 들어 망설이고 있을 때, 하늘에서 그 장소는 그대의 수행처가 아니니 저 산기슭에 있는 마을로 가서 수행을 완성하라는 소리가 들렸다. 전정각산에는 옛날부터 한 마리의 용이 살고 있었다. 용이 생각하기를 부처님이 이곳에서 깨달음을 얻는다면 이 산에서 깨달은 인연으로 자신도 구제받을 수 있을 것이라고 즐거워하였는데 부처님이 그곳을 떠나려 하자 부처님 앞에서 슬피 울면서 만일 이 곳을 떠나시려거든 이곳에 머물렀다는 기념으로 동굴 안에 그 모습이라도 남겨 달라고 간청하였다.

부처님은 쾌히 승낙하고 동굴 안에다 자기의 그림자를 남겨 놓고 떠났다. 그 후 이 굴을 유영굴(留影窟), 즉 그림자가 머물러 있는 굴이라 불렀다. 뒷날 신심이 돈독한 사람이 찾아오자 굴속에 부처님의 모습이 되살아났다는 전설이 있다.

4세기경 <불국기(佛國記)>의 저자 법현 스님이 이곳을 찾았을 때 부처님의 그림자를 친견하였다 한다. 그러나 7세기경 그 전설을 듣고 찾아간 현장법사는 그림자를 보지 못하였다고 한다.

현장법사의 기록에는 아소카 왕이 건립한 스투파(Stupa : 塔)에 관한 것과 산 위에는 벽돌을 쌓은 탑 터가 7개가 남아있고 그 앞으로는 모하나 강과 네란자라(尼蓮禪河)가 있는데 그 건너편에 성도한 곳인 붓다가야가 있다.

부처님의 성도

전정각산에 그림자를 남겨 놓은 부처님은 네란자라를 건너 바라문 촌의 우루벨라 마을을 찾아가 핍팔라수(보리수) 밑에서 마지막 선정에 들게 되었다.

<중아함경>이나 다른 기록에는 우루벨라 마을은 울창한 산림, 잔잔히 흐르는 강, 잘 쌓은 제방, 네 곳의 부유한 촌락이 보이는 좋은 지역이라 전한다.

부처님은 이곳에 호감이 갔던 것 같다. 그러기에 성도하려 노력하고 애쓰는 수행자들이 수행하기에 참으로 적합한 곳이라고 찬탄하셨다 한다. 뒷날 이곳을 고행림(苦行林)이라 불렀다. 다른 기록에는 원래 고행한 곳을 고행림이라 한 곳도 있다.

6년 고행 중 여기서 처음으로 바라문 촌장의 딸 수자타(Sujata)라는 소녀에게 유미(乳味, 우유죽)를 공양 받았다. 우유죽이란 쌀죽에 우유와 꿀을 넣은 음식을 말한다. 이것은 불교 성립 이전의 인도 고전에 잣죽과 함께 언급되어 있고 <불본행집경>에도 자세히 기록되어 있다.

우유죽을 만드는 방법은, 먼저 600두에서 짠 소젖을 300두의 소에게 먹이고, 다시 300두의 소젖을 150두의 소에게, 150두의 소젖을 60두, 60두의 소젖을 30두의 소에게 먹인 젖을 정제한 우유를 제호(醍醐)라고 하는데 이 제호를 가장 좋은 갈분과 함께 큰 가마솥에 붓고 미음같이 끓인 것을 우유죽이라 한다.

굶주린 사람에게는 한 모금 물이 그대로 감로수이듯이 6년간 말로 표현할 수 없는 고행으로 지친 몸을 제대로 가눌 수 없었던 부처님에게 수자타가 바친 우유죽은 생명수와 다름이 없었을 것이다. 부처님은 비로소 기력을 회복하여 네란자라에서 몸을 깨끗하게 씻고 강가 언덕 위에 서 있는 보리수 아래에 한 다발의 길상초를 깔고 앉아 선정에 들기 전, '내가 진리를 깨닫기 전에는 결코 이 자리를 뜨지 않겠노라'고 굳게 결심하였다 한다.

다른 기록에는 부처님이 네란자라 강가에서 수자타가 바친 우유죽을 마시고 강물에 목욕하고 그 물을 마시는 것을 보고 부처님을 따르던 다섯 사람의 수행자들은 고타마는 타락하여 고행을 포기하였다면서 떠나고 말았다

그러나 600두의 소젖으로 정제한 제호는 싯달타에게 새로운 삶의 원동력이 되었음이 분명하다. 이로 인해 포기하려 했던 수행을 다시 시작할 의욕이 용솟음쳤던 것이다. 또한 우루벨라 마을 사람들이 앞 다투어 만들어 놓은 보리수 나무 밑의 금강좌는 보다 평안한 보좌가 되어 불퇴전의 각오로 깨달음을 향한 대장정에 오를 수 있었다. 싯달타는 수자타와 마을 사람들의 공양으로 수행을 계속할 수 있게 된 것을 감사하게 생각하였다 한다.

<아함경>에는 부처님이 21일간의 선정 중에 알라라 카라마 선인의 음성도 들었고, 악마 파순의 위협과 유혹이 있었다고 기록하고 있다. 악마는 바람과 폭우를 내리게 하는가 하면 뜨거운 숯덩이를 던지는 등 위협을 가했고 미녀들로 변신하여 갖은 교태를 부리면서 끈질기게 유혹하였다고 한다.

경전에 의하면 마왕 파순은 부드러운 말로, "세상에 목숨처럼 소중한 것은 없소. 목숨이 있어야만 종교의 수행도 할 수 있소. 당신

의 고행 방법으로는 천에 하나 성공할 가망이 없을 것이오.

마음은 억제한다거나 번뇌망상을 없앤다는 것은 애초부터 무리한 일이었소. 그런 무모한 짓을 그만두도록 하시오. 훨씬 즐겁고 좋은 방법이 얼마든지 있지 않소. 바라문과 같이 불을 섬기고 재물을 바치면 얼마든지 공덕이 쌓일 것이오."라고 말하였다.

이 같은 마왕의 유혹에, "마왕이여, 내가 구하는 것은 단순한 이익이 아니다. 목숨은 언젠가 죽음으로 끝나는 것, 나는 죽음을 두려워하지 않는다. 오직 고행을 계속하면 육체나 피는 말라버리지만 내 마음만은 항상 고요히 가라앉는다. 의욕과 노력과 정신통일이 내게는 갖추어져 있다. 그 위에 지혜도 있다. 헛되이 사는 것보다는 모든 사람을 위해 끝까지 정진하겠다. 그러니 썩 물러가라."고 하였다.

싯달타의 단호한 질책에 마왕은 "어떠한 일이 있어도 기필코 도를 이루지 못하도록 하겠다."고 하였다. 그러나 싯달타는 지혜의 의지력으로 그들을 물리쳤다. 마왕이 생각하기를 '그렇다면 그의 아버지를 괴롭힐 수밖에 없다'면서 미녀로 가장하여 정반왕을 찾아가 말했다.

"당신의 아들은 지난밤에 이미 숨이 끊어졌습니다."

숫도다나 왕은 절망적인 아들의 소식을 듣고 하늘이 무너지고 땅이 꺼지는 듯한 허망함과 함께 비통에 빠져 말문을 잃었다가 얼마 후 이렇게 울부짖고는 기절하고 말았다고 한다.

"내 아들은 이제 전륜성왕이나 성자가 되기는 틀렸단 말인가? 어찌하다가 그 지경에 이르게 되었단 말이냐? 가죽과 뼈와 근육이 서로 뒤엉켜 간신히 육체를 지탱할 뿐 목숨이 오늘 밤이나 내일까지 연명할지 모르겠다던 찬타카의 말이 행여나 거짓말이기를 바랬는데 이럴 수가, 너무나 원통하고 분하구나.”

　그러나 얼마 후 싯달타가 머물던 보리수에 살고 있던 신이 크게 환희하면서 만다라 꽃을 가지고 숫도다나 왕을 찾아와 일러주었다.

　“대왕이시여! 대왕의 아드님이 드디어 도를 이루어 부처님이 되었으니 즐거워하소서. 모든 마왕은 사방으로 흩어지고 오색광명은 천지를 빛내고 있습니다.”

　숫도다나 왕이 정신을 가다듬고 말하였다.

　“어떤 천사가 나에게 말하기를 ‘당신의 아들은 이미 죽었노라’고 하였는데 도대체 누구의 말을 믿어야 하는가?”

　나무의 신이 말했다.

　“제 말은 조금도 거짓이 없습니다. 당신의 아들이 죽었다는 말은 마왕이 질투하여 조작한 말일 뿐 진실이 아닙니다.”

　그때 천과 용과 모든 신이 공중에서 꽃과 향을 공양하면서 숫도다나 왕에게 축가를 부르는 것이었다. 숫도다나 왕은 그 노랫소리를 듣고서야 그때까지의 모든 괴로움에서 벗어났다고 한다. 그때 아우인 드로노다나에게서 득남하였다는 기쁜 소식이 왔다. 숫도다나 왕은 그 전갈을 듣고 마음에 환희심을 느끼면서 “오늘은 참으로 기쁘고 좋은 날이로구나.” 하고 시종에게 그 아이의 이름을 환희(阿難)라고 할 것을 분부하였다는 일화가 있다.

　어쨌든 부처님은 악마의 온갖 유혹과 방해에도 불구하고 조금의 동요도 없이 정진하여 길을 발견하고 마침내 깨달음을 얻었다. 그 순간 마왕은 땅에 엎드려 굴복하였고 대지는 여섯 갈래로 진동하였으며 찬란한 광명이 온 세상을 비추니 태양과 달도 그 빛을 잃었다고 한다. 마침내 이 지구상에 처음으로 새 진리를 발견한 성인, 부처님에 의해 불교라는 종교가 탄생하게 된 것이다. 그날이 바로 12월 8일 새벽, 동틀 무렵인 여명이었다고 한다. 남방 불교에서는 베사카 월(月), 인도력으로는 다섯째 달 보름날로 계산한다. 한국·중국·일본은 12월 8일로 정하였다.

불교의 창시자를 석가모니불(釋迦牟尼佛)이라 하는데, 석가란 석가족의 사람, 모니(牟尼)는 선인(仙人 : 원시불교 성전의 게송에는 부처님을 자주 선인이라 하였다. 중국 도교의 신선과는 다르다) 또는 성인, 불(佛)은 깨달은 사람이란 뜻이다. 중국에서는 석가를 능인(能仁), 모니를 적묵(寂默), 불(佛)을 전지전능(全知全能), 인(仁)을 자비(慈悲) 등으로 번역하였다.

예로부터 부처님의 성도를 항마성도라 한다. 마(魔)란 악마나 욕계를 지배하는 제6천의 마왕뿐만 아니라 성도를 방해하는 모든 번뇌나 장애를 말한다. 즉 악마를 항복시키고 깨달음을 이루었다는 뜻이다. 도고마성(道高魔盛), 즉 도가 높아지면 마(장애) 또한 성해진다는 뜻과 같이 깨달음이 가까워지자 갖가지 번뇌가 부처님을 위협하고 유혹한 것이 사실일 것이다. 이것은 성불 후에도 여러 번 위협한 증거로도 알 수 있다.

그러면 부처님은 과연 무엇을 깨달았는가. 부처님은 깨달은 직후 이렇게 찬탄하였다고 한다. "참으로 기이하고 기이하도다! 천지 만물이 처음부터 부처의 묘상(妙相)을 갖추고 있구나!"라고.

이것이 '일체중생 실유불성(一切衆生 悉有佛性)', 즉 세상 만물은 모두 부처가 될 성품을 갖추고 있음을 천명한 것이다. 불성이란 부처가 될 수 있는 가능성이란 뜻이다. 다시 말하면 불성이란 배고프면 먹고 싶고 졸리면 자고 싶듯, 보고, 듣고, 좋고, 싫고, 즐겁고, 슬픈 것을 알아차리는 것이 바로 불성인 것이다.

이 얼마나 평범한 진리인가. 그런데도 억지로 어렵게 생각하려는 것이 일종의 병폐라 하겠다.

<아함경>에는 부처님이 깨달은 진리에 대해 여러 설명이 있는데 특히 삼법인(三法印 혹은 四法印)을 들 수 있다. 제행무상(諸行無常)· 제법무아(諸法無我)·열반적정(涅槃寂靜)이 삼법인으로 모든 것은 변천하여 실체가 없고 오직 인연에 의해 이루어졌기 때문에 '나'라는 존재가 없다는 것이다. 열반은 편안한 경지다. 여기에 일체개고(一切皆苦 : 모든 것이 다 괴롭다)를 합하면 사법인이 된다.

이중 순수하게 부처님이 발견한 것은 제법무아(諸法無我), 즉 세상 만물은 인연에 의해서 생하는 것이므로 '나'라는 실체(진실의 본체)가 없다는 진리다. 제행무상과 열반적정은 부처님 이전에 성립된 '우파니샤드'에 있기 때문에 결국 부처님이 발견한 진리(법)의 핵심은 제법무아라고 보아야 한다.

부처님은 어리석고 미혹한 중생들에게 진리를 깨우쳐 주기 위해 45년간 포교활동을 하였다. 이것은 자기희생인 이타정신(利他精神)의 발로로서 부처님의 위대한 자비사상을 웅변하는 것이라 하겠다. 다른 기록을 보면 고집멸도(苦集滅道)의 사성제를 깨달았다는 설과 무명(無明)·행(行)·식(識) 등 십이인연(十二因緣) 또는 사선삼명(四禪三明 : 번뇌를 끊고 모든 공덕을 발생시키는 색계 네 단계의 근본선정. 第一禪, 第二禪, 第三禪, 第四禪과 깨달음을 통하여 얻게 되는 세 가지 밝음, 즉 宿住智證明, 死生智證明, 漏盡智證明을 말한다)을 깨달아 부처님이 되었다는 설도 있다. 또, 하루 저녁을 초야·중야·후야로 삼등분하여 초야에는 사선정을 깨달았고, 다음은 삼명육통(三明六通)의 경지

에 들어가 정신이 뚜렷해졌고, 날이 밝아오는 새벽녘에 사제·십이
인연·팔정도를 깨달았다고도 한다.

그런데 왜 하필 12월 8일 새벽에 반짝이는 별을 보고 깨달았을
까, 그것은 무엇을 상징하는 것일까 하는 의문이 생긴다.

새벽별은 곧 날이 밝아 오는 것을 뜻한다. 날이 밝으면 찬란한 태
양이 솟아오르고 세상 만물이 제각각의 모습을 뚜렷하게 나타내면서
하루가 시작된다. 이것은 무명의 미혹 속에서 갈팡질팡 헤매는 중생
들을 괴로움이 없는 낙원으로 이끌어 준다는 뜻으로 볼 수 있다.

반대로 어두운 긴 밤인 무명장야란 아무런 희망도 없이 어두운
삶에 시달리면서 육도를 윤회하는 중생들의 괴로운 삶을 비유한 말
이다.

부처님이 세상의 모든 영화를 버리고 고행을 감행한 목적은 생사
고해에서 방황하는 중생들에게 괴로움이 없는 열반의 세계로 인도
하고자 함이었다.

앞에 열거한 사제·십이인연·팔정도는 다음에 설명하기로 하고
여기서는 삼명육통만 설명하기로 해본다.

삼명(三明)은 숙명명(宿命明)·천안명(天眼明)·누진명(漏盡明), 육통
(六通)은 신족통(神足通)·천안통(天眼通)·천이통(天耳通)·타심통(他心
通)·숙명통(宿命通)·누진통(漏盡通) 등의 여섯 가지 초인적 능력을
말한다.

- 신족통 : 자유롭게 가고 싶은 곳에 갈 수 있는 능력
- 천안통 : 자신은 물론 타인의 미래사를 훤히 볼 수 있는 능력
- 천이통 : 보통 사람이 들을 수 없는 소리까지 들을 수 있는 능력

· 타심통 : 타인의 마음을 훤히 꿰뚫어 보는 능력
· 숙명통 : 자기와 타인의 과거세의 일을 다 아는 능력
· 누진통 : 번뇌를 다 끊어 없애는 능력

숙명명은 숙세(전생)의 인연을 알고 자타의 잘못을 알아 상견(常見)을 고치는 능력이다. 상견이란 세계는 상주불변하며 다른 사람은 죽어도 나는 영원히 불변한다고 집착하는 잘못된 견해를 말한다.

천안명은 미래의 과보를 알고 자타의 미래를 알아 단견(斷見)을 고치는 능력이다. 단견이란 세상이나 자기의 단멸을 주장하고 인과의 이법(진리)을 인정하지 않는다. 또한 사람은 한 번 죽으면 다시 태어나지 않는다고 생각하여 선악과 과보를 무시하는 잘못된 견해를 말한다.

누진명은 번뇌가 다하여 얻어지는 지혜로 현재의 번뇌를 다 끊고 잘못된 사견(邪見)을 고치는 능력이다.

세속에서는 흔히 신통이라 하면 신출귀몰하는 일종의 요술로 잘못 생각하고 있다. 하지만 불교의 신통이란 요술이 아니라 오랜 수행에서 저절로 이루어지는 초인적인 능력을 말한다.

삼명육통 중 앞의 다섯은 누구라도 수행하면 얻을 수 있지만 마지막 누진지증통(漏盡智證通), 즉 누진통은 성인만이 얻을 수 있는 최고의 경지이다. 삼명육통을 말할 경우 누진통을 포함할 때는 통(通)이지만 삼명에 속할 때는 명(明)이 된다.

참고로 말하면 아미타불의 48원 중 제10원에 누진지통원이 있다. 극락세계에 왕생할 사람은 누진지를 얻기를 서원한다는 뜻이며 속득누진원(速得漏盡願)과 같은 말이다.

부처님의 첫 설법

부처님이 설법을 망설인 이유

　초기 경전에 의하면 부처님은 자신이 깨달은 경지를 스스로 즐기며 묵묵히 있었다고 한다. 이것은 자수법락(自受法樂)이라 표현한다. 그 기간은 경전에 따라 7~35일로 잡는다.

　과거불, 즉 지난 시대에 출현하였던 부처님 중에는 깨닫고 난 후 중생을 위한 이타행을 하지 않고 그대로 열반에 들어 버린 일이 있는데 그를 벽지불(辟支佛)이라 한다. 벽지불이란 스승 없이 법을 깨달아 그 체험을 남에게 설하지 않고 홀로 법락을 즐기다가 그대로 열반한 부처님을 말한다.

　대승불교 시대가 되면 부처님의 가르침을 듣고 오랜 세월 동안 수행하여 아라한의 경지에 도달한 성자를 성문(聲聞)이라 하고, 십이 인연이나 다른 연(緣)에 의해서 깨달음을 얻은 성자를 연각(緣覺)이라 하고 이들을 이승(二乘)이라 한다. 절에는 5백 나한과 16나한전이 있다. 이 16분 나한은 이 사바세계에 같이 머물면서 불법을 수호하기를 서원한 분들이다.

　중국·한국·일본 불교의 해석에 의하면 스스로 깨달아 생사고해를 해탈한 경지에 이르렀으나 설법이나 교단을 조직하지 않고 오직 시자들에게만 신통을 나타내 보이기만 하는 성자가 있다. 우리나라의 경우 빈두로(賓頭盧) 존자인 나반존자(那般尊者)가 유명하다. 독각이란 스승 없이 홀로 수행하여 깨달은 성자라는 뜻이다. 대승불교에서는 성문·연각·독각 등을 소승이라 폄하하였다.

그러면 부처님이 설법을 주저한 이유와 설법을 결심한 동기는 무엇인가.

누구나 큰일을 달성하고 나면 마음이 공허해진다. 부처님 역시 인생의 최고 목적을 천신만고 끝에 달성하고 나니 다른 사람들과 같이 공허감에 빠졌을 것이다. 하지만 이보다는 자신이 깨달은 법이 너무나 심오하고 어려워 감히 누가 이해할 수 있을까 하는 생각이 더 컸다고 한다. 그렇지만 그간 여러 사람의 보살핌으로 어려운 고행을 무사히 끝마쳤고 범천권청(梵天勸請)이 주효하여 결국 중생 교화를 결심하기에 이른다.

만일 이 같은 결정이 없었다면 이 지구상에 불교라는 종교가 탄생하지 않았음은 물론이거니와 부처님 역시 이름 없는 벽지불이 되었을지도 모를 일이다. 그래서 <법화경>, <방편품>에는 "내가 이 사바세계에 온 것은 일대사인연(一大事因緣) 때문이다."라고 갈파하셨다. 일대사인연이란 부처님이 이 세상에 출현하는 가장 중요한 인연으로 중생 구제를 위한 큰 일 때문이라는 뜻이다.

범천권청이란 부처님이 깨닫고 난 후 설법할 것을 주저하고 있을 때 범천이 하늘에서 간곡히 설법하시기를 청하였음을 말한다.

"부처님이시여, 당신이 얻은 깨달음은 참으로 훌륭하고 위대하십니다. 그러므로 많은 사람들을 구원할 수 있을 것입니다. 그러니 위대한 깨달음을 혼자 즐기지 마시고, 원컨대 모든 중생들에게 널리 가르침을 펴 주십시오."

부처님이 범천의 권청을 받아들인 것은 당신이 얻은 깨달음을 모든 사람들이 공유할 수 있게 된 획기적인 사건이라 할 수 있다. 이런 신화적인 사실은 뒷날 간다라 미술의 좋은 소재가 되었다.

범천의 권청을 받아들인 부처님은 설법 대상자를 물색하기에 이른다. 처음 생각한 대상자는 첫 스승이었던 알라라 칼라마와 웃다카 라마풋타였다. 그런 이들은 이미 이 세상에 없었다. 그러자 고행하던 시절 함께 수행했던 다섯 사람에게 법을 설하기로 하였다. 그들은 붓다가야(성불한 곳)에서 약 200km나 떨어진 바라나시의 녹야원(鹿野苑)에 있었다. 교통수단이 불편했던 당시로는 꽤나 먼 거리였다. 어느 경전에는 10여 일 이상 걸렸다고 한다.

현재 부처님의 초전법륜지(初轉法輪地 : 처음으로 법을 설한 곳)인 녹야원은 유적지로 지정되어 있다. 그리고 그곳에는 아소카 왕이 세운 석주가 있다. 법륜이 새겨진 사자 석두는 매우 훌륭하고 힘찬 조각품으로서 독립 인도의 문장(紋章)이 되었으며, 훌륭하고 귀중한 역사적 유물이 되었다.

초전법륜과 다섯 제자

율장(律藏)에는 다음과 같은 기록이 있다.

부처님은 정각(正覺)을 이룬 후 첫 7일이 지나 선정에서 깨어났다. 둘째 7일 동안 아자팔라 니그로다 나무 아래에서 법락을 즐기고 있을 때 오만한 바라문 한 사람이 찾아왔다. 부처님은 이 사람을 교화하였다. 셋째 7일에는 무차린다 나무 아래에서 결가부좌하고 해탈의 법락을 즐기고 있었다. 그때 그 나무의 주인인 무차린다 용왕이 부처님에게 교화를 받고 귀의하였다. 넷째 7일에는 라자야타나 나무 아래에서 결가부좌한 채 타풋사(Tapussa)와 발리카(Bhallika)라는 두 상인을 교화시켰다.

부처님은 첫 7일간 보리수 아래에서 자수법락을 즐겼지만 2, 3, 4주 동안은 해탈의 경지에서 제삼자인 다른 사람들을 교화하였다. 이미 타수법락(他受法樂 : 자신이 깨달은 법을 중생들에게 깨우쳐 주고자 함) 을 실행한 것이다.

타수법락의 경지를 생각할 때 제2, 3, 4주 선정 중에 세 곳에서 교화하였다는 것은 대단히 중요한 사실이다. 만일 자수법락(자리)만 을 즐기고 타수법락(이타)을 행하지 않았다면 그들을 제자로 받아들 이지 못했을 것이다. 그들은 부처님의 교화를 받았으니 당연히 제자 인 셈이다.

그러나 이 부분에 대한 의문이 있다. 그것은 그들이 부처님의 최 초의 제자임은 물론이지만 부처님이 행한 설법 여부는 알려지지 않 았기 때문이다.

부처님에게 초밀환(보리를 찧어서 가루를 만들어 꿀에 버무린 음식) 을 공양한 두 상인이 나란히 서서 부처님을 향하여 간청하였다.

"스승이시여, 원하옵니다. 저희들을 위하여 초밀환을 받으시고 저 희들이 오랫동안 안락하고 이익을 얻도록 하여 주십시오."

부처님이 초밀환의 공양을 마치고 발우와 발을 씻으시는 것을 지 켜본 후 두 상인이 말했다.

"저희들은 스승과 그 가르침(법)에 귀의하겠습니다."

"불과 법에 대하여 이귀의(二歸依)를 외우겠습니다."

"스승님! 저희들을 우바새(優婆塞 : 재가신자)로 받아주십시오."

"오늘부터 생이 다할 때까지 일심으로 귀의하여 받들어 모시겠습 니다."

귀의란 귀명(歸命)이라고도 한다. 신앙적인 측면에서 절대의 믿음을 나타내며 진심으로 공경하고 의지한다는 뜻이다.

율장에는 네 명의 제자들이 부처님에게 음식을 바쳤고 부처님은 그저 결가부좌한 채 그들의 절을 받았다고 한다. 이것은 무언(無言) 설법을 하고 음식 공양을 받는 부처님과 제자들의 자세를 묘사한 것이다.

사람들은 그 모습만 보고서도 우리와 다른 그 무엇인가를 가지고 있는 사람일 것이라고 생각하게 되는 경우가 있다. 이것이 종교인이 말하는 생멸변화를 초월한 무엇인가에 대한 존경심의 표출이라 하겠으며 이 점이 종교와 철학의 차이점이라 할 수 있다.

철학이란 한마디로 말하자면 시종 개인의 내적 생명, 즉 삶의 보람에 대한 탐구에 그친다. 그렇지만 종교, 특히 불교의 경우 최종 목적은 제삼자와의 관계에 있어서 자신이 깨달은 법(진리)을 조금도 숨김없이 있는 그대로 펼쳐 보여 그들 스스로가 깨달음에 이르도록 하는 것이다. 이점이 불교와 다른 종교와의 큰 차이점이라 할 수 있다. 부처님이 10일 이상 걸려 녹야원까지 가서 옛 도반이었던 다섯 사람을 설법의 대상자로 선택한 이유는 그들이라면 자신이 깨달은 법을 쉽게 이해하리라는 생각에서였다.

부처님이 왜 바라나시를 첫 설법 장소로 택하였는지 생각해 볼 필요가 있다. 인도에서 가장 오래된 종교 도시인 바라나시 가까운 곳에 신선이 사는 곳이라는 녹야원이 있다. 이곳은 종교의 선전장 같은 역할을 하는 곳이기 때문에 녹야원에서의 첫 설법은 그 당시 인도의 정신계나 사상계에 미칠 영향이 대단히 클 것이라는 점을 감안한 선택이었다고 볼 수 있다. 즉 당시 인도에는 앞에서 설명한 육사외도(六師外道 : 부처님 당시의 여러 가지 철학. 종교 사상들을 원시불교 경전에서는 62종으로 분류하였다. 그 대표적인 사상가를 말함)와 62견과 363명의 사상가와 95종의 논사가 있었기 때문에 부처님은 자신의 활동무대가 필요했던 것이다.

　부처님은 녹야원에서의 첫 설법인 초전법륜으로 콘단냐 등 다섯 사람을 상대로 사제·십이인연·팔정도·중도(中道) 등의 정리된 법을 설하기 전에 내 몸이나 우주는 공(空)한 것이며 무상한 것이며 모든 것은 오온(五蘊)의 집합체라는 것을 밝혔다. 또 오온이 다 공(空)하므로 무상하고 무상하기 때문에 영원한 것은 없다고 설한 후, 인생에 얽힌 제반 사항의 해결 방법으로 고(苦)·집(集)·멸(滅)·도(道)라는 네 가지 진리, 즉 사성제를 가르쳤다.

　오온의 온(蘊)은 집적, 즉 모으는 것, 그러니까 우리들 존재를 포함한 모든 존재를 다섯 가지의 모임으로 이루어진 것이라는 견해다. 오온이란 불교에서 물질과 정신을 다섯 가지로 분류한 것으로 색(色)은 물질, 수(受)·상(想)·행(行)·식(識)은 정신을 말한다. 수는 감수 작용으로 감각, 단순 감정을 말한다. 상은 마음에 떠오르는 표상 작용(이미지)이다. 행은 의지 혹은 충동적 욕구에 해당하는 마음의 작용, 즉 잠재적 형성력으로 수·상 외의 마음 작용 모두를 일컫는다. 식은 인식·식별 작용으로 구별하여 아는 것을 말한다. 다시 말하면 물질적인 색과 정신적인 수·상·행·식의 다섯 가지 외에 독립된 나(我)는 없다는 것을 말한다.

　첫 가르침을 듣고 바로 깨달은 사람은 콘단냐(kondanna)였고 첫 제자가 되었다. 그 후 앗사지(assaja)·마하나마(mahanama)·밧디야(bhaddjya)·밥파(vappa) 등의 네 사람도 부처님의 가르침을 듣고 깨달은 후 제자가 되었다.

불교에서는 부처님의 가르침을 여러 곳으로 전파하는 것을 수레바퀴에 비유하였는데 부처님의 최초의 설법도 법(진리)의 바퀴를 처음 굴린다는 뜻에서 초전법륜이라 하였다.

초전법륜의 '법륜'은 고대 인도에서는 우주의 바퀴를 범천의 바퀴(브라마나 차크라)라고 하여 이 법륜을 돌리는 자는 신(神) 가운데서 최고신이라 생각하였다. 지상에서 최고의 이상적인 왕은 7개의 귀중한 보물을 가졌는데 그중의 하나인 '윤보(輪寶)를 굴리는 자'라는 뜻에서 전륜성왕(轉輪聖王 : 왕 중의 왕)이라 하였다.

그들은 부처님의 가르침을 성실히 수행하면서 앞에서 말한 오온·무아, 즉 우리들의 존재와 모든 것은 다섯 가지 색·수·상·행·식이 모여 이루어졌기 때문에 무아며, '나'라는 실체는 없다는 설법을 듣고서 곧 아라한(阿羅漢)의 경지에 올라 수행의 완성자가 되었다.

그 당시 인도에서는 존경받을 만한 수행자를 아라한이라 하였다. 자이나교는 지금도 그렇게 부른다. 소승불교에서는 최고의 성자인 부처님도 아라한이라 하였으나 후에 부처님과 아라한을 구별하였고 불제자가 도달한 최고의 지위로 삼았다. 더 이상 배울 것이 없어 무학이라고도 한다.

첫 제자가 되기 전에 콘단냐 등 다섯 사람은 멀리서 부처님이 다가오는 것을 보고 서로 이렇게 다짐하였다.

"저기 오는 사람이 고타마(부처님)가 아닌가. 저 사람은 수행을 포기하고 여자에게 공양을 받은 자다. 그러니 가까이와도 먼저 말을 걸지 말자."

그러나 막상 부처님이 가까이 다가오는 순간 부처님의 위용에 눌려 서로 앞 다투어 다가가 발 씻을 물을 준비하거나 앉을 자리를 마련해 놓고 설법해 주기를 기다렸다고 <구사론>에 기록되어 있다.

교단의 성립과 포교활동

부처님은 녹야원에서 초전법륜으로 콘단냐 등 다섯 사람의 제자를 만들었고 이어서 바라나시의 부유한 장자의 아들인 야사를 교화하여 출가시켰다.

야사의 청소년 시절과 출가 전후의 사정은 부처님의 경우와 비슷하였다는 기록이 있다. 야사가 출가한 지 얼마 후 야사의 친구 네 사람과 다른 50명도 출가하여 아라한이 되어 교단은 차츰 기반을 굳혀 나갔다. 그런 중에 야사의 부모와 처 등이 우바새(남자 신도), 우바이(여자 신도)인 재가신자가 되었다. 교단의 구성은 남자 수행승인 비구, 여자 수행승인 비구니, 남자 재가신자인 우바새, 여자 재가신자인 우바이 등으로 이를 사부대중이라 불렀다. 이로써 인도에서 유사 이래 처음으로 불교 교단인 승가(僧伽)가 성립하게 되었다.

승가란 중(衆 : 무리) 또는 화합중(和合衆)이라고 번역되며 그 구성원은 세 사람 내지 다섯 사람의 비구가 모여 수행하는 집단을 말한다. 비구란 밥을 비는 사람, 즉 걸식인, 걸사(乞士)라는 뜻이다. 원래는 바라문교에서 편력 수행승을 비구라고 하였는데 불교가 탄생한 후 모든 종교에서 탁발 수행자를 비구라고 하였다. 특히 불교에서는 계율의 체계가 확정된 시대부터 출가 득도하여 구족계를 받은 남자의 호칭으로 쓰이게 되었다.

구족계는 250계를 말하지만 일정하지 않다. 그리고 비구는 안으로는 불법을 빌어 마음을 기르고 밖으로는 밥을 빌어 육신을 기른다. 또 악을 없애고 무명의 어리석음을 죽인다. 비구라는 말에는 마군을 항복받는 등 다섯 가지의 뜻이 있다.

승가란 고대 인도에서는 정치적으로는 공화국, 상업적으로는 조합을 의미하였는데 불교에서 그 명칭과 운영 방법 및 조직을 따왔다고 한다. 그리고 초기 출가 수행승들은 나무 밑이나 동굴 속에서 거주하다가 차츰 교단이 발전함에 따라 승원인 정사(精舍)가 건립되면서 정사에서 공동생활을 하게 되었다. 정사는 도시나 촌락에서 너무 멀지도 않고 너무 가깝지도 않은 곳을 선택하였다. 그것은 너무 멀면 탁발하기에 불편하고 너무 가까우면 시끄럽기도 하고 유혹이 많아 수행에 지장이 있기 때문이다.

수행승은 경제 활동을 하지 않았다. 그들의 소지품은 탁발을 위한 발우와 세 벌의 옷과 손칼, 이쑤시개로 한정되었다. 일과는 오전에는 독송·탁발, 오후는 단식·선정 및 부처님이나 장로(長老 : 현재 우리 불교에서는 별로 쓰이지 않는 단어다. 오히려 집사·권사 하는 식으로 기독교의 한 계급으로 알려져 있지만 장로는 어디까지나 불교에서 나온 말이다. 上座·上首 등이라고도 불리는 이 말은 학덕이 높고 존경받는 高僧의 총칭이다)의 설법을 듣는 것 등이었다.

부처님이 세속에 사는 모든 사람들을 위하여 제자들에게 포교 활동을 하도록 하였다. "비구들이여, 유행(遊行 : 수행승이 중생의 교화와 자기 수행을 위하여 여행하는 것)하라. 중생의 애민과 안락을 위하여 신들과 인간의 이익과 애정과 평화를 위하여 두 사람이 한 길을 가지 마라. 처음도 좋고 중간도 좋고 끝도 좋은, 도리에 맞고 이론이 정연한 법을 펴도록 하라."

부처님이 포교 활동을 떠나는 제자들에게 제일 먼저 설교한 것은 보시·계율·생천에 관한 것이었다. 즉, 시론(施論)·계론(戒論)·생천론(生天論)을 순서대로 설법할 것을 가르쳤다.

시는 보시를 뜻하며 재시(財施)·법시(法施)·무외시(無畏施) 등 세 가지가 있다.

계는 계율을 뜻하며 자율·타율의 질서와 교단 화합의 의의를 강조하는 불교 도덕의 총칭이다.

생천은 하늘에 태어난다는 것으로 일상적인 생활을 도덕에 입각하여 올바른 선을 행하면 사후에 하늘에 태어날 수 있다고 한다. 오사생인중(五事生人衆), 즉 보시·지계·인욕·정진·충효의 다섯 가지를 수행하면 인간 세상에 태어난다는 생인중론도 있다. 이런 생각은 당시 인도인에게 보편적인 것이었다.

천은 천계(天界), 하늘의 세계 등 고대 인도인이 생각한 신들을 뜻하였다. 하늘은 중국적 표현으로 신들은 대개 천상에 살지만 공중이나 지상에 사는 신들도 있으며 초인적인 힘을 가지고 있다고 믿어지는 귀신, 자연의 이법도 신이라는 종교적 의의를 갖게 되었다. 지금도 하늘(天)을 신격화한 종교들이 많이 있다. 또 만유(萬有)의 지배자로 생각하는 사람도 있다.

초기 불교에서는 교의(敎義)의 중심이 열반에 도달하는 것이었으나 재가신자에 대해서는 주로 생천의 가르침을 폈다. 능력대로 보시를 행하고 도덕적인 삶을 살면 죽어서 하늘에 태어난다고 생각한 것이다.

천사상은 불교의 독자적인 것이 아니라 당시 인도인의 일반적인 신앙이었던 것을 불교에서 받아들인 것이다. 다만, 불교에서는 어디엔가 공간적으로 존재하는 하늘(天)을 생각한 것이 아니고 절대의 경지를 '천'이라는 말을 빌려서 표현하였을 뿐인데 일반 민중은 속신, 즉 세속적 믿음대로 사후의 이상향으로 믿었다.

천사상은 여러 가지 위계로 나누어지게 된다. 범부 중생들이 생사윤회하는 세계를 욕계(欲界)·색계(色界)·무색계(無色界)로 나누었고 이 삼계 중 욕계 6천, 색계 18천, 무색계 4천, 합 28천 등 여러 개의 천으로 분류하였다.

욕계 6천 중 제2천인 유명한 도리천(忉利天 : 일명 33천이라 번역)에 세계의 중심이 되는 수미산(須彌山)이 있고, 그 정상에 있는 희견성(喜見城)에 제석천(帝釋天 : 인도 우에다 신화에서 가장 유력한 신, 후에 불교에 귀의한 호법신, 제석이란 모든 신들의 왕이란 뜻)의 천궁이 있다. 정상의 동서남북 사방 네 봉우리마다 8천이 있어서 32천, 도리천과 합하여 33천이 된다.

후세 대승불교의 정토 신앙은 여기에서 발달한 사상이다. 정토도 절대의 경지를 표현한 것이며 피안(彼岸)이란 완성을 의미한 말이었으나 천의 경우와 마찬가지로 일반 민중에게는 사후의 이상향으로 받아들여졌다.

이것은 일반인들이 납득하기 쉽고 실천하기 쉬운 것으로 시작하여 점차적으로 포교의 영역을 넓혀 나가려는 의도적인 교화 방법이었다고 볼 수 있다.

부처님의 교단에 두 사람의 바라문 출신이 있었다. 그런데 다른 비구들이 자기들 출신 지방 사투리로 스승의 가르침을 말하는 것을 듣고 그것은 성스러운 스승의 가르침을 더럽히는 것이라고 생각하고 부처님에게 그들이 산스크리트 어로 포교하고 설법하도록 해달라고 건의하였다. 그러나 부처님은 그들의 요청을 즉석에서 물리치고 어떤 언어든 청중들이 쉽게 알아들을 수 있는 말로 설법해야 한다고 가르쳤다. 더 많은 사람들에게 참된 진리를 보다 쉽게 전해야 한다는 것이 부처님의 생각이었다.

사람들의 능력에 맞도록 설법하는 방법을 대기설법(對機說法) 또는 수기설법(隨機說法)이라고도 한다. 말하자면 의사가 환자의 병세에 비유한 응병여약(應病與藥)의 수법이다. 다음의 두 가지 이야기는 대기설법의 좋은 예가 될 것이다.

키사고타미라는 여인이 있었다. 그녀는 갑자기 죽은 아들의 시체를 끌어안고 온 마을을 돌아다니면서 죽은 아들을 살려달라고 애원하였다. 그러다 부처님을 찾아뵙고는 죽은 자신의 아들을 살려달라고 애원하였다. 그러자 부처님께서는 그 여인에게 아들을 살려줄 테니 사람이 한 번도 죽지 않은 집에 가서 겨자씨 몇 알만 구해 오라고 하였다. 그녀는 부처님의 말씀을 듣고 이집저집 온 동네를 다 돌아 다녔지만 어느 한 집도 사람이 한 번도 죽지 않은 집이 없음을 깨닫고 지친 몸으로 부처님에게로 돌아왔다. 부처님께서는 피로에 지친 그 여인을 잠시 쉬게 한 후 조용히 말씀하셨다.

"이 세상 모든 것은 무상하다. 한 번 태어난 것이 없어지는 것은 당연한 이치다. 아무리 위대한 신이나 성자라도 죽은 사람을 되살려 내지 못한다. 그대의 아들도 역시 이 진리에 따랐을 뿐이다. 어느 누구도 이 법을 어길 수 없다."

묵묵히 설법을 듣던 여인은 밝은 표정으로 부처님에게 귀의할 뜻을 간청하였고 부처님은 그녀의 뜻대로 출가를 허락하였다.

거문고의 비유로 유명한 장자의 아들 소나(二十億耳)라는 젊은이가 부처님에게 귀의하였다. 그런데 지나친 정진 끝에 몸을 상할 정도였지만 생각한 대로 깨달음을 얻지 못하자 수행을 포기하고 환속할 결심을 하게 되었다. 이를 알게 된 부처님은 소나에게 이렇게 타일렀다.

"거문고의 줄은 너무 세게 매거나 너무 느슨하게 매면 결코 제대로 된 소리가 나지 않는다. 줄을 적당히 조여야 좋은 소리가 나는 것과 같이 너무 지나치거나 나태하면 정각을 얻을 수 없다."

부처님은 이렇게 설법 대상자의 처지와 능력에 따라 다양하게 설법하였다. 그것은 어떤 사람에게는 꼭 필요한 교리지만 다른 사람에게는 그렇지 않는 것도 있기 때문이며 아무리 훌륭하고 좋은 설법이라도 듣는 사람이 이해하고 따르지 않으면 헛수고요, 그림의 떡이기 때문이다. 부처님은 이처럼 핵심을 파고드는 정공법을 쓰기도 하고 때로는 완곡한 표현으로 풍부한 비유법을 사용했기 때문에 듣는 사람들이 감동하였으며, 마음이 흡족하여 스스로 편안함을 얻을 수 있었다.

이런 방법으로 여러 곳을 유행하면서 군왕을 비롯하여 바라문·사문·장자·유행자·상인·천민·부녀자 등 여러 계층을 총망라하여 모든 사람들을 상대로 가르침을 펴나갔다. 그리고 시대의 흐름에 따라 교리도 차츰 정비되고 발전하였다.

부처님의 정각의 핵심은 단적으로 표현한 제행무상·제법무아·일체개고가 원래의 삼법인(三法印)이었는데 여기에 '열반적정'의 사법인으로 확대되기도 했고 모든 것은 괴로움이라는 일체개고(一切皆苦) 대신 괴로움의 극복은 마음의 안정, 즉 선정에 의해서 얻어지는 지혜에 의해서 이루어진다는 점을 강조하기 위하여 '열반적정'으로 대체하는 변화를 보이기도 했다. 계·정·혜의 삼학과 팔정도, 그리고 육바라밀에서도 선정사상이 뚜렷이 반영되어 있음을 볼 수 있다.

이런 변화 속에서 의도와의 논쟁도 적극적인 방법으로 대응해 나갔다. 당시 빔비사라 왕의 절대적인 보호와 존경을 받고 가장 많은 제자를 거느리고 명성을 날리던 캇사파(迦葉) 삼형제(십대 제자인 마하 캇사파와 다른 인물임)를 교화하는 과정에서 그들과 신통력의 대결이 있었음을 경전에서 찾아 볼 수 있다.

캇사파 삼형제는 원래 머리를 땋고 불을 숭배하는 수행으로 해탈을 얻고자 하는 사화외도(事火外道), 즉 불을 섬기는 외도들이었다.

부처님과 격렬한 신통력 대결에서 대패한 맏형인 우루벨라 캇사파는 부처님에게 귀의하여 머리를 깎고 의식용 도구 일체를 강물에 던져 버렸다. 당시 우루벨라 캇사파에게는 500명의 제자가 있었는데 그들도 모두 부처님의 제자가 되었다. 강 아래쪽에서 수행하고 있던 아우인 나디(那提) 캇사파와 가야(伽耶) 캇사파는 강물에 떠내려오는 의식 도구를 보고 형이 개종한 사실을 알고는 자기들이 거느리고 있던 250명의 제자와 함께 부처님의 제자가 되었다.

이어서 사리풋타와 목갈라나도 250명의 제자를 이끌고 부처님에게 귀의하자 이 사실을 알게 된 불가지론자(不可知論者)인 스승 산자야는 울분을 참지 못하고 자살하였다 한다.

그 후 여러 이교도들이 부처님에게 귀의하고자 찾아왔으나 부처님은 그들의 스승들에게 공양할 것을 권하고 그들을 만류하여 돌려

보냈다 한다.

캇사파 삼형제가 부처님의 제자가 된 후 그들을 존경하고 따르던 빔비사라 왕이 부처님의 제자가 되었고 왕은 라자가하 북쪽 교외에 불교 사상 처음으로 죽림정사(竹林精舍)라는 불교 사원을 건립하여 시주하는 등 적극적인 불교 외호자가 되었다. 빔비사라 왕의 부하인 8만 촌장들 역시 부처님에게 귀의해 옴으로써 영취산에는 많은 사람들이 모여들어 부처님의 가르침을 들었다.

그러나 카스트 제도가 확고한 기반을 이루고 있었고 여러 잡다한 종교가 난립해 있었기 때문에 부처님의 포교에는 여러 가지 어려움이 많았다.

하루는 부처님이 많은 청중들을 모아놓고 설법하고 있는데 친차라는 젊은 여인이 나타나 나무 대야를 감아 임신한 것 같이 불룩하게 튀어나온 배를 가리키면서 이렇게 울부짖었다.

"당신은 나를 이렇게 임신시켜 놓고도 양심의 가책을 느끼지도 않는지요? 내 걱정은 조금도 하지 않고 왜 옷이나 먹을 것조차 주지 않습니까? 뻔뻔스럽게도 나를 유혹하던 수법으로 다른 사람을 꼬이려고 갖은 수단을 다 쓰는 것을 내가 다 알고 있어요. 그러고도 사문이라 할 수 있나요?"

그때 그곳에 있던 500명이나 되는 바라문들이 일제히 손을 흔들며 소리 높여 부처님을 맹렬히 비난했다.

"그와 같고 그와 같다. 우리들이 다 알고 있다."

그러나 부처님은 조금도 흔들림 없이 태연하게 본연의 모습으로 조용히 앉아 계셨다. 한바탕 소란이 지나간 후, 그녀의 행동이 거짓이었음이 폭로되자 대지는 크게 진동하고 제천들은 부처님께 꽃 공양을 올리며 그의 높은 덕을 찬양하였다. 그러나 부처님께서는 여전히 담담할 뿐 어떠한 변화도 보이시지 않았다 한다.

귀의의식

부처님은 성불한 후 먼저 다섯 사람의 제자를 만들었고 그 후 야사(耶舍)와 많은 사람들이 제자 되기를 간청하여 출가하였다. 그런데 궁금한 것은 어떠한 절차와 의식을 갖추었는가 하는 점이다. 기록에 의하면 먼저 머리와 수염을 깎고 계를 받은 후 속복(俗服)을 벗고 황색 옷을 입음으로써 출가자인 비구가 되었다. 재가신자는 속복을 입은 채 다음과 같이 삼귀의를 외우면 재가신자가 되었다.

"오늘부터 계를 지키고 목숨이 다할 때까지 불·법·승에 귀의하겠습니다."

비구는 수행에 전념하는 것이 목적이었으나 재가신자는 속가에 살면서 비구 교단에 음식과 의복 등 경제적 뒷받침을 해주는 역할을 담당하였다. 이로써 비구·비구니·우바새·우바이 등 사부대중(四部大衆)을 갖춘 교단이 성립하게 되었다.

이렇게 교단이 성립된 후 많은 제자가 배출되었다. 그중 부처님과 밀접한 관계가 있는 사람 가운데 빼놓을 수 없는 여인들이 있다. 첫째는 싯달타가 고행림(苦行林)에서 고행하던 시절, 천민 출신으로 죽을 때가 다 되자 버려진 한 노파가 있었다. 마침 헐벗은 몸으로 고골관(枯骨觀)을 행하고 있는 사문을 보고는 감탄하여 자신이 걸치고 있던 누더기를 벗어 바치면서 깨달음을 얻거든 부디 자신과 같은 어려운 사람을 구제해 주길 간청하고 기원한 여인이다. 다음은

6년 고행으로 굶주려 기력을 다한 싯달타에게 우유죽을 공양한 세나 마을의 수자타(善生) 처녀다. 이들은 싯달타를 성불하도록 도움을 준 여인임이 분명하다. 그런데 성불 후 그들에 대한 언급은 전혀 없다.

　그리고 기원정사(祇園精舍)를 기증한 수삿타(須達多) 장자의 며느리 인 수자타(玉耶)와의 관계다. 장자에게는 수자타라는 며느리가 있었 는데 수자타는 친정의 위세와 자신의 미모를 내세워 시집 부모와 남편을 업신여기고 친척과 이웃들과도 반목하였다. 그 같은 행동을 못마땅하게 생각해온 장자는 고심 끝에 부처님에게 자초지종을 말 씀드렸다. 수자타 장자 집에 초청되어 가신 부처님마저 얕잡아 보 는 수자타에게 부처님은 자애로운 얼굴로 인자한 웃음을 지으면서 차분한 음성으로 여자로서의 도리는 무엇이며, 어떻게 하는 것이 부도(婦道)인지를 일깨워 주었다.

　교만한 태도로 부처님을 대하던 수자타는 부처님의 설법에 감복 하여 그동안 자신의 잘못을 뉘우치고 그날 이후 아주 착한 며느리, 상냥한 아내가 되었다. 또한 부처님의 착실한 재가신자가 되었다. 이 밖에도 수없이 많은 여자에 관한 기록이 있다.

출가자와 재가자

　출가(出家)는 속세에서 몸담고 살던 자기 집에서 나와 일정한 집 없이 부모, 형제 곁을 떠나 유행생활에 들어가는 것을 말한다. 그러 니까 상업이나 농사 또는 사회생활에 얽매이지 않는 것이 출가의 본뜻이다.

　원래 인도에서는 사회 통념상 결혼을 했거나 청년인 경우 남아 있는 가족이 경제적으로 살아갈 수 없을 정도로 곤란하면 출가할 수 없었다. 출가는 다만 세속의 가정생활과 인연을 중단하는 것일 뿐 가정생활을 파괴하거나 부정하는 것은 결코 아니었다.

그러면 출가자의 생활은 어떠하였는가. 출가자의 식생활은 탁발 (托鉢)이 원칙이다. 그래서 남자는 비구(比丘), 여자는 비구니(比丘尼) 라고 불렀다. 비구의 원뜻은 걸사(乞士 : 밥을 빌어먹는 사람)이다. 때 문에 부처님도 다른 수행자와 똑같이 걸식을 하였다. 식량의 비축 을 인정하지 않았기 때문에 매일 걸식해야 했다. 인도에서는 탁발하 는 수행자에게 음식을 보시하는 것이 재가신자의 큰 선행이기에 불 교에서도 보시하는 것이 큰 선근을 쌓는 공덕이 된다고 가르쳤다.

부처님은 기쁜 마음으로 출가자에게 보시하고 오계를 지키는 생 활을 하면 내세에 천상에 태어난다고 설했다. 이것이 앞에서 언급 한 초기 불교의 시론(施論)·계론(戒論)·생천론(生天論)이다. 이는 인 도의 고유 사상을 불교에서 원용한 것이다. 이 같은 사상 때문에 다 음 생에 천상에 태어나기 위해 보시하는 것은 필수 요건이었고 그 로 인해 출가(비구) 생활이 쉬웠고 수행이 가능하였다. 출가자의 걸 식은 그저 밥만 얻어먹는 거지와는 큰 차이가 있다는 것은 말할 필 요도 없다.

부처님이 마가다국의 한 바라문 촌을 지날 때의 일이다. 마침 밭 에 파종을 하는 농사철이었다. 한 바라문이 많은 사람을 거느리고 일을 하다가 때가 되어 들어온 음식을 나눠 주고 있었다. 그때 마침 부처님께서 그곳을 지나가시다가 그 바라문에게 음식을 얻고자 하 였다. 그러자 바라문은 부처님에게 말했다.

"나는 땅을 갈고 씨를 뿌린 다음 식사를 하오. 그러니 당신도 땅을 갈고 씨를 뿌린 다음 식사를 하는 것이 어떻소?"

부처님께서 대답하였다.

"바라문이여, 나도 당신과 같이 땅을 갈고 종자를 심고 식사를 합니다."

바라문은 의아한 표정으로 반문하였다.

"내가 볼 때 당신은 멍에도, 보습도, 채찍도, 소도 없지 않습니까? 그런데 어찌 땅을 갈고 종자를 뿌리고 식사한다고 하십니까?"

부처님께서 대답하였다.

"나에게 마음은 대지(땅)고, 믿음은 종자며, 계(戒)는 비(雨)입니다. 그리고 지혜는 멍에와 쟁기이며, 반성은 쟁기 자루며, 선정(禪定)은 쟁기를 매는 새끼줄이고, 바른 생각은 쟁기 날이며, 정진은 멍에를 맨 노력하는 소로서 깨달음(正覺)으로 인도해 줍니다. 이렇게 경작하면 그 결실이 바로 불사(不死)입니다. 이것이 바로 나의 경작이며 나는 그런 뜻으로 마음의 경작사라 합니다."

이처럼 출가자의 걸식은 단순히 밥만 축내는 것이 아니라 깨달음을 위한 양식으로서 수행의 밑거름이다. 출가자(비구)는 마음의 밭을 가는 경작자인 것이다. 대지인 마음을 지혜로써 갈아 믿음이라는 종자를 뿌리고, 계라는 비로 윤택하게 하고 산란하기 쉬운 마음을 선정의 끈으로 묶고, 올바른 분별을 기초로 마음을 채찍질하여 방일(放逸)하지 않고, 정진이라는 노력하는 소에게 인도되어 깨달음으로 향하는 수행이 걸식 출가의 생활의 목표였다. 대승불교의 가장 큰 특징 중 하나는 재가자들의 눈부신 활약이다. 재가자들이 등장하여 부처님과 직접 대화를 나누고 재가자가 주인공이 된 대승경전도 출현하였다. 그것이 <유마경>과 <승만경>이다. 또 재가신자지만 장자라는 상인, 부호 등이 출가자(비구)를 상대로 불법에 관해서 논의하는 등 재가자가 많이 출현하는 것을 보아도 대승불교는 그들을 중심으로 발전하였다는 것이 명백한 사실이다. 그러나 실제 그 이면에는 뛰어난 출가자들이 있어서 대승불교의 교화동향을 지켜보고 장래를 우려한 흔적 또한 역력하다.

대승불교는 조직적인 교단을 형성하지 않은 보살(菩薩)들의 교단이었다. 보살이란 보리심을 일으켜 정각을 이루기 위해 전력을 다하여 수행하는 사람을 가리키는 말이다. 그러니까 '상구보리 하화중생'의 서원을 세워 노력하는 사람이다.

대승불교는 재가 보살과 출가 보살로 구분한다. 재가 보살은 세속에 살면서 깨달음을 구하여 이타행을 실천하는 보살을 말한다. 즉 경전에 나오는 재가신자가 바로 보살이다. 말하자면 가정생활을 하면서 불법 수행을 통해 깨달음을 얻을 수 있다고 한 것이 대승불교다. 그러나 실제 그런 일이 가능하다면 부처님의 6년간의 고행은 어떻게 이해해야 할 것인가. 또 부처님의 깨달음이 재가 보살들이 행하는 수행법으로 얻을 수 있을 만큼 손쉬운 깨달음일까. 만일 대승 불교도가 재가 보살을 이상적 인물이라고 칭찬, 선전했다면 아마도 오늘날까지 대승불교가 면면히 이어져 올 수 있었을까 하는 의문이었다.

대승경전 중에 초기에 성립한 것으로 알려진 <욱가장자소문경(郁伽長子所問經)>이 있다. 여기에는 욱가 장자가 부처님에게 재가 보살과 출가 보살과의 다른 점에 대하여 여러 가지 질문한 내용이 담겨 있다. 그 가운데에 재가 보살의 마음가짐, 삶의 방법, 수행법에 대해 부처님의 교시가 명백히 기록되어 있지만 재가는 어디까지나

가정생활을 하기 때문에 수행 내용이나 견해가 출가 생활과는 질적으로 크게 다르다는 점을 강조하였다. 또 어떠한 보살도 가정생활을 하면서 최상의 깨달음을 이루기는 극히 힘들기 때문에 출가하는 것이 바람직하다고 최종적으로 결론지었다. 또 이 경전에는 세속 생활의 과실을 몇 가지 예로 들었다.

'재가 생활은 마치 헛것을 보는 것 같이 사람들이 임시변통으로 모인 곳으로서 변하지 않는 것이 하나도 없다. 재가 생활은 꿈과 같아서 천신만고 끝에 이뤄 놓는 것 모두가 끝내는 멸하여 없어지는 것이다. 재가 생활은 아침 이슬과 같아서 영화도, 명예도, 쾌락도 갑자기 소멸해 버리는 것이다. 재가 생활은 그물과 같아서 자기 주변의 여러 가지, 즉 감각하거나 지각하는 대상에 집착하여 괴로워한다.'

이 경전은 출가 생활의 우월한 점을 높이 평가하고 찬미하였다. 그러나 한편으로는 출가 자체를 비난하는 소리도 없지는 않았다. 그 예로서 어떤 나라의 국왕이 자신의 의무인 네 가시 관리 기능, 즉 위기로부터 국가를 보호해야 하는 위기 관리, 갈등 관리, 안전 관리, 부정 관리 등을 저버리고 갑자기 출가하였다면 남아 있는 신하와 백성들은 어떻게 되겠는가. 또 노후에 의지해야 할 자식이 출가해 버리면 남아 있는 부모는 어떻게 되겠는가.

출가 보살은 반드시 중생을 이익케 하는 이타행을 실천하는 것이 원칙인데 현실에 있어서 많은 신하와 백성을 괴롭게 하거나 부모에게 천지가 무너지는 고통을 주는 것을 어떻게 이해해야 하느냐고 부처님에게 질문하였다. 여기서 부처님은 확실히 그러한 비애와 고뇌를 남긴다고는 하지만 그렇다고 해서 재가 생활을 하면서 불도 수행을 바르게 성취하기는 어렵다고 말씀하였다.

현실세계의 네 가지 진실

부처님의 합리적인 가르침

부처님이 나란다에 계실 때 그곳의 촌장과 문답한 적이 있었다.

"부처님, 서쪽에서 온 바라문들은 물병을 차고 백합 화환을 달고 목욕재계하고 불(火)에게 예배합니다. 그들은 죽은 사람의 이름을 부르면서 생천(生天)시킨다고 합니다. 부처님께서도 사람이 죽었을 때 그같이 생천시켜 좋은 곳으로 가게 할 수 있습니까?"

부처님께서 물었다.

"촌장이여, 그러면 그대에게 질문하겠으니 생각나는 대로 대답하시오. 지금 여기에 살인자에다 도적이며, 거짓말쟁이에 심술쟁이로 매우 난폭한 자가 있다고 합시다. 만일 그가 죽은 뒤 생천할 수 있도록 많은 사람들이 그를 위하여 예찬하고 합장하고 기도한다고 합시다. 그렇다고 그 사람이 사후 천계(天界)에 태어날 수 있겠소?"

촌장은 그런 일은 있을 수 없다고 대답하였다. 그러자 부처님께서 또 물었다.

"비유하면 큰 바위덩어리를 깊은 호수에 가라앉히고 많은 사람들이 '바위야 떠올라라. 떠올라라.' 하고 외치며 합장하고 기원하면 그 바위가 떠오를 수 있겠소?"

촌장은 역시 그런 일은 있을 수 없다고 대답하였다.

부처님께서는 바르지 못한 생각, 그릇된 삶을 사는 사람은 많은 사람들이 기원해 준다고 해도 사후 천계에 태어나게 할 수 없을 뿐 아니라 그 사람은 악행의 과보로 지옥에 태어나 괴로움을 받을 것이라고 가르쳤다. 그리고 다시 촌장에게 질문하였다.

"오계(五戒)를 지키고 항상 바른 생각을 하고 조심스런 행동을 하는 사람이 있다고 합시다. 이 사람에게 사후에 육도에 헤매다가 지옥에 떨어지라고 합장하고 기원한다고 그 사람이 과연 지옥에 떨어지겠소?"

"그런 일은 절대 있을 수 없습니다."

"또 만일 기름을 담은 병을 잘못하여 깊은 호수에 떨어뜨렸다고 합시다. 그 기름병이 호수에 가라앉으면서 병이 깨져 기름이 흘러 수면으로 뜨게 되었다고 합시다. 어떤 사람이 떠오른 기름을 호수 밑으로 가라앉게 해달라고 기원한다면 그 공덕으로 그렇게 될 수 있겠소?"

"그럴 수는 없습니다."

"그와 같이 오계를 지키고 항상 바른 생각을 하고 조심스런 행동을 한 사람은 사후 지옥에 태어나기를 기원한다 해도 그와는 상관없이 천계에 태어나게 될 것이오."

앞에서 언급한 대로 부처님은 참으로 합리적인 종교가였고 뛰어난 지도자였다. 당시 모든 종교가 신에게 기도하고 불을 섬기고 주술(呪術), 즉 신의 힘이나 신비력으로 복을 주고 재앙을 물리쳐 달라고 비는 것에 의지하였지만 부처님은 그 같은 불합리한 교리와는 정반대였다. 누구든 오직 자신의 행위의 정사(正邪)에 좌우되어 그 결과를 얻게 된다고 가르쳤다.

여기서 생천이란 단어를 사용한 것은 바라문인 촌장을 상대하였기 때문이다. 만일 제자를 상대했다면 생천 대신 열반이란 용어를 썼을 것이다.

괴로움의 진실 – 고제

부처님께서 성도하신 후 콘단냐 등 다섯 제자와 그 외의 여러 사람에게 자주 설하신 네 가지 성스러운 진리가 있다. 고·집·멸·도의 사제, 즉 사성제가 그것이다.

사성제는 첫째, 모든 것은 괴로움이며 괴로움이야말로 진실이라는 고제(苦諦), 둘째, 괴로움의 원인인 애집(愛執 : 사랑하여 집착하는 것)이 진실이라는 집제(集諦), 셋째, 애집이 원인이 된 괴로움을 없애는 것이 진실이라는 멸제(滅諦), 넷째, 괴로움을 없애는 실천도가 진실이라는 도제(道諦)이다. 요약하면 괴로움인 고, 괴로움의 원인인 집, 괴로움의 원인을 제어·억제하는 멸, 번뇌를 없애고 열반에 이르게 하는 도의 네 가지를 말한다. 이 네 가지 진실이 <유교경>에는 다음과 같이 설해져 있다.

> 차가운 달을 뜨겁게 하고 태양을 차갑게 한다 해도 부처님이 설하신 이 네 가지 성스러운 진실을 변하게 할 수 없다.

이 세상 모든 것이 괴롭다는 것은 부정할 수 없는 진실이다. 괴롭다는 것은 자기 생각대로 되지 않는다는 뜻이다. 그것은 모든 존재가 무엇 하나 영원한 것이 없기 때문이다. 또 모든 것이 무아(無我)며 무상(無常)한 탓이다. 따라서 언젠가는 부서져 없어지는 것이 원칙이며 진리다. 다시 말해 무아이기 때문에 무상하며, 무상하기 때문에 괴로운 것이며, 뜻대로 되지 않는 것이 이 세상의 진실이라고 불교에서는 가르친다. 또한 뜻대로 되지 않는 곳이 이 세상이며 그

것을 사바세계라 하고 의역하여 인토(忍土 : 堪忍土)라고 한다. 인토
란 참고 견디지 않으면 안 되는 세계, 곧 우리가 사는 이 세계를 말
한다.

한때 부처님께서 상두산정에서 제자들에게 말씀하셨다.

"모든 것을 잘 보라, 하계(下界)는 불타고 있다. 하계 중생들은 감
각적, 물질적 쾌락에 탐닉하여 탐・진・치 삼독의 불이 붙어 그들
의 마음도 몸도 모두 타고 있다. 또 그들을 둘러싸고 있는 것들조차
모두 불타고 있다."

이 설법은 중생들의 적나라한 본 모습을 잘 설파한 대목이다. 인
간의 본능인 오관(눈, 귀, 코, 혀, 피부)이 한번 경험한 것은 기억으로
남는다(불교에서는 업력(業力)이라고 한다). 때문에 때때로 생각이 일
어나 불꽃같이 타오르게 되어 그 행위가 되풀이된다.

코의 경우 한 번 맡아본 냄새는 기억에 남고, 먹고 싶은 충동을
일으킨다. 남녀의 애정 역시 한 번의 육체 교합의 쾌감은 정사를 되
풀이하게 만든다. 가난으로 고생해 본 경험은 가난 극복을 위한 재
산, 지위, 명예를 추구하는 욕망에 불타게 한다. 부유한 사람은 명
예나 지위를 구하기도 하지만 재산을 집요하게 지키려 하거나 더
증식하려다가 수전노가 되는 것은 마치 술이 사람을 취하게 하는
것과 같다. 그런가 하면 때로는 호기심에 이끌려 보고 듣지 말아야
할 것까지 보고 듣고는 흥분하고 분노하는 것이 인간의 본능이기도
하다. 이것이 인간들이 사는 현실이기 때문에 진리의 말씀이란 뜻
의 <법구경(法句經)>에서는 이렇게 갈파했다.

무엇을 웃고 무엇을 기뻐하랴. 세상은 끊임없이 불타고 있다.

그러면 우리는 과연 어떻게 해야 할 것인가. 돌이켜 보면 우리는 아무 대책도 없이 살아온 것이 사실이다. 그러나 천만다행인 것은 서로 협력하고 도와주고 도움을 받으면서 함께 살아간다. 가령 어린이가 물에 빠졌거나 이웃에 불이 났을 때, 또 헐벗고 굶주린 사람을 보았을 때 도와주고 싶은 생각을 갖는 것은 인지상정이다. 그래서 사회가 유지되고 발전하는 것이다.

그러나 사람의 능력으로 어쩌지 못하는 것이 세 가지가 있다고 부처님은 말씀하셨다. 다름 아닌 늙고, 병들고, 죽는 것이다. 이 세 가지는 누구도 대신해 줄 수 없고 피할 수도 없다. 말하자면 남편이 아내 대신 늙어 줄 수 없고, 병들어 고통 받는 어버이의 괴로움을 대신해 드릴 수 없고, 어린 자식의 죽음을 부모가 대신해 줄 수 없는 것이다. 오직 자기 자신이 해결해야 할 사항으로서 현실을 있는 그대로 받아들일 줄 알아야만 그 고통에서 벗어날 수 있다. 늙는 것이 두려워 늙지 않으려고 각종 회춘약을 쓴다거나 불로장생약을 찾아 헤맨다면 그것은 헛수고며 어리석은 사람이라는 지탄을 받을 뿐이다.

사람이란 누구든 어릴 때는 빨리 성장하기를 바라고 늙어서는 젊어지려고 애를 태운다. 그리고 늙어서야 젊음의 고마움을 알게 된다. 건강의 소중함도 병들어서 고통을 당해 봐야 안다. 흔히들 죽고 싶다는 말을 자주한다. 그러나 막상 죽게 되면 죽지 않으려고 안간힘을 쓴다. 하지만 세상 사람이 모두 죽어 없어지는데 자기 혼자 살아남는다면 어찌 되겠는가. 생각만 해도 오싹할 일이 아닌가.

그래서 오래 살며 고생해 본 사람이라야 죽음의 고마움을 안다고 한다. 인간이란 자신이 지은 업으로 태어나고 업력에 의해 존재하기 때문에 늙음도 병듦도 또한 죽음도 어쩌지 못한다. 그러므로 허송세월 말고 최선의 삶이 무엇인지 한번쯤 되돌아 볼 줄 알아야 한다. 비록 경제적인 어려움이 있다 해도 수행에 의한 달관의 경지에서 유유자적한 삶을 살도록 노력해야 한다. 돈이란 인간의 삶에 필요 불가결한 아주 소중한 보물이다. 그러나 때로는 돈으로 인하여 죽고 죽이는 참상이 얼마나 많이 빚어지는가. 돈이 없다고 금방 죽는 것은 아니다. 다만 삶에 있어서 다소 불편할 뿐이라는 진실을 알아야 한다.

괴로움의 원인—집제

이 사바세계는 각양각색의 인간들이 영고성쇠를 반복하면서 생·노·병·사의 괴로움을 겪으며 살아가는 것이 불변의 진리다. 그러므로 인간들은 자신의 뜻대로 되지 않는 것이 진실이라고 인정해야 하는데도 대개는 그 진실을 부정하기 때문에 도리어 고뇌 속에서 희로애락을 반복하면서 살아간다. 그러면 그 괴로움은 어디에서 기인한 것인가. 그 의문을 푸는 것이 집제다.

부처님께서는 괴로움의 원인이 갈애(渴愛) 때문이라 하였다. 갈애란 인간이 목마르게 오욕에 애착하는 것을 말한다. 마치 심한 갈증을 느낀 사람이 물을 찾듯이 재(財), 색(色), 식(食), 명예(名譽), 수면(睡眠) 등에 애착을 갖고 자기중심으로 모든 것을 생각하고 행동한다. 그러기 때문에 '나만이 제일'이라는 그릇된 생각으로 자기 본위의 환상에 빠지게 되어 세상 물정과 동떨어진 생각을 하게 된다. 이것을 불교에서는 무명이라 한다. 즉 무명은 갈애를 부추겨 사람으로 하여금 더 많은 고통을 가져오게 한다고 부처님은 말씀하였다.

팔리어 증지부 경전을 보면 부처님은 사람을 세 종류로 분류했다.

• 돌에 새긴 글자와 같은 사람
• 모래에 쓴 글자와 같은 사람
• 물에 쓴 글자와 같은 사람

이것은 한 번 읽으면 곧 알 수 있듯이 써놓은 글자가 쉽게 지워지느냐 지워지지 않느냐로 사람을 비교한 것이다.

비슷한 예로, 어떤 사람이 남에게 입은 은혜를 잊느냐 잊지 않느냐, 또 부처님의 가르침을 몸으로 깨닫느냐 마음으로 깨닫느냐 머리로 깨닫느냐를 가지고도 비교해 볼 수 있다. 이것은 사람의 집착심을 비유한 것이다.

앞에서 언급한 대로 돌에 새긴 글자와 같은 사람이란 분노나 증오, 원한을 마음에 오래 품고 잊어버리려 하지 않는 사람을 말한 것이다. 즉, 모든 일에 집요하게 사로잡혀있는 사람이다. 모래에 쓴 글자와 같은 사람은 분노나 증오, 원한을 몇 번이고 되새기기는 하지만 모래 위의 글자처럼 지워 버리면 없어지듯 지워 없어지는 마음을 가진 사람이다. 이 사람은 불교의 도리와 연기법칙을 충분히 이해한 수행자의 마음가짐을 가졌다고 하겠다. 물에 쓴 글자 같은 사람이란 남에게 중상모략이나 싫은 소리를 듣고도 조금도 개의치 않고 마음에 새겨 두지 않는 사람이다. 참으로 대인다운 마음을 갖춘 사람으로 보기 드문 인물이라 하겠다. 마치 물이 그릇에 따라 그 모양이 달라지듯 자기중심적으로 생각하지 않는 사람이다. 즉 불교의 입장에서 말하면 부처님 마음과 같다고 할까.

다시 위 세 가지 사람을 구분하면 범부와 성문, 연각, 불보살로 나눌 수 있다. 물론 성문도 연각도 불교 수행자이지만 그들은 자기 위주의 수행자일 뿐 이타에는 마음을 쓰지 않는다. 다시 말하면 범부는 돌에 새긴 글자와 같은 사람이며 성문과 연각은 모래에 새긴 글자와 같은 사람이며 불보살은 물에 새긴 글자와 같은 사람이라고 할 수 있다.

괴로움에서의 해탈－멸제

고·집·멸·도의 사제 중 멸(滅)의 원뜻은 제어, 감금, 억압 등이다. 한문의 멸자는 무엇이든 없어진다는 뜻으로 쓰이지만 사제법의 멸에서는 그런 의미로 보지 않는다.

멸이란 마음의 움직임이 좀 이상하거나 바르지 않은 생각이 일어날 때 그 세력을 제어, 억압하여 그런 작용이 일어나지 않도록 감금하는 것이다.

잘 알다시피 탐·진·치 삼독의 번뇌 역시 본래는 한 마음이었으나 이것저것 여러 가지 생각을 일으킨 마음의 한 면에 불과한 것이다. 말하자면 착한 일을 하고자 하거나 깨고자 하는 마음 역시 악한 생각을 일으킨 마음의 일면인 것이다. 부처님께서 사람의 본성을 착하다거나 악하다고 단정하지 않는 이유가 바로 여기에 있다. 일상생활 중에 사람들에게 일어나는 마음작용은 때에 따라 각양각색으로 다른 현상을 일으키는 것이 상례이나 수행인의 경우 그 마음작용을 한곳에 집착하거나 방일하거나 또는 치우침이 없도록 제어하는 능력을 길러야 한다. 이것이 수행의 근본이다.

그런 연유로 부처님은 사랑하는 사람을 만들지 말고, 미워하는 사람도 만들지 말라고 하셨다. 만일 사랑하는 사람이 있으면 반드시 이별하는 괴로움이 뒤따르게 되고, 미워하는 사람이 있으면 만나야만 하는 괴로움이 있기 때문에 항상 속박 속에서 벗어나지 못하게 됨을 경계한 것이다.

다시 말해서 사람의 마음은 본래 악한 작용은 없었으나 하나에 집착하는 마음 작용이 생기고, 그 나(我)라는, 즉 내 마음대로 되기를 바라는 잘못된 생각이 욕망을 일으킨다. 이것이 사람을 괴로움에 빠지게 만든 큰 원인이며 결국 탐·진·치 삼독이라는 번뇌를 만든다.

그러므로 사제의 멸이 뜻하는 마음의 편안함이란 번뇌, 즉 백팔번뇌(百八煩惱)의 움직임이 없어졌다는 뜻이다. 마치 바람이 불지 않으면 파도가 일어나지 않는 것과 같이 집착심이 없어지면 번뇌는 일어나지 않는다.

앞에서 언급한 삼법인 중 열반적정(涅槃寂靜)은 번뇌의 불이 꺼져 마음이 편안해진 상태를 말한다. 그리고 모든 현상에 사로잡히고 억압당하고 자기 뜻대로 하려던 마음이 없어지고 자연의 도리에 따르는 것을 적정(寂靜)이라 한다. 결국 멸이란 이 열반적정을 가리키는 것이다. 그러니까 세상만사가 자기 뜻대로 되지 않기 때문에 일체가 괴로움이라는 사실을 깨닫는 것이 멸이다. 그러므로 모든 집착을 버릴 수 있고 집착이 없으므로 자기를 고집할 이유가 없어져 삼독의 번뇌가 일어나지 않아 마음은 명경지수같이 맑고 청정해진다. 이 경지를 <대일경>에서는 여실지자심(如實知自心), 즉 자신의 마음을 실답게 확실히 깨달아 안다고 하였다.

선종(禪宗)의 선어 중 견성성불(見性成佛)이란 유명한 문구가 있는데 "인간의 본성을 바로 보면 곧 깨달은 사람(覺者 : 부처)"이라 했다.

또한 혜능 선사의 <육조단경>, <기연품>에서는 본성을 이렇게 말하고 있다.

"본성이 허공과 같아서 한 물건도 가히 볼 수 없음을 알면 이것을 정견(正見)이라 이름한다. 또 한 물건도 가히 알 것이 없음을 알면 이것을 진여(眞如)라 한다. 청황장단(靑黃長短)도 있을 수 없고 다만 본원청정하여 각체 원만함을 보면 이것이 견성성불이며 여래의 지견(知見)이라 한다."

선에서는 인간의 본성이 바로 불성(佛性) 그것이며 그 외에 본성이라고 할 만한 것은 따로 없다고 단정하였다.

안락한 경지에 이르는 길―도제

부처님은 사람들이 고뇌(苦惱 : 몸과 마음의 괴로움)하는 현실을 가리켜 고제라 하였고, 그 원인을 가리켜 집제라 하였다. 이처럼 현실의 고뇌를 인과관계로 나타낸 것을 고집이제(苦集二諦)라 한다. 이렇게 고뇌하는 인간들이 안락한 경지에 도달할 수 있는 방법도 도제(道諦)다.

상응부 경전 중에 '맹구우목(盲龜遇木)'의 원형이 된 '공(孔 : 구멍)'이라는 아주 짧은 경전이 있다.

한때 부처님이 제자들에게 물으셨다.

"수명(壽命)이 한이 없고 백 년에 한 번만 머리를 물 위로 내미는 눈먼 거북이가 있다. 그리고 망망대해에는 구멍이 하나뿐인 멍에, 즉 나무가 떠다니고 있다면 그 눈먼 거북이가 마침 백년 만에 바다 위로 머리를 내밀었을 때 구멍 뚫린 멍에를 만날 수 있겠느냐?"

"부처님 그것은 불가능합니다."

그러자 부처님께서 말씀하셨다.

"눈먼 거북이와 멍에는 비록 어긋나더라고 서로 만날 수는 있을 것이다. 하지만 악인이 지옥에 떨어졌다가 다시 사람의 몸을 받을 시간과 비교하면 눈먼 거북이가 멍에를 만나는 것보다 더 어려운 것이다."

눈먼 거북이가 구멍 뚫린 멍에를 우연히 만나는 것은 비록 시간은 많이 걸리겠지만 불가능한 일은 아니다. 선근을 쌓지도 않는 등, 이 세상의 진실을 도외시하면서 삼독에 빠진 채 사는 사람이 다시 사람의 몸을 받는 것보다 눈 먼 거북이가 구멍 뚫린 멍에를 만나는 것이 훨씬 빠르다는 것이다. 즉 눈 먼 거북이가 구멍을 만나고 못 만나는 것은 거북이에게 달린 것이 아니다. 양자의 관계는 필연적인 관계가 아니다. 그러나 악인과 지옥의 관계는 필연적인 상관성이 있다. 그것은 악행의 과보로 지옥에 떨어졌기 때문이다. 또 지옥에 떨어진 악인이 다시 사람의 몸을 받는 것도 그 나름의 과보로서, 육도에 윤회 전생하는 것은 필연적 상관관계가 있는 것이다.

흔히 이 맹구우목의 이야기는 후세에 와서 사람 몸 받기가 어렵다거나 불법을 만난 것을 더 할 수 없는 행운으로 생각하는 것으로 비유된다. 그러나 경전을 자세히 검토해 보면 그런 뜻이 아니라 고·집·멸·도의 사제법을 모르는 사람이 깨달음을 얻기가 어렵다는 것을 비유한 것이다. 또 사제의 성스러운 진실을 만나기 어렵다는 것이 아니라 그것을 모르고는 깨닫기 어렵다는 것을 지적한 것이다.

앞에서 괴로움의 현실과 괴로움이 생기는 원인을 설명하였는데 그 괴로움과 번뇌에서 벗어나 영원히 행복해지는 방법인 팔정도를 제시하였다.

팔정도는 부처님이 제자들에게 가르친 알기 쉽고 실현 가능한 실천법으로 깨달음에 이르는 첩경이다. 팔정도의 정(正)이란 글자 그대로 바르다는 뜻이지만 그 바르다는 말은 무엇을 의미하는가. 세상에서 '바르다'는 개념은 사람과 입장에 따라 그 뜻하는 내용이 다르다. 그것은 어떤 사람에게는 바르지만 다른 사람에게는 그렇지 않은 경우도 있기 때문이다. 즉, 바르다는 기준을 어디에 두느냐에 따라 변화가 생길 수 있다. 그렇다면 불교에서 바르다는 것은 어떤 것인가.

불교에서 '바르다'는 개념은 중(中)을 뜻한다. 즉, 한쪽으로 치우치지 않는 것을 말한다. 팔정도의 경우 여덟 가지의 치우치지 않는 것이라는 뜻이며 그것이 곧 깨달음의 길이다.

또한 정(正)과 사(邪)와 같이 상대적인 정이 아니고 정과 사를 주장하는 치우침이 아니어야 한다. 말하자면 그 같은 행(行)과 삶의 방법이 중도(中道)며 정도(正道)다.

부처님은 앞에서도 살펴본 바와 같이 중도를 거문고 줄의 완급으로 비유하였다. 거문고 줄을 너무 세게 조이거나 느슨하게 조이면 좋은 소리가 나지 않는다. 이처럼 지나치고 과격한 수행은 도리어 몸만 괴롭히고 마음만 피로케 한다. 때문에 수행은 알맞게, 즉 무리하지도 말고 나태하지도 말아야 한다. 게으르면 도를 이룰 수 없고 그렇다고 너무 서두르면 몸만 상하고 도를 이루지도 못한다. 그러므로 올바른 수행을 위해서는 팔정도를 실천해야 한다.

팔정도란 바른 관찰(견해 : 正見), 바른 생각(正思惟), 바른 말(正語), 바른 행동(正業), 바른 생활(正命), 바른 노력(正精進), 바른 억념(正念), 바른 정신통일(正定) 등의 여덟 가지 실천 덕목으로 수행자가 꼭 수습해야 할 과정이다.

그러나 이 팔정도는 부처님이 처음 만든 실천법은 아니다. 이미 옛 종교가들이 몸과 마음을 제어하고 통제하기 위한 방법으로 이상적인 인간상을 실현할 수 있도록 만든 것이 이 팔정도라 한다. 때문에 부처님은 내가 만든 것이라거나 내가 처음으로 실천한 수행법이라고 말한 적이 없다. 잡아함 <성읍경(城邑經)>에는 다음과 같이 부처님의 말씀이 기록되어 있다.

"제자들이여! 비유하면 어떤 사람이 길 없는 산 속을 헤매다가 우연히 옛 사람이 지나간 옛 길을 발견했다고 하자. 그 사람이 그 길을 따라 가던 중 옛 사람이 생활한 것 같은 옛 성과 정원 연못이 있는 옛 도시를 발견했다고 하자. 그 사람은 뒤에 왕과 대신들에게 그 사실을 보고하였다. 왕과 대신들은 그곳에 도성을 만들었다. 그러자 그 도성은 번창하여 많은 사람들이 모여들어 크게 발전하였다. 그와 마찬가지로 제자들이여, 나는 과거에 깨달은 성자들이 걸은 옛 길을 발견한 것이다. 과거의 성자인 제불(諸佛)이 더듬어 간 옛 길이 바로 팔정도다. 나는 이 길을 따라가는 중에 생사의 괴로움을 알았고 늙고 죽음이 오는 원인도 알았다. 또 늙고 죽음의 괴로움을 멸하는 법을 알아 부처가 되었다. 이것을 여러 사람에게 가르쳤기 때문에 이 여덟 가지 실천법이 점차 사람들에게 알려질 수 있도록 차례로 설하게 된 것이다."

이처럼 부처님 역시 고인의 행적을 따라 수행하여 깨달음을 얻었다. 다시 말하면 부처님이 제시한 수행법 역시 이미 있던 것으로서 부처님이 새로이 재발견하여 믿고 행하였던 것이다. 따라서 연기(緣起)의 이법(理法)도 과거불들이 발견하였던 것으로 부처님에 의해 세상에 알려지게 되었던 것이라 하겠다. 그래서 부처님은 당신이 세상에 출현하든 하지 않든 간에 법은 엄연히 존재한다고 말씀하셨다.

영원한 행복을 이루는 육바라밀

불교 수행 중 꼭 실천해야 할 것이 육바라밀이다. 이 육바라밀은 생사고해를 여이고 영원한 행복의 이상향인 열반에 이루는 6가지 방편이다.

1. 자비로 널리 사랑을 베푸는 보시(布施)
2. 불교도덕에 계합하는 행위인 지계(持戒)
3. 여러 가지 어려움을 참아야 하는 인욕(忍辱)
4. 게으르지 않고 항상 수행에 힘써야 하는 정진(精進)
5. 마음을 고요하게 통일하는 선정(禪定)
6. 삿된 지견과 그릇된 소견을 버리고 참지혜를 얻는 지혜(智慧)

이 6가지는 보살이 반드시 수행해야 하는 덕목이다.

보시(布施)

보시는 아끼고 인색한 마음을 항복받고 인연 없는 모든 중생에게
까지 자비희사의 4무량심으로 널리 베풀고자 하는 마음가짐을 뜻한
다. 보시에는 재(財)보시・법(法)보시・무외시(無畏施)보시의 3가지가
있다. 이 외에 사신(捨身)보시도 있다(본생담).

재보시는 금, 은, 보배, 옷, 음식, 약품 등을 아낌없이 거저 주는
것, 법보시는 누구에게나 바른 법을 가르쳐 선근을 자라게 하는 것,
무외시는 계를 지니어 남을 침해하거나 두려워하는 마음을 없게 하
는 것을 말한다. 이 같은 보시에는 한량없는 공덕이 있다고 했다.

<존나경>에는 5가지 공덕을, <월등삼매경>에는 10가지 공덕을
설했다. 그러면 보시는 어떻게 해야 하는가?

<선가귀감>에는 "가난한 이가 와서 구걸하거던 분수대로 나누어
주라, 나와 한몸처럼 가엾이 여기면 이것이 참보시라" 했다. <화엄
경>에는 제어하기 어려운 인색한 마음을 능히 제어하고 재물을 베
풀되 꿈과 같이 하고 뜬구름같이 해야 한다. 이같이 집착 없는 보시
는 지혜가 완성된다. 또 지혜로운 사람의 보시는 연민 때문이며, 남
을 즐겁게 해주기 때문이며, 성인의 도(道)를 실천하기 위해서라고
했다. <광명경>에는 "보시하는 힘으로 수행을 완성하면 성불할 수
있다", <유마경>에는 "보시가 곧 보살의 정토며 보살이 성불할 때
그 나라에 태어난다", <우바새소문경>에는 "세속인이 마음에 인색
함이 없이 의복・침구・의약・주택・도향・말향 등을 사문에게 보
시하면 사후에 천인(天人)의 몸을 받게 되고 그 과보가 다해 사람으
로 태어나면 부귀를 마음껏 누리게 된다", <금강경>에는 "보살이

응당 이같이 보시하여 상(相 : 보시했다는 생각)에 집착함이 없으면 그 복덕이 헤아릴 수 없다", <인과경>에는 "만일 가난한 사람이 보시할 재물이 없을 경우에는 남이 보시할 때 함께 기뻐하는 마음을 일으키기만 해도 그 복덕은 직접 보시하는 공덕과 같다"고 했다. 이것이 보시하는 사람의 마음가짐을 밝혀 놓은 경전의 말씀들이다.

군이 재보시와 법보시를 나누어 말한다면 재보시는 현실적인 즐거움을 주는 자비행이라면 법보시는 많은 사람의 공경과 존중, 더구나 슬기로운 사람이 존경하고 그 공덕은 빈궁함을 없애고 천도에 태어나거나 열반의 즐거움을 얻는다고 설했다. 이로써 영원한 행복에의 길이 무엇인지를 알 수 있을 것이다.

불교의 도덕률, 계율(지계)

인류사회는 일찍부터 인지가 발달하고 공동생활이 확대되면서 신분과 계급에 따라 그에 상응하는 생활규범이 마련되었다. 물론 처음부터 명문화한 것은 아니고 묵시적이거나 불문율로 권위가 존중되었다. 그와 마찬가지로 불교에서도 교단이 성립되고 인원이 증가됨에 따라 교단의 질서 유지와 수행자인 승려 등에게 적용할 계율(戒律)이 필요하게 되었다.

계율이란 원래는 계(戒)와 율(律)이 각기 다른 뜻이었으나 중국 불교에서 하나의 숙어가 되었다. 그것은 마치 두 바퀴가 필요한 마차와 같이 서로 분리할 수 없는 중요한 역할을 담당했기 때문이었다.

계는 하나하나의 금지조항을 자발적으로 지키고자 하는 마음가짐이라면 율은 금지조항을 어겼을 때 벌칙을 정한 타율적 규범을 뜻한다. 즉 계란 불교에 처음 입문한 사람이 지키고 실천해야 할 불교 도덕의 총칭이다. 소극적으로는 모든 비행을 방지하고 악한 일을 하지 않는 것이며, 적극적으로는 모든 선근이 발생하도록 하는 근본이 된다.

지계(持戒)

파리 <율장>에는 비구 250, 비구니 348계 하나하나의 계마다 결계십리(結戒十利), 즉 계를 지키면 10가지 이익이 있다고 했다.

1. 승가의 화합을 위함이다.
2. 승가의 안락을 위함이다.
3. 나쁜 버구를 억제하기 위함이다.
4. 좋은 버구를 안락하게 위함이다.
5. 현세의 번뇌를 끊기 위함이다.
6. 내세의 번뇌를 끊기 위함이다.
7. 믿지 않는 자에게 믿음을 주기 위함이다.
8. 이미 믿는 자에게 믿음을 증장시키기 위함이다.
9. 정법이 오래 머물도록 하기 위함이다.
10. 율을 소중히 여기도록 하기 위함이다.

<법망경> 보살계 서문에 계를 지니면 어두운 곳에서 등불을 만

난 것과 같고 가난한 사람이 재물을 얻은 것과 같으며, 병자가 쾌차
한 것과 같고, 갇혔던 사람이 풀려 나온 것과 같으며, 타향을 헤매
던 나그네가 고향에 돌아온 것과 같다, 라고 했다.

<월등삼매경>에 "지계는 깨달음의 근본이요, 도(道)에 들어가는
요긴한 문이다. 보살이 계율을 굳건히 지키고 보호하여 가지면 10가
지 이익이 있다"고 했다. 그중 몇 가지를 요약하면 다음과 같다.

부처님께서 처음 도를 닦으실 때 계율로써 근본을 삼아 깨달음을
증득하셨다. 그러므로 보살행을 닦는 자가 정계(淨戒)를 잘 지키면
부처님께서 배운 바와 다르지 않다.

생사를 벗어난다, 보살행을 닦는 자가 정계를 잘 지키면, 살생·
투도·사음·망어 등의 업을 짓지 않는다. 그러므로 생사에서 벗어
나 윤회의 고통을 영원히 여이게 된다.

믿음과 재물에 부족함이 없다. 보살행을 닦는 자가 계율을 잘 지
키면 모든 불법 속에서 살면서 바른 믿음을 깃추게 된다. 그러므로
태어나는 곳마다 일체의 공덕과 재시와 법시가 갖추어져 조금도 부
족함이 없다.

<선가귀감>에 "만약 계행이 없으면 비루먹은 여우의 몸도 받지
못한다. 하물며 청정한 지혜의 열매를 바랄 수 있겠는가. 계율을 존
중하기를 마치 부처님 모시듯 한다면 부처님이 항상 곁에 계시는
것과 다른 바가 없다"고 했다.

부처님께서 열반에 드시기 즉전 아난이 누구를 의지해 스승을 삼
아야 하느냐는 물음에 "계(戒)로써 스승을 삼으라"고 부촉하셨음은
계의 소중함을 강조하신 유훈이라 하겠다.

출가자는 물론 재가자라도 계를 잘 지키면 5가지 공덕이 있다.

1. 원하는 법을 성취한다.
2. 지니고 있는 재물이 날로 불어난다.
3. 가는 곳마다 여러 사람들의 칭찬과 존경을 받는다.
4. 이름이 널리 드러난다.
5. 죽은 뒤에 천계에 태어난다.

반대로 계율을 업신여기거나 무시하면 다음과 같은 일이 생긴다.
1. 재물을 구해도 뜻대로 되지 않는다.
2. 재물을 모아도 오히려 손해를 본다.
3. 가는 곳마다 경시를 당한다.
4. 추한 이름과 악한 소문이 퍼진다.
5. 몸은 망치고 사후에는 지옥에 떨어진다.

이 같은 일은 계율을 무시하고 지키지 않았기 때문이다. 반대로 계율을 잘 지키면 하는 일마다 뜻대로 이루어져 안락한 삶을 살 수 있게 된다.

이 점이 계율을 지키고 안 지킨 데 따른 차이라 하겠다.

또 불교의 수행법에는 37종의 보리분법(菩提分法)이 있는데 그중에 팔정도도 포함되어 있다. 37보리분법은 불교의 궁극적 목적인 깨달음의 경지를 실현하는 37가지의 실천 수행법이다. 즉 사념처(四念處 : 身念處, 受念處, 心念處, 法念處), 사정근(四正勤 : 律儀斷, 斷斷, 隨護斷, 修斷), 사여의족(四如意足 : 精進如意足, 心如意足, 思惟如意足, 欲如意足), 오근(五根 : 信, 精進, 念, 定, 慧), 오력(五力 : 心力, 勤力, 念力, 定力, 慧力), 칠각분(七覺分 : 擇法覺分, 精進覺分, 喜覺分, 捨覺分, 除覺分,

定覺分, 念覺分), 팔정도 등이다. 도품은 bodhi-paksika의 번역으로 보리분, 각지(覺支), 각분(覺分)이라고도 번역한다.

그리고 팔정도를 계・정・혜 삼학(三學)으로 분류하기도 한다. 즉, 도덕적 행위(계 : 정어, 정업, 정명)・정신적 수행(정 : 정정진, 정념, 정정)・직관적 통찰(지혜 : 정견, 정사)이 그것이다.

삼학을 부연하면 궁극적 불교의 요체를 철견하려면 반드시 거치지 않으면 안 되는 가장 기본적인 3가지를 계・정・혜 삼학이라 한다.

1. 계는 악을 그치고 선(善)을 닦는 것,
2. 정은 심신을 고요하게 하여 정신을 통일하므로 잡념이 없어져 생각이 흩어지지 않게 하는 것,
3. 혜는 조용해진 마음에 진실한 실체를 꿰뚫어 보는 것을 말한다.

이 떨어질래야 떨어질 수 없는 계・정・혜 3학을 함께 닦아야만 불교수행의 완성이라 한다. 또 3학을 증상계학・증상심학・증상혜학이라고도 한다. 증상(增上)이란 탁월한 3가지 수행법이란 뜻이다.

<대반열반경>에 이러이러한 계・정・혜가 있다. 계가 실천되었을 때, 정의 큰 이익과 과보가 있다. 정이 실천되었을 때, 이익과 과보가 있다. 혜가 실천되면 마음은 번뇌인 욕루・유루・견루・무명루로부터 비로소 해탈하게 된다고 했다.

이 3가지는 불즉불리(不卽不離)의 원칙하에 원형을 이루는 것이다.

살생하지 말라(不殺生)

한때 부처님이 난제가라는 재가자에게 살생하면 10가지 허물(죄)이 있음을 말씀하셨다. 그 가운데 몇 가지만 열거하면 다음과 같다.

① 살생하면 마음이 항상 잔악한 생각을 하게 되고 악한 마음이 대대로 이어지고 불안한 생각이 자주 일어난다.
② 살아있는 것들(생물)이 증오하고 보기조차 싫어한다. 짐승들이 사람을 보고 달아나는 이유가 그 때문이다.
③ 잠잘 때도 두려운 생각이 들어 깜짝 깜짝 놀라 잠자는 것이 편치 않다.
④ 죽을 때에 편안하게 죽지 못한다. 오래 고생하게 된다.
⑤ 단명할 업을 짓게 된다.
⑥ 목숨이 다하여 죽으면 지옥에 떨어진다.
⑦ 만일 다시 태어나도 반드시 단명하여 여러 사람에게 해만 끼치게 된다.

도둑질하지 말라(不偸盜)

남의 것을 훔치면 다음과 같은 허물이 있다.

① 남의 것을 훔치면 먼저 그 주인이 화내고 욕을 한다.
② 엉뚱한 일로 의심을 받게 된다.
③ 악인과 교류하게 되고 착한 사람과는 멀어진다.
④ 착하고 좋은 일을 못하게 된다.
⑤ 관재로 형벌을 받게 된다.
⑥ 뜻하지 않게 재물의 손해를 본다.

⑦ 가난하게 살 인연을 맺게 된다.

⑧ 죽으면 지옥에 가게 된다.

⑨ 만일 다시 사람으로 태어나 평생 노력하여 재산을 모아도 다섯 가지 재앙을 면치 못한다. 즉 국가나 도적이나 못된 자식에게 재산을 빼앗기고, 자신은 한 푼도 써보지 못한 채 구두쇠 소리만 듣다가 죽는다.

사음하지 말라(不邪淫)

사음하면 다음과 같은 허물이 있다.

① 간통한 여자의 남편이 죽일까봐 두려워한다.

② 부부간의 사이가 멀어져 자주 싸우게 된다.

③ 좋지 않은 일들이 자주 일어나고 좋은 일이 없어진다.

④ 몸도 상하고 재산이 줄어든다.

⑤ 자식이나 친척들이 멀어지게 된다.

⑥ 남에게 의심받고 원망할 일을 저지르게 된다.

⑦ 죽으면 지옥이나 축생보를 받는다.

⑧ 만일 다시 태어나 여자가 되면 여러 남자를 섬기게 되고, 남자로 태어나면 아내가 부정하여 싸움이 그치지 않아 불행하게 산다.

거짓말하지 말라(不妄語)

거짓말을 하면 다음과 같은 허물이 있다.

① 입이 청결하지 않고 구리다.

② 착한 사람이 싫어하고 옳지 않은 사람이 가까이 하고자 한다.
③ 진실한 말을 해도 남이 의심하고 믿으려 하지 않는다.
④ 항상 비방 받고 하는 말마다 옳지 않다고 혹평을 받게 된다.
⑤ 타인에게 존경받지 못하고 남에게 진실을 표해도 믿지 않는다.
⑥ 항상 근심 걱정이 떠나지 않는다.
⑦ 지혜 있는 사람들이 모이는 곳에 끼일 수가 없다.
⑧ 만일 다시 태어나도 항상 좋은 소리를 듣지 못하고 비난과
　비방만 듣게 된다.

　우리들은 흔히 인덕 없는 사람은 남에게 좋은 일을 하고도 좋은
소리를 못 듣고 원망과 욕만 먹는다고 한탄한다. 그러나 알고 보면
모두가 자기가 지은 인과응보이다. 그러므로 앞으로는 부디 원망하
지 말고 부지런히 덕을 베풀며 수행을 하면 반드시 좋은 결과가 온
다는 사실을 명심해야 할 것이다.

술을 마시지 말라(不飮酒)

　부처님은 역시 난제가에게 술에는 35가지 허물이 있다고 말씀하
셨다. 몇 가지만 간추리면 다음과 같다.

① 술을 먹으면 재물은 잃게 된다. 술을 마시고 취하면 마음으
　로 절약하고자 해도 생각대로 되지 않고 낭비하기 때문이다.
② 술은 많은 병을 초래하고 남과 시비하고 싸우는 원인이 된다.
③ 옷을 벗어도 부끄러운 줄 모르고 횡설수설하여 사람들에게
　존경은 고사하고 술주정꾼이라는 소리를 듣는다.
④ 지혜가 숨어 버리고 숨겨야 할 것까지 다 말해 스스로의 비

밀을 폭로한다.

⑤ 체력이 감소되어 건강을 잃는다.

⑥ 부모는 물론 형제자매, 백숙(伯叔) 등 노인을 공경하지 않는다.

⑦ 불, 법, 승 삼보는 물론 수행인을 괄시하고 나아가 남까지 파계시킨다.

⑧ 취생몽사(醉生夢死)란 말처럼 몽롱하게 살다가 죽으면 악도나 지옥에 떨어진다.

⑨ 만일 다시 환생한다 해도 정신병자나 어리석은 사람이 된다.

파계한 사람의 죄

계율을 어긴 사람은 다음과 같은 과보를 받는다.

① 파계한 사람은 여러 사람들에게 존경을 받지 못하고 그 집은 마치 무덤과 같아 사람들이 잘 오지 않는다.

② 파계한 사람은 많은 공덕을 잃는다. 마치 마른 나무나 서리 맞은 연꽃같이 사람들이 보는 것을 좋아하지 않는다.

③ 파계한 사람은 항상 두려워하고 후회한다. 마치 죄를 지은 사람이 그 죄가 자기에게 되돌아오지 않나 하여 놀라고 두려워하듯이.

④ 파계한 사람은 괴로움을 면하기 어렵다. 마치 험난한 길을 편안하게 갈 수 없는 것과 같다.

⑤ 파계한 사람은 마치 큰 불이 타고 있는 위험한 곳과 같아 사람이 피하여 간다.

⑥ 파계한 사람은 부서진 배와 같이 파도를 넘어 갈 수가 없다.

⑦ 파계한 사람이 열심히 정진하는 사람과 같이 있는 것은 마치 병약한 아이가 건강한 어른 속에 있는 것과 같다.

⑧ 파계한 사람은 마치 가짜 구슬이 진주 속에 섞여 있는 것과
같다.

⑨ 파계한 사람이 비구와 비슷한 것처럼 보인다 해도 마치 죽은
시체가 잠자고 있는 사람 속에 있는 것과 같다.

⑩ 파계한 사람이 만일 법의를 몸에 걸치면 마치 뜨거운 구리나
쇠나 판금으로 그 몸을 두른 것과 같다. 음식을 먹을 것 같
으면 마치 불에 달군 쇳덩어리를 삼키고 양동이 물을 마시는
것과 같다.

파계(破戒)해도 출가(出家)하여 계를 지키면 해탈할 수 있다.

<우발라화 비구니 본생경>에서는 출가한 사람이 설혹 파계하여
죄를 지었다 해도 계를 지켜 죄를 다하면 해탈할 수 있다고 한다.

우발라화(優鉢羅華) 비구니는 육신통을 얻은 아라한이었다. 어느
때 귀족 집에 가서 출가의 공덕을 부인들에게 말하면서 출가를 권
유하였다. 그러자 그 부인들은 하나같이 이렇게 말했다.

"우리들은 지금 젊고 아름답습니다. 그런데 어찌 출가하여 계를
지킬 수 있겠습니까? 우리는 아마 파계하고 말 것입니다."

"그래도 일단 출가하십시오. 파계를 하게 될 것 같으면 파계를
하십시오."

"파계하면 지옥에 떨어진다고 하는데 어찌 파계를 하겠습니까?"

"지옥에 떨어진다고 하면 지옥에 떨어지십시오."

이 비구니의 말에 그 자리에 있던 사람들이 웃으며 말했다.

"지옥에서는 지독한 고통을 받는다고 합니다. 그런데 어떻게 지
옥에 떨어지는 파계를 한단 말입니까?"

"나는 숙명통(宿命通)으로 내 자신의 과거를 보았습니다. 어떤 때

는 유녀가 되어 갖가지 옷을 입고 옛날이야기를 하고 있고 또 어떤 때는 비구니의 옷을 입고 웃으며 희롱하고 있었습니다. 하지만 그 같은 인연이 있었기에 가섭 부처님이 당시 출가하여 비구가 되었지만 마음에 교만이 생겨 그만 계를 파하고 말았습니다. 그 죄로 지옥에 떨어져 여러 가지 벌을 받았습니다. 그 후 죗값을 다 치르고 난 뒤 다행스럽게도 석가모니 부처님이 출세(出世)하였습니다. 그때 또 출가하여 육신통을 얻어 아라한이 되었습니다. 그런 연유로 다음 일을 잘 알게 되었습니다. 출가하여 계를 받았다가 설령 계를 파하더라도 그 전에 계를 받은 인연이 있었기에 마침내 아라한이 될 수 있었던 것입니다. 만일 악을 저지르기만 하였다면 계를 받을 인연이 없었기 때문에 깨달을 수가 없을 것입니다. 나로 말할 것 같으면 지난 세상 죽었다가 또 지옥에 떨어지기를 수없이 되풀이하였지만 얻은 것이 전혀 없습니다. 그런데 지금에 와서야 확실히 알았습니다. 출가하여 일단 계를 받으면 비록 파계하는 일이 있다 해도 그 계의 인연으로 마침내 성불할 수 있다는 사실을 확신하게 되었습니다. 그런 까닭에 여러분들에게 계 받을 것을 권하는 것입니다.”

살생하기 싫어 자살한 청년

전생에 수행하다 죽은 사람이 도살업을 하는 집에 태어나게 되었다. 성장하여 성인이 되자 부모가 하던 가업을 물려받지 않으면 안 되게 되었지만 청년은 거절하였다. 부모님은 꾸짖기도 하고 달래기도 하였지만 그의 결심은 꺾을 수가 없었다. 하루는 그의 아버지가 화가 잔뜩 난 얼굴로 아들에게 칼 한 자루와 양 한 마리를 주고는 창고에 가두면서 말하였다.

"양을 잡지 않고서는 바깥세상 구경 못할 줄 알아라!"

아들은 한참 넋을 잃고 있다가 이렇게 생각하였다.

'만일 내가 이 양을 죽인다면 이것으로 끝나는 것이 아니라 일생 동안 살생을 해야 하고 내 자식까지도 그 일을 시켜야 하지 않겠는 가! 어찌 내 자신을 위해 그런 끔찍한 살생의 대죄를 지으면서 살아 간단 말인가? 그럴 바엔 차라리 죽는 것이 낫겠다.'

그래서 결국 자살을 택하였다. 그 순간 바로 그는 천상에 태어나 게 되었다고 한다.

정진에 대한 부처님의 말씀

부처님은 다음과 같이 말씀하셨다.

"나는 헤아릴 수 없는 겁(劫) 동안 정진(精進)을 거듭하였다. 어느 때는 산속에서 지계, 인욕, 선정을 닦으면서 음식을 절식(節食)하기 위해 하루에 일식(一食 : 하루에 한 끼만 식사하는 것을 말함)만으로 지 낸 적이 많았다. 그때 내 몸은 마치 고목처럼 앙상하여 가죽과 갈비 뼈만 남은 적도 있었다. 또 노천에서 밤을 지새웠기에 마치 물속에 서 금방 나온 물짐승처럼 보이기도 하였다. 그러나 나태하지 않고 노력하면서 지혜를 구하였다. 더욱이 머리와 눈과 골수와 뇌와 사 지 등을 생명 있는 자에게 보시하여 그들의 원을 이루어 주기도 하 였다.

또 다양한 책을 읽고 외우고 사색하였으며 어려운 문제를 묻고 토론하면서 일체법에 대하여 지혜로써 좋고, 나쁘고, 크고, 작고, 허

(虛)하고, 실(實)한 것을 분별코자 하였다. 그러는 동안에 비난을 듣고 모욕을 당하기도 했으며 심지어는 칼이나 몽둥이 등으로 위협당하는 일도 여러 차례 있었으나 조금도 흔들림 없이 참고 견디었다. 그러면서 많은 부처님께 공양하였다. 그 공덕으로 육바라밀이 몸에 갖춰지기를 원하였지만 아무것도 얻은 것이 없었다. 그러던 중 다행스럽게도 연등불(燃燈佛 : 과거에 석가에게 성불할 것을 예언한 부처님)에게 연꽃 다섯 송이를 공양하게 되었다. 또 부처님이 지나는 진흙탕 길에 머리를 깔아 드린 보시 행을 실천하였더니 즉시 무생법인(無生法忍 : 불생불멸의 진리를 깨달아 평안한 경지)을 얻게 되어 곧 육바라밀(보시, 지계, 인욕, 정진, 선정, 지혜)을 완성하게 되었다.

그때 공중에 솟아올라 한 게송으로 연등불의 공덕을 찬탄하였더니 동, 서, 남, 북, 상하, 사유, 사방에서 많은 부처님이 출현하였다. 그때에야 비로소 참답게 정진한 공덕으로 육바라밀이 갖춰진 몸을 얻게 되었다.

정진은 평등한 것이라 마음의 평등을 얻을 수 있었고 마음이 평등하기 때문에 일체법이 평등함을 깨닫게 되었다.”

부처님이 받은 죄는 중생을 위한 방편

부처님도 아홉 가지나 되는 업보(業報)를 받았다는 기록이 있다.

① 독신 여성인 순다리(孫陀利)에게 나쁜 말을 들었고 5백 명의 아라한도 또 나쁜 말을 하였다.
② 친차라는 여자는 나무 쟁반으로 배를 부르게 하여 부처님이

임신시켰다고 욕을 하였다.

③ 데바닷타(사촌동생)가 산에서 바위를 굴려 부처님의 엄지발 가락을 다치게 하였다.

④ 튀어나온 나뭇가지에 부처님의 발이 찔린 적이 있다.

⑤ 비두다바가 군대를 이끌고 와서 부처님의 나라를 무참히 짓 밟았다. 그때 큰 고통을 느끼셨다.

⑥ 바라문 아구니달다의 공양 요청을 받고서는 말이 먹는 보리 밥을 드신 적이 있다.

⑦ 찬 바람을 맞아 등이 아프셨다.

⑧ 6년간 고행 끝에 성불하셨다.

⑨ 바라문 집단에 들어가 걸식을 하였는데 아무것도 얻지 못하 고 빈손으로 돌아왔다. 또 동지 전후 8일 밤에 찬바람이 몰 아쳐 부처님은 삼의(三衣)만으로 추위를 견디셨다. 또 열병에 걸려 아난다가 부처님의 뒤에서 부축하였다.

부처님이 왜 이런 업보를 받아야 했을까?

옛날에 아니룻다는 한 사람의 벽지불(연각, 독각)에게 한 번 공양 드린 공덕으로 여러 생에 걸쳐 즐거움을 받고, 마음으로 무엇을 먹 고 싶다거나 마시고 싶다는 생각만 해도 바로 얻을 수 있었다.

부처님께서는 여러 생에 걸쳐 살과 골수까지 중생에게 보시한 공 덕으로 반드시 여러 사람에게 보시를 받아 마땅하다. 하지만 어느 날 걸식을 나갔다가 아무것도 얻지 못하고 빈발우로 돌아온 것은 무슨 일일까? 아마 부처님께서는 방편으로 중생 구제를 위해 일부 러 앞에서 언급한 그런 과보를 받게 되었다는 것을 알 수 있을 것 이다. 왜 그 같은 방편을 폈을까?

그것은 미래세에 태어날 다섯 종류의 제자들은 보시한 공덕이 없어 보시를 원해도 누구에게서도 먹는 것을 얻을 수가 없었기 때문이다. 이런 광경을 지켜본 여러 재가신자는 다섯 종류의 제자들에게 이렇게 물었다.

"비구들은 음식을 얻을 수 없는데 그러다 만일 병이 나면 무슨 수로 도를 이루고 무엇을 의지해 사람들을 제도합니까?"

"우리들은 내 몸 하나 살리기 위해 적은 일은 할 수 없지만, 도를 닦아 이미 복은 갖춰져 있소. 우리들이 오늘날 당하는 이 괴로움은 전생의 업보지만 지금 행하고 있는 수행 공덕의 효과는 반드시 장래에 나타날 것이오. 우리들의 위대한 스승인 부처님께서도 바라문 촌에 들어가 걸식했지만 아무것도 얻지 못하고 되돌아오신 적이 있고, 부처님도 병에 걸렸고, 샤카족이 패망하는 것을 직접 겪으시는 등 많은 고통을 맛보셨습니다. 그런데 하물며 우리같이 박복하고 천한 무리들이야 이런 일을 겪는 것이 당연한 것이 아니겠소?"

많은 재가신도들은 이 말을 듣고 난 후 즉시 공양을 올리고 그들은 안온함을 얻어 정진 수행하여 도를 이루었다. 이처럼 부처님이 괴로움을 당하는 것은 부처님의 방편이지 부처님이 실제로 업보를 받은 것이 아니다.

한때 부처님께서 베살리에 머물고 계셨을 때였다. 부처님은 아난다에게 이렇게 말씀하셨다.

"내 몸에 열이 있고 감기 기운이 있다. 이것을 치료하려면 우유가 필요하니 내 발우를 가지고 가서 우유를 좀 얻어 오도록 하여라."

아난다는 곧 성안으로 들어가 어느 집 앞에 도착하였다. 그때 마침 비마라질이 아난다가 탁발 온 것을 보고 물었다.

"어째서 아침 일찍부터 발우를 들고 여기 서 계십니까?"

"예, 부처님이 몸이 불편하시어 우유가 필요하다 하시기에 이곳에 왔습니다."

"아난다여! 그런 험담을 해서는 안 됩니다. 부처님은 훌륭하신 세존(世尊 : 이 세상에서 가장 존귀한 분)이십니다. 이미 모든 것을 초월하셨는데 어찌 병이 있을 수 있단 말입니까? 만일 외도들이 그런 말을 들으면, '천상천하 유아독존이라고 으스대던 부처가 자기 자신의 병도 고치지 못하면서 어찌 남을 구한다고 그러지?'라고 비방할 것입니다."

"하지만 이것은 내 생각이 아닙니다. 틀림없이 부처님의 명을 받고 온 것입니다. 그래서 우유가 필요한 것입니다."

"이는 부처님의 명이라 해도 실은 방편에 불과한 것입니다. 지금은 오탁악세(五濁惡世)이기에 이런 방편으로 일체를 구하고 해탈시키는 것입니다. 만일 미래세에 병을 앓는 비구들이 있다면 그들은 재가신도들에게 여러 가지 탕약을 구할 것입니다. 그러면 신도들은 이렇게 말할 것입니다. '스님들은 자신의 병도 못 고치면서 어찌 남의 병을 고쳐 줄 수 있단 말인가?' 그러면 비구들은 '우리들의 큰 스승께서도 병에 걸렸는데 겨자 풀처럼 보잘것없는 우리들이 어찌 병에 걸리지 않습니까?' 그 말을 들으면 재가신도들은 많은 탕약을 갖다 줄 것입니다. 그 덕으로 편안하게 참선하여 도를 깨치게 될 것입니다. 외도의 선인들도 약초와 주술로 남의 병을 고쳐주는데 하물며 부처님은 지혜와 복덕이 원만하신 대의왕(大醫王)으로서 응병여약(應病與藥)하여 병고에 신음하는 중생들을 구제하시는데 어찌 자신의 병을 못 고친단 말입니까? 스님은 아무 말씀 마시고 발우를 들고 우유를 받으십시오. 다른 이교도가 부처님의 병에 대한 것을 알지 못하도록 말입니다. 이것이 모두 부처님의 위신력인 방편으로 써의 병이라고 한 것이지 참으로 병을 앓으신 것은 아닙니다."

여기서 우리가 알아야 할 것은, 부처님이 열반하신 동기를 마치 춘다의 버섯공양을 받으시고 복통을 일으켜 열반하신 것으로 알고 있다. 또 사라쌍수에 이르셔서 아난다에게 등이 아프다고 하시며 쉬고 싶다고 하신 말씀에서 찾는데, 사실은 이 모두가 미래의 중생을 위한 선교방편(善巧方便)이라는 것이다. 이것은 마치 유마(維摩) 거사가 문수보살의 문병에서 "내가 병을 앓는 것은 중생을 위해 앓는 것이다."라고 한 말을 상기해 보면 부처님의 한량없이 깊으신 자비심에 감읍할 것이다.

요가, 명상, 선정의 차이점

요가

인도에서 가장 오래된 문헌으로 <리그베다>가 있다. BC 1200~900년 사이에 편찬한 것으로 그 안에 요가라는 단어가 처음으로 보인다. 그러나 그 내용에 대한 설명이 없기 때문에 그것이 정신통일을 의미한 것이라고 볼 수는 없다.

요가의 발생은 고대 바라문에 의해 성립된 것도 아니고, 인도를 침입해 온 아리아인이 만든 것도 아니며, 세계 3대 문명 중 인더스 문명에서 비롯된 고대 인도인의 수행법으로 추측했을 뿐 그 내용은 오랫동안 알 수 없었다. BC 500년경에 성립한 '우파니샤드'에서 비로소 정신통일의 수행법으로 형성되었을 것이라는 학자들의 견해가 통설로 받아들여지게 되었다.

'우파니샤드'란 고대 인도의 일종의 철학으로서 산스크리트 어로 쓰여 졌고, 그 내용은 사제간에 서로 대좌하여 비밀히 구전하여 준 '비의(秘儀 : 비밀한 교의)'에 관한 것이다. 그것을 뒤에 학자들이 '오의서(奧義書)'라 하였다.

요가의 뜻은 '소나 말을 우마차에 묶거나 말에게 안장을 부착 한다'는 정도로 쓰였다. 그러니까 '묶거나 매어 놓는다'는 의미의 '유즈(Yuj)'에서 유래한 것임을 알 수 있다. 말하자면 요가의 행법은 심사 묵상, 즉 정신을 한 곳에 모아 묵묵히 생각하는 것으로 초자연적인 힘을 얻기 위한 방법이었고 그 목적은 신비경에 들어가 절대자(신)와의 합일을 실현하고자 한 것이었다. 요가는 마음을 정화하고 자유(해탈)를 성취하려는 목적에 장애가 되는 몸을 괴롭히는 일종의 고행법으로도 이용되었다. 그러나 고행이 요가와 관계는 있지만 요가 그 자체는 아니다. 요가의 유형을 보면 즈냐나, 바크티, 카르마, 라자 요가 등 네 가지로 분류되지만 이 범주와는 상관없이 400여 종에 달하는 여러 가지 특수한 행법이 만들어졌다.

'우파니샤드' 사상에 의하면 외적 고행이 1차적인 예비 방법이긴 하지만 궁극적 목적인 해탈(자유)에 도달하려면 내적으로 정신 통일의 방법이 아니고는 불가능하다. 때문에 요가는 단순히 육체만을 억압하고 괴롭히는 것이 원칙이 아니고 어디까지나 내적인 정신 통일이 선행되어야 한다. '우파니샤드'에 '모든 감각 기관을 아트만(자기 본성)에게 쉬도록 하는 것'이 요가라고 하였음을 봐도 무조건 몸을 괴롭히는 것이 요가가 아님을 알 수 있다. BC 1000~800년 사이에 지금 형태로 정리되어 완성된 10권의 베다 문헌 안에 있는 노래를 살펴보면 요가 행자의 원형인 고행자(muni, 牟尼)의 형태가 여러 가지로 묘사되어 있다.

원래 이 고행자의 '무늬'는 성자라는 뜻이다. 불교에서 부처님을 존칭하여 석가모니라고 하는데 모니가 바로 무늬를 한자로 음사한 말이다. 일반적으로 무늬는 '묵언 수행자'를 뜻한다. 요컨대 그들은 초인적인 능력으로 우주적 존재의 지위에 도달해 있는 것으로 되어 있다.

장발의 고행자는 불(火)과 독(毒), 천지(天地), 양계(兩界)를 담당한다. 고행자는 만유(萬有)를 떠맡는다. 고행자가 됨으로써 자기 자신을 잊는 망아(忘我)의 경지에 도달하고 공중을 마음대로 난다. 바람의 승마로 하여금 바람과 함께 달린다. 바유(婆由, 바람신)의 벗이라 하여 고행자는 신들로부터 파견된다.

바유는 고행자를 위한 약을 조제하고 쿠난나마는 그것을 가루로 만든다. 고행자가 루드라(폭풍신)와 함께 약(독)을 마신다. 즉 고행자의 노래에는 바유(신)는 고행자를 위하여 특수한 약이겠지만 그 독을 마심으로 황홀한 상태를 경험하고 쉬바 신의 전신을 연상시키는 루드라와 함께 살게 된다고 기록되어 있다.

인도인들은 원래부터 고행 생활을 신성시하고 일생을 통하여 고행하는 것을 존중한 민족이다. 그것은 예로부터 전해오는 윤회사상과 깊은 관계가 있다.

현재의 이 현실 세계는 괴로움이 많은 세계로 이 괴로움이 많은 세계로부터 탈출하려는 어떤 방법이 있을까 하는 것을 추구하다 보니 갖가지 방법이 모색되었다. 그 방법 중의 하나가 단순한 지식이나 철학에 의한 방법이 아니라 생명체인 이 육신이 윤회로부터 해탈하기를 희구하게 되고 그것을 실천하는 방법이 모색되었다.

그런데 아쉽게도 앞에서 말한 대로 초기 요가 행법에 대해서는 전혀 알 길이 없다. 다소나마 추적해 볼 수 있는 유일한 방법은 고대 유물인 인장(도장)에 조각된 문양 정도밖에 없다.

그 후 인더스 주민의 유물이나 모헨조다로에서 출토된 인장의 문양 가운데 후대 힌두교의 '쉬바 신'의 원형인 것 같은 것이 있다. 땅 위에 양 다리를 벌리고 양쪽 발등을 교차하여 앉아 있는 형태로 보이지만 실은 땅을 짚은 엄지손가락 두 개만으로 몸을 지탱하고 있다. 머리에는 소뿔 같은 것이 나 있고, 입고 있는 의복은 가시가 돋아 있는 것이 마치 갑옷 같다. 그리고 그 주위에는 코끼리와 호랑이 등이 새겨져 있는데 이러한 이유로 후대에 쉬바 신을 동물의 왕인 '수주(獸主)'라고 부른 것 같다.

이 같은 형태의 고행, 즉 요가의 공덕으로 얻게 되는 신통력은 쉬바 신뿐만이 아니라 요가 수행자라면 누구라도 체득할 수 있었을 것이다. 또한 이것은 BC 1300년 이전의 종교적 수행 방법이었을 것이라고 상상할 따름이다.

요가의 요체는 모든 생각을 없애는 무상(無想)에 의해 마음의 통일을 구하는 방법을 실천함으로써 초자연적인 신통력을 획득하는 것이다. 타파스(열 : 고행의 뜻)를 통하여 초자연력을 얻고자 한 것은 타파스가 <리그베다>의 중심적인 수행 방법이기 때문인 것으로 추측된다. 타파스는 명상이나 고행의 결과로 수행자의 몸 중심에서 발생하는 열력(熱力)을 말한다. 고행자는 그로 인하여 초인적인 통찰력을 얻게 되고 초자연적인 신통력을 발휘한다는 것이다.

다른 기록을 보면 괴로움의 원인은 신아(神我 : 신들이나 인간에게
는 상주하는 신아가 존재 한다고 주장하는 상키야 학파의 설. 외도에서
설하는 이단설)와 자성(自性 : 그 자체의 본질)의 결합에 의한 것으로
그것은 무명(無明), 즉 무지가 명지(明智 : 밝은 지혜)에 의해 해소됨으
로 신아는 물질적 속박에서 해방된다. 즉, 신아가 물질에 속박되지
않고 홀로 존재하게 된다. 이것이 해탈로서 신아는 완전 상태가 된
다고 한다.

명지를 얻는 수단으로 요가를 실천하면 의식이 있는 유상삼매(有
想三昧)에서 의식이 없는 무상삼매에 들어가 해탈을 달성한다고 한
다. 이 방법이 뒤에 밀교의 진언행자가 신(身), 구(口), 의(意)의 작용
이 부처님의 신·구·의의 작용과 합치하는 것으로 변화하게 된다.
또 불을 천(天)의 입(口)이라 하고 불로 공물을 태우면 화신(火神)인
'아그니(Agni)'가 공양하고 재액을 쫓고 복을 준다는 바라문교의 의
식이 밀교에 받아들여져 호마(homa, 護摩)가 되었다.

옴(om, 唵)은 인도의 종교의식 전후에 부르는 신성한 소리다. 원래
는 빛(光)이라는 것을 표시하는 경어며 히브리 어의 아멘과 같다.
'옴'은 아·오·마의 3자를 합성어로서 모든 문자를 대표하여 무량
공덕이 있다고 믿는다. 밀교에서는 아는 발생, 오는 유지, 마는 종
국을 뜻한다. 옴자는 일체의 소리의 근본·본질·귀결이므로 일체
만법은 이 한자에 귀속된다고 해석했다. 요가 행자의 명상의 대상
이며 힌두교의 학습에서는 만물의 발생, 유지, 생명을 뜻하는 것으
로 우주의 창조, 유지, 파괴를 주도하는 비슈누, 쉬바, 브라만의 삼
신일체의 교리가 되었다.

이 진언은 불교의 밀교에서도 신성한 주문(密語)이 되어 법신, 보신, 화신 등 삼신이나 귀명, 공양, 삼신의 뜻으로 받아들여 다라니의 첫 머리에 '옴'을 사용하고 있다. 불교 이전의 전통적인 주문, 즉 불가사이한 영험이 있는 비밀어인 옴을 가장 신성한 범음(梵音 : 브라만의 우아한 음성, 즉 정직, 화아, 청정, 심만, 원만, 다섯 가지 청정함을 갖췄다는 음성)으로 인정하여 불교에서 받아들인 것이다.

여기서 여러 가지를 종합해 보면 인도에는 원래부터 요가의 수행법이 있었고, 그것이 바라문의 의식인 제사 행법에 영향을 끼쳤음을 알 수 있다.

요가의 행법이 바라문교에 수용되어서 마음의 통일을 얻기 위한 방법으로 사용되었고, 그 방법으로 해탈을 얻으려는 단순히 육체를 괴롭히는 것으로 되는 것이 아니라 창조신인 범(梵), 즉 브라만과 자신의 본성인 아트만(atman : 초월적 자아, 즉 영혼)의 합일인 범아일여(梵我一如)에서 사고력이 점지되고 이성도 활동하지 않는 상태로 감관을 억제하고 일정한 좌법에 따라 호흡을 조정하는 수행이 결국 불노, 불사에 이르게 한다는 것이다. 이 점이 불교의 선(禪)과 요가와의 큰 차이점이다. 그런데 요가가 마치 불교의 선과 같은 것으로 착각하고 있는 사람이 의외로 많다. 요가가 비록 불교에 의해서 선의 용어로 쓰이는 예가 있긴 하지만 결코 선 그 자체는 아니다.

명상

앞에서 언급한 요가에 대한 설명에 이어서 명상에 대한 것도 짚고 넘어가야 할 과제인 것 같다. 왜냐하면 흔히 선(禪)을 요가나 명상과 동일시하는 사람이 많기 때문이다.

그러면 명상이란 무엇인가? 문자 그대로 눈을 감고 생각하는 것, 묵상, 고요히 눈감고 생각함, 묵묵히 마음속으로 생각하는 것 등이 사전적인 설명이다.

명상에 대한 것을 구체적으로 설명하자면 많은 지면이 필요하므로 여기에서는 간략히 약술하기로 한다.

앞에서 본 바와 같이 바라문의 수행법도 그렇지만 새로운 형태의 수행자인 사문들이 숲 속에서 명상(요가)에 의한 수행으로 불사(죽지 않는 것)를 얻고자 한 것이 그들의 목적인 동시에 그들의 실제 수행법이었다. 그 후 오랜 세월 동안 명상에 대하여 많은 사람들이 학술적으로나 실질적인 수련법으로 실천하여 왔다. 이들은 명상술이라 하여 여러 가지 명칭의 수련 방법을 고안하고 이에 의존하는 경우가 많았다.

예를 들면 명상에 의해서 이루어지는 세계는 명상을 통하여 스스로 밝혀 주는 것을 말한다. 그리고 명상은 순수히게 상상된 세계를 희구하는 것이었는데 사람에 따라 변형된 것이 많다. 그 예가 한 단계씩 조성되어 가는 혼(魂)의 상승을 모든 정신력의 소산으로 보며 요가에서는 쿤달리니(Kundalini : 잠겨 있다는 뜻)로서 잠들어 있는 넋을 각성시키는 과정이라고 표현한다. 또 명상에서는 근본적인 목적을 신비의 체험에 두고 있다.

명상 방법은 꿈에 의한 명상법, 오오라(우리의 신체 주변에 계란 모양으로 반사되는 빛, 육안으로 볼 수 없는 방사선을 말함)에 의한 명상법, 자기 최면에 의한 명상법, 심령(心靈)이나 유체이탈(幽體離脫) 등이 있다. 특히 이것은 20세기에 접어들면서 심령과학이란 명칭으로 널리 보급되기에 이르렀다.

이러한 명상은 정신 집중에 의한 신비의 세계를 체험하고자 하는 일종의 술(재주를 나타내는 것으로 術家)로서 술사, 점술, 음양술, 최면술 따위에 불과하다는 것을 쉽게 알 수 있다.

명상이 요가와 같은 점은 신비를 체험하고자 하는 것이고 다른 점은 절대자와의 합일을 바라는 것은 아니라는 점이다. 여러 방법을 실천하여 유체이탈을 체험하는 것인데 이것이 명상술의 특징이라 할 수 있다.

명상을 실천하여 어느 경지에 도달하게 되면 사람마다 다르지만 밤에 잠들었을 때 자기 몸이 무중력 상태가 되거나 어느 공간에 던져지는 듯한 체험을 하게 된다. 또 의식이 자기 몸에서 빠져나가 아무런 장애도 받지 않고 벽 같은 것을 그대로 통과하거나 방안에 누워 있는 자신의 몸을 바라보는 등 상식적으로 이해 못하는 유체이탈 체험을 한다. 그런가 하면 명상을 통해 이익과 불이익을 보는 경우도 있다.

예를 들어 건강에 대한 것을 말하면 호흡법과 요가의 아사나(Asana : 체위)에 의해 체내의 독소가 제거되어 강인한 육체를 가질 수 있는 이점이 있다. 이것은 명상에 의해서 마음이 차분해지고 호흡이 정상화되기 때문이다. 그리고 정신이 육체에 주는 영향은 정신의학적으로 밝혀진 대로 정신질환을 치료할 수도 있다. 그리고 사람에 따라 심령 현상, 즉 정신과학으로 설명할 수 없는 불가사의한 일종의 정신 현상을 체험하기도 한다. 즉 개인의 운명이나 전생을 알아 맞추거나 사람의 마음을 읽거나, 영계, 즉 영혼의 세계로부터 통신을 받아들일 수 있는 능력을 가진 영매자(靈媒者)도 나온다. 여기서 무속 행위자가 되기도 한다.

이와 같은 심령 체험은 명상 도중의 단계에서 일어나는 것으로 그 같은 현상을 무시해 버려야 하는데도 대부분은 이 심령 능력의 매력에 이끌려 혼란 속에서 불행한 삶을 살거나 자살하는 경우도 있다. 뿐만 아니라 동물령이나 유계의 하층에 있는 저급한 영혼과 감응하여 끝내 신들린 자(憑依)가 되어 그 함정에서 벗어나지 못하는 등 불행을 자초하는 사람도 허다하다. 그러므로 헛된 사술에 현혹되지 말아야 한다.

선정

선정(禪定)의 기원은 인더스 문명에서 비롯된 요가 명상과 불가분의 관계가 있다. 선이란 단어는 산스크리트 어 드야나(dhyana)를 음역(音譯)한 선나(禪那)의 줄임말인데 정려(靜慮), 사유수(思惟修) 등으로 의역(意譯)되기도 한다.

선에 대한 설명에 앞서 꼭 참고해야 할 것은 <기신론(起信論)>의 중생심(衆生心)에 관한 구절이다. 중생심이란 우리의 마음을 말하며 그 마음을 체(體), 상(相), 용(用) 삼대로 설명하였다. 체는 체성(본성), 상은 형상(모양), 용은 작용(행동)이다.

사람의 마음(정신)의 체성은 본래 공(空)하여 허공과 같이 텅 비어 있다. 허공은 비어 있기 때문에 그 안에 일월성신, 산하대지, 삼라만상을 포용할 수 있다. 사람의 마음 역시 허공과 같이 비어 있기 때문에 무시 이래로 천변만화의 조화를 임의로 창출하는 한량없는 번뇌를 만들어 낸다. 일설에는 1초에 걸친 번뇌와 미세한 번뇌가 7만 번, 즉 14만 번의 번뇌가 일어나 망상심을 일으킨다고 한다.

마음은 본래 아무런 형상이 없다. 만일 일정한 형상이 있다면 이 세상의 만물을 다 수용하지 못할 것이다. 형상이 없기 때문에 네모진 것이나 둥근 것, 길거나 짧은 것은 물론 파랗고 빨갛고 희고 검은 것 등 무엇 하나 빼놓지 않고 임의로 판별하고 나름대로 선택할 수 있다.

마음의 체성과 형상이 공한 것과 같이 마음의 작용 또한 공한 것이기 때문에 만일 한 생각을 일으키면 한량없는 변화가 일어나는데 마치 일파자동만파수(一波自動萬波隨 : 한 물결이 일어나면 만 갈래 파도가 따라 일어난다)와 같다. 그러므로 무애자재한 마음의 작용은 삼천대천세계를 가득 메우고도 조금도 모자람이 없을 만큼 무한하다. 그래서 삼계허위유심소작(三界虛僞唯心所作), 줄여서 삼계유심(三界唯心 : 삼계의 모든 현상은 오직 마음이 만들어 낸 것)이라 하였고 삼계소유유시일심(三界所有唯是一心 : 이 삼계에 속하는 모든 현상은 모두가 한 마음뿐)이라고 <80화엄경>, <대지품>에 설한 것과 같이 과거, 현재, 미래 삼세에 걸쳐 윤회하는 인과가 오직 한 생각(마음)의 작용에서 비롯되었음을 알 수 있다.

다시 말해 우주 삼라만상을 임의자재하게 만들고 부수고 없애는 작용이 모두 미혹한 한 생각에서 비롯되었음이니 그 마음을 어떻게 무슨 방법으로 다스릴 것인가. 이것이 싯달타의 고민이었고 큰 과제였던 것이다.

이미 앞에서 언급한 바와 같이 그 당시 인도에는 전통적인 바라문과 사문(沙門 : 출가하여 수행하는 수행자)이라는 두 종교가 있었다. 바라문은 베다를 신봉하고 제사를 지내며 '범아일여'의 경지에 들어 죽지 않는(불사) 진리를 얻는 것이 최고의 목표였다. 사문은 새로

운 형태의 수행자 그룹으로 고대 '우파니샤드'에는 나타나지 않는
다. 그들은 집을 버리고 걸식하면서 유행생활을 하고 처음부터 철
저한 금욕 생활을 해야 했으며 수행 방법은 숲 속에 들어가 명상과
혹독한 고행을 실천하였다. 그들의 목적도 바라문과 같이 불사를
획득하는 것이었다.

싯살타는 사성 제도의 크샤트리아(왕족) 계급에 속하였으므로 유
년 시절부터 인도의 고대 사상과 종교 전반에 걸쳐, 특히 요가 수행
법을 잘 알고 있었다고 한다. 그것은 출가 전에 나무 밑에서 좌선
(요가)을 행하여 초선의 경지에 들었다는 기록을 보아도 짐작할 수
있다. 출가 후 당시 요가 성자인 두 선인(仙人 : 힌두교의 수행자, 부
처님이 처음 설법한 녹야원 선인들이 모여 수행하던 곳이다. 선인이란 세
간을 떠나 산간에 살면서 신변자재한 도술을 부리는 사람)에게서 무소
유처정(無所有處定)과 비상비비상처정(非想非非想處定)을 배웠다.

무소유처정은 아무것도 없다는 것을 관하는 경지를 말하고 비상
비비상처는 무색계의 제4천으로 삼계의 최정상이지만 색계, 욕계와
같이 조상(粗想 : 엉성한 것, 거친 것)의 번뇌가 없기 때문에 비유상(非
有想)이라 하고 세상(細想 : 미세한 것)의 번뇌가 없는 것이 아니기 때
문에 비무상(非無想)이라 한다.

비유상의 경지를 외도(外道)는 열반의 경지라 하지만 불교에서는
비무상이기 때문에 이곳 역시 생사(生死)가 있는 경지에 지나지 않
으며 비록 천계(천상)에 태어난다 해도 그것은 윤회를 벗어나는 것
이 아니기 때문에 싫어한다. 또 불교에서는 세속적인 이원론이나 요
가 행자나 사문이 추구하는 신비의 경지나 불사의 경지에도 만족하
지 않았다.

한계가 있는 육신을 극한상황까지 고통을 가하면 불가사의한 영적 신비의 힘을 얻을 수 있다는 생각이 당시 고행자들의 철저한 믿음이었다. 또 그런 실천만이 최고의 해탈(解脫 : 산스크리트 어로 'moksa'라 하고 해방을 뜻함)을 얻는 유일한 방법이라고 생각하였다.

그 같은 환경에서 출가한 싯달타도 처음에는 어쩔 수 없이 그 방식대로 고행할 수밖에 없었다. 간다라에서 출토된 2~3세기경의 고행상(苦行像)을 보면 피골이 상접하여 가슴과 목이 뼈뿐이고 혈관이 훤히 드러나 보이는데, 이것만 보아도 싯달타가 얼마나 고행에 철저했는지를 알 수 있다.

싯달타는 인간의 한계를 초월할 정도로 고행을 했지만 육체만 괴롭힐 뿐 현실적인 해탈을 얻지 못한다는 사실은 뒤늦게 깨달았다. 그의 목표는 어디까지나 현실 세계에서 생로병사라는 고(苦)의 해탈이지 육체가 멸하여 아무것도 없는 상태에서 해탈이나 불사의 획득이 아니었다. 그는 신심일여(身心一如)의 경지에 도달하여 모든 고의 원천에서 해탈할 수 있는 길을 모색하였던 것이다. 그 결과로 체득한 것이 공허한 사상이나, 난해한 이론이나, 과격한 육체적 고통이 아닌 가장 훌륭한 방법인 선정에 의한 지혜의 완성이었고 생멸을 초월한 열반을 이룰 수 있음을 발견하게 되었다. 이로써 재래식 요가와 명상법을 변용시킨 불교 특유의 선정법을 창출할 수 있었다. 그는 자신이 발견한 선정을 닦아 드디어 최상 정등정각을 이뤄 부처가 되었다.

여기에서 다시 한번 요가와 명상과 선정의 차이점을 재론하면 요가와 명상은 절대자와의 합일이며 명상에 의한 신비의 체험이고 나아가 불사 획득이 목표이다. 그러나 불법의 경우는 오직 최고 진리의 증득으로 일체 중생을 구제하고 생멸을 초월한 구경(究竟)열반이 그 목표이다. 이 점이 바로 요가와 명상과 선정의 현격한 차이점이다. 수행자가 사술(邪術)에 떨어지면 지혜의 완성(성불)은 물론 영겁이 다 하도록 정법을 만나기 어렵다는 사실을 깊이 인식해야 할 것이다.

불교의 우주론

수미산설

불교를 폭 넓게 이해하려면 다소 어렵더라도 먼저 불교의 우주관과 세계관을 한 번쯤 짚고 넘어 가는 것이 순서일 것이다. 또 그에 대한 이해를 돕기 위해 간략하게나마 중국의 예부터 살펴보기로 하자.

고대 중국은 처음부디 경천(敬天) 사상이 발달한 나라다. 그것을 입증할 수 있는 것이 천제(天帝 : 하느님), 천자(天子 : 하느님의 아들), 천명(天命 : 하늘의 명령), 천우신조(天佑神助) 등 하늘을 신격화한 단어가 많고 '천'자가 들어간 술어만 해도 백 개 이상이나 된다는 것에서 알 수 있다. 중국의 경천사상은 천명사상으로 발전하여 인간은 천명에 순응하는 것을 원칙으로 삼았다. 만일 역천(逆天 : 하늘의 명령을 거스림)하면 옳게 살아남지 못한다고 할 정도까지 의식화되었다.

그 결과로 경천숭배는 인간의 소원인 행복을 충족시켜 주는 민간신앙으로 이어지게 되었다. 말하자면 나라의 흥망성쇠와 인간의 길흉화복이 하늘에서 좌우하는 것이라고 생각하기에 이르렀다. 그래서 나라의 운세나 정치 경제의 안정 여부와 사회의 변화나 전쟁의 성패 등을 미리 예측할 수 있는 점성술인 28수(二十八宿)의 성좌설(星座說)이 만들어졌다. 그 외에 중국은 건국 이래 만들어진 주역(周易), 음양오행(陰陽五行), 기문둔갑술(奇門遁甲術) 등 다양한 설이 파생되었다. 더구나 장생불사의 신선사상은 많은 사람의 선망에 대상이 되어 일반 민중에게까지 널리 회자되어 많은 전설을 만들어 내기도 했다.

인도 역시 브라만의 천지창조설 등이 큰 비중을 차지하고 있음은 제1장에서 언급했으므로 여기서는 불교의 우주관과 세계관을 설명하기로 한다.

불교에서의 하늘(天)이나 하늘세계는 인도의 브라만, 중국의 천제(하느님)와 같이 신격화한 존재가 사는 것이 아니고 어디까지나 절대의 경지를 천(天)이라는 글자로 차용했을 뿐이다. 이 점이 고대 인도의 우주관이나 중국의 경천, 천명의 개념과는 근본적으로 다른, 오직 불교만의 독특한 우주관이라 하겠다.

불교의 우주관과 세계관에는 수미산설(須彌山說), 삼십삼천설(三十三天說), 삼계설(三界說), 삼천대천세계설(三千大天世界說), 이십오유설(二十五有說, 또는 이십구유설) 등 여러 설이 있다.

수미산설은 불교의 우주관으로 천지, 즉 세계의 중심에 거대한 수미산(일명 妙高山, 高山, 妙光이라 번역)이 대해(大海) 가운데 높이 솟아 있다. 그 높이는 16만 유순(由旬 : 1유순은 약 7km)인데 8만 유순은 수면 밑에 있고 수면 위에 8만 유순이 있다. 그리고 구산팔해(九山八海)가 감싸고 있으며 그 주위에는 해와 달이 돌고 있다.

수미산의 동서남북 사방, 즉 동쪽은 백금(白金), 서쪽은 파리(玻璃),

남쪽은 유리(琉璃), 북쪽은 황금 등의 보물로 이루어져 있고 그 둘레의 허공(하늘)의 빛깔은 언제나 네 가지 보석이 반사되어 찬란하고 아름답다고 한다. 일설에 의하면 칠금산(七金山)과 수미산 사이에 있는 칠해(七海, 內海)는 팔공덕수(八功德水)가 가득하고 칠금산의 밖에는 함해(鹹海, 外海)를 가로 막고 있는 철위산(鐵圍山)이 있다. 철위산이란 수미산을 둘러싸고 있는 구산팔해(九山八海) 밖에서 감싸고 있는 쇠로된 철산(鐵山)을 말한다. 수미산과 칠금산은 방형(方形)이고 철위산은 원형(圓形)으로 되어 있다고 한다.

수미산과 구산팔해를 떠받치고 있는 것은 무엇일까? 대지의 맨아래에 풍륜(風輪)이 있고 풍륜 위에는 수륜(水輪), 수륜 위에는 금륜(金輪)이 있다. 이 삼륜 외에 허공륜(虛空輪)이 있는데, 부피는 3억 2만 유순, 직경은 12억 3천4백50유순이라 한다. 이 허공륜이 세계의 산하대지와 구산팔해 등 모두를 떠받쳐 지탱하고 있다고 한다.

어떻게 이 같은 것이 생성하고 형성되었을까? 태초(太初) 이전에는 아무것도 존재하지 않은 허허로운 텅 빈 공간뿐이었다고 한다. 그런 상태에서 삼라만상(森羅萬象), 즉 숫자로 헤아릴 수 없을 정도의 많은 것들이 형성된 것도 다름 아닌 유정(有情), 즉 중생(衆生)들이 지어 놓은 업(業 : 행위)의 증산력(增産力 : 조성하는 힘)에 의해 처음 풍륜이 생겨나 허공에 떠 있게 되면서 가능했다. 그리고 중생들의 업력에 의해 큰 비와 구름이 생기고, 풍륜 위에 내린 비가 모여 수륜이 된다. 또 중생의 업력으로 바람이 일어나 물이 솟구쳐 맺혀 금륜이 된다.

이 같은 순서로 우리가 사는 이 세계가 형성되었다는 것이 불교의 우주관인 동시에 세계관이다.

삼천대천세계설

사천대천(三千大千)세계설에 의하면 수미산을 중심으로 주위에 사대주(四大洲), 즉 4개의 대륙이 있다. 그 둘레에 구산팔해가 있고 이곳이 바로 우리가 사는 하나의 소세계(小世界)라 한다. 위로는 색계(色界)의 초선천(初禪天)에서 아래로는 대지 밑에 있는 풍륜에 이르기까지를 말한다. 이 세계 안에는 해와 달, 수미산 사천하(四天下), 사왕천(四王天), 삼십삼천(三十三天), 야마천(夜摩天), 도솔천(兜率天), 낙변화천(樂變化天), 타화자재천(他化自在天), 범세천(梵世天) 등이 포함된다. 이 하나의 세계를 천(千) 개 합한 것을 하나의 소천세계(小千世界)라 한다. 소천세계를 천 개 합한 것이 중천세계(中千世界)이고 중천세계 천 개를 합한 것이 대천세계(大千世界)이다. 이 대천세계는 천을 세 번 합한 것이며 소, 중, 대의 3종의 천세계가 되므로 삼천세계, 삼천대천세계라 한다. 다시 말하면 단순히 삼천세계라는 뜻이 아니고 천을 삼승(三乘)한 수의 세계라는 뜻이다. 삼천세계는 10억의 소세계다. 또 삼천대천세계를 천백억세계(千百億世界)라고도 한다. 그렇지만 이 경우 지금의 억보다 한 항(一桁) 밑의 수를 억이라 한다. 그러니까 100억은 10억을 뜻한 것이므로 결국 삼천대천세계는 실제로는 십억세계인 셈이다.

그리고 이 삼천대천세계가 한 부처님의 교화(敎化), 즉 불법으로 착하게 살 것을 가르치는 범위라 한다. 또 이것을 일불국토(一佛國土)라고도 한다.

이것이 불교의 우주 구성설이며 우리들의 상상을 초월한 불교의 세계관이다. 부처님의 불가사의한 초능력이 아니고는 십억 국토에

사는 그 많은 중생(有情)들을 어찌 다 교화할 수 있겠는가. 다만 근
기(능력)와 과거에 쌓은 자량(資糧 : 수행의 근본이 되는 선근, 공덕)과
인연에 따라 응분의 과보를 받을 따름이라 하겠다.

삼계설

앞에서 언급한 산천대천세계설 외에 삼십삼천설, 도솔천설, 이십
오유설 등은 생략하고 삼계설(三界說)만 요약하겠다.

삼계란 미혹한 중생들이 윤회전생(輪廻轉生)하는 세계를 세 단계
로 나눈 영역(세계)을 말한다. 즉 욕계(欲界), 색계(色界), 무색계(無色
界)를 말한다.

욕계는 음욕과 식욕, 수면욕, 이 세 가지 욕심이 많은 중생(생물)
이 사는 세계인데 맨 아래(지하)에 있는 무간지옥(無間地獄)에서부터
등활(等活)지옥까지 팔대지옥(八大地獄)이 있다. 이 지옥에 가는 사람
은 전생이나 금생에 부모, 형제, 스승, 존장 등 많은 사람에게 오역
죄(五逆罪)를 범하거나 무거운 죄를 지은 사람이 떨어지는 곳이다.
그 지옥마다 형벌 받는 형태는 죄질에 따라 다르다. 팔대지옥 외에
부속지옥인 유증지옥(遊增地獄) 등 총 136개 지옥이 있으나 실은 더
많은 지옥이 있다.

여기서 잠시 지옥 구경을 하기로 하자. 그 많은 지옥 중에서 가장
중죄인 오역죄를 범한 사람이 가게 되는 무간지옥은 너무나 무서워
서 뒤로 미루고 우선 등활지옥을 살펴보자. 이 지옥에 떨어진 중생
들은 마음이 사나워 서로 다투고 입에 담기조차 어려운 욕설을 하며
예리한 칼로 서로 베고 찌르고 살가죽을 벗기거나 창으로 찌른다.

　쇠꼬챙이로 서로 쑤시고 철봉으로 서로 치고 받고 살점을 점점이 여민다. 또 쇠손톱으로 서로 긁고 할퀴고 찢는다. 피투성이가 된 손으로 상대방에게 서로 피를 뿌리고 문질러 보기만 해도 온몸이 오싹하게 된다. 독과 고통이 점점 전신에 파고들어 몸부림치다가 의식을 잃고 쓰러지게 된다. 이 모든 것이 전생에 지어놓은 인연(業力) 때문인데 그때 한 줄기 싸늘한 바람(業風)이 불면 죄인을 지키던 옥졸이 죄인들을 부르는 소리에 소스라쳐 깨어나게 된다. 다시 살아난 죄인들은 그 즉시 원상 회복하면 또 전과 같이 그 고통을 되풀이하게 된다. 이 같은 업보는 과거세에 내 자신을 위해 목숨 있는 중생들을 죽여 맛있다고 희희낙락하며 즐긴 죄며 또 전답과 가옥, 노비, 처자, 국가, 재산 등을 뺏거나 지키기 위해 서로 죽이거나 해친 과보이다. 지옥 위는 아귀(餓鬼)와 축생(畜生)이 산다.

　우리가 사는 세계를 남섬부주(南贍浮洲)라 한다. 원래는 '잠부(jambu)'라는 나무에서 따온 이름으로 수미산을 중심으로 둘러 있는 4개 주(州)의 하나인데 인간이 사는 4개 대륙 중의 남쪽에 있는 대륙을 가리키는 말이다. 또 사바세계(娑婆世界)라고도 하는데, 어려운 고통을 견디고 살아야 하는 세계란 뜻이다.

　욕계를 육욕천(六欲天)이라 한다. 육욕천의 천(天)은 천계(天界), 즉 하늘세계란 뜻이다. 인도인들이 생각한 신들을 천으로 표현한 말이다. 중국인들 역시 신들은 천상이나 공중이나 지상에 살고 있는 것으로 생각하였다. 육욕천은 욕계에 속한 육중(六重)의 하늘을 말하며 사천왕중천(四天王衆天)은 동서남북의 여러 신들을 말한다. 그 대표가 동은 지국천(持國天), 서는 광목천(廣目天), 남은 증장천(增長天), 북은 비사문천(毘沙門天)이다. 사왕천과 도리천(忉利天)을 지거천(地居天)

이라고도 한다. 수미산에 속해 있기 때문이다. 그 위에 야마천(夜摩天), 도솔천(兜率天 : 일명 都史多天), 낙변화천(樂變化天), 타화자재천(他化自在天)이 있다.

도솔천이란 만족하다라는 뜻이고, 낙변화천의 신들은 하고 싶은 것이 있으면 그 대상을 만들어 스스로 재미있게 논다고 한다. 타화자재천의 신들은 다른 신들이 만들어 놓은 것까지 마음대로 즐긴다 하여 붙여진 이름이라 한다. 특히 도솔천은 장차 부처가 될 보살들이 머무는 곳이며 석가모니 부처님도 그곳에서 수행하였고 현재는 미륵보살이 설법하고 계신다고 한다. 그 수명은 사천세(四千歲 : 1주야가 인간의 400년에 해당한다 하니 인간의 삶이라는 것은 어디에 비유해야 좋을지 모를 정도이다. 시간으로 따진다면 수유, 순간 그보다 더 빠른 찰나간에 불과하다 할 것이다)이다. 부연하면 도솔천은 7보로 된 궁전이며 내·외의 2원(院)이 있다. 외원은 천인들의 욕락처(欲樂處)이고 내원은 미륵보실의 정토라 한다.

색계란 욕계 위에 미묘하고 청정한 물질로 이뤄진 세계를 말한다. 욕계의 더러움을 떠나 물질적인 모든 것이 깨끗해진 세계를 말한다. 이곳에 사는 중생들(신들)은 모든 욕망이 없어져 남녀의 구별조차 없고 오직 광명(光明 : 빛)을 먹고 산다. 색계는 초선(初禪), 제이선(第二禪), 제삼선(第三禪), 세사선(第四禪)의 사천(四天)으로 나뉜다. 또 십칠천(十七天)과 십팔천(十八天)으로 분리한다. 초선천(初禪天)에는 범중천(梵衆天), 범보천(梵輔天), 대범천(大梵天)이 있다. 제이선천(第二禪天)에는 소광천(少光天), 무량광천(無量光天), 극광정천(極光淨天), 제삼선천(第三禪天)에는 소정천(少淨天), 무량정천(無量淨天), 변정천(遍淨天), 제사선천(第四禪天)에는 무운천(無雲天), 복생천(福生天), 광과천(廣

果天), 무번천(無煩天), 무열천(無熱天), 선현천(善現天), 선견천(善見天), 색구경천(色究竟天)의 팔천이 있다. 도합 십칠천(十七天)이다. 광과천 위에 무상천(無想天)을 넣을 경우 십팔천이 된다.

초선천은 제일정려처(第一靜慮處), 즉 조용히 선정을 닦는 곳이다. 앞에서 언급한 범중천은 대범천에 소속한 대중의 신들이 있는 곳이다. 범보천은 범행선천(梵行先天)이라 한다. 보통은 대범천의 앞 행렬에서 시위하는 신들이다. 대범천은 위대한 범천을 뜻하는 말이다. 제이정려처에 있는 소광천은 광명이 가장 작기 때문에 붙여진 이름이다. 무량광천은 광명이 뛰어나 헤아릴 수 없어 붙여진 이름이며, 극광정천은 청정한 광명이 두루 이 영역을 비친다는 뜻이다. 극광정천은 광음천(光音天)이라고 한다. 제삼선천, 즉 제삼정려처에 있는 소정천은 정신적 쾌락감을 정(淨)이라 하고 이 영역에서 가장 적다는 뜻이다. 무량정천은 소정청의 정이 증대하는 그 양이 헤아릴 수 없다는 뜻이다. 변정천은 위의 정(쾌락감)이 헤아릴 수 없이 두루 퍼져 있다는 뜻에서 붙여진 이름이다. 제사선천, 즉 제사정려처에 있는 무운천은, 이 천에는 신들이 마치 구름이 운집한 것 같이 뒤엉킴이 없다는 뜻이다.

복생천은 수승한 복(공덕)을 지은 범부가 태어나는 곳이란 뜻이다. 광과천은 범부가 받은 과보 중에서 가장 수승한 사람이 태어나는 곳이다. 무번천은 욕심을 다 떨쳐 버린 성자가 번뇌의 때를 깨끗하게 하는 곳으로 정거천(淨居天)이라고도 한다. 무열천은 열뇌(熱惱)를 다 떨쳐 버렸다는 뜻이다. 선현천(善現天)은 선정을 닦은 덕이 쉽게 나타난다는 뜻이다. 선견천은 보는 작용이 청철(淸徹)하다는 뜻이다. 색구경천은, 이 위는 물질적인 영역이 없기 때문에 붙여진 이름이며 무상천은 무상정을 닦아 도달하는 경지이다. 외도들은 이것을 최고의 열반에 경지라고 생각하였다.

무색계란 물질이 존재하지 않는 세계, 즉 물질을 초월한 순수한 정신적 영역, 육체나 궁전 같은 질적인 것이 없고, 수·상·행·식의 4가지 구성 요소(蘊)만으로 된 세계를 말한다. 즉, 공무변처(空無邊處)·식무변처(識無邊處)·무소유처(無所有處)·비상비비상처(非想非非想處)의 넷이다. 공무변처란 허공과 같이 끝이 없다고 관하는 경지, 식무변처란 인식작용, 12인연의 세 번째의 식(알음알이)이 한이 없다고 관하는 경지, 무소유처란 아무것도 없다고 관하는 경지, 비상비비상처란 표상(表象 : 현상에 있어서 감관을 통하여 지각되는 물건)이 있는 것도 아니고 표상이 없는 것도 아닌 삼매의 경지, 즉 일체의 무소유상(無所有想)을 초월하여 상(想)이 있는 것도 없는 것도 아닌 경지로서 이곳을 유정천(有頂天 : 존재 세계의 절정에 있는 세계)이라 한다. 색계의 색구경천도 유정천이라 한다. 무색세는 욕계·색계와 같이 조상(粗想)의 번뇌가 없기 때문에 비유상(非有想)이라 하고 세상(細想)의 번뇌가 남아 있기에 비무상(非無想)이라 한다. 비유상인데도 외도는 이곳을 참된 열반의 경지라 하고, 비무상이기 때문에 불교에서는 이곳을 아직 생사의 경지라고 해석한다. 그것은 거친(粗)상은 없다 해도 미세(細)한 상까지 모두 없애 버리지 않은 선정처(禪定處)이기 때문이다.

물론 이 같은 구분은 정신적 분류이긴 하지만 원래 사람들은 선정에 의해 정신을 안정시키고자 한 데서 이 수양 과정을 네 단계로 표현한 것이라 하겠다.

사겁설

마지막으로 꼭 짚고 넘어가야 할 큰 과제가 남아 있다. 다름 아닌 우리가 살고 있는 이 세계는 어떻게 성립되었고, 얼마나 존속한 후 파괴되어 영영 소멸하는 것인가, 아니면 다시 성립하여 존속·파괴·소멸을 되풀이 되는가 하는 등의 아주 어렵고 궁금한 문제로서 누구든지 한번쯤 생각해 보았거나 앞으로 생각해 볼 문제라 하겠다.

여기에는 성·주·괴·공의 사겁설(四劫說)이 있고 성겁·중겁·대겁설과 괴겁시(壞劫時)에 세계가 모두 불타서 없어진다는 화겁설(火劫說)이 있다. 그중 대표되는 사겁설을 알아보자.

성겁(成劫 : 세계의 성립기)은 기세간(器世間 : 산하·대지·초목 등)과 중생세간(衆生世間 : 생물이 존재하는 세계)이 성립하는 시간으로 20소겁(小劫)이 걸린다. 기세간이란 산하대지가 마치 그릇에 담긴 것 같다는 데서 붙여진 이름이다. 주겁(住劫 : 존속기)은 세계가 성립하여 존속하는 시간으로 20소겁(小劫) 걸린다. 괴겁(壞劫 : 파괴기)은 중생세간이 파괴되고 다음의 기세간도 파괴되어 없어지는 시간으로 20소겁(小劫)이 소요된다. 공겁(空劫 : 공막기)은 완전히 파괴되어 모든 것이 없어져 버리기까지의 시간으로 20소겁(小劫)이 걸린다. 그러니까 모두 80겁(劫)이 소요되는 셈이다.

겁이란 인도의 시간 단위 중 가장 긴 것으로 무한한 시간을 말한다. 일설에는 43억년을 1겁이라고 한다. 이 겁설에는 반석겁(盤石劫)과 겨자겁(芥子劫)설이 있다.

겨자겁설은 사방·상하가 1유순(약 7km)인 철성(鐵城) 안에 겨자를 가득 채우고 백 년마다 한 알의 겨자를 가져가 그 겨자가 다 없어져도 일겁이 끝나지 않는다고 한다. 또 반석겁설은 사방 1유순이나 되는 큰 반석을 백 년 만에 한 번씩 부드러운 스란치마자락으로 스쳐가 그 돌이 다 닳아 없어져도 한 겁이 지나지 않는다고 한다. 참으로 우주론적 시간으로 우리의 인식을 뛰어넘는 무한함을 나타내는 계산법이라 할 수 있겠다.

세계가 성립되어 존속하고 파괴되어 소멸하는 과정도 지옥부터 소멸하기 시작한다. 지옥 중생이 없어지면 지옥의 모습도 사라진다. 다음은 아귀·수라·축생이 소멸하고 다음에 인간인 중생이 소멸한다. 그중 한 사람이 초선천에 환생하여 "이생희락(離生喜樂 : 욕계의 악에서 벗어나 얻은 기쁨의 경지)은 즐겁다."는 말을 듣고 나머지 인간들이 모두 초선천에 태어난다. 또 한 사람이 제이선천에 태어나 "정생희락(定生喜樂 : 선정에서 얻은 기쁨)은 즐겁다."는 말을 듣고는 모든 나머지 중생들이 제이선천에 환생한다. 이 같은 절차로 중생들의 업이 존재하지 않게 되었을 때, 일곱 개의 태양이 갑자기 나타나 풍륜·수륜·금륜·수미산과 사주범궁(四洲梵宮)을 모두 압축해 버린다. 범궁은 범왕의 궁전이며 초선천의 가장 위에 있다. 그러면 지옥에서부터 사주범궁에 살던 중생들은 어떻게 되는 것일까. 어쩌면 좋아할지 모른다. 하지만 아직까지 받을 업이 남아 있는 중생들은 다른 세계로 옮겨가 태어나게 된다.

그 후 소멸된 상태가 계속되는 공막기가 20겁(劫)이 계속된다. 이 기간 내에는 아무것도 남아 있는 것이 없으므로 공막기(空漠期)라 한다. 이 공막기가 끝나면 생성해 가는 시기가 시작된다. 이것이 성겁(成劫)이다. 성겁이 시작되면 먼저 모든 생명들의 업력(業力)으로 미세한 바람이 불기 시작한다. 여기서 풍륜·수륜·금륜 그리고 사

대주와 수미산 등이 차례로 생겨난다. 또 궁전이나 거주할 곳이 옛
날 그대로 생겨난다. 그때 소멸해 가는 시기에 제이선천으로 올라
갔던 중생들이 아래 세계로 내려와 다시 태어나게 된다. 태어날 때
는 전생의 업에 따라 타화자재천이나 사바세계 아니면 축생이나 지
옥 등으로 떨어진다. 다음은 생성한 존재가 존속하는 시기가 시작
되고 그 존속 시기가 20겁이 소요된다(이후는 생략한다). 이 같은 순
서로 성·주·괴·공이 영원히 되풀이된다. 이 되풀이되는 힘이 바
로 다름 아닌 중생들이 지은 업의 응집력이다. 이 힘에 의해 윤회전
생하게 된다. 마치 지구가 인력에 의해 공전과 자전을 되풀이하는
것과 같은 이치라 하겠다.

앞에서 살펴본 바와 같이 불교의 우주관·세계관은 여타 종교에
비해 치밀하고 조직적으로 잘 정리되어 있다. 물론 과학 만능의 현
시점에서 볼 때는 다분히 신화적 요소가 농후하다 하겠으나 종교란
원래부터 과학과는 달리 신비적인 요소가 잠재한 신앙적 특수 영역
에 속해 있다는 점을 고려한다면 쉽게 수긍하리라 본다.

그러나 꼭 명심해야 할 것은 불교는 타종교와는 달리 오직 신앙
일변도가 아닌 신행(信行) 위주여야 한다는 점이다. 왜냐하면 신(信 :
믿고), 행(行 : 실천)함으로써 궁극의 목표인 자아완성(成佛)으로 일체
중생을 해탈(濟度)케 할 수 있기 때문이다.

사바세계와 극락세계설

우리가 사는 이 세계를 사바세계(娑婆世界)라 한다. 사바란 인토(忍
土)·인계(忍界)·감인토(堪忍土)라고 번역한다. 이 세계에 사는 인간

(중생)에게는 안으로는 갖가지 번뇌(정신적 괴로움)가 되풀이 되어 잠시도 안정할 수가 없고, 밖으로는 생로병사와 삼재팔난(三災八難)이 쉴 사이 없이 꼬리에 꼬리를 물고 일어나는데 그 고충을 참고 견디며 살아야 하기에 붙여진 이름이다. 또 고해(苦海)라고도 한다. 즉 현실의 세계는 괴로움이 가득하여 한이 없다는 뜻으로 고통의 바다라고 한 것이다. 또한 화택(火宅)이라고도 하는데 우리 중생이 마치 불타는 집에서 사는 것처럼 다급하고 전전긍긍하는 것을 비유한 말이다.

삼계도사(三界導師) 사생자부(四生慈父)이신 석가모니 부처님이 이 세상에 출현한 것은 그 같은 고통에서 헤어나지 못하는 불쌍한 중생들을 구제하기 위해서다. 즉, 부처님이 교화할 세계가 바로 사바세계인 셈이다. 말하자면 사바세계니 고해니 화택이니 하는 비유는 인간들의 삶이 그만큼 어렵고 괴로움이 많다는 것을 표현한 말로서 정곡을 찌른 지적이다. 그러면 우리는 왜 그 같은 고해에 태이니 고통을 참고 견디면서도 살아야 하느냐는 것이다. 물론 순간순간의 즐거움이 없는 것은 아니지만 그 즐거움이란 찰나적이고 영속적이 아닌, 말하자면 그 즐거움 뒤에는 반드시 아쉬움과 고통이 따르는 즐거움이기 때문에 진정한 즐거움이라 할 수 없다는 것이다. 우리의 인생이란 기껏해야 단 한 번에 끝나는 삶임에도 불구하고 왜 그렇게 살아야 하느냐는 의문은 범부 중생으로는 풀 수 없는 까다로운 수수께끼인지도 모를 일이다.

그런 의문은 접어두기로 하고 앞에서 지적한 대로 고생고생 하다가 결국은 가야 할 종착역(죽음의 세계)이 과연 어디냐 하는 더 큰 과제가 남아 있다. 그런데도 우리는 그 종착역에 대한 관심이 희박하다. 종착역인 죽음과 나와는 별 관계가 없는 남의 일같이 생각해 버리기 때문인지 무관심하게 살다가 어느 날 갑자기 부모나 형제·처자, 절친한 친구가 죽을 때를 당면해서 그때 깜짝 놀라며 움찔하는 표정을 짓지만 그것도 잠시뿐이다. 시간이 조금 지나면 흐지부지 잊어버리고 만다.

인생살이란 원래 한치 앞도 예측할 수 없는 일이어서 천만 년을 끄떡 없이 살 것같이 자신만만하던 사람도 하룻밤 사이에 몸에 이상이 생겨 부랴부랴 병원으로 달려가 검진을 받으면 몇 달밖에 못 산다는 사형선고를 받게 되고 그제 서야 정신을 잃고 실성한 사람같이 날뛰면서 야단법석을 떤다. 그동안 먹지도 쓰지도 않고 애지중지 간직해 놓은 모든 재산을 통째로 줄 테니 제발 살려달라고 애걸복걸하면서, 이럴 줄 알았으면 좋은 일이라도 할 것을 이제 와서 어찌해야 좋겠느냐고 한탄하지만 때는 이미 늦은 걸 어찌 하겠는가!

물론 사람은 태어났기 때문에 죽는 것 역시 어쩌지 못하는 것이 원칙이다. 그렇다면 우리보다 앞서 살다간 사람들은 어떤 생사관을 가졌는가.

인도인들은 인간의 삶은 영원히 지속되는 것으로 파악하였다. 때문에 윤회 전생한다는 윤회사상을 생각해냈다. 즉 금생의 삶은 전생의 계속이며, 금생의 죽음은 다음 생인 내생에 다른 몸으로 탈바꿈하여 태어나기 위한 변신에 불과하다. 마치 봄이 되면 모든 것이 새롭게 소생했다가 가을이 되면 모든 것이 시들어 없어지듯 사람 역시 그와 다를 것이 없기 때문에 죽는 것은 당연한 일로서 고통이 될 수 없다는 생각이다. 어쩌면 참으로 현명한 생사관이라 할 수 있을 것 같다.

중국인들은 즐겁게 사는 것을 희망하였다. 이 세상을 삶의 낙원이라고 생각하였다(일부이긴 하지만). 그래서 구차하게 변신(죽는 것)해 가면서 과거나 미래라고 따질 것 없이 현재(현세)의 이 몸 이대로 늙지도 죽지도 않는 불로불사(不老不死)하는 신선사상(神仙思想)을 창출하였다. 그에 대한 예화는 수없이 많고 신선이 되기 위한 수단으로 호흡법이 고안되고 금단(金丹) 같은 불사약을 만드는 등 갖가지 수단 방법이 모두 동원되었다. 초자연적인 인간상을 창출하려는 노력은 가상하다 하겠으나 이룰 수 없는 꿈이었다고나 할 것이다.

서양인들은 지나간 과거는 아예 묵살하고 오직 현실인 금생을 토대로 미래의 세계를 설정하였다. 즉 우주만유(宇宙萬有)를 창조한 창조주(創造主, 실은 인도가 앞섰다)인 조물주를 만들어냈다. 모든 것은 조물주에 의해 좌우된다. 그의 뜻에 따라 행동하면 사후의 심판을 받아 여호와인 하나님 나라(천상)에 가서 영생(永生)할 것이지만, 그렇지 않고 그의 뜻을 서역하면 사후에 유황불이 이글거리는 연옥(지옥)에 떨어져 영원히 그 고통을 면치 못하리라고 하였다. 이것은 미지의 신을 설정하여 인간을 선도하려 한 점은 수긍하지만 다소 무리인 듯하다.

그러면 인도 고유의 바라문 문화(사상) 속에서 발아한, 이 특이한 토양에서 출발한 불교에서는 사후세계를 어떻게 보는가.

앞에서 언급한 사바세계가 현실적으로 우리가 사는 세계라면 사후에 갈 세계는 극락(極樂)세계라고 하였다. 그 외에 지옥도 설정되어 있다. 극락이란 수카바티(Sukhavati, 須訶摩提)를 번역한 말이다. 강승개(康勝鎧)는 안양(安養)·안락(安樂), 원효(元曉)는 묘락(妙樂), 구마라집은 극락이라 번역하였다.

그러면 어떤 중생이 극락세계에 갈 수 있을까. 이 세상에 살면서 착하고 좋은 공덕을 쌓은 사람이 가는 곳이라고 한다. 그 내용을 살펴보면 우리가 사는 사바세계에서 서쪽으로 10만억 불국토(佛國土)를 지나면 아미타불(阿彌陀佛 : 미타불·무량수불 등 10가지 이상의 명호가 있다)이라는 부처님이 지금도 설법하고 있다고 한다.

왜 극락이라 하는가. 극락이란 아무런 고통이 없고 오직 즐거움만이 있기 때문이다. 그 극락세계는 일곱 겹으로 된 난간과 일곱 겹으로 된 나망(羅網 : 구슬을 꿰어 만든 그물)과 일곱 겹으로 늘어선 가로수가 있는데 그 가로수마다 네 가지 보배(금·은·청옥·수정)로 찬란하게 장식되어 있다. 또 극락세계는 일곱 가지 보배로 된 연못이 있다. 그 연못에는 팔공덕수(八功德水 : ① 고요하고 깨끗하다, ② 차고 맑다, ③ 맛이 달다, ④ 부드럽다, ⑤ 윤택하다, ⑥ 편안하고 화평하다, ⑦ 갈등과 근심을 없애준다, ⑧ 선근을 기른다)가 가득 차 있고 연못 바닥은 순금 모래가 깔려 있으며 그 주위는 금·은·청옥·수정·적진주(赤眞珠)·마노(瑪瑙)·산호(珊瑚)·호박(琥珀) 등으로 곱게 장식되어 있다. 또 연못에는 수레바퀴만한 연꽃이 피어 있는데 푸른 색깔의 연꽃에서는 푸른 광채가 나고, 황금 색깔의 연꽃에서는 황금광채가 나며, 흰 색깔의 연꽃에서는 흰 광채가 나는데 아름답고 향기롭기가 무엇하고도 비길 바가 없다고 한다.

또 항상 우아한 천상 음악이 연주되고 밤낮으로 하늘에서는 만다라(曼茶羅) 꽃이 내려온다.

그곳에 사는 중생들은 새벽마다 아름다운 여러 가지 꽃을 가지고 다른 세계에 다니면서 십 만억 부처님께 공양하고 돌아온다. 또 그 세계는 언제나 아름답고 기묘하고 고운 빛깔을 가진 새, 즉 백학(白

鶴)·공작(孔雀)·앵무새(鸚鵡)·사리새(舍利)·가릉빈가(迦陵頻伽)·공
명조(共命鳥) 등이 밤낮 여섯 번씩 화평하고 맑은 목소리로 오근(五
根)·오력(五力)·칠보리분(七菩提分)·팔정도(八正道) 등의 수행덕목을 설
하면 중생들은 그 법문을 듣고 불·법·승 삼보를 생각한다.

이 새들이 실제의 죄업으로 태어났다고 생각해서는 안 된다.

왜냐하면 그곳에는 죄업중생이 사는 삼악도(三惡道 : 지옥·아귀·
축생)가 없고 악도라는 이름조차 없으며 오직 아미타불이 화현하여
그렇게 보일 뿐이다. 또 미풍이 불면 보석으로 장식된 가로수와 나
망에서 아름답고 고운 소리가 나는데, 마치 수백 가지 악기가 한꺼
번에 연주하는 듯 큰 소리가 난다. 그 소리를 들으면 자연히 불·
법·승 삼보를 생각하게 된다. 또 그곳에서는 무엇이든 중생들의
뜻대로 이루어진다. 만일 배가 고프다고 생각하면 금방 저절로 배
가 불러진다. 바람이 차다고 생각하면 바로 더운 바람이 불고, 목욕
물이 너무 많다고 생각하면 그 즉시 저절로 조설뇌는 등 무엇이든지
생각하는 대로 이루어진다. 무엇 하나 부족하고 뜻대로 되지 않는 것
이 없기 때문에 극락이라 한다.

또 극락세계에 태어난 중생들은 모두가 성문위(聲聞位)를 수습한
제자들로 그 수가 헤아릴 수 없이 많으며 또한 보살들의 수도 그와
같이 많다. 또 그곳 중생들은 아비발치(阿毘跋致 : 不退轉位로서 미래
에 성불할 것이 결정되었고 보살위에서 물러나지 않는다)에 있고 그중
에는 일생보처(一生補處 : 일생만 지나면 부처님이 될 수 있는 지위에 있
는 보살들, 즉 문수·보현·관음·세지)보살들로서 그 수 또한 헤아릴
수 없기에 다만 무량·무변·아승지라는 말로 표현할 정도다.

그렇기에 그곳에 태어나기가 어렵다. 큰 서원을 세우고 일심으로

부처님 명호를 부르면서 마음이 흐트러지지 않게 하여 많은 선근을 심고 꾸준히 수행하면 그 사람이 임종할 때 아미타불과 여러 보살 대중들이 나타나 그 사람을 영접하여 극락세계로 인도하여 왕생하게 된다고 하였다.

또 극락세계는 상품(上品)에서 상·중·하, 중품(中品)에서 상·중·하, 하품(下品)에서 상·중·하의 아홉 등급으로 분리되어 있다. 그곳은 중생들이 세상에 살면서 베풀고 행한 공덕에 따라 그곳에 태어나 그만한 즐거움을 받게 된다고 한다.

이것이 극락에 대한 대략의 줄거리다. 물론 그밖에도 많은 것이 설해져 있으나 생략하기로 하고 서너 가지 의문점을 지적한다면, 극락세계에 태어난 후의 경과과정과 왜 10억 불국토를 지나서 극락이 있느냐 하는 점과 극락세계 건설에 관한 것이다.

먼저 극락건설에 관한 것을 살펴보자. 헤아릴 수 없이 오랜 옛적에 법장(法藏) 비구라는 수행승이 있었다. 그는 사바세계에서 고통받는 중생을 구제하기 위해 자그마치 5겁 동안이나 생각하였다 한다(오겁 사유설).

법장비구는 한 가지 한 가지 원을 세워 수행하면서 처음은 24원, 다음은 36원, 마지막으로 48가지의 대원을 성취하게 되었고, 그 원으로 건설된 세계가 바로 극락세계인 동시에 법장비구 자신이 세운 48번째 원이 성취되면서 바로 극락세계 교주인 아미타불이 된 것이다. 즉 법장비구가 성불하여 그 명호를 아미타불이라 한 것이다(아미타불의 기원에 대해서는 여러 설이 있으나 생략한다).

10만 억 불국토를 지나 극락세계가 있다는 것은 법장비구가 극락세계 건설을 위해 수행하면서 하나하나 겪은 어려운 과정을 비유한 표현이다. 극락세계에 태어난 중생이라 해도 신심을 발하여 부처님의 설법을 듣고 부지런히 수행하여 끝내는 부처님의 수기(授記)를 받고 성불하는 것이 그 목적이라 하겠다.

　그보다 더 중요한 것은 수행방법이다. 불교의 수행방법은 한두 가지가 아니지만 우선 이행과 난행 두 가지만 살펴보기로 한다.

　이행도(易行道)란 발심한 신심 하나로 오로지 부처님의 가르침만 믿고 그 인연으로 아미타불의 정토인 극락세계에 왕생하여 수행한 후 성불하게 되는 것을 말한다. 즉 신앙심이 튼튼한 기초가 되어 그 공덕으로 아미타불의 원력인 타력으로 성불할 수 있다는 것이다.

　이와는 달리 어디까지나 스스로의 노력으로 수행하여 궁극의 경지에 도달하는 것이 난행도(難行道)다. 비유하면 이행도가 가기 쉬운 육로로 산천경계를 구경하면서 편하게 가는 방법이라면 난행도는 폭풍이 몰아쳐 파도가 거세어 위험천만한 바닷길을 통과하여 목적지에 도달하고자 한다고 하겠다.

　이행도가 정토문(淨土門 : 타력문)이라 하여 아미타불이 세운 본원을 믿고 신앙하면 극락정토에 태어나 마침내 성불하는 쉬운 방법이라 한다면, 난행도는 성도문(聖道門 : 자력문)이라 하여 남의 힘을 빌리지 않고 오직 스스로의 능력만으로 수행하여 깨달음(성불)을 이룩하고자 하는 아주 험난한 방법이라 하겠다.

무신론(無神論)의 종교

이 세상에는 갖가지 종교가 존재한다. 종교의 유형을 따지면 유신·무신·일신·다신(범신)·천신·토속신·귀령(잡신)·무속 등이루 헤아리기 어려울 정도로 많다. 이러한 여러 종교 중 불교를 제외한 모든 종교는 모두가 하나같이 절대자인 신을 숭배하는 신앙형태를 이루고 있다. 유독 불교만이 신이 아닌 법(진리)에 의한 수행을 강조하고 법(진실)에 따라 일상생활을 할 것을 근본으로 삼는 유일한 종교다. 물론 후대에 와서 부처님을 절대자로 신격화한 현상이나타난 것은 사실이다. 그러나 부처님은 출가 수행자인 비구와 재가수행자인 신도들에게 일상생활이 진실(법)에 의거한 생활이어야 함을 역설하고 있다.

"항상 스스로 노력하는 자세로 번뇌와 욕망을 억제하는 방향에서앞으로의 삶에 대한 바른 견해를 지키고 수행해 나가야 한다. 자신이외에 무엇에 의지하거나 구원을 바라서는 안 된다. 오직 스스로의힘으로 불만과 욕망이 가득한 현실의 괴로움에서 벗어나야 한다."

이 같은 가르침은 무엇인가가 의지하고 도움을 받고자 하는 사람들에게 진실이 무엇인가를 일깨워 준다. 인간은 어렵거나 괴로울 때욕망의 충족을 위하여 어떻게든 자신의 소망을 이루고자 하는 마음에서 신앙을 갖고자 한다. 그리고 그 소망의 충족이 절대자의 뜻에의해 이루어지는 것이며 이것이 종교의 의무며 본질로 착각하는 경향이 있다.

그러나 불교는 어디까지나 자신의 신앙은 자신의 것이어야 하며 그 신앙의 주체는 절대자가 아닌 바로 '진실한 법이어야 한다'고 가르친다. 이런 가르침이 바로 불교를 무신론적 종교가 되게 한 근본이다. 부처님은 29세에 출가, 35세에 정각을 이뤄 45년간 전도하고 80세에 입멸할 동안 일관된 설법으로 진실한 법만을 설하셨다. 마지막 열반에 들면서까지 "나는 예배나 신앙의 대상이 아니다."라는 것을 분명히 밝힌 것이 유명한 '자등명(自燈明), 법등명(法燈明)'이며 무신론의 근거가 여기에 뚜렷이 표출되어 있다.

부처님의 제자들

부처님의 제자들

10대 제자

부처님의 첫 제자들인 콘단냐 등 다섯 사람에 관해서는 앞에서 언급하였으므로 생략하고 여기서는 10대 제자와 그 밖의 특이한 제자들에 관한 것만 약술한다.

지혜제일 사리풋타(智慧第一 舍利弗)

부처님 제자 중 모든 번뇌를 끊고 생사를 초월한 능력이 있는 사람을 아라한이라 한다. 세상에 알려진 제자만 1,250명이 넘었는데 그중 뛰어난 능력이 있는 분들을 10대 제자라고 하며 특히 존경한다.

사리풋타는 이 중에서 지혜가 가장 뛰어났으며 일설에는 모든 사람들의 지혜를 합해도 사리풋타 지혜의 16분의 1밖에 안 된다는 설이 있다. 사리풋타란 이름은 그의 어머니의 이름이 사리(舍利)였기 때문에 붙여진 이름으로 사리의 아들이란 뜻이다.

사리풋타는 태어날 때부터 인물이 잘 생겼고 어려서부터 보고 듣는 대로 곧 알고 잘 기억하였으며 너덧 살 때는 글자를 다 읽고 썼다. 그러므로 일찍부터 종교·철학·천문 등 여러 분야에 걸쳐 학식이 풍부하였기 때문에 열 살 이전부터 소년학자라는 말을 들었다. 특히 여러 논사(論師)들과 토론하기를 즐겼다. 그의 명성이 널리 퍼지자 쟁쟁한 논사들이 그에게 도전해 왔는데 그때마다 그는 당당히 맞서 그들을 차례로 굴복시켰다.

그의 아버지도 소문난 논사였지만 아들에게는 적수가 되지 못하였다. 그런 실력을 쌓은 사리풋타지만 그것으로 만족하지 못하였다. 보다 더 심도 있고 훌륭한 공부를 하고자 여러 사람의 스승을 찾아 나섰다. 그중 산자야라는 종교가를 만나 그에게서 교육을 받았다. 그러나 얼마 가지 않아 그의 가르침이 생각과는 달리 확고한 신념이 없는 회의론이라는 것을 간파하고 그의 곁을 떠나기로 하였다.

하루는 거리에 나갔다가 부처님의 제자 중 한 사람인 앗사지(Assaji, 馬勝)를 만났는데 그에게 다음과 같은 이야기를 들었다.

"모든 것은 인연 따라 났다가 인연 따라 멸한다(諸行無常 是生滅法). 모든 것은 덧없어 났다가는 멸하며, 났다가 멸하는 일이 끝나면 고요한 경지로 즐거움을 삼는다(生滅滅已 寂滅爲樂)."

이 말을 듣고 귀가 번쩍 틔어 그 법을 가르치는 스승이 누구냐고 물었다.

"예, 그분은 저의 스승으로 6년간의 고행 끝에 우주 만유의 법칙을 깨달은 위대한 성자인 부처님이십니다."

사리풋타는 그에게 부처님에게 인도해 줄 것을 간청하였다. 그리고 목갈라나와 함께 부처님을 찾아갔다.

그때 부처님께서는 최초의 제자인 콘단냐 등 다섯 사람과 야사의 친구 50여 명, 사화외도였던 캇사파 삼형제, 그리고 그를 따르던 천여 명 등 많은 제자들과 함께 빔비사라 왕이 세운 죽림정사에 머물고 계셨다.

부처님께서는 사리풋타와 목갈라나가 찾아오자 그들이 장차 불교에 크게 이바지할 인물이 될 것을 아시고 곧 귀의시켰다. 사리풋타와 목갈라나는 산자야 밑에서 자신들이 지도하던 2백여 명의 제자들을 거느리고 왔으며 그들은 모두 부처님의 제자가 되었다. 이로써 1,255명의 제자가 생겨 본격적인 교단이 성립하게 되었다.

사리풋타는 자신의 뛰어난 총명을 믿고 으스대거나 오만하지 않고 부지런히 수행하였다.

"우주의 모든 삼라만상은 신이 창조한 것도 아니고 우연히 이루어진 것도 아니며 어느 것 하나도 원인 없이 된 것이 없다. 심지어 나무 한 그루, 풀 한 포기까지도 원인과 조건에 의해서 생하고 멸하는 것이다. 그러므로 모든 것은 홀로 이루어지고 홀로 존재하는 것이 아니다. 이것이 바로 우주의 법칙이며 만물이 생멸하는 진리다."

사리풋타는 이 설법을 듣고 깨달아 아라한이 되었다.

사리풋타가 코살라 국에 갔을 때 그곳 바라문들이 찾아와 이렇게 질문하며 따졌다.

"이 우주 만유의 모든 것이 브라만 신이 창조한 것인데도 그대가 섬기는 고타마(석가)라는 사문은 그것을 부정한다고 들었소. 그것이 사실이오?"

"당신들의 말대로 천지 만물과 모든 생명체를 브라만 신이 창조하였다면 그 신은 전지전능하겠군요?"

"당연하오. 전지전능하여 모든 것을 창조하였기 때문에 모든 것을 다 주재한다오."

"그 신은 어디에 있습니까?"

"브라만 신은 하늘에 계시면서 또한 모든 만물과 그 생명 속에 존재합니다."

"브라만 신이 그렇게 전지전능하여 이 세상을 창조하고 더불어 만물 속에 존재한다면, 평등한 세상을 창조하여 모든 사람들이 늘 평화롭고 안락하게 살 수 있도록 만들지 어찌하여 이와 같이 차별을 두어 창조하여 갈등과 증오로 많은 사람들이 고통 속에서 통곡하게 합니까?"

이 질문에 바라문은 묵묵부답이었다.

사리풋타가 그들에게 말했다.

"우주 만유는 신이 창조한 것도 아니며 저절로 된 것도 아니며 우연히 된 것도 아닙니다. 오직 인연법에 의해 생겨나고 소멸합니다. 그러니 그대들도 지금까지의 어리석은 생각을 버리고 올바른 진리를 체득하면 지금까지 신의 피조물인 노예의 굴레에서 벗어나 자유자재한 삶을 살 수 있습니다."

사리풋타는 진심으로 그들에게 진리를 일깨워 주려고 노력하였다.

하지만 그들은 오히려 사리풋타를 박해하려 하였다.

사리풋타도 어느덧 80세가 가까웠다. 어느 날 부처님께서 석 달 후에 열반에 드신다는 말을 듣고 몹시 애통함을 참지 못하고 부처님 앞에 나아가 여쭈었다.

"부처님! 부처님께서 석 달 후 열반에 드신다 하옵는데 부처님이

열반에 드시는 것을 저로서는 도저히 감당할 수가 없습니다. 하오
니 부처님께서 열반에 드시기 전에 제가 먼저 열반에 들도록 허락
해 주십시오."

사리풋타는 이렇게 간곡히 간청하여 허락을 받고 고향으로 돌아
와 일백 세의 고령인 어머니를 뵙고 난 후 조용히 열반에 들었다.

신통제일 목갈라나(神通第一 目犍連)

목갈라나는 콜리타(Kolita, 俱利多) 마을의 목갈리야(Moggaliya)라는
여인의 아들로 태어났다. 어려서는 콜리타라고 불렀다. 그의 어머니
는 채녹두 선인(採綠豆 仙人) 후예의 딸이라고 한다.

그는 어려서부터 총명하여 여러 가지 학문에 통달하였는데 세상
이 허망하고 덧없음을 느껴 친한 친구인 사리풋타에게 수도할 것을
의논하고 당시 많은 제자와 여러 사람에게 손경을 받고 있던 산자
야를 찾아가 제자가 되었다. 그들은 얼마 되지 않아 스승의 가르침
을 깨치고 스승 대신 250명을 가르치는 교사가 되었다. 그러나 그
는 곧 스승의 가르침에 회의를 느끼고 보다 더 훌륭한 스승 만나기
를 희망하였다.

하루는 거리에 나갔던 사리풋타가 앗사지(Assaji, 馬勝) 비구를 만
난 것이 인연이 되어 그와 함께 부처님의 제자가 되었다. 부처님의
제자가 된 그들은 밤낮을 가리지 않고 용맹정진을 거듭한 끝에 산
자야 밑에서와 마찬가지로 한 달 남짓해서 아라한과를 증득하였다.
아라한과를 증득한 목가라나는 천이통(天耳通 : 원근의 모든 소리를 다
듣는 능력) 그리고 신족통(神足通 : 순식간에 몇 천리를 갈 수 있는 능력)

을 얻었다. 이런 신통력을 인정한 부처님께서도 그를 뛰어난 제자라고 칭찬하셨다.

부처님께서 어느 날 돌아가신 어머니를 뵙기 위해 33천(도솔천)에 올라가 계실 때 목갈라나가 도솔천에 올라가 부처님을 뵙고 사바세계로 내려가시기를 간청하였다는 기록이 있다. 또 동쪽으로 7항하사 되는 불국토를 지나 기광(奇光) 여래가 계시는 곳에 가서 신통력을 나타내기도 하였다고 한다.

한편 보통 사람으로는 볼 수 없는 조상의 영혼을 보는 능력이 있는 그는 어느 날 문득 '어머니가 돌아가신 후 어찌 되었을까' 하는 생각이 났다. 우선 천안통으로 천상계와 인간계를 두루 살펴보았으나 그 모습이 보이지 않았다. 혹시나 하는 생각으로 지옥을 살펴보았다. 그러나 지옥에도 없었다. 생각다 못해 부처님에게 자초지종을 말씀드렸다. 결국 아비지옥에서 고통 받는 어머니를 발견하였고 부처님의 도움으로 어머니를 구해 천상락을 받게 하였다고 한다. 이것이 <구모목련경>의 내용이며 이로 인해 7월 15일 조상 천도를 위한 우란분제(盂蘭盆齋)가 정착하게 되었다.

목갈라나는 사리풋타와 함께 교단을 이끄는 큰 역할을 하였다. 그리고 아무리 먼 곳에서도 부처님의 음성을 듣는 천이통을 얻었지만 그는 전생에 도살업을 하면서 많은 살생을 하였고, 금생에는 외도들을 많이 교화하였기 때문에 교화 받지 않은 외도들이 자신을 증오하고, 해치려 한다는 것을 알고 있었다. 하루는 숙명통으로 살펴보니 자신은 비록 생사를 초월한 아라한이 되었으나 전생에 살생한 업장이 아직 남아 있어 그들의 원한을 풀어 주지 않으면 자신에게 사무친 원한 때문에 그들이 화탕지옥에 떨어지게 될 것을 알았다.

부처님 말씀이 다생의 정업은 멸할 수 없다고 하셨으므로 다생에 지어 남아 있는 업장을 청산하기 위해서 자신을 증오하는 외도들이 있는 산으로 가기로 하였다. 마침 그들은 그들의 본거지인 산 밑으로 지나가는 목갈라나를 발견하고 자신들의 원한을 풀 기회는 바로 지금이라면서 돌덩이를 굴리기 시작하였다. 목갈라나는 미리 사다수행(捨多壽行 : 자신의 수명을 줄여서 죽는 것)을 하기로 생각했기 때문에 무상삼매(無相三昧)에 든 채로 외도들이 굴린 돌에 맞아 열반에 들었다.

이 이야기를 전해들은 부처님은 제자들에게 다음과 같이 가르치셨다.

"목갈라나는 자신의 전생의 업보를 피하는 것이 바른 길이 아님을 알았다. 그러기에 그들의 원한을 풀어 주지 않으면 제도하지 못함을 알고 그들의 돌에 맞아 죽음으로써 그들이 제도 받을 수 있도록 해 주었다. 이것이 바로 그들에게 베푼 목갈라나의 크나큰 자비니라."

사다수행에 상대되는 유다수행(留多壽行)이 있다. 이것은 자유자재한 신통력을 얻은 아라한이 자기의 원(願)과 정(定)과 역(力)으로서 자신의 수명을 연장하는 능력이다.

부처님의 원래 수명은 120세인데 사다수행으로 80세로 줄였으나 유다수행으로 다시 3개월 더 사셨다 한다.

두타제일 캇사파(頭陀第一 迦葉)

부처님의 정법을 이어받아 제2조가 된 마하 캇사파를 두타제일이라 한다.

캇사파는 어려서부터 바라문의 계조(戒條)를 외웠고 오명(五明), 즉 내명(內明 : 철학)·공교명(工巧明 : 미술·공예·건축·산수)·성명(聲明 : 음악)·의방명(醫方明 : 의학·주술)·인명(因明 : 논리)과 그 외 64종의 문예와 29종의 무예를 익혔다. 그는 친구들과 어울려 노는 것을 싫어하고 남녀의 애정 관계를 혐오하였고 항상 홀로 명상을 즐겼다. 그런 연유로 성년이 되어 부모의 권유에도 불구하고 수도하기위해서 결혼을 거부하였다. 그러나 부모 역시 완강하여 캇사파의 뜻을 무시하고 바라문의 딸과 혼약을 맺고 말았다. 사태가 이쯤 되자 할 수 없이 결혼하지 않을 수 없었다.

우여곡절 끝에 첫날밤을 맞게 된 캇사파는 난감하기 짝이 없었다. 그런데 천우신조라 할까. 신부 역시 세속의 쾌락을 싫어하고 청정한 범행을 닦기를 원했기 때문에 부모님 명령에 어쩔 수 없이 부부가 되어 한 방에 기거했지만 동침하지 않기로 약속하였다. 그 후 캇사파는 첫날밤의 약속을 13년간이나 잘 지키면서 수행하였다.

어느덧 캇사파의 나이 30세가 훨씬 넘었다. 스승을 찾기 위해 동분서주하던 중 샤카족 출신인 고타마라는 성인이 진리를 깨달아 부처님이 되었다는 소문을 듣고 부처님을 찾아갔다.

어느 날 부처님의 설법을 들은 후 자리에서 일어나 합장 예배하며 말했다.

"부처님이시여, 이 캇사파의 귀의를 허락해 주십시오. 저는 지금 부처 부처님의 제자가 되기를 원합니다."

"그대의 출가를 허락하니 앞으로 중생을 위하여 불법을 널리 펴도록 하고 청정한 계행을 잘 지켜 인천(人天 : 사람과 하늘)의 모범이 되도록 하여라."

캇사파는 이렇게 하여 머리를 깎고 고·집·멸·도의 사성제와 십이인연법의 설법을 들은 뒤 아라한과를 얻었는데 그때가 머리를 깎은 지 여드렛 만이었다.

캇사파는 비록 뒤늦게 출가하였으나 일찍 아라한과를 증득하게 된 것은 출가 전부터 선정을 닦은 탓도 있지만 그보다는 전생에 닦아 놓은 정력(定力)에 의해서였다. 캇사파는 조금도 나태함이 없이 철저히 두타행을 실천하였다. 두타행은 다음과 같다.

1. 낡은 옷만을 입는다.
2. 옷 세벌과 발우만을 가져야 한다.
3. 항상 걸식하되 빈부를 가리지 않는다.
4. 하루 한 끼만 먹고 오후 불식한다.
5. 한 곳에 있어야 한다.
6. 탁발하기 편리해야 한다.
7. 한적한 곳에 살아야 한다.
8. 무덤 사이에서 살아야 한다.
9. 노상(路上)이나 나무 밑에서 수행한다.
10. 항상 가부좌하고 눕지 않는다.

이 외에도 12가지 법과 18가지 지참물이 있다는 기록이 있다.

부인을 귀의시키다

아라한과를 증득한 캇사파는 열심히 수행하는 한편 부처님을 대신하여 설법도 하고 포교 활동에도 심혈을 기울였다. 그러던 중 부인과의 약속이 생각났다. 훌륭한 스승을 만나면 곧 돌아와서 부인과 함께 출가하겠다고 약속했던 것이다. 그는 그 사실을 부처님께 여쭙고 승낙을 받아 집으로 돌아왔다. 그러나 부인은 남편이 집을 떠난 지 3년이 지나도 아무 소식이 없자 더 기다릴 수가 없어 가산을 정리하고 어느 수행 집단에 들어갔다. 부인이 속했던 집단은 나형외도(裸形外道), 즉 옷을 벗고 사는 자이나교의 공의파(空依派)였기 때문에 젊고 아름다운 그녀는 그들에게 능욕당하고 학대받는 수모를 겪어야 했다.

캇사파는 수소문 끝에 부인을 만나 그동안의 사정을 듣고 자신의 잘못을 사과하고 부인을 데리고 부처님에게 돌아왔다. 부처님의 허락을 받아 출가하여 비구니가 되었지만 뛰어난 미모 때문에 중상모략이 끊이지 않았다. 캇사파는 어려움에 고통 받는 부인을 위해 부처님의 허락을 받고 탁발한 음식을 반씩 나누어 먹었다.

부처님은 그런 사실을 잘 아시기 때문에 그를 위해 <묘현경(妙賢經)>을 설해 주시고 힘써 수행할 것을 당부하셨다. 그 후 부인은 정진을 거듭하여 숙명통(宿命通)을 얻었다.

부처님이 열반하시다

오랜 세월이 흘러 목갈라나는 순교하였고 사리풋타는 부처님의 허락을 받고 고향의 늙은 어머니를 찾아뵙고 부처님보다 먼저 열반에 들었다. 마침내 부처님께서도 쿠시나가라의 사라쌍수 밑에서 열반에 드셨다. 그때 캇사파는 부처님과 멀리 떨어진 곳에서 불법으로 펴다가 부처님의 열반소식을 듣고 애통해하면서 쿠시나가라로 달려왔다. 캇사파가 부처님 앞에 엎드려 슬픔을 달래고 있을 때 육군비구(六群比丘)*인 발난타가 다가와 캇사파에게 말했다.

"무엇 때문에 그리 상심하시오. 부처님이 열반에 드셨으니 이제부터 우리는 자유롭게 되지 않겠소. 그동안 부처님 밑에서 갖은 속박을 받아 불편하였는데 지금부터는 우리 마음대로 할 수 있으니 얼마나 기쁘오."

슬퍼하기는커녕 오히려 부처님의 열반을 기뻐하는 것이었다. 한 비구가 발난타의 선동에 분노를 참지 못하고 그를 때리려 하자 캇사파는 그를 만류하면서 발난타를 꾸짖었다.

"부처님의 열반으로 모두가 슬퍼하고 있는데 그대는 도리어 기뻐하면서 대중을 선동하니 마땅히 매 맞을 일이지만 교단 안에서 서로 싸운 데서야 말이 되겠소. 그러니 더 이상 소란을 피우지 마시오."

캇사파는 벌써 이런 일이 생기니 잎으로 무슨 일이 일어날지 몰라 걱정이 앞섰다. 그래서 부처님의 위대한 가르침을 오래 보존하기 위해 속히 부처님의 가르침을 경전으로 엮어야겠다는 생각을 하게 되었다(경전 편집에 관한 것은 제5장 경율론 삼장 결집편 참조).

그 후 캇사파는 자신의 나이 일백 세가 넘어 이 세상의 인연이 다한 것을 알고 아난다에게 법을 전해 주고 56억 7천만 년 후 미륵불이 출세하면 그때 미륵불 회상에 태어날 것을 선언하고 입적하였다고 한다.

---

* 육군비구 : 부처님 당시에 있었던 여섯 명의 악한 비구. 이들은 작당을 하여 나쁜 행위를 저지르곤 하였다. 이들로 말미암아 많은 금지 계율이 제정되었다고 한다.

캇사파가 부처님에게 법을 세 곳에서 받다

부처님의 상수(上首) 제자인 캇사파에게 법을 전해 주었다는 설이 이른바 삼처전심설(三處傳心說)이다. 그 내용은 다음과 같다.

한때 부처님께서 영산회상에서 많은 청중 앞에서 설법하시던 중 꽃 한 송이를 들어 대중에게 보였다. 그러나 아무도 그 뜻을 아는 사람이 없었는데 오직 캇사파만이 그 뜻을 알고 빙그레 웃었기 때문에 이를 일러 염화미소(拈華微笑, 또는 拈華示衆이라고도 한다)라 한다.

또 어느 날 다자탑 앞에서 설법하던 중 남루한 옷차림으로 뒤늦게 나타난 캇사파를 아무도 알지 못했지만 부처님은 알아보시고 "캇사파여, 이리 오너라." 하시면서 극구 사양하는 캇사파를 옆에 앉게 하였다. 이것을 다자탑전반분좌(多子塔前半分座)라 한다.

그리고 쿠시나가라에 뒤늦게 온 캇사파가 지켜보는 가운데 열반에 든 부처님이 금관에 모셔지고 향나무 위에 안치된 후 향유를 뿌려 다비(화장)를 시작하였다. 그러나 금관을 둘러싼 나무 섶에 불이 붙지 않아 모두가 이상하게 생각하였다. 그때 부처님께서는 두 발을 금관 밖으로 내미시는 것이었다. 참으로 불가사의한 광경에 모두가 깜짝 놀랐다.

캇사파는 부처님의 뜻을 알아차리고 금관 앞으로 나아가 "거룩하신 부처님이여, 안심하십시오. 저희들이 아직 어리석기는 하오나 기필코 위대하신 부처님의 가르침대로 정법을 널리 펴고 오래도록 보존하게 하여 모든 중생의 복전이 되게 하겠습니다."라고 하면서 눈물을 흘리며 법을 받자 부처님은 두 발을 거두시었다. 그러자 나무 섶에 불이 붙어 다비를 마치게 되었다. 이것을 곽시쌍부(榔示雙趺)라 한다.

이들 세 가지를 일러 삼처전심이라 한다. 삼처전심은 불법의 진수를 말로 표현하기 이전의 동작으로, 즉 마음으로써 마음(법)을 전하는(以心傳心) 불법의 진면목을 나타낸 것이다. 이것이 바로 선불교(禪佛敎)의 효시가 되었다.

부처님의 묵시적 전법으로 사자상전(師資相傳 : 사제 간에 법을 주고받는 것)의 법맥을 잇는 전통이 이어져 2,500년이 지난 현재까지 전해 오고 있다. 또한 삼처전심으로 발아한 선법이 1천여 년간 인도에서 잠들었다가 비로소 28대 법손인 보리달마(菩提達摩 : 달마대사)에 의해 중국에서 그 꽃을 피우게 되었다.

은밀한 부처님 법을 받아 제2조가 된 캇사파는 부처님보다 몇 년의 연장자이면서도 상수 제자가 되어 교단을 잘 이끌어 나갔다.

우리나라 양산 통도사에는 캇사파 존자가 56억 7천만 년 뒤에 출현하실 미륵불에게 봉정(奉呈)할 석가모니불의 말우를 성징힌 봉발탑이 세워져 있다.

천안제일 아니룻다(天眼第一 阿那律)

부처님의 10대 제자 중 천안제일 아니룻다는 어려서부터 기예에 능하였고 남에게 보시하기를 즐겼다. 그리고 20살이 넘도록 바깥세상과 격리된 궁중에서 호화롭고 평온하게 성장하였다. 그런 그에게 부처님의 설법은 참으로 큰 감명과 충격을 주었고 그로 인해 아니룻다는 물론 여러 왕자들이 출가할 뜻을 밝혔다. 여러 날을 두고 고뇌하던 아니룻다는 아버지에게 출가를 허락해 주십사고 간청하였다. 그러나 부모님은 일언지하에 반대하였다. 그것은 다름 아닌 부모 부양 문제와 가계 계승 문제 때문이었다.

더구나 왕자들 중에는 나이 어린 왕자들이 많았다. 때문에 숫도다나 왕은 나이 어린 왕자나 왕손의 출가를 염려한 나머지 부처님께 어린 사람의 출가는 반드시 부모의 허락을 받도록 간청하기까지 하였다. 현재도 그 전통이 전해지고 있다.

아니룻다는 여러 가지 방법으로 부모님을 희유코자 노력하였으나 끝까지 허락을 받지 못하였기 때문에 마침내 단식 투쟁을 벌여 부모님의 허락을 받는 데 성공하여 출가하게 되었다. 그러나 아니룻다의 출가는 급기야 다른 왕자들의 출가로 비화되어 후계자 문제로 큰 진통을 겪게 되었다.

이런 우여곡절 끝에 가까스로 출가한 아니룻다는 부처님의 법문을 들을 때마다 새로운 환희심이 솟아올랐다. 출가 전의 호화롭고 평화롭던 궁중 생활보다 몇십 배 어려운 규칙 생활인데도 마음이 항상 즐겁기만 하였다.

수년 동안 부처님의 가르침을 배우고 실천하면서 부처님의 거룩한 법을 한 사람에게라도 더 들려주기 위해 어느 곳이나 가릴 것 없이 돌아다녔다. 그러던 어느 날 노상에서 해가 저물었다. 처음 간 곳이라 어딘지 분간할 수가 없었다. 이곳저곳 살펴보니 몇 채의 민가가 보였다. 할 수 없이 아무 집이나 찾기로 하였다. 밖에서 들려오는 인기척을 듣고 문 밖으로 나온 사람은 누구든 첫눈에 반할 만큼 아름다운 미녀였다. 아니룻다 역시 선녀를 보고 있는 것 같은 생각이 들어 마음이 설레었다. 하지만 그 순간 부처님의 말씀이 떠올랐다.

"수행자는 특히 여자를 경계해야 한다."

하지만 날은 어두운 데다 비까지 내리니 어쩔 수 없는 처지였다. 설마 무슨 일이 있을까 하는 생각으로 안내하는 방으로 들어갔다. 그런데 공교롭게도 그 집은 처녀 혼자 사는 집이었다. 그러나 아니룻다는 태연하게 세수를 한 뒤 가부좌를 틀고 앉아 선정(禪定)에 들었다. 물론 처녀도 한방에 있었다.

빗소리만이 그 정적을 깰 뿐 두 사람은 말이 없었다. 아마 한 찰나가 한 겁만큼 느껴지는 순간이었을 것이다. 그때 마침 천 길의 나락 속에서 신음 소리 같은 가냘픈 목소리가 들려왔다.

"스님, 저와 백년가약을 맺어 주십시오."

아니룻다는 자신의 귀를 의심하다 순간 방망이질하는 심장의 소동 소리가 들리는 것 같고 동맥의 혈류가 모두 역류하는 것 같았다. 그러나 아니룻다는 시간 속에 침전된 듯 아무 대답이 없었다.

"스님, 당돌한 서의 행동을 용서하십시오. 저는 스님을 뵙는 순간 이미 스님과 부부가 될 것을 결심하였습니다. 저는 부모도 형제도 없는 천애 고아입니다. 하지만 재산은 많습니다. 우리가 결혼하면 평생 잘 살 수 있을 만큼 넉넉합니다. 하오니 부디 저와 결혼해 주십시오. 소원입니다."

비탄에 가까운 목소리로 구혼하는 모습은 애처롭기까지 하였다. 어안이 벙벙해진 아니룻다는 솟구쳐 오르는 연민의 정을 억누르며 차분한 음성으로 말했다.

"낭자는 들으시오. 이 세상 모든 것은 무상하오. 비록 찰나 간이라도 무엇 하나 변하지 않는 것은 하나도 없소. 아무리 아름다운 젊음도 늙으면 추해지고 끝내는 죽어 없어지오. 아무리 재산이 많은 들 무슨 소용이 있고. 죽음 앞에는 속수무책이라오. 나는 현재 사문의 몸이 오만 이 세상에서 부러울 것이 없는 왕자로 태어난 사람이었소. 저의 위대한 스승 역시 왕자로 태어나 장차 임금이 될 신분인데도 이 세상의 무상함을 아시고 출가 수행하여 성자가 되신 분이라오. 하오니 낭자께서도 부질없는 세상사에 연연하지 말고 저의 스승의 가르침을 따르는 것이 이 몸과 부부가 되어 세속의 즐거움에 빠지는 것보다 몇 천 배가 나을 것이라 생각하오."

아니룻다의 조리 있고 엄숙한 설법을 듣던 낭자의 반짝이는 눈동자에 이슬이 맺혔다.

아니룻다는 청정한 계행을 잘 지켜 어려운 여난(女難)도 잘 물리쳤지만 딱 한 가지 못된 버릇이 있었다. 그것은 한번 잠이 들면 여간해서 깨어나지 못하는 것이었다. 본인은 물론 동료 사문들이 보기에도 여간 민망한 일이 아니었다.

한번은 부처님이 설법하시는데 그만 졸고 말았다. 설법을 마친 부처님은 아니룻다를 불러 꾸짖으셨다.

"너는 수행 사문으로서 마음가짐이 아직도 원숙치 못하구나. 어찌 잠 하나를 이기지 못하면서 생사윤회에서 해탈하고자 하느냐?"

아니룻다는 몸 둘 바를 몰라 전전긍긍하면서 마음속으로 굳게 다짐하였다.

'부처님 말씀대로 나는 생사고해에서 벗어나려고 수행하는 몸인데 잠 하나 극복하지 못한데서야 어찌 뜻을 이룰 수 있겠는가. 이제부터는 잠을 자지 않고 정진에 전념해야겠다.'

그 후 그는 결심한 대로 밤낮을 가리지 않고 열흘, 보름, 한 달이 지나도록 끊임없이 정진을 계속하였다. 하지만 사람의 몸인지라 한 달 가까이 되면서부터 눈에 핏발이 서고, 눈두덩이가 부풀어 오르고, 진물이 흐르면서 점점 통증이 심해지더니 정신마저 몽롱해지는 것이었다. 보통 사람은 하룻밤만 잠을 설쳐도 못 견디는 판국인데 아니룻다는 원력의 힘으로 버티었던 것이다.

그럭저럭 두 달이 되었을 때 부처님께서 말씀하셨다.

"아니룻다야, 네가 그렇게 잠을 안 자고 수행하는 것은 참으로 장한 일이다. 하지만 그렇게 지나치게 수행하다가 몸이 상하면 어찌 하느냐? 무엇이든 도가 지나치면 얻는 것보다 잃는 것이 많다는 것을 유의해야 하느니라."

참으로 인자하신 말씀이었지만 아니룻다는 여전히 공부에만 열중하였다. 그러다 마침내 눈병이 지나쳐 불행하게도 실명하고 말았다. 그러나 아니룻다는 조금도 굴하지 않고 여전히 정진하였다. 그런 어느 날 밤, 견디기 어렵던 통증을 가라앉고 몽롱하던 정신이 뚜렷하고 상쾌해지는 것을 느꼈다. 뿐만 아니라 아무것도 보이지 않던 눈앞이 훤히 트이면서 먼 곳까지 보이는 것이었다. 참으로 신기한 일이었다.

이것이 바로 육신통의 하나인 천안통으로서 초인적인 눈, 즉 보이지 않는 것까지 다 볼 수 있는 능력을 말하며 피골육(皮骨肉)이 섞이지 않는 극히 청정한 지(地)·수(水)·화(火)·풍(風) 사대에서 만들어진 눈이라 해석하기도 한다. 이로써 아니룻다는 천안제일로 불리게 되었다. 아니룻다는 눈이 멀었지만 아난다와 함께 포교 활동을 게을리 하지 않았다. 여러 곳을 두루 다니며 법을 펴는 일에 전념하였다. 그 과정에서 어려운 일들을 많이 겪어야 했다. 그중에는 이교도인 바라문들의 행패가 여간 심한 것이 아니었다. 그러나 그는 조금도 개의치 않고 활동하였다.

출가한 수도승이란 원래부터 세 벌의 옷과 발우 한 벌이 전 재산
이었다. 때문에 옷이 해어지면 버리는 것이 아니라 꿰매 입어야 했
다. 하루는 아니룻다가 대중처소에서 떨어진 옷을 꿰매기 위해 바
늘과 실을 손에 들고 중얼거렸다.

"이 세상에서 복을 구하고자 하는 사람은 나를 위해 이 바늘에
실을 꿰어줘 큰 공덕을 지으시오."

그때 부처님의 음성이 들렸다.

"그 실과 바늘을 내게 다오. 내가 그 옷을 짓겠다."

"아닙니다. 부처님, 대단히 죄송하옵니다."

아니룻다는 몸 둘 바를 몰라 전전긍긍하였고 그곳에 있던 모든
제자들도 깜짝 놀랐다. 부처님은 이렇게 말씀하셨다.

"아니다. 아니룻다야, 내게 그 공덕을 짓게 해다오. 이 세상에서
나만큼 많은 복을 추구하는 사람도 드물 것이다."

참으로 상상 밖의 말씀에 모두 놀랐다. 그도 그럴 것이 부처님께
서는 항상 설법 하실 때마다 "이 세상의 모든 것은 덧없다. 그것이
진리다. 그러니 무엇을 바라고 무엇을 구하고자 헛된 욕망의 포로
가 되지 말라."고 타이르신 분이 아니신가. 그런데 갑자기 이 세상
에서 가장 많은 복을 추구하시다니 이해할 수 없는 일이었다.

하지만 부처님이 추구하신 복은 세속적, 이기적인 그런 복이 아
니라 일체 중생을 열반의 세계로 이끌어 영원한 행복을 안겨 주려
고 염원하는 커다란 서원이었다.

그렇다. 부처님은 부처님 말씀대로 이 세상에서 가장 큰 행복, 즉
무루복(無漏福 : 영원한 복)의 추구자였음이 틀림없다. 우리가 부처님

을 예찬하거나 명호를 부르거나, 혹은 생각만 해도 부처님의 위신
력으로 무한한 공덕을 받는데 그것은 부처님께서 무한한 복덕을 갖
추고 계시기 때문이다. 그분이 행복을 추구하신 이유가 바로 우리
중생들에게 무한한 복덕을 베풀어 주기 위한 것임을 알게 될 때 우
리는 부처님의 위대성에 저절로 경의를 표하게 될 것이다.

아니룻다는 시종일관 철저한 정진으로 수행을 일관한 성자였다.
아쉽게도 그의 열반에 대한 기록은 남아 있지 않다.

해공제일 수부티(解空第一 須菩提)

부처님의 10대 제자 중 불교의 핵심인 공(空) 사상을 가장 깊이
통달한 수부티(Subhuti, 須菩提)를 해공제일이라 한다.

수부티의 본뜻은 공생(空生) 또는 선길(善吉)이다. 수부티는 원래
바라문의 아들인데 태어나던 날부터 기이한 일이 있었다고 한다.
수부티가 태어나는 순간 집안에 있던 모든 가재도구들이 갑자기 자
취를 감추었다는 것이다. 이상히 생각하여 바라문의 관상가에게 물
었더니 이렇게 일러 주었다.

"너무 걱정하지 말고 기뻐하십시오. 이 아이는 장차 이 세상의
모든 것이 공하다는 이치를 통달할 인물이 될 것 입니다. 그래서 이
런 현상이 나타난 것입니다. 그러니 이름을 수부티, 즉 공생(空生)이
라 하십시오."

수부티는 어려서부터 총명하여 하나를 가르치면 열을 알 정도였
다. 수부티의 집안은 부유한 바라문 계급으로 금은보화로 아들의
몸치장을 해주었다. 그러나 아들은 금은보화를 가난한 사람들에게

나누어 주기를 좋아하였다. 부모가 나무라면 항상 이렇게 말했다.

"사람은 모두 똑같은데 어찌 있고 없는 사람의 구별이 있습니까? 그리고 헐벗고 굶주린 사람을 보고만 있는다면 그것은 공평한 처사가 아닙니다."

부모는 아들의 생각이 기특하기는 했지만 그대로 두고 볼 수만은 없어 집안에만 있게 하였다. 수부티는 집안에 혼자 있으면서 철학·문학·종교 특히 네 가지 베다를 통독하고 인생 문제를 사색하였다. 그 결과 아무것도 구애받지 않을 만큼 통달한 느낌이 들었다. 한번은 아버지에게 자신만만하게 큰 소리를 쳤다.

"그동안 많은 책을 공부하였더니 우주 만유가 공하여 텅 비어 있다는 것을 알았습니다. 아마 어떤 성인도 이 점에 대해서는 저만 못할 것입니다."

그 무렵 부처님이 수부티가 사는 곳에 오셔서 설법하시게 되었다. 그때 부처님 법을 듣고 수부티 부모는 크게 감동하여 부처님에게 귀의하였다. 어느 날 아버지는 수부티에게 권하였다.

"너는 항상 네가 제일인 체하고 모든 진리를 통달했다고 자부하던데 내 생각에는 부처님과는 하늘과 땅만큼 큰 차이가 있으니 부처님의 말씀을 한번 들어보는 것이 좋겠다."

그러자 수부티는 아버지에게 자신만만하게 말했다.

"모든 사람들이 부처님이 큰 지혜를 얻은 제일인자라고 떠들지만 제 생각은 그렇지 않습니다. 아마 보통 사람보다는 좀 나을 정도일 것입니다."

그러면서 내심으로는 부처님이라는 분이 과연 어떤 분이며 얼마만한 지혜가 있기에 그토록 많은 사람들이 존경하고 귀의하는 것일까 하고 퍽이나 궁금해 하였다. 수부티는 생각다 못해 부처님을 직접 찾아 나섰다. 그때 마침 부처님은 많은 사람들에게 법을 설하고 계신 중이었다.

"이 세상 모든 것은 다툴 것이 하나도 없다. 나와 남을 구별할 것도 없다. 이 세상 삼라만상은 모두 인연 따라 생(生)하였음을 알아야 한다. 이것이 있음으로 저것이 있고 저것이 있기 때문에 이것이 또한 있는 것이다. 그러므로 한 물건도 홀로 존재하지는 못한다. 다시 말해 우리는 서로 의지하여 존재하는 것이므로 생명 있는 모든 것은 서로 서로 자비로써 감싸주고 은혜를 베풀면서 도와가며 살아가야 하느니라. 무엇 때문에 서로 해치고 다투어야 하느냐? 나만 잘 살아야 하고 내가 제일인 체하는 데서 불행이 싹튼다. 그러므로 출가 사문은 먼저 나를 버리고 남을 위해 수행해야 하며 그들을 교화하여 좋은 길로 이끌어 모두 안락한 삶을 살도록 인도해 줘야 한다."

부처님의 설법은 지극히 평범하고 아주 쉬운 내용이었으나 듣는 사람들은 자비의 호소력에 이끌려 모두가 감동하는 모습들이었다. 그때 밖에서 서성거리는 수부티를 보시고 물으셨다.

"그대는 왜 그곳에서 서성거리고 있는가?"

"예, 저는 수부티라고 하온데 부처님을 뵙고자 찾아왔습니다."

"수부티여, 그대는 왜 나를 만나려 하는가?"

수부티는 자신이 생각하고 있던 일들을 모두 설명하였다.

"그만하면 알겠다. 이곳에서 그대가 퍽 총명하다는 말을 들어 알고 있다. 그대가 진정 지혜로워지려면 불법을 믿고 직접 수행해 봐야 할 것이니라."

수부티는 즉석에서 부모님께 허락을 받아 출가하였다.

수부티는 부처님의 제자가 된 후 열심히 수행하였다. 하루는 학식과 덕망이 높은 바라문을 만났다. 그는 수부티에게 이렇게 물었다.

"수부티 존자여, 당신은 부처님 제자가 되어 공의 이치를 통달하였다고 하던데 한 가지 물어보겠소. 우주 만유가 분명히 이렇게 존재하는데 어찌하여 공하다고 하오? 그리고 도대체 공이란 어떤 것이오?"

그때 수부티는 앞에 있는 집을 가리키며 말했다.

"저 집을 보십시오. 분명히 있지요."

"예, 분명히 있습니다."

"저 집은 무엇으로 지었습니까?"

"그거야 나무와 돌과 흙과 짚으로 지었지요."

"그렇습니다. 분명히 그러한데 만일 그 집을 하나하나 해체한다면 어찌 되겠습니까?"

"물론 집이 아니지요."

"맞습니다. 그것이 바로 공의 이치입니다. 나무와 돌과 흙과 짚은 한데 모아 만들면 집이 되고 따로따로 해체하면 집이 없어집니다. 이처럼 집이 있는 것 같지만 실은 없습니다. 집만 그런 것이 아니라 이 세상 모든 것이 다 그렇습니다. 이 모든 것이 인연에 따라 생기기도 하고 인연이 다하면 없어지기도 하는 것이니 이를 일러 공이라 하는 것입니다. 하지만 이 공의 도리를 말로 어찌 다 설명하며 생각으로 어찌 다 헤아리겠습니까? 나와 남이 없는 공삼매(空三昧)를 성취해야만 비로소 참다운 공의 원리를 깨닫게 되는 것입니다."

"수부티 존자여, 참으로 어려운 법을 쉽게 알려주어 고맙소. 언젠가 다시 찾아뵙고 가르침을 듣겠습니다."

바라문은 이렇게 말하고 물러났다.

수부티는 공의 이치를 깨닫고 공의 도리대로 생활하였다. 공을 깨달은 수부티는 허공에 뜬 구름같이 구애받지 않고 얽매임 없는 자재함 속에서 오직 중생 교화만을 실천하였다.

그러던 중 부처님이 도리천에 올라가서 어머니인 마야부인을 위하여 설법하시고 염부제(閻浮提 : 우리가 사는 이 세상)로 돌아오셨다.

"부처님께서 도리천에서 내려오셨는데 내가 뵈러 가야 하는가, 아니 가도 되는가?"

그때 부처님께서 항상 하시던 말씀이 떠올랐다.

"만일 어떤 사람이 지혜의 눈으로 부처님의 법을 그대로 관찰한다면 응당 그것이 부처님을 보는 방법 중 가장 훌륭한 것이다."

수부티는 직접 부처님을 뵈러 가는 것을 그리 중요한 것이 아니라고 생각했다. 한편 도리천에서 부처님께서 내려 오셨으므로 부처님을 영접하기 위해 많은 제자와 재가 신노들이 모였다.

그때 수부티가 삼매에 들어 살펴보니 부처님을 호위하고 따라온 천인(天人 : 천계에 사는 사람)들이 보였다. 부처님과 전륜성왕, 여러 천인들의 장엄한 모습들은 미증유의 광경이었다. 그 광경을 목격한 수부티는 생각하였다.

지금 이 같은 광경은 특이한 일이지만 이 또한 잠시 후면 없어질 것이니 결국 모두가 실다움이 없는 무상함에 지나지 않는 것이다. 수부티는 그 같은 무상관에 의해 모든 법은 공한 것이며 변함없는 실체란 없다는 진리를 깨닫게 되었다.

그때 모든 사람들은 앞 다투어 부처님께 예배 공양하고자 서둘렀다. 그중 웃팔라반나 비구니는 여자인 것을 감추고자 전륜성왕으로 변신하여 칠보로 장식한 일천의 아이들을 동반하고 나타났다. 많은 사람들은 그것을 보고 모두 자리를 비켜주었다. 때문에 제일 먼저 부처님께 예배드리는 영광을 얻게 되었다.

웃팔라반나 비구니의 절을 받은 부처님은 그에게 연민 어린 음성으로 말씀하셨다.

"나를 최초로 예배한 자는 네가 아니라 수부티다. 수부티는 모든 법이 공함을 관하였기 때문에 나의 육신(化身)에게 예배하기 전에 이미 내 법신(진리)에게 먼저 예배하였으니 가장 먼저 나에게 예배드린 것이 아니겠느냐? 살아 있는 내 몸에 예배하는 것은 진정한 공양이 아니다."

이후부터 수부티를 해공제일이라 하였고 부처님이 <반야경>을 설하실 때는 수부티가 부처님과 대화하는 형식을 택하게 되었다.

설법제일 푸루나(說法第一 富樓那)

푸루나(Puruna, 富樓那)는 부처님 10대 제자 중 가장 설법을 잘하였기 때문에 설법제일이라고 한다. 만자자(滿慈子) 또는 만원자(滿願子) 등으로 번역하기도 한다.

경전에는 다음과 같은 기록이 있다.

"나의 성은 만(滿)이고 나의 어머니는 자(慈)이기 때문에 나를 만자자라고 불렀다."

푸루나는 카필라 성 근처에 사는 큰 부자이며 국사(國師)인 바라문의 아들로서 싯달타 태자와 같은 날 탄생한 인연이 있다. 생일이 같은 연유에서인지 싯달타가 출가할 무렵 푸루나도 출가하여 5신통을 얻었다.

푸루나는 부처님이 성불한 후 녹야원에서 다섯 비구를 제도했다는 소문을 듣고 부처님을 찾아가 설법을 듣고 곧 제자가 되었다. 이미 5신통을 얻은 푸루나지만 부처님의 설법을 듣고 나서야 아라한과를 증득하였고 그 후 평생 동안 부처님 법을 펴는 데 주력하였다. 푸루나는 어려서부터 총명하고 영특하여 많은 사람들의 촉망을 받았으며 출가 후에는 그동안 쌓아온 학문을 유감없이 발휘하여 정연한 논리를 구사하여 뭇사람들을 감동시켰다.

푸루나의 설법 방법은 먼저 뛰어난 변재로 상대방을 기쁘게 하고, 다음으로 현실의 괴로움의 원인을 자세히 설명해 주어 듣는 사람들이 공감하게 한 뒤에 모든 법이 본래부터 공하다는 이치를 지혜로써 밝혀 그들 스스로 진리를 깨닫게 하였다. 이렇게 하여 아라한이 된 사람이 자그마치 9만 9천이나 되었다 한다. 때문에 설법제일이라고 기록되어 있나.

또 그의 말솜씨는 마치 품안을 파고드는 봄바람같이 부드럽고, 싱그러운 녹음같이 시원하여 흡사 쇠붙이가 자석에 이끌려가듯 저절로 불법에 귀의케 하는 위신력을 가지고 있었다. 또한 사람을 차별 없이 대하고 항상 겸손하고 침착하여 서두르지 않았으며 남의 의견을 듣고 난 후 차분히 자신의 뜻을 개진하기 때문에 상대방에게 불쾌감을 주는 일이 전혀 없었다.

푸루나는 불법을 펴는 데만 심혈을 기울였다. 입은 옷에 발우 하나 만을 들고 어디를 가건, 누구를 만나건 오로지 불법을 펴는 것만을 생각하며 동분서주하였다. 푸루나는 만나는 사람의 능력에 맞게 자유자재로 설법을 하였다. 아무리 어려운 진리도 이해하기 쉽게 말하였고 질문을 받으면 시원하게 대답해 주었다.

어떤 사람이 물었다.

"존자께서 낯선 곳으로 가서 처음 설법할 때는 한두 사람이 고작이었는데 두세 번만 설법하면 그 후부터는 인산인해를 이루고 설법을 듣고 난 사람들의 마음은 마치 목마른 사람이 감로수를 마신 듯, 길 잃은 사람이 길을 찾은 듯, 목숨이 경각에 달한 중환자가 즉시 쾌유하듯 하니 아마도 부처님 다음으로 존자만큼 설법을 잘하는 사람은 없을 것이요. 어떤 신통력을 가졌기에 그렇습니까?"

"글쎄올시다. 지나친 과찬의 말씀인 것 같습니다. 나는 설법하기 전에 꼭 한 가지만은 지킵니다. 반드시 마음속으로 부처님께 기청(祈請 : 기도)을 합니다. '대자대비하신 부처님이시여! 높은 덕과 밝은 지혜 광명으로 부족한 저를 도와 주옵시고 이곳에 부처님의 정법이 구현케 하옵소서.'라고 말입니다. 그리고 제가 비록 불법을 통달하였다고는 하지만 청중들이 감동하는 것은 부처님 법이 진리이기 때문이지 어찌 제 변재의 공이라 하겠습니까?"

푸루나는 이렇게 겸손했다. 한 번은 부처님께 나아가 간청하였다.

"부처님, 이번에는 불법이 미치지 않는 수나(Suna, 輸那) 국으로 포교하러 가고자 하옵니다. 허락해 주시옵소서."

부처님께서는 허락하시기 전에 이렇게 말씀하셨다.

"푸루나야, 갸륵하구나. 그러나 그 나라 사람들은 퍽이나 미개하고 사나워 제도하기가 무척 어려울 것이다. 그러니 이번에는 다른 나라로 가는 것이 좋을 듯하구나."

"부처님, 아닙니다. 어찌 제도할 만한 곳과 제도하지 못할 곳이 따로 있겠습니까?"

"푸루나야, 그 나라는 아주 외진 벽지에 있는 작은 나라여서 교통도 매우 불편할 뿐만 아니라 우매한 야만인이라서 성격이 난폭하여 동족끼리도 잘 싸워 잘못하면 목숨을 잃을 수도 있으니 그런 위험한 나라엔 가지 않는 것이 좋을 것 같구나."

"부처님, 참으로 저를 아껴 주시는 그 은혜 백골난망이옵니다. 하오나 수나 국이 작고 야만적이라 해서 아무도 안 간다고 하면 장차 누가 그들을 제도해 주겠습니까? 그래서 더욱 제가 가서 부처님의 가르침을 펴고자 하는 것이옵니다. 원컨대 쾌히 허락해 주시옵고 저를 지켜 주시옵소서."

푸루나의 끈질긴 간청에 감탄하신 부처님께서 말씀하셨다.

"푸루나야, 참으로 기특하구나. 나의 제자가 되었으면 그 같은 결심은 당연한 것으로서 바로 정각을 이룰 수행이 아니겠느냐? 그러나 그 나라 사람들이 너를 용납하지 않고 참기 어려운 욕설을 한다면 너는 어찌 하겠느냐?"

"예, 만일 그들이 욕하고 꾸짖더라도 야만인이라고 깔보거나 원망하지 않을 뿐만 아니라 오히려 나무나 돌로 치지 않는 것을 고맙게 생각하겠습니다."

"그러면 만약 주먹이나 돌로 친다면 어찌 하겠느냐?"

"그래도 욕하거나 대항하지 않고 오히려 칼이나 창으로 찌르지 않는 것을 고맙게 생각하겠습니다."

"그러면 그들이 칼이나 창으로 찌르면 어찌 하겠느냐?"

"부처님 말씀대로 '과연 사납구나' 하고 생각하겠습니다. 하지만 아직 인간다운 데가 있다고 생각하겠습니다. 그것은 잔인하고 무참하게 죽이지 않은 것만 해도 다행이기 때문입니다."

"만일 잔악무도하게 죽인다면 그때는 어찌 하겠느냐?"

"그렇다면 더욱 감사하겠습니다. 왜냐하면 죽이는 것은 저의 수행을 돕는 동시에 저를 열반에 들게 해주기 때문입니다. 다만 그들이 불행하게도 선업을 짓지 못하고 악업을 짓게 되는 것이 걱정이 될 뿐입니다."

"푸루나야, 너는 참다운 나의 제자로구나. 수행과 포교함에 있어 인욕을 위주로 마음의 안정을 얻는다니 내 기쁘게 보내겠노라."

드디어 부처님은 쾌히 허락하셨다. 푸루나는 가벼운 마음으로 부처님께 하직 인사를 올리고 많은 도반들의 찬탄과 격려 속에 길을 떠났다.

"어떤 고난이 있어도 부처님 법을 가르쳐 그들이 사람답게 살도록 해주겠다."

그는 오직 그 생각만 하였다.

하루는 부처님께서 대중에게 숙세의 인연을 설하시는 자리에서 말씀하셨다.

"푸루나여, 너는 오랫동안 하루도 쉬지 않고 꾸준히 정진 수행하면서 불법을 널리 펴는 데 누구보다도 으뜸이었다. 게다가 많은 중생을 요익케 하고 기쁘게 해주는 법을 설함에 있어서도 제일이구나. 그 인연 공덕으로 무량겁이 지난 후 법명(法明)이라는 여래가 될 것임을 수기(授記)하노라."

그곳에 모인 여러 청중들은 푸루나가 장차 성불하리라는 수기를 주시는 것을 듣고 감탄하면서도 일부는 푸루나가 비록 아라한과에 올랐지만 아직 보살이 아닌데 어떻게 수기를 내릴 수 있을까 하는 의문을 품었다.

그때 부처님께서는 대중들의 생각을 아시고 말씀하셨다.

"모든 비구들아, 너희들은 마땅히 푸루나를 존경하고 그를 따르라. 그는 불법을 깊이 깨달아 사람들을 잘 감화시켜 올바른 길로 인도함이 내 다음 가는 포교사 역할을 하고 있다. 그리고 푸루나는 내 설법을 듣고 발심한 것이 아니라 90억겁 전부터 제불보살에게 공양하고 부처님을 도와 법을 설함에 있어 구변이 뛰어나 찬탄 받은 인연으로 금세에도 설법제일이 된 것이다. 아울러 푸루나가 성불할 불국토는 지옥·아귀·축생이 없을 것이며 대지는 금은보화로 이루어지고 사람은 남녀 관계로 태어나는 것이 아니라 수행한 공덕의 과보로서 천상 사람처럼 화생(化生)한다. 또 그 세계는 지금의 사바 세계와 같지 않아 너와 나의 구별이나 악하거나 강자도 없는 완전한 평등일여의 세계가 될 것이다."

대중들은 부처님의 설법을 듣고 푸루나를 따라 중생 교화에 힘쓸 것을 다짐하였다.

논의제일 캇차야나(論義第一 迦旃延)

부처님의 10대 제자 중 캇차야나(Kaccayana)는 유일하게 남인도 출신으로서 부처님 제자 가운데서 이론이 가장 정연하여 논의제일이라 하였다.

캇차야나의 아버지는 바라문 출신이며 국왕의 자문 역할을 하는 국사였으며 많은 토지를 소유한 큰 부호로 그 세력은 대단하였다. 캇차야나에게는 형이 하나 있었다. 어려서 출가하여 유명한 바라문 학자와 논사에게서 수학한 수재였다. 캇차야나는 출가는 하지 않았지만 집에서 네 가지 베다 중 특히 <리그베다>를 열심히 공부하였다. <리그베다>에는 천지 창조에 관한 철학적 사변 등이 기술되어 있다.

캇차야나의 형은 몇 년간의 범행기(梵行期 : 수행기간)가 끝나 가주기(家住期 : 집에 돌아와 결혼하고 자식 낳고 세속에 거주하는 기간)가 되자 집으로 돌아와 많은 사람들을 모아놓고 자신이 배운 최고 철학인 '베다론'을 강연하였다. 그때 캇차야나도 그동안 집에서 독학한 자신의 실력을 형과 비교해 보고 싶은 생각으로 형의 강연이 끝나자 그 자리에서 처음으로 강연을 하였다.

두 형제간의 강연이 끝나자 많은 청중들은 출가하여 수학한 형보다 집에서 독학한 아우의 실력이 더 뛰어나다고 칭찬할 만큼 그의 이론은 체계가 정연하고 심오하였다.

그러자 편협하고 고집불통인 형이 크게 불평하여 형제간의 불화가 조성되었다. 부모의 입장에서 여간 걱정스러운 일이 아닐 수 없었다. '어떻게 해야 형제가 화목하게 지낼까' 하고 여러 가지 방법을 강구하던 끝에 당시 인도에서 가장 유명한 도인이며 예언자인 아시타 선인(仙人)에게 보내기로 하였다.

아시타 선인은 옛날 싯달타 태자가 탄생했을 때 태자의 관상을 보고 '장차 세속에 있으면 전륜성왕(인도의 신화에서 정법으로 온 세계를 통일하여 다스리는 이상적인 제왕)이 될 것이요, 만일 출가하면 가장 거룩한 법왕(부처님)이 될 것'을 예언한 사람이었다.

아시타 선인은 캇차야나를 대하는 순간 앞으로 큰 인물이 될 것을 예견하고 퍽 좋아하였다. 그 후 선인은 캇차야나에게 자신이 알고 있는 모든 것을 아낌없이 가르쳐 주고 지도하였다. 어느 날 선인은 캇차야나에게 이렇게 한탄한 후 숨을 거두었다.

"이제 내가 너에게 더 가르쳐 줄 것은 없다. 그러니 나보다 더 훌륭한 스승을 찾도록 하여라. 한 가지 당부할 것은 장차 진리를 크게 깨쳐 일체 중생을 제도해 줄 성자(부처님)가 출현하여 바라니시의 녹야원에서 설법하실 텐데 너는 그분에게 귀의하도록 하여라. 나는 나이가 많고 복도 없어 그토록 훌륭한 성인의 법을 듣지 못하고 죽게 되어 참으로 애석하구나."

캇차야나는 스승을 잃고 한동안 방황하면서 여러 사람들과 토론하고 논쟁을 벌였다. 그 결과 자신에게 상대가 될 만한 적수가 없다는 생각이 들면서 마음이 교만해져 스승의 유언을 잊어버렸고 수행의 열의도 점점 식어갔다.

오랜 역사를 가진 바라나시에서는 아주 오래 전 옛 비석이 하나 발견되었다. 그러나 그 비석에 새겨진 글자의 뜻을 아는 사람이 하나도 없었다. 국왕은 그 비석에 큰 관심을 가시게 되어 만일 누구라도 비석의 내용을 아는 사람은 큰 상금을 주겠다고 약속하였다.

캇차야나는 그 소문을 듣고 좋은 기회가 왔다고 자청하였다. 그러나 그 비문을 읽을 수는 있었지만 내용을 알 수가 없었다. 초조해진 캇차야나는 국왕에게 7일간의 말미를 얻어 그 뜻을 아는 사람을 찾아 나섰다. 학문이 높은 바라문이나 도인, 학자 등을 찾아가 질문해 보았으나 아무도 아는 사람이 없었다.

캇차야나는 당황하였다. 이 나라에서 자기만큼 뛰어난 인물이 없다고 자부했던 자존심이 말이 아니었다. 여러 궁리 끝에 스승의 유언이 생각났다. 그 길로 며칠 만에 바라나시의 녹야원으로 달려갔다. 그때 마침 부처님께서는 기원정사에서 1천 명이 넘는 제자들에게 설법하시는 중이었다. 그 광경을 본 캇차야나는 내심 감탄하면서 스승의 예언대로 성인이라는 것을 알고 뒤늦게 온 것을 후회하였다. 캇차야나는 부처님의 설법이 끝나자 부처님 앞에 나아가 정중히 예배드리고 찾아온 내력을 말했다.

부처님은 잠시 후 비문의 내용을 설명하였다.

"왕 가운데 왕은 제6천왕이며 성인 가운데 성인은 크게 깨달은 부처님이며, 무명에 물든 사람은 어리석다고 하고 모든 번뇌를 떨쳐버린 사람은 슬기롭다 하며 수행하며 탐·진·치를 여의면 열반에 든다. 나(我)와 법에 집착하면 생사의 고해에 빠지고 연기의 진리를 깨달으면 해탈하여 유유자적 하느니라."

부처님의 설명을 들은 캇차야나는 마치 장님이 눈을 뜨듯 마음이 확 트이는 기쁨을 맛볼 수 있었다. '바로 이것이로구나' 하고 느끼는 순간 우주 만유의 참모습을 꿰뚫어 보는 혜안이 열렸다.

"부처님, 아시타 선인께서 저에게 유언하시기를 장차 삼계도사 사생자부(三界導師 四生慈父)가 되실 성인이 출현하시거든 그분의 제자가 되라고 당부하셨는데 전생의 무거운 업장 탓으로 이제야 찾아왔으니 불쌍히 여겨 거두어 주시옵소서."

"너는 숙세에 선근을 심은 공덕으로 총명하고 재주는 있지만 교만한 생각 때문에 이제야 나를 찾아오게 되었구나. 아무리 세속 학문을 많이 배웠다 하나 그것은 반딧불과 같고 진리를 깨달은 지혜는 태양과 같다. 그러니 이제부터는 세속의 집착을 끊고 참다운 진리를 깨달아 상락아정(常樂我淨)의 열반에 이르는 법을 배워야 한다."

불교에 귀의한 캇차야나는 가는 곳마다 유창한 말솜씨와 갖가지 비유로 인연법을 설하여 많은 사람들을 제도했다.

한때 마투라(Mathura, 摩愉羅) 국에 간 적이 있었다. 그때 국왕을 만나 대화하게 되었다. 국왕은 먼 나라에서 손수 찾아온 캇차야나에게 말했다.

"내가 듣기에 존자께서는 바라문 출신이고 부처님은 크샤트리야 출신이 아니오. 그런데 한 계급 위인 훌륭한 신분인 존자께서 어찌하여 한 계급 아래인 고타마(부처님)의 제자가 되었소. 창피한 일이 아니오?"

당시 인도에서는 사성 제도가 엄격하였다. 바라문을 정점으로 크샤트리야·바이샤·슈드라 네 계급이 뚜렷하여 위 계급의 사람이 아래 계급 사람에게 머리를 숙인다는 것은 큰 굴욕이요, 있을 수 없는 일이었다.

"대왕이시여, 저는 굴욕이라기보다는 오히려 부처님의 제자가 된 것을 더할 수 없는 영광으로 생각합니다."

캇차야나는 당당하게 대답하였다.

"그것 참 괴이한 일이요, 범천(창조신)의 후예가 어찌 크샤트리야 출신의 제자가 된 것이 영광이란 말이오."

"대왕이시여, 바라문이나 크샤트리야라고 하는 것은 왕이나 일반 사람들이 생각하는 것이고 부처님께서는 일체 중생이 평등하다고 가르치십니다. 만일 왕께서도 부처님 법을 들으시면 사성 제도가 옳지 않다는 것을 쉽게 아시게 될 것입니다."

"글쎄, 과연 그럴까요?"

"네 계급의 분류는 다만 우리 사회에서만 적용되는 것일 뿐 절대적인 것이 아니라는 것이 부처님의 평등사상입니다. 누구든 사람이란 똑같으므로 차별을 해서는 안 된다는 것입니다. 왜냐하면 계급에 따라 착하고 악한 것이 구별 지어지는 것이 아니기 때문입니다. 또한 재물로 귀천을 따져서도 안 됩니다. 부처님께서는 세상의 모든 영화를 다 버리시고 6년 동안의 수행으로 이 세상의 진리를 깨달으시어 대자대비로 온 세상을 밝히시고 고통 받는 중생들을 조금도 차별하지 않고 구제해 주십니다."

　캇차야나의 조리 있는 설명을 들은 왕은 비로소 수긍하였다.

　"존자의 설명을 듣고 보니 참으로 지당한 것 같소. 아직까지 한 번도 그 같은 말을 들어본 적이 없어 잘은 모르겠소만 인간을 차별한다는 것은 크게 잘못된 제도인 것만은 사실인 것 같소. 인류 평등을 처음으로 표방한 부처님이야말로 인류사상 가장 위대한 사상가인 듯하오."

　"그렇습니다, 대왕이시여. 단지 사람만이 평등한 것이 아니라 생명이 있는 일체의 모든 것은 똑같이 다 귀중하다고 부처님은 갈파하셨습니다. 그러기에 부처님 승단에 들어온 제자들은 바라문 출신이거나 슈드라 출신이거나 모두가 동등한 위치에서 수행하고 먼저 깨친 사람이 아라한이 되어 뒷사람을 이끌어 줍니다. 그리고 연령의 많고 적음에 따르는 것이 아니라 먼저 출가한 사람이 형이 되고 뒤에 출가한 사람은 당연히 아우가 됩니다. 그러므로 위계질서가 정연하여 교단의 화합이 유지됩니다. 이런 일은 세속에서는 감히 생각조차 할 수 없는 위대한 부처님 법이 아닙니까?"

　"존자여, 부처님은 참으로 위대하신 성인이십니다. 이 몸이 뒤늦게나마 이렇게 뛰어난 불법을 만나게 된 것은 크나 큰 영광입니다. 오늘부터 부처님께 귀의하여 참된 제자가 될 것을 맹세하겠습니다. 아울러 존자의 뛰어난 설법 역시 나를 감동케 하였습니다. 감사합니다."

이로써 왕은 불제자가 되어 온 백성을 귀천이 없이 평등하게 대하여 나라를 잘 다스렸다. 이 같은 공덕은 오직 캇타야나의 포교에 의해 이루어진 성과라 하겠다.

지계제일 우팔리(持戒第一 優婆離)

인도는 일찍부터 사성제도가 성립된 국가라는 것은 앞에서 여러 번 언급하였다.

우팔리는 그 사성제 중 가장 천민 노예 계급에 속하는 수드라 출신이었다. 그러나 그는 원래 천성이 착하고 근면하고 성실한 데다 손재주가 뛰어나 궁중에 발탁되어 왕자들의 머리를 깎아 주는 이발사가 되었다.

부처님은 성도 후 고향에 돌아와서 부왕과 왕자들 비롯하여 대신 및 장자들에게 자신의 출가 동기와 우주 만유의 법칙, 인생의 무상함, 그리고 생사윤회를 여의고 영원히 진실한 삶(열반)을 살 수 있는 길(진리)이 있음을 설하셨다.

그때까지 단 한 번도 부사의한 도리가 있다는 사실조차 모르고 살아온 많은 사람들 중 영민한 왕자들이 먼저 출가할 것을 간청하였으므로 우팔리는 그들의 머리를 깎아 주기 위해 부처님 처소로 가게 되었다. 왕자들이 즐거운 모습으로 출가하려는 것을 보고 우팔리도 출가하고 싶은 강한 충동을 느꼈다. 그러나 노예 신분인 그는 어느 누구에게도 하소연조차 할 수 없는 자신의 처지를 한탄만 할 뿐 벙어리 냉가슴 앓듯 말 한마디 못하고 홀로 슬픔에 잠길 수밖에 없었다.

그때 부처님께서는 우팔리의 속마음을 꿰뚫어 아시고 아니룻다에게 분부하시어 여러 사람이 지켜보는 앞에서 우팔리의 머리를 깎게 하시고 계를 주시면서 "백 천 갈래의 물이 하나같이 바다로 흘러 들어가고 사성들은 출가하여 다 같은 불자가 된다(百千河水 同流入海 四姓出家 同一釋姓)."고 설법하시고 제자로 삼으셨다. 이로써 모든 차별에서 벗어나 출가 전의 신분에 상관없이 동등한 위치에서 부처님의 제자가 된 것이다.

이것은 참으로 엄청난 사건이었다. 유사 이래 오랫동안 내려오던 사성제도에 감히 누가 도전한단 말인가. 참으로 무모한 처사임이 분명하였다.

그러나 대성자(大聖者)가 되신 부처님께서는 그동안 여러 차례의 설법을 통하여 인간의 존엄성과 평등사상을 강조하셨기 때문에 자신의 의지대로 실천하신 것이다. 말하자면 일체중생 실유불성(一切衆生 悉有佛性) 사상에 입각한 평등사상은 지위고하를 막론하고 어떠한 경우에도 차별을 하거나 차별을 받아서도 안 된다는 것을 보여 주신 것이다. 부처님의 이 같은 결단은 인도 사회에 크나큰 파문을 일으킨 사회개혁적인 선언이었다.

그도 그럴 것이 신분 제도가 뚜렷이 구분되어 있던 당시로서는 수드라는 상류 계층의 삶을 위해 존재라는 노예일 뿐 그들과 동등한 인간 예우를 받는다는 것은 상상조차 할 수 없는 일이었다. 그들은 아무리 유능하고 재주가 뛰어나도 오직 농사를 짓거나 청소부, 아니면 장인(匠人) 정도가 고작이었다. 그 같은 환경이었던 시절에 수드라 출신인 우팔리를 제자로 삼는다는 것은 그 누구도 이해 못할 처사였다. 그럼에도 불구하고 부처님은 실천하였으니 평등과 자유의 사상가였음을 증명한 위대한 처사였다.

우팔리와 부처님과의 첫 인연은 고향에 돌아오신 부처님의 머리를 깎아드릴 때였다.

모든 사람이 하늘같이 우러러 모시는 부처님의 머리를 우팔리는 온 정성을 다하여 성심껏 깎아 드렸다. 그때 부처님께서는 저만한 위인이면 능히 선정을 닦아 아라한이 될 수 있을 것이라고 생각하시고 그를 칭찬해 주셨고 그것이 계기가 되어 왕자와 함께 부처님의 제자가 된 것이다.

우팔리의 일상생활은 침착하고 근엄하였으며 행주좌와 어묵동정 (行住坐臥 語默動靜)을 부처님이 정하신 법 그대로 지키고 실천하였다. 때문에 지계제일이라는 소리를 들었고 모든 비구들이 그를 존경하고 그의 가르침을 따랐다. 하지만 그중에 계를 지키지 않는 무리들은 우팔리를 비난하는 일도 더러 있었다.

하루는 한 수행자가 찾아와 말했다.

"우팔리 존자여, 참다운 수행자라면 계를 지키든 안 지키든 간에 모든 사람을 좋아해야 하는데 존자는 그렇지 않아 우리 교단의 화합에 금이 갈까 걱정스럽습니다. 하오니 이제부터는 각별히 유념해 주셨으면 합니다."

그러자 우팔리는 정중히 사과하였다. 그는 자신이 편협했던 점을 뉘우칠 만큼 큰 포용력이 있었던 것이다. 그리고 어려움이 닥쳐도 계행을 철저히 지키면서 하루도 편히 쉴 사이 없이 열심히 불법을 전하는 일에 심혈을 기울였다. 그 같은 사실을 잘 아시는 부처님께서는 우팔리를 대견하게 여기시고 격려해 주셨다.

오랜 세월이 지나 우팔리의 나이 70세가 넘었을 때 지극히 존경하던 부처님이 열반에 드셨고 캇사파가 상수가 되어 경과 율을 결집하게 되었다. 그때 아난다는 경장(經藏)을, 우팔리는 율장(律藏)을 송출(誦出)하기로 하였다. 그러나 우팔리는 그런 중대한 일을 감당하기가 어렵다고 사양하였다. 하지만 우팔리가 아니고는 대행할 만한 사람이 없었기 때문에 결국 동의할 수밖에 없었다.

율장 결집(편집)이란 많은 제자들이 비행이나 질서 위반 등의 행위를 범했을 때 그것을 시정 제재하기 위한 조치로서 부처님이 그때그때 설하신 14법과 모든 규제 사항을 집대성한 것을 말한다. 그 내용은 어느 때, 어디서, 누구에게, 어떤 이유로, 어떤 죄에는 어떤 조항이 해당되는지 까지 상세히 설명하여 일차 결집 때 모인 오백 비구 모두가 찬성하고 의결(인준)하여 확정한 것으로서 현재까지 전해 내려오는 율장의 기본이 되었다.

우팔리는 비록 미천한 신분으로 출가하였으나 스승의 가르침을 잘 지키고 실천하였기 때문에 지계제일의 율사가 되어 불교를 지탱해 오는 원동력인 율장 편집의 제1인자가 되었으며 모든 사람들의 존경을 받는 인물이 되었다.

밀행제일 라훌라(密行第一 羅睺羅)

라훌라는 부처님의 친아들로 일찍 출가하여 아버지의 제자가 되어 밀행제일의 아라한이 된 인물이다.

라훌라가 태어나자 기뻐해야 할 싯달타 태자는 아들의 탄생 소식을 듣고 오히려 "오! 라훌라(장애라는 뜻)." 하고 탄식하였다는 말은 앞에서 언급하였다. 그러나 태자의 생각과는 달리 숫도다나 왕은 매우 기뻐하였다. 우선 장차 대를 이을 왕손을 얻은 것이 기뻤고 다음은 태자가 마음을 바꾸어 자기의 뒤를 이어 왕위를 계승하리라고 생각했기 때문이었다. 그러나 부왕의 생각과는 정반대로 태자는 아들을 낳은 지 이레째 되던 날 밤에 기어이 출가하고 말았다. 아들의 출가 소식을 들은 숫도다나 왕은 망연자실하며 비통해 하였다.

"군왕의 지위로도 뜻대로 되지 않는 것이 세상사로구나. 혹시나 하고 기뻐하였는데 결국 출가하였단 말인가. 평생 부귀영화가 보장되어 있는 왕위마저 저버리고 이루어질지 안 이루어질지 모르는 일에 아까운 일생을 걸고 출가한다는 것은 얼마나 어리석은 일인가. 참으로 애통한 일이로다."

아버지의 출가 사실을 알 리 없는 라훌라는 할아버지의 귀여움을 독차지하며 어머니의 사랑 속에서 무럭무럭 자랐다. 덧없는 세월은 흘러 라훌라가 10살 되던 해였다.

출가하여 성불하신 부처님은 부왕인 숫도다나 왕의 간절한 요청으로 고향에 돌아오게 되었다. 카필라국은 온통 축제 분위기였다. 장차 군왕이 되어 카필라국을 통치할 태자가 갑자기 출가하여 성자가 된 뒤 10년 만에 돌아오게 되었으니 이보다 더 큰 경사가 또 있겠는가.

숫도다나 왕은 물론 온 백성이 성 밖까지 몰려나와 부처님을 영접하는 것도 당연한 일이었다. 야소다라도 생각 같아서는 제일 먼저 뛰어나가 얼싸안고 싶은 심정이었으나 복받쳐 오르는 눈물을 삼키면서 참을 수밖에 없었다.

그때 할아버지를 따라 나갔던 라훌라가 먼저 뛰어 들어오면서 말했다.

"어머니, 아버지가 돌아오셨습니다. 어머니도 어서 나가 보세요."

"오냐, 알았다. 조금 있다 가자꾸나."

목멘 소리로 울먹이며 대답한 야소다라는 아들에게 눈물을 보이지 않으려고 얼굴을 돌렸다. 이 얼마 만인가. 꽃다운 청춘을 다 바쳐 기다린 10년 세월. 오직 라홀라의 성장하는 모습에 남편의 모습을 투영시켜 보면서 스스로 위안하며 버텨온 그녀였다.

부처님은 꼭 10년 만에 야소다라와 마주 앉았다. 먼저 라홀라의 절을 받았다. 야소다라도 절을 하였다. 잠시의 침묵이 흘렀다.

"부처님이시여! 그동안 얼마나 많은 고생을 하셨습니까?"

들릴까 말까 하는 흐느낌 같은 야소다라의 인사말이었다.

"아니오. 나는 내 목적을 위해 고생했지만 그대는 나보다 더 많은 고생을 했을 것이오."

말끝을 흐린 부처님은 이렇게 치하하였다.

"라홀라가 벌써 이렇게 자랐다니 참으로 대견하구려."

그렇다. 10년 세월이란 라홀라가 성장한 만큼의 많은 변화가 있었다. 꽃같이 아름답던 야소다라의 얼굴에 몇 개의 잔주름이 패였고, 티 한점 없이 밝던 표정에 애타게 기다리며 그리워하던 남편에 대한 애모의 정이 쌓이고 쌓여 우수의 그림자가 낀 흔적이 역력함을 부처님은 얼른 읽으셨다. 10년 만의 부부 상봉이라 더 많은 이야기가 필요했을 것이다. 그러나 부처님께서는 출가하시는 순간에 세속 인연을 다 끊었기 때문에 별다른 감회가 없었다. 또한 오로지 지아비에 대한 연연한 정에 사무쳐 있는 야소다라의 심정은 착잡했지만 위대한 성자가 되어 돌아온 남편에게 옛 감정을 표출할 야소다라도 아니었다. 그러나 그녀도 젊음이 약동하는 여인이었기에 잠시나마 들떴던 감정을 차분히 가라앉히는 데는 남모를 비애를 느꼈을 것이다.

태자의 몸으로 출가하여 성자가 되어 돌아온 부처님은 궁중에 오래 머물지 않았다. 스승을 따라온 비구들이 호화로운 궁중에 오래 머물면 혹시 마음이 해이해져 수행에 지장을 줄까봐 염려하여 멀지 않은 숲 속에 임시로 거처를 마련하여 옮기셨다.

부처님은 그곳에 머물면서 궁중에 들어와 부왕과 일가친척을 상대로 설법하거나 아니면 일반 평민들에게 설법하셨다. 그러던 어느 날 라훌라가 부처님 앞에 나아가 공손히 예배드린 후 말하였다.

"부처님, 저는 아버지 곁에 오래도록 머물고 싶습니다. 하오니 허락해 주십시오."

당돌한 청이면서도 당연한 요청이기도 하였다.

"오냐, 곧 네 원이 이루어질 것이니 그때까지 기다리거라."

그런 일이 있은 후 라훌라는 다른 왕자들과 함께 출가하게 되어 부처님의 제자가 되었다. 라훌라가 출가하는 과정에서 할아버지인 숫도다나 왕은 물론 어머니인 야소다라는 아들마저 출가시킨다는 것은 너무나 가혹한 일이라고 반대하였다. 그러나 본인이 강력히 출가를 원하므로 어쩔 수 없었다.

라훌라는 목갈라나의 인도로 부처님 앞에 나아가 머리를 깎고 사리풋타를 계사로 삼아 사미 10계를 받고 불교사상 첫 사미가 되었다 (沙彌란 10계를 받은 7세 이상 20세 미만의 출가한 남자. 여자는 沙彌尼 라고 한다).

라훌라는 사리풋타의 가르침을 받으며 수도 생활을 시작하였다.

그러나 처음에는 할아버지와 어머니 생각이 나서 궁으로 돌아가고
싶은 생각이 간절하였으나 아버지 곁에 있다는 생각이 마음을 즐겁
게 해주었다. 또 여러 사람들이 부처님의 아들이라고 귀여워 해주
는 바람에 신이 나기도 하였다. 그러나 한편으로는 우쭐대는 교만
심이 생기고 남을 업신여기는 나쁜 버릇도 생겼다. 누가 부처님이
계신 곳을 물으면 반대편을 가르쳐 주어 골탕을 먹이기 일쑤였고
선배들의 말도 잘 안 듣고 점차 수행을 게을리 하였다. 이런 일이
되풀이 되다 보니 그 사실을 부처님께서도 아시게 되었다.

그러던 어느 날 부처님이 라훌라가 머무는 처소로 오셨다. 라훌
라는 부처님께 예배드리고 물을 떠다가 발을 씻겨 드렸다. 발을 씻
으시고 난 부처님은 말씀하셨다.

"라훌라야, 너는 저 물을 마실 수 있겠느냐?"

"아닙니다. 부처님이 발을 씻어 더러워졌기 때문에 마실 수가 없
습니다."

"그렇다. 이 물은 원래는 깨끗했지만 내가 발을 씻었기 때문에
더러워져 마실 수 없게 된 것이다. 너는 원래 왕손이었고 출가하여
사미계를 받고 수행하는 사문이 되었다. 그러면 당연히 몸과 행실
을 조심하고 열심히 수행해야 할 터인데 그렇지 않은 것 같구나."

라훌라는 감히 무어라 대답할 말이 없어 고개를 떨구고만 있었다.

"그러면 발을 씻은 물을 버리면 그 그릇에 음식을 담아 먹을 수
있겠느냐?"

"아닙니다. 그 그릇은 이미 발을 씻어 더러워졌기 때문에 음식도
담아 먹을 수가 없습니다."

"라훌라야, 잘 듣거라. 사문이란 계·정·혜 삼학을 닦지 않으면

신·구·의 삼업이 깨끗하지 못한 법이다. 마치 더러운 그릇에 음식을 담지 못함과 같이 더러워진 마음으로 어찌 대도(大道)를 이룰 수가 있겠느냐?"

라훌라는 비록 나이는 어릴지라도 그동안 자신이 저지른 행동이 부끄러워 부처님에게 진심으로 참회하고 어떤 경우에도 법도에 어긋남이 없도록 수행할 것을 맹세한 후 열심히 정진하였다.

그러던 어느 날, 일과를 마치고 라훌라는 자기 방으로 갔다. 그런데 응당 닫혀 있어야 할 자기 방문이 열려 있어서 이상히 생각하며 방 안을 살펴보았더니 한 비구승이 자고 있었다. 승단에는 원래부터 자기 처소가 따로 정해져 있어 함부로 남의 방에서 자는 것은 법도에 어긋나는데 더구나 비구가 사미의 방에서 잠을 잔다는 것은 있을 수 없는 일이었다.

만일 라훌라가 예전 같았으면 자기 방에서 자는 비구를 깨워 따졌을 것이지만 부처님께 참회하고 오직 수행에 전념하기로 하였기 때문에 전과는 달랐다. 그렇다고 무한정 밖에서 기다릴 수고 없어 옆에 있는 해우소(解憂所 : 변소)로 들어갔다. 마침 비가 내려 잠시 비를 피할 곳을 찾아야 했기 때문이었다. 변소 안은 냄새도 나고 추한 데다 앉을 곳조차 없어 비 그치기만 기다리던 중 불현듯 부처님 말씀이 떠올랐다.

"어떠한 경우든, 그곳이 비록 추한 곳이라도 정진을 게을리해서는 안 된다."

라훌라는 이것이 진심(瞋心)을 참는 인욕행이라 생각하고 가부좌하고 앉아 참선을 시작하였다. 한식경이 지났는데 비는 점점 더 세차게 쏟아졌고 삽시간에 물바다가 되어 버렸다.

그때 어디선가 큰 뱀 한 마리가 물살에 휩쓸려 떠내려 오다 변소 안으로 기어 올라왔다. 그 지방에 흔히 있는 무서운 독사였다. 이미 선정에 든 라훌라는 아무것도 몰랐지만 한 번 물리면 그 자리에서 즉사할 순간이었다.

그러나 다행히 부처님께서 삼매에 들어 라훌라의 동정을 살피시다가 위급한 광경을 보시고 변소 밖에서 라훌라를 불렀다.

"라훌라야! 어서 나오너라."

라훌라는 부처님의 목소리를 듣고 밖으로 뛰어나왔다.

"예, 부처님. 무슨 일이옵니까?"

"너는 어찌하여 변소에서 참선을 하고 있느냐?"

라훌라는 어쩔 수 없이 자초지종을 모두 말씀 드렸다.

그런 일이 있은 후부터는 부처님은 라훌라를 자주 보살펴 주셨다.

스승인 사리풋타 존자는 그동안 법을 펴기 위해 여러 곳을 다니느라 라훌라와 자주 떨어져 지냈지만 그 후부터는 부처님이 설법하시거나 탁발을 나가거나 수행할 때 사리풋타는 라훌라와 행동을 같이 하였다.

하루는 라훌라가 스승과 함께 탁발을 나갔다가 부랑자들을 만났다.

"너희 사문들은 남의 음식이나 구걸해 먹고 하는 일 없이 빈둥거리는 무지렁이들이다."

그들은 욕설을 퍼부으면서 사리풋타의 발우에 모래를 뿌리고 라훌라를 때렸다. 라훌라는 머리가 터지는 큰 상처를 입었다. 게다가 그들은 야유까지 하는 것이었다.

"너희들은 항상 자비나 인욕을 들먹거리는데 우리가 지금 저지른 소행을 참을 수 있느냐?"

라훌라는 두 주먹을 불끈 쥐었고 얼굴이 붉으락푸르락하였다. 당장이라도 그들과 싸울 일촉즉발의 기세였다.

그때 사리풋타가 조용한 음성을 타일렀다.

"라훌라야, 네가 진정한 수도자라면 이 같은 수모쯤은 능히 참고 견디는 인욕행을 실천해야 하느니라. 그것이 일체 중생을 불쌍히 여기는 자비심이며 부처님의 가르침이 아니더냐?"

라훌라는 스승의 말씀에 치솟았던 분노가 봄눈 녹듯 금방 사라지고 형언할 수 없는 기쁨을 맛볼 수 있었다.

부처님은 그 같은 전말을 들으시고 이렇게 칭찬하셨다.

"참으로 장하구나. 라훌라야. 그것이 바로 출가 사문과 세속 사람의 다른 점이니라. 참는 것은 큰 덕을 베품이니 장차 여러 사람의 존경을 받는 씨앗이 되는 것이다."

그 후 라훌라는 20세가 되는 동안 심기일전하여 홀로 수행하면서 선정을 닦았다.

어느 날, 선정에 들어 오온(五蘊)이 공(空)함을 관하다가 마침내 홀연히 깨닫게 되었다. 라훌라는 한동안 그 기쁨을 즐기면서 부처님과 사리풋타에게 감사하였다. 이로써 부처님이 인가하신 밀행제일의 아라한이 되었다. 그러나 조금도 자만하지 않고 항상 수행하면서 부처님 법을 널리 펴고 교단의 발전에 크게 기여하였다.

그의 열반에 대한 명확한 기록은 없고 바구니가 되신 어머니인 야소다라가 "부처님은 나와 동갑이고 내 나이 78세인데 라훌라가 우리보다 먼저 열반에 들었구나."라고 쓸쓸해 하는 구절이 있다. 일설에는 오랫동안 열반에 들지 않고 부처님의 사리탑을 보살폈다고도 전한다.

다문제일 아난다(多聞第一 阿難)

아난다는 부처님과는 사촌간이다. 부처님의 셋째 숙부 드로노다나왕의 아들이며 악명 높은 데바닷타의 동생이다. 그가 태어난 날은 부처님께서 성도하신 날이었기 때문에 아난다, 즉 경사스러움을 나타내는 환희(歡喜)·경희(慶喜)·무염(無染)이라 명명하였다.

아난다는 태어난 가문만큼 인물이 단아하고 티 없이 깨끗한 용모로 맑은 거울 같아서 보는 사람마다 즐거움을 느끼게 하였다. 그러기 때문에 여인들이 욕심을 내어 많은 곤욕을 당하였는데 그중 마탕가(Matanga, 摩登伽)족 여인 프라크리티(Prakṛti, 鉢吉蹄)의 사건은 자주 회자되는 일화이기도 하다.

아난다는 그 같은 고난 속에서도 수행을 잘하였고 여인의 출가를 위하여 부처님께 세 번씩이나 간청하여 결국 부처님을 키워준 마하파자파티와 사촌 형수인 야소다라 비와 귀족 등 500여 명을 출가하게 하였다. 그리고 그들을 위해 법을 설해 주는 등 여자에 대해 각별히 힘썼다.

아난다가 출가한 지 20여 년이 지나 50세가 넘었을 무렵, 그때까지는 여러 사람이 부처님의 수발을 들었으나 이제 고정적으로 모실 사람이 필요하게 되어 여러 장로의 후원을 받아 그가 선정되었다.

그 후 부처님이 열반하실 때까지 25년간(27년 설도 있다) 모셨기 때문에 부처님의 설법을 가장 많이 들었다 하여 그를 다문제일이라 한다. 아난다의 기억력은 대단히 뛰어나 누구도 대적할 만한 사람이 없을 정도로 한 번 들은 것은 잊어버리는 일이 없었다 한다.

부처님을 그렇게 오래 모셨어도 한 번도 실수하는 일 없이 자신의 임무를 성실히 이행하였고 부처님 열반 후에는 캇사파의 주도하에 제1차 결집 때 경전을 독송하는 역할을 담당하였다. 아난다가 그같이 성실히 수행을 하면서 자기 업무를 아무 실수 없이 이행할 수 있었던 것은 부처님의 가르침을 잘 따랐기 때문이다.

어느 때 아난다가 탁발을 나갔다가 한 무리의 악당에게 부당한 모욕을 당하고 울분을 참지 못하여 부처님에게 그 대처 방법을 물은 적이 있었다.

부처님께서는 아난다에게 상대가 두들겨 패지 않고 욕설만 한 것을 다행으로 여기라고 말씀하셨다. 그러자 아난다는 다시 여쭈었다. 만일 상대가 때리면 어떻게 해야 하느냐고. 부처님은 상대가 죽이지 않고 살려준 것을 다행으로 생각하라고 말씀하셨다. 아난다는 재차 여쭈었다. 만일 상대가 나를 죽인다면 어떻게 해야 하느냐고. 그러자 부처님은 업신인 나를 죽여 준 것을 다행으로 생각하라고 일러 주셨다. 아난다는 이것을 평생 좌우명으로 삼고 정진히어 성자가 되었다. 그 후 캇사파 존자로부터 부처님의 가사와 발우를 물려받고 제3조가 되었다.

아난다가 열반에 들려 하자 불교 신자로서 불교 외호국인 마가다국의 아자타삿투 왕과 베살리의 릿차비 족 사람들이 아난다의 사리를 서로 모셔 가려고 싸우게 되었다. 이를 안 아난다는 "내가 열반에 들어 내 뼈를 두 나라에 나누어 주어 평화롭게 살게 하여야겠다."며 두 나라 접경인 갠지스강에 배를 띄워 놓고 두 나라 사람들에게 이제부터는 싸움을 중지할 것을 당부하고 그들이 보는 앞에서 허공으로 높이 치솟아 올라 빛을 발하면서 화광삼매(火光三昧)의 선정에 든 채 열반에 들었다.

맹렬한 불꽃 속에서 천 과의 사리는 각각 오백 과씩 둘과 서로 나뉘어 비같이 뿌려졌다. 이 사리를 나누어 모셔간 두 나라는 다시는 다투지 않고 평화롭게 지냈다 한다.

아난다는 자신의 열반으로 두 나라의 평화에 기여한 성자였다. 이로써 사리는 부처님이나 성자들의 유신(留身 : 정신이 머물러 있는 몸) 신앙의 대상으로 삼는 계기가 되었다.

특이한 제자들

앙굴리말라(央瞿利摩羅)

앙굴리말라는 원래 우주의 창조신을 믿는 베다를 공부하는 성실한 학생이었다.

그런데 스승의 아내로부터 끈질긴 유혹을 받게 되었다. 하지만 그는 끝까지 그 유혹을 뿌리쳤음에도 불구하고 스승 아내의 농간으로 스승에게 오해를 받게 되었다.

그를 파멸시키려고 작정한 스승은 그에게 백 사람의 엄지손가락을 자르면 해탈을 할 수 있다고 거짓말을 했다. 그는 닥치는 대로 사람을 살생하기 시작했다(108명이라는 설이 있음). 사람을 해하여 자른 손가락으로 목걸이를 만들어 목에 걸고 다녔으므로 그를 보는 사람들은 무서워서 벌벌 떨며 도망쳤다. 그러던 중 마지막 백사람째 손가락을 구하기 위하여 부처님을 습격하게 되었다. 그러나 천

만다행으로 부처님의 자비롭고 너그러움에 감화되어 부처님의 제자
가 되었다.

　그 후 그는 많은 사람들로부터 돌이나 몽둥이로 얻어맞기도 하고
살인마라는 비난과 질타를 받았지만 잘 참고 견디면서 수행하여 아
라한이 되었다.

출라판타카(周利槃特)

　형에게 이끌려 출가한 된 출라판타카는 어리석고 우매한데다 기
억력조차 없이 게송 하나를 외우는 데 3개월이 걸려도 제대로 외우
지를 못했다. 자신이 생각해도 도저히 견딜 수 없어 수행을 단념하
려고 마음먹고 있을 때 부처님이 이 사실을 아신 부처님은 그를 불
러 "너는 여러 사람에게 싫은 말을 듣지만 노력하면 언젠가는 깨칠
수 있다. 지금부터 매일 아침 대중들의 신발을 깨끗이 씻어라. 그
때 '나는 먼지를 털고 때를 씻는다'고만 외우라."고 하셨다. 그날부
터 스님들의 더러워진 신발을 열심히 닦으면서 "나는 먼지를 털고
때를 씻는다."는 말을 되풀이해서 외웠지만 그것마저 잊어버리기
일쑤였다. 먼지를 턴다고 외운 다음 때가 생각나지 않거나, 어떤 때
는 반대로 먼지가 생각나지 않아 혼자 이리저리 궁리하고 되풀이하
다 문득 생각나면 잃었던 보배를 찾은 듯 어깨춤을 덩실덩실 추며
다시는 잊지 않으려고 열심히 외우는 것이었다.

　그러던 어느 날 날마다 열심히 털고 씻었는데도 다음날이면 또
더러워지니 "참말로 먼지와 때는 한(끝)이 없구나." 하고 생각하는
순간 "아! 그렇구나. 내 마음의 먼지와 때도 그와 같지 않은가. 털어

도 털어도 다시 일어나는 번뇌의 집착이여!” 전광석화같이 스쳐가
는 한 생각에 드디어 아라한과를 증득하게 됐다.

이같이 한 중생도 버리지 않고 구제하시는 자비의 대도사가 바로
부처님이시며 이것이 간화선(看話禪)의 효시라 할 수 있다.

데바닷타(提婆達多)

데바닷타는 드로노다나 왕의 아들이며 아난다의 형이고 부처님의
사촌 동생이다.

그는 어려서부터 욕심이 많아 출가 전에는 싯달타 태자와 여러
가지로 경쟁하는 일이 자주 있었다. 부처님이 성도한 후 고향인 카
필라에 돌아왔을 때 데바닷타도 출가하여 6만이나 되는 방대한 법
장(法藏)을 외우면서 수행한 지 10년이나 되었다.

어느 날 그는 부처님께 찾아와 신통을 배우고자 하였다. 부처님
은 그에게 오온의 무상함을 관하면 이에 의해서 신통을 얻을 수 있
을 것이라고만 말하였을 뿐 그 이상은 말해 주지 않았다. 다시 사리
풋타와 목갈라나, 500인의 아라한을 찾아갔지만 모두 신통에 관한
것은 가르쳐 주지 않고 오로지 오온의 무상함을 관하면 된다는 것
이었다. 데바닷타는 자신이 구하는 것이 뜻대로 되지 않자 소리 높
여 울면서 아난다에게 찾아가 신통을 배우는 방법을 물었다. 그때 아
난다는 타심통(他心通 : 다른 사람의 마음을 아는 지혜)을 얻지 못하였기
때문에 형이 되는 그에게 부처님의 가르침 그대로 일러 주었다.

데바닷타는 그 길로 산으로 들어가 수행한 결과 얼마 되지 않아
5신통을 얻게 되었다. 5신통을 얻은 데바닷타는 생각하였다.

'누가 나를 위하여 시주가 되어 줄 사람이 없을까? 빔비사라 왕의 왕자는 대왕이 될 상이다. 그러니 친교를 맺어 두는 것이 좋겠다.'

데바닷타는 천상에 올라가 천식을 먹고 염부림에 가서 염부 열매를 따가지고 돌아와 아자타삿투 왕자에게 주었다. 어떤 때는 여러 가지 모습으로 변신하여 왕자를 유혹하였다. 왕자는 그의 유혹에 넘어가 큰 정자를 세워 각종 공양을 바치고 무엇이든지 그가 원하는 것을 해주었다. 이러한 일은 왕자를 귀의시킨 증거가 되기 때문에 데바닷타의 명성은 높아졌다.

이것을 계기로 데바닷타는 교단을 장악해 보려는 야망에 불타게 되었다. 그는 아자타삿투 왕자에게 부왕을 내쫓고 임금이 될 것을 부추겼다. 태자가 왕이 되면 자신은 스스로 부처가 되어 교단을 만들려는 속셈이었다.

데바닷타는 스스로 이렇게 생각했다.

'나에게 이미 30상이 갖추어져 있다. 부처의 32상보다는 좀 적지만 따지고 보면 그렇게 적은 것도 아니다, 단지 제자들이 모이지 않을 따름이니 만일, 많은 사람들이 모여든다면 부처와 다를 것이 없다.'

이 같은 생각에 마침내 부처님에게 교단의 지도권을 넘겨주기를 청하였다. 그 청이 거부되자, 부처님을 시해하려는 생각으로 술 취한 코끼리를 부처님에게 대들게 하였으며, 신통으로 산을 떠밀어 부처님을 묻어 버리려고 했다. 이 광경을 본 호법신(護法神)이 금강저로 굴러오는 돌덩어리를 막아 파괴시켰다. 다만 부서진 돌조각이 날아와 부처님의 발만 약간 다쳤을 뿐이었다.

이 같은 사실을 알고 화색 비구가 데바닷타를 나무라자 주먹으로 쳐 죽이기도 했다. 또 교단의 단결을 깨고 500명의 비구를 빼돌렸지만 이들은 사리풋타와 목갈라나의 교화로 되돌아왔다.

이렇게 데바닷타의 행동은 부처님을 상하게 하고 성자를 죽이고 교단을 분열시킨 삼역 죄를 저질렀다. 데바닷타가 온갖 악독한 수단을 다 동원하여 부처님을 중상모략하고 있던 중 아자타삿투 왕은 부왕을 죽인 잘못을 뉘우치고 부처님께 귀의하였다. 이 무렵 데바닷타가 라자가하로 돌아오는 도중 갑자기 땅이 꺼지면서 불붙은 차가 달려와 산 채로 지옥에 떨어지고 말았다. 몸은 비록 30상을 갖추고 5신통을 얻은 수행자였지만 자신의 마음을 제어하지 못하고 오직 여러 사람에게 공양 받을 이익만 구하였기 때문에 결국 대죄를 범한 과보로 산 채로 지옥에 떨어진 것이었다.

다른 경전에는 부처님의 용서를 받고 수행하였다는 기록도 있다.

난다(難陀)

난다는 출가하기 전에 젊은 아내 손타리와 행복하게 살았다. 난다는 밥 먹고 하는 일 없이 날마다 아내를 무릎 위에 뉘여 놓고 눈썹이나 그려 주거나 손톱을 깎아 주고 얼굴 단장하는 일이나 거들어 주는 것으로 하루하루를 소일하였다. 그날도 아내의 눈썹을 그려 주고 있는데 밖에서 탁발하러 온 소리가 들려와 황급히 나가려 했다.

그러자 아내가 붙들면서 만류하였다.

"눈썹 칠이 마르려는데 왜 나가요?"

그러자 그는 이렇게 말하며 나왔다.

"눈썹 칠이 마르기 전에 돌아와 예쁘게 칠해 줄 테니 걱정하지 마!"

난다가 밖에 나왔을 때 부처님은 뒤도 돌아보지 않고 저만치 가신 후였다. 그렇다고 큰 소리로 부를 수도 없고 하는 수 없이 따라간 것이 기원정사까지 가게 되었다.

정사 안에는 여러 제자들이 부처님께 인사드리고 있었다. 그때 난다가 뒤따라 온 것을 보신 부처님께서 물었다.

"난다야, 출가하려고 따라 왔느냐?"

"예."

난다는 아무 생각 없이 대답해 버리고 말았다. 그러자 부처님은 제자들에게 난다의 머리를 깎아 주라고 명령하였다. 즉석에서 머리를 깎게 된 난다는 당황하였지만 어쩔 수 없었다.

밤이 되어 난다가 자리에 누워 생각하니 하도 기가 막혀 잠도 오지 않았다. 이런 사정도 모르고 집에서 애타게 기다릴 아내를 생각하니 가슴이 터질 것 같이 답답하기만 하였다.

'세상이 이럴 수가! 장차 이 일을 이찌하면 좋단 말인가.'

암담하기만 하였다. 생각을 고쳐먹은 난다는 오늘은 이곳에서 자고 내일 아침에 탁발하는 척하고 집으로 돌아가는 도리밖에 없다고 생각하면서 밤을 지새웠다.

그럭저럭 날이 밝자 여러 제자들이 탁발 나갈 준비를 하는 것을 보고 그는 도망갈 궁리를 하였다. 그러는 사이 부처님과 제자들이 탁발을 나가므로 난다도 따라가면서 '어느 길로 가야 들키지 않고 도망가기 쉬울까' 하고 궁리했다. 큰 길로 가면 부처님께 들킬 것 같아 뒷길을 택하기로 하였다.

정신없이 앞뒤를 살피면서 한참 가는데 앞에서 누가 오는 것 같아 쳐다보았다. 순간, 정신이 아찔하여 주저앉을 뻔하였다. 큰 길로

오실 거라고 생각한 부처님이 점잖은 걸음걸이로 난다를 향하여 오
는 것이 아닌가.

당황한 난다는 엉겁결에 큰 나무 뒤로 몸을 숨겼다. 그런데 갑자
기 바람이 불어 난다의 옷자락이 펄럭거리는 바람에 그만 발각되고
말았다.

난다를 보신 부처님께서 인자한 음성으로 물으셨다.

"난다야, 어딜 가는 길이냐?"

정신을 가다듬은 난다는 대답했다.

"네, 실은 집에 두고 온 아내 걱정이 되어 집으로 돌아가는 길입
니다."

마침 늙은 원숭이 한 마리가 꼬리를 흔들고 지나가는 것을 보신
부처님께서 물으셨다.

"난다야, 네 아내가 저 원숭이보다 더 예쁘냐?"

난다도 하도 어이가 없어 얼굴을 붉히면서 대답했다.

"부처님께서는 농담이 지나치십니다. 아무려면 저 늙은 원숭이와
제 아내를 비교하십니까? 제 아내가 몇 배 더 아름답고 예쁩니다."

그러자 부처님께서 다시 물으셨다.

"너는 천상을 구경한 일이 있느냐?"

"어찌 천상을 구경할 수 있겠습니까?"

부처님은 그러면 천상을 구경시켜 주겠다면서 가사 자락으로 난
다의 눈을 가렸다.

순간 웅장한 음악 소리가 들려오면서 찬란한 금빛으로 꾸민 으리
으리한 궁전이 나타났다. 그 안에는 여러 사람들이 삼삼오오 짝을
지어 노래도 부르고, 춤도 추고, 얘기도 하면서 즐겁게 놀고 있었다.

난다는 이 세상에서 아직까지 보지 못한 광경이라 넋을 잃고 두리번거리며 구경하다가 한쪽을 쳐다보았다. 입으로 형언할 수 없을 정도로 아름다운 미녀가 홀로 쓸쓸히 서 있는 것이 아닌가. 난다는 이상한 생각이 들었다. 그래서 부처님께 저 사람은 왜 혼자 서 있느냐고 물었다. 그러자 부처님께서는 빙그레 웃으시면서 말씀하셨다.

"궁금하거든 직접 물어보고 오너라."

난다가 수줍어하면서 미녀에게 가까이 다가가 사연을 물었다.

"네, 저에게는 나보다 더 예쁜 딸이 하나 있습니다. 그래서 그 딸의 신랑감을 기다리고 있는 중입니다."

"그 사람이 누구요?"

"사바세계에 가면 석가모니라는 부처님이 계시는데 그 분의 제자 중에 난다라는 사람이 있습니다. 그 사람이 바로 내 사위가 될 사람입니다."

이 말을 듣는 순간 난다는 마음이 황홀하여 집에 있는 이내 생각은 온 데 간 데 없어졌다. 난다는 그 날부터 오직 천상에 태어나기를 원하며 밤낮으로 열심히 수행하기 시작하였다.

그런데 그 후 이상한 일이 벌어졌다. 그동안 함께 탁발하고 수행하던 도반들이 아무 이유 없이 자기를 상대해 주지 않는 것이었다.

자기는 무엇이나 열심히 하고 친절히 대하는데 상대방은 자기를 회피하고 말조차 하지 않으므로 이상한 생각이 들었다.

하루는 아난다 존자에게 물어보았더니 "난다는 아라한이 될 수행은 하지 않고 장차 천상에 태어나 미녀에게 장가갈 생각만 하기 때문에 도반들이 난다를 기피한다."는 것이었다. 이 말을 들은 난다는 마침내 자자(自态 : 안거가 끝나는 최종일에 수행승들이 각자 자기가 범한 죄를 고백하고 참회하고 용서를 비는 것)를 행한 후 모든 망상을 버리고 철저히 수행하여 드디어 아라한이 되었다.

재가신자들

빔비사라왕(頻婆娑羅王)

부처님의 재가신자인 우바새 중 마가다국의 빔비사라 왕은 유명하다. 마가다국은 부처님 이전에 16대국을 4대국으로, 이 4대국을 하나로 통합한 막강한 세력을 가진 강대국이었다. 빔비사라 왕은 처음에는 사화외도인 우루빌라 캇사파를 존경하여 그에게 귀의하였다.

그러나 캇사파가 부처님의 제자가 된 후에 빔비사라 왕도 부처님에게 귀의하여 불교의 적극적인 후원자가 되었고 가란다 장자가 부처님께 귀의하여 죽림원을 바치고 빈바사라왕은 최초의 사원인 죽림정사를 세웠다.

그 이전에 싯달타와 빈비사라왕의 만남이 있었다.

어느 날 싯달타가 도성의 거리를 지나가는 거룩한 모습을 보고 싯달타에게 "자기가 가지고 있는 모든 것을 다 나누어 줄 테니 세속에 머물면서 인생을 즐겁게 살자."고 제안했다.

그때 "나는 세속의 모든 욕망을 다 버리고 인간의 최고 이상인 해탈에 도달하기 위해 수행 중임으로 어떠한 유혹에도 현혹되지 않는다."고 정중하게 거절한 일이 있었다.

　그 인연으로 37년간이나 부처님의 가르침에 따랐다.

　그 후 영토 안에 모든 촌장들이 부처님에게 귀의해 와 영취산 설법 도량은 대성황을 이루었으며 왕이 산정으로 오르는 길을 만들었기 때문에 '빔비사라 왕의 길'이라고 하였다.

　그런데 부처님 만년에 빔비사라 왕의 불행한 죽음은 일반 백성뿐만 아니라 불교 교단에 큰 충격을 준 사건이었다. 빔비사라 왕의 죽음은 한 나라 국왕의 단순한 죽음이 아니라 자칫 잘못하면 부처님의 종교적 생명을 좌우할 수 있을 만큼 중대한 사건이었다. 즉 유명한 '라자가하의 비극'으로 아자타삿투가 그의 부왕인 빔비사라 왕을 살해한 것이다.

　마가다국왕인 빔비사라 왕은 부처님의 제자가 되어 불법을 외호하고 있었다. 빔비사라 왕에게는 아자타삿투라는 왕자가 있었다. 그러나 부왕이 너무 오래 살아 왕자는 왕위를 계승할 수가 없었다. 그래서 항상 불만을 품고 있었다. 그 불만에 불을 당긴 사람이 바로 데바닷타였다.

　데바닷타는 아자타삿투에게 "그대는 새 임금이 되고 나는 새 부처가 되자."고 감언이설로 회유했다. 이 말을 듣고 아자타삿투는 늙은 부왕을 유폐시키고 자신이 왕이 되었다. 그러나 차마 부왕을 자기 손으로 죽일 수 없는 일이라 궁리 끝에 일곱 겹으로 된 방에 가두고 말려 죽이기로 하였다.

　그때 생모인 베디히(Vedenhi, 韋提希) 왕비는 남편을 살리기 위하여 깨끗이 목욕 하고 우유와 꿀로 반죽한 가루음식을 몸에 바르고 장식품 안에 포도주를 담아다가 왕의 목숨을 연명시켰다.

　왕은 기사굴산(영취산)을 향하여 합장하고 "덕이 높은 목갈라나

존자여, 자비를 베풀어 나에게 8계*를 설해 주십시오."라고 간청하였다. 그러자 목갈라나는 신통력으로 왕에게 8계를 설해 주었다. 푸루나 존자도 여러 가지 법을 설해 주고 위로해 주었다. 그래서 인지 왕은 이상하리만큼 오래 연명하였다.

이를 수상하게 생각한 아자타삿투 왕은 사람을 시켜 알아보았다.

그는 어머니가 자기 몰래 음식을 공급해 준다는 사실을 알고 노기충천하여 어머니를 살해하려 하였다. 이 사실을 알게 된 신하 찬드라프라바(Candraprabha, 月光) 대신과 의사인 지바카(Jivaka, 耆婆)가 왕에게 다음과 같이 강력히 항의하며 두 사람은 사임을 표했다.

"베다가 예로부터 부왕을 살해하고 왕위에 오른 사람이 1만 8천 명이 있었다고 기록되어 있지만 어머니를 죽인 사람은 단 한 사람도 없습니다. 어머니를 죽인다면 왕족이 아닙니다."

이 말을 들은 아자타삿투 왕은 부왕과 모후를 죽이려던 잘못을 깊이 뉘우치고 용서를 빌고자 부왕이 갇힌 곳으로 달려갔다.

그때 부왕인 빔비사라 왕은 아들의 발자국 소리를 듣고 자기를 죽이러 오는 것이라고 지레 짐작하고, '만일 내 아들이 나를 죽인다면 애비를 죽인 무도한 왕이 될 터이니 내 스스로 목숨을 끊는 것이 좋겠다.'고 생각하고 자살하였다. 결국 아자타삿투 왕은 아버지를 살해하고 왕위에 오른 몹쓸 아들로 낙인이 찍히게 되었다.

이 같은 사실은 불교 경전 외의 문헌에도 기록되어 있다.

---

* 8계란 남녀 재가 신도가 하루 밤 하루 낮 동안 받아 지키는 여덟 가지 계로서 음력 8 · 14 · 15 · 23 · 29 · 30일에 행한다.

최초로 귀의한 여인 수자타

경전에 모든 여성 신자 중에서 최초로 불법에 귀의한 최상의 여성은 수자타(Sujata, 善生)라고 한 구절이 있다.

수자타는 갠지스강가의 세나 마을에 사는 바라문인 촌장의 딸이었다. 그가 싯달타와 인연을 맺게 된 것은 참으로 우연한 동기였다.

인도에는 예로부터 결혼 적령기에 든 처녀는 '니그로다'라는 큰 나무에게 결혼하면 아들을 낳게 해 달라고 기도하는 풍습이 있었다.

수자타 역시 그런 과정을 거쳐 결혼하여 첫아들을 낳았다. 때문에 그 나무에게 감사드리기 위해 정성들여 마련한 우유죽을 가지고 '니그로다' 나무가 있는 곳으로 찾아갔다. 그때는 마침 어스름한 달밤이었는데 뼈만 앙상한 몰골을 한 사람이 앉아 있는 것을 보고 수자타는 깜짝 놀랐다. 그러나 곧 마음을 진정하고 생각하였다.

'나의 지극한 정성을 아신 니무 신께서 나를 기다리시는구나.'

수자타는 경건한 마음으로 "저의 공양을 받아 주십시오." 하고 가지고 간 우유죽을 바쳤다. 그리고 여러 번 예배드리고 돌아왔다. 물론 수자타는 6년 고생 끝에 전정각산(前正覺山)에서 이곳으로 자리를 옮겨 선정에 든 싯달타라는 사실을 전혀 모르고 있었다. 수자타가 정성 들여 마련한 우유죽을 마신 싯달타는 기력을 다소 회복하였다.

네란자라(Neranjara, 尼連禪) 강에서 몸을 깨끗이 씻은 싯달타는 그곳에서 멀지 않은 강가에 있는 보리수 아래로 자리를 옮겨 선정에 들었다가 새벽 동녘에서 떠오르는 밝은 별빛을 보고 드디어 이 세상에서 처음으로 만유의 실상을 깨달은 위대한 성자가 되었다.

이 같은 인연으로 수자타가 부처님께 드린 공양은 가장 값진 공양이었고 여러 경전이나 설화에 그녀의 이름이 남게 된 영광을 누리게 되었다.

아소카 왕(阿育王)

아소카 왕이나 밀란다 왕, 카니시카 왕들은 부처님 열반 후 수백 년 지난 후의 인물들로서 부처님의 가르침을 직접 받은 제자는 아니다. 그러나 부처님 열반 후 불교 발전에 지대한 공헌을 했으므로 제자의 반열에 넣어 설명한다.

오랜 세월 동안 다양한 신 중심의 전통 속에서 처음으로 법 중심의 불교를 탄생시킨 부처님이 열반하신 1백 년 내지 2백 년 후(南傳과 北傳이 다르다) 쯤 아소카 왕(BC 268~232)은 그의 조부 찬드라굽타가 이룩해 놓은 인도와 아프가니스탄 남부에 이르는 광활한 영토를 아버지인 빈두사라(Bindusara, 嚬頭娑羅)에게서 물려받아 강력한 지배자로 군림 하게 되었다. 그의 재위 연대는 아소카 왕이 세운 14장 마애법칙의 제5, 13장에 기록되어 있는 그 시대의 서방 5왕의 재위 연대에 근거하였기 때문에 비교적 정확한 것으로 인정하고 있다.

다시 말하면 아소카 왕이 불교에 귀의한 후 국내뿐만 아니라 시리아·이집트·마케도니아 등 다섯 나라에 불교의 정법을 선포하기 위해 사신을 파견하였기 때문에 다섯 나라 왕의 이름이 열거되어 있다. 이 다섯 왕의 재위 연대에서 아소카 왕의 재위 연대를 비교하여 산출해 낸 것이다. 물론 다섯 왕의 연대를 어떻게 계산하느냐에 따라 약간의 차이는 생기지만 그 차이는 2년에서 10년 정도에 불과하다.

아소카 왕이 불교에 귀의하게 된 동기에 앞서 그가 남긴 일곱 가지로 분류한 법칙 중, 소(小) 마애법칙의 1장에 "나는 2년여에 걸쳐 우바새였지만 처음 1년 반 동안은 열심히 수행하지 않았다."고 기록 되어 있다. 이 기록은 그 당시의 상황을 잘 밝혀준 것으로 그가 즉위한 지 8년이 지났을 때 칼링가를 정벌하였기 때문에 진정한 불교수행자는 아니었다는 사실을 입증한 것이 된다.

당시의 칼링가는 강력한 군대를 갖춘 독립 왕국이었고 동남아시아 여러 나라와의 교역으로 많은 부를 축적한 부국이었다. 그러나 아소카 왕은 부국이 문제가 아니라 전 인도를 통일하고자 하는 것이 그 목적이었기 때문에 칼링가를 정복하였던 것이다.

하지만 칼링가에서 승리를 거둔 아소카 왕은 그 기쁨을 채 맛보기도 전에 격렬한 심적 갈등을 겪게 되었다. 그것은 다름 아닌 전쟁의 참상에서 오는 후유증이라 할 수 있다. 일설에는 그 전쟁에서 15만 명이 포로가 되었고 10만 명이 살해되었다고 한다. 그리고 그보다 몇 배나 되는 죄 없는 많은 사람들이 전쟁의 참화를 입은 처참한 모습을 보고 그는 자기 한 사람의 욕망을 채우기 위해 많은 사람들이 불행을 당한 것에 대한 자책감에 빠지게 되었다 한다.

한 평생 남을 해칠 줄 모르고 오직 착하게만 살면서 이 세상에서 가장 소중한 자식들을 전쟁에 빼앗긴 부모들의 일그러진 얼굴에는 원한이 서려 있었다. 더구나 세상의 무엇 하고도 바꿀 수 없는 부부의 사랑마저 송두리째 빼앗긴 사람들의 눈빛에서 모골이 송연해지는 전율을 느낀 그는 뒤늦은 회한의 눈물을 흘렸다.

정복자는 누구며 피정복자는 과연 누구란 말인가. 따지고 보면 똑같은 인간이 아닌가. 그런데 왜 나는 폭력으로 그 많은 사람들의 행복과 희망을 무참히 유린하였단 말인가. 폭력이나 무력에 의한 승리는 인자(仁者)가 취할 바가 아니며 또 진정한 승리일 수도 없다는 생각에 전전긍긍하지 않을 수 없었던 것이다.

오직 바른 법에 입각한 승리만이 진정한 승리라는 사실을 깨달은 아소카 왕은 드디어 불교에 귀의하게 되었다. 귀의하게 된 동기는 이제 막 수행을 시작한 니그로다라는 12살배기 사미의 설법 때문이었다.

"주의 깊음은 열반으로 가는 길이다. 주의 깊지 않음은 윤회로 가는 길이다. 주의 깊은 사람은 윤회에 얽매이지 않는다. 주의 깊지 않는 사람은 이미 죽은 사람이다."

이는 법구경의 한 구절이다. 여기서 '주의 깊음'이란 도덕적 행동, 즉 계행을 지키고 실천함을 말한 것이다. 사미의 자세한 부연 설명을 들은 아소카 왕은 그 자리에서 개종하고 불교도가 되어 '다르마'로 통치하는 모범적인 군주가 되었다. 그는 다르마쏘카(올바른 아소카)라는 별명으로 불리게 되었다. 그는 1년 반 동안 승가(교단)에 들어가 열심히 수행한 결과 즉위 10년 후에 크게 깨달은 바 있었다 한다. 그때부터 '법의 순례'를 시작하여 여러 곳의 불교 유적지를 유행하면서 불법의 증장을 위해 헌신하였다. 즉위 12년쯤에는 자신이 깨달은 법을 널리 선포하여 후세에 길이 남기기 위해 자신이 정한 법칙을 돌이나 바위에 새기기 시작하였는데 즉위 27년경까지 장장 15년간이나 계속하였다. 이것이 유명한 아소카 왕의 마애법칙(磨崖法則)과 석주법칙(石柱法則)이다.

아소카 왕이 마애법칙을 만들기까지는 많은 고통이 뒤따랐다. 자신이 통일한 광활한 국토 안에는 다양한 인종과 각기 다른 언어와 습관과 이질적인 일곱 가지나 되는 계급이 있었기 때문이었다.

그처럼 다양하고 이질적인 사회적 계층간에 깔려 있는 갈등과 불화를 해소시켜 완전하고 참다운 통일 국가를 형성하자면 앞에서 언급한 모든 이질적인 요소를 하나로 조화시킬 수 있는 정치이념이 꼭 필요했던 것이다. 즉, 만인에게 공감을 줄 수 있는 보편타당한 이념, 무력이나 억압이 아닌 타협과 화해 그런 것이어야만 했다. 여러 가지 현실적 상황을 참작하여 만든 것이 아소카 왕의 '다르마(법)' 정신이었고 그의 정치이념이기도 하였다.

예로부터 역사에 대한 기록이 남아 있지 않은 인도에서 이 마애법칙은 귀중한 보물로서 불교에 미친 영향 또한 크다 하겠다. 만일 그 같은 유물이 없었다면 그 당시 상황을 입증할 만한 자료가 없기 때문이다.

마애법칙에는 대·소 두 종류가 있다. 대 마애법칙은 주로 국경 지방에 세워졌다. 현재 7개소가 발견되었다. 그 내용은 '14장의 법칙'을 기록한 가장 긴 것이며 대표적인 법칙이다. 소 마애법칙은 중인도와 남인도 등 7개소에서 발견되었는데 아소카 왕의 불교 수행 내용이 기록되어 있다. 또 법칙 제3장에는 불·법·승 삼보를 존경해야 하며 정법이 오래 지속되기를 위해서 일곱 가지 법을 열거하고 염불할 것도 권장한 내용이 담겨져 있다.

이 일곱 가지는 약간의 이설이 있지만 주로 비구·비구니들의 바람직한 자세와 재가신자 등의 윤리적 생활 방식이 중심이 된 아주 쉬운 가르침이 새겨진 소 마애법칙이 바이라티에서 발견되었다.

석주(石柱, 돌기둥)법칙에도 대소 두 종류가 있다. 대 석주법칙은 7장

또는 6장의 법칙을 새겼고 주로 중인도 지방의 6개소에서 발견되었다. 이 또한 마애법칙과 같이 법의 내용에 대한 설명으로 즉위 26년이 지나 만든 것이다. 소 석주법칙은 사르나트, 코삼비, 산치 등 세 곳의 불교 유적지에서 발견되었고 주로 승가(교단)의 파괴에 대한 경고가 새겨져 있다. 만일 그 누구라도 승가를 파괴하면 승복을 벗겨 환속시킨다고 하였다. 즉, 치탈도첩 법칙인 셈이다. 그렇다고 이 때부터 승가의 분열이 시작된 것은 아니다. 그리고 불교에 관한 것 말고도 국민에게 알리는 시정 방침과 고급 관리나 지도층 인사에게 다르마의 준수를 명령한 것도 있다. 또한 이 법칙문은 백성들이 쉽게 읽을 수 있도록 각 지방의 문자와 언어 습관에 따라 쓰여 있는데, 그것은 부처님이 그 지방 언어로 설법한 방식을 택한 것이다.

아소카 왕은 다르마의 이념에 따라 정책을 수행하는 과정에서 몸소 각 지방을 방문하여 각 종교인에게 골고루 보시하였고, 백성들과의 직접 대화를 통하여 다르마를 가르쳐 주기도 하였다.

한편 석주법칙 7장에는 불교의 교단에 관한 사무를 담당한 법대관(法大官) 제도를 두었으며 바라문·사명외도·자이나교에도 사무 담당 법대관을 임명한 사실이 적혀 있다. 또 즉위 14년에는 코나카마나 불탑을 수축하고 공양하였다. 룸비니 석주에는 즉위 20년이 지나 이 부처님의 탄생지를 찾아와 친히 공양한 사실과 석주를 세우게 하고 이 땅의 세금을 감면하여 주었다는 사실이 기록되어 있다. 인도를 방문한 법현과 현장도 아소카 왕이 세웠다는 불탑이 많이 남아 있음을 확인하였다. 그리고 근대에 접어들면서 많은 불탑을 발굴하여 연구한 결과, 가장 오래된 불탑은 거의가 아소카 왕 시대에 건립한 것으로 입증되었다.

고대 인도에서 종교가 발달한 원인 중의 하나는 통치권자인 왕이 종교 교단이나 그 집단에 토지나 촌락을 기증하여 그 수익으로 교단을 운영하도록 한 관습이 있었기 때문이다.

비문의 기록에 의하면 촌락의 세금 징수에 관리가 개입조차 못하도록 규정해 놓았다. 때문에 아소카 왕 자신은 철저한 불교도이면서도 다른 종교를 무시하거나 탄압하는 일이 없었고 오히려 각 종교를 공평하게 보살피고 후원해 주었다. 그것이 다르마(법) 정치가 발전하는 것으로 믿었다. 그 첫 조치로 법대관 제도를 만들어 종파마다 법 대관을 임명하였고 왕은 스스로 사문(수도자)을 공경하고 그들을 방문하여 보시도 베풀었다.

아소카 왕은 왕사의 권유로 8만 4천 개의 탑을 건립하였다. 그리고 왕자와 왕녀를 출가시켜 교법의 상속자를 만들었고 아들 마힌다(Mahinda, 摩哂陀)를 스리랑카에 파견하는 등 많은 공덕을 남기게 됐다. 마힌다는 스리랑카에 와서 첫 빈째로 왕을 귀의시켰고 공주 아눌라가 출가코자 하여 자신의 누이인 쌍가마따 비구니에게 계단을 열어 수계케 했다. 쌍가마따 비구니는 붓다가야의 보리수나무를 가지고 와 심었다. 얼마 후 파피루스 나무 앞에 새긴 불교 최초로 패엽정이 발간된 곳이 바로 스리랑카이다. 이때부터 부처님 당시의 가르침을 그대로 간직한 남방불교(소승불교)의 시대가 열리게 됐다.

스리랑카로 전해진 불교는 미얀마, 태국 등지로 전파되었고 다시 인도 지역의 불교를 부활시키는 원동력이 되었다고 하겠다.

분별설부(分別說部)의 설에 의하면 당시 많은 이교도들이 불교 교단에 들어와 정법을 손상시키는 일이 있었기 때문에 1천 비구를 파탈리푸트라(Pataliputra, 華氏城)에 모아 제3결집(BC 251)을 거행하였다.

이 결집에서 편찬한 것이 논장(論藏)이다. 또 불법을 널리 펴기 위해 아홉 개 지방에 전법사를 파견하기도 하였다. 그리고 다르마의 선포를 위하여 관리까지 각지에 파견하여 '다르마의 승리'가 성취되고 있음을 만천하에 알리게 하고 익년에 이어 석주법칙을 새기게 하였다(BC 251).

아소카 왕이 불교도가 됨으로써 불교 사상에 근거하여 만민 평등을 이념으로 한 다르마를 선포하고, 그 사실을 석벽과 석주에 남겼다는 것은 인도 문명사의 발전에 크게 기여한 것이라 할 수 있다.

범비사라 왕 이외에도 사밧티의 파세나디 왕, 밤사(Vamsa) 국의 우데나(Udena, 優陀延那) 왕 등 수많은 왕과 귀족들은 물론 장자, 거사들이 부처님에게 귀의하였다는 기록이 있다. 앞에서 언급한 범비사라 왕이 기증한 죽림정사, 수닷타 장자가 기증한 기원정사, 코삼비의 고시타(Ghosita, 瞿師羅)라 장자가 기증한 구사라원이 유명하다.

한편 칼링가가 멸망하자 칼링가의 왕녀와 그의 남편은 스리랑카로 망명하면서 부처님의 왼쪽 송곳니, 즉 불치(佛齒)를 한 개 모시고 갔다. 그때 스리랑카 왕은 기증받은 불치를 봉안하고 불치제를 봉행했다. 현재도 매년 불치제가 열린다. 4세기의 법현(法顯), 7세기의 의정(義淨)은 90일 동안 성대하게 거행된 불치제의 전모를 상세하게 묘사해 놓았다.

밀린다 왕과 나가세나 비구

그리스계 왕가에서 태어난 메난드로스(Menandros), 즉 밀린다(Milinda, 彌蘭陀) 왕(BC 155~130)은 한때 데메트리오스 2세의 보좌관인 무인이었으나 철학적 소양이 있고 학문적 자질이 뛰어났다.

부왕의 뒤를 계승하여 왕이 된 후 '스스로 정의를 지키는 왕'을 표방하고 선정을 베풀어 백성들의 신망이 두터웠다. 그는 철학자와 종교인들과의 토론을 즐겼다. 하지만 그의 마음을 흡족하게 만족시켜 주는 사람은 없었다. 그래서 스스로 한탄했다.

"나와의 논쟁에서 나를 이기는 사람이 없으니 참으로 적막하구나."

그러던 중 나가세나(Nagasena, 那先) 장로와 대론(對論)하게 되었다. 토론 주제는 지혜와 번뇌, 윤회, 부처님의 실재, 업, 교단, 비구의 자격, 출가 생활과 재가 생활, 열반, 그 외 여러 가지 비유 등 다양하고 광범위한 문답이었다.

이것이 바로 유명한 밀린다 왕과 나가세나 비구와의 문답 내용으로 '밀린다 왕의 질문(Milindapanha)'이라 하고 한역은 나가세나 비구의 이름을 따서 <나선비구경>이라 한다. 원선은 팔리 이며 BC 160년에 완성되었다. 한역은 동진시대(317~420), 역자는 불명, 2권본과 3권본 두 가지가 있다.

이 경은 세속의 왕과 출가 사문이 문답한 것을 엮은 것으로 현재까지 전해오는 유일한 문헌으로 높이 평가받고 있다. 밀린다 왕의 질문은 그리스의 헬레니즘적이고 나가세나 비구는 불교 교리를 인도적인 사유 방식에 입각하여 답변을 전개해 나간 것으로 동양과 서양의 사상적 견해 차이를 읽을 수 있어 매우 흥미롭고 특이한 것이라 하겠다.

밀린다 왕은 나가세나 비구와 불교 교리에 대한 문답을 주고받은 결과 그의 감화로 결국 불교에 귀의하게 되었다. 만년에 접어든 왕

은 아들에게 왕위를 계승시키고 출가 수행하여 아라한이 되었고 밀
린다라는 정사를 건립하는 등 불교에 기여한 바 크다. 그가 입적하
였을 때는 여러 곳에서 사리를 분배받아 사리탑을 건립하는 등 그
의 유덕을 기릴 만큼 유명하였다 한다.

카니시카 왕

카니시카(Kanisika, 迦尼色迦)은 쿠샨 왕국의 왕권을 장악(AD 129년
또는 144년 즉위)하여 중앙아시아와 아프카니스칸을 비롯 서북인도
와 북 인도까지 점령하여 대제국을 건설하였다. 이것은 아소카왕
이후 최대 왕국의 등장이다.

카니시카 왕의 아버지는 힌두교를 신봉하였으나 아들인 카니시카
는 설일체유부의 장로 파르슈바(Parsva, 脇尊者)에게 귀의하여 독실한
불교 외호자가 되었다. 그는 즉위 즉시 수도 교외에 대탑(불탑)을 건
립하였고 새로 발행한 금화 뒷면에 불상을 새기고 그리스 문자로
'붓도(Buddo)'라고 표기하였다. 전기 대탑과 그 주위의 승원을 카니
시카 가람이라 불렀다. 뒷날 그 대탑지에서 왕의 사리를 담은 용기
가 발굴되었다. 사리 용기 뚜껑 위에 새긴 불상에 예배하는 두 사람
이 새겨져 있는데 아마 범천과 제석천인 것 같다고 한다.

왕에게는 파르슈바 외에 세 사람의 상담역이 있었다. 장로 아슈
바고사(Asvaghosa, 馬鳴), 대신 마타라(Mathala, 摩吒羅), 의사 차라카
(Caraka, 遮羅迦) 등이다.

아슈바고사는 파르슈바의 제자라고 하는데 일설에는 다문부(多聞
部)의 비구라고도 한다. 카니시카 왕은 중인도를 공격하여 승리한

대가로 부처님의 발우와 아슈바고사를 요구하였다. 그는 아슈바고
사를 종교 고문으로 삼고 불교 경전을 학습 받을 정도로 불교에 심
취했었다. 아슈바고사는 변재가 능한데다 포교활동에도 적극적이어
서 명성이 자자하였다. 그는 부처님의 전기인 <불소행찬(佛所行讚)>
외에도 <건유범찬(揵維梵讚)>, <금강침론(金剛針論)> 등 많은 작품
을 발표하여 불교계의 대표적인 시인으로 유명했다. 그로 인해 찬
불승(讚佛乘)의 시조라는 소리를 듣게 되었다.

　의사인 차라카는 <차라카 상히타>라는 의서를 저술한 인물인데
뒷날 이 책은 후대에 만들어진 수슐타의 의서와 함께 인도 의학의
기본이 되었고 서구의 의학계에도 큰 영향을 미친 것으로 알려져
있다.

　카니시카 왕은 캐시미르에 5백 명의 아라한을 집결시켜 스승인
파르슈바를 상수로 경·율·론 3장의 결집(편집) 사업을 시행하였다.
이것이 바로 마지막인 제4결집이다. 이때 논장(論藏)으로 정리한 것이
<아비달마대비바사론(阿毘達磨大毘婆沙論, 일명 대비바사론 200권)>이
다. 이것은 아비달마 교학을 집대성한 것으로 유부의 교학은 이
<대비바사론>을 중심으로 크게 발전하게 되었다. 그리고 <대비바
사론>에 이어 유부 교의의 입문서격인 <비바사론>, <잡아비담심
론> 등이 나타남으로써 학설상으로나 교세로나 당시 불교계를 대
표하게 되었다.

현모양처가 된 옥야

　부처님께 기원정사를 기증한 수닷타 장자에게는 옥야(玉耶, Sujata)

라는 며느리가 있었다. 그녀의 친정은 세도가 당당하고 소문난 부호인 데다가 인물마저 아름다운 미녀로 소문이 자자하였다. 그러나 마음이 교만하여 시부모는 물론 남편을 무시하고 깔보는 등 거만하기 짝이 없었다. 때문에 가정불화가 잦았고 노비들마저 그녀를 따르는 사람이 없었다.

수닷타 장자 부부는 부처님 가르침대로 착실히 생활하면서 외로운 사람들을 정성껏 보살펴주는 독지가였으나 며느리 때문에 항상 마음이 불편하였다. 부부는 여러 궁리 끝에 부처님에게 모든 사실을 고백하고 선처를 요청하였다.

부처님의 승낙을 받아 며칠 후 부처님을 집으로 초대하였다. 부처님께서 오시는 날, 온 집안은 물론 마을 전체가 부처님을 환영하고 예배드리는 등 한참 분주하였다. 그러나 며느리인 옥야는 자기 방에서 꼼짝도 하지 않고 틀어박혀 있었다. 이윽고 점심 공양이 끝나자 장자는 부처님을 며느리 방으로 모시고 갔다.

"아가야, 부처님이 오셨으니 인사를 드리도록 하여라."

옥야는 마지못해 부처님에게 예배를 올렸다. 예배를 드린 옥야는 깜짝 놀란 표정으로 어쩔 줄 몰랐다. 부처님의 거룩한 32상과 80종호의 원만하신 모습에 압도당하고 말았던 것이다. 그때 부처님이 자애로운 음성으로 말씀하셨다.

"거기 잠깐 앉도록 하여라."

옥야가 수줍은 모습으로 자리에 앉자 부처님께서 말씀하셨다.

"옥야야, 여자는 얼굴만 아름답다고 해서 단정하고 정숙한 것이 아니니라. 어른과 남편에게 불손하지 않고 마음씨가 곱고 행동이 온순해야 비로소 여자답고 정숙하다고 하느니라. 내 너를 위하여 몇 가지 아내 상을 말해 주겠으니 잘 들어 보아라.

세상에는 어머니 같은 아내, 누이 같은 아내, 친구 같은 아내, 원수 같은 아내, 도둑 같은 아내가 있느니라.

어머니 같은 아내란 남편을 아끼고 생각하기를 마치 어머니가 자식 생각하듯이 하느니라. 항상 곁은 떠나지 않고 때 맞춰 음식을 드리고, 남편이 외출할 때는 혹시 남들에게 흠이라도 잡힐세라 마음 쓰는 그런 아내를 말함이니라. 누이 같은 아내란 남편 섬기기를 한 부모에게서 피를 나눈 형제같이 하는 아내이니라. 그런 까닭에 한 남편에게 두 가지 정이 있을 수 없고 마치 동생이 오라비를 섬기듯 하는 아내니라. 친구 같은 아내란 남편을 지극히 사랑하여 떠나지 않는 아내니라. 또한 어떤 비밀도 없고 잘못을 충고하고 좋은 일은 칭찬하며 서로 의지하고 사랑하여 편안히 지내기를 어진 벗과 같이 하는 아내니라. 원수 같은 아내란 항상 화난 인상으로 남편을 대하고 밤낮 헤어지기만 바라며, 부부가 아닌 나그네같이 생각하고 부딪치면 싸우려고 으르렁거리느니라. 도둑과 같은 아내란 밤이 되면 잘 생각은 하지 않고 험상궂은 얼굴로 대하며 어떤 방법으로 헤어질까 궁리만 하느니라. 독살하자니 남의 이목이 두렵고, 친정이나 이웃과 짜고 재산을 빼낼 궁리나 하며 정부를 두고 남편을 죽이려는 생각에 골몰하는 여인이 도둑 같은 아내니라.

세상에는 이러한 유형의 아내가 있는데 어머니 같은 아내, 누이 같은 아내, 친구 같은 착한 아내는 남들이 사랑하고 일가친척도 그의 부덕을 높이 칭송하고 아끼느니라. 원수와 같고 도둑과 같은 아내는 항상 남에게 비난받고 몸과 마음이 편치 못하며 잠자리에 들면 꿈자리가 사나워 두려움에 떨고 잦은 불행을 당하느니라. 죽어서는 영락없이 삼악도(三惡道)*에 떨어져서 영원히 헤어날 기약이 없느니라."[3]

부처님의 자상하신 설법을 들은 옥야는 마침내 깊이 뉘우치고 참회한 후 다시 교만하거나 불손한 일 없이 부모님을 공경하고 남편에게 순종할 것을 부처님에게 맹세하고 물러났다.

부처님의 설법에 감동한 옥야는 과거의 잘못을 깊이 반성하고 새사람이 되어 많은 사람에게 존경받는 여인, 즉 현모양처의 표본이 되었다.

---

* 삼악도(三惡道) : 죄악을 범한 결과로 태어나 고통을 받는 곳. 地獄·餓鬼·畜生을 말함.

간추린 불교사

간추린 불교사

부처님의 위대한 열반

참된 깨달음을 이룬 부처님의 교화의 발길은 갠지스강 중류 지역인 동으로는 앙가의 참파, 북으로는 부처님의 고국인 카필라밧두와 코살라의 사밧티, 서쪽으로는 쿠루의 캄맛사 다르마, 남쪽으로는 마가다의 가야와 밤사의 코삼비에 이르기까지 실로 광범위한 지역에 미쳤다. 하지만 부처님은 주로 사밧티(사위성, 舍衛城)와 라자가하(왕사성, 王舍城), 베살리, 카필라밧투 등에서 많은 설법을 행한 것으로 되어 있다.

그러나 이 외에도 더 있겠지만 부처님의 행적은 처음의 수개월과 최후의 수개월, 그리고 안거(安居) 장소도 첫 20년과 최후의 2년간만 기록이 있을 뿐이다. 이 이상은 추측일 뿐 확실한 것은 유감스럽게도 알 수 없다.

부처님은 자신이 스스로 찾아갔거나 아니면 자신을 기다리는 사람들을 찾아서 이 거리, 저 마을 가릴 것 없이 장장 45년간이나 진리를 가르쳐 주기 위해 돌아다녔다.

인도 사람들은 10년 세월도 잠깐이며 300~400km도 조금만 가면 된다고 생각하는 사람들이기는 하지만 부처님의 80평생 동안 고행생활 6년과 포교와 설법을 겸한 유행생활 45년을 합한 51년간의 오랜 세월을 바친 그 목적이 무엇일까를 한번쯤 생각해 보지 않을 수 없을 것 같다.

부처님의 유행 행위는 쉽게 생각해서 나라와 민족과 종교와 계급과 빈부와 남녀노소를 초월한 평등과 평화, 그리고 자유에 대한 가르침을 많은 사람들에게 일깨워주기 위함이었다. 또 그의 희망은 병자에게는 좋은 약이 되어 주고 목마른 자에게는 감로수가 되어 주고 길 잃은 사람에게는 올바른 길잡이가 되어 목적지에 무사히 도달할 수 있도록 도와주는 것이었다. 이것은 실로 자비심의 발로였으며 오랜 기간의 힘든 포교 활동을 할 수 있게 한 원동력이었다.

그 같은 목적과 희망의 결실이 면면히 이어져 2,500년이 지난 지금도 부처님의 가르침이 전 세계에 걸쳐 더욱더 찬란히 빛나고 있음은 무엇을 말해주는 것일까.

부처님 당시 인도에는 육사외도와 62견과 363명의 사상가와 95종의 뿌리 깊은 종교가 자리 잡고 있었다는 것은 이미 언급하였다. 그러나 이렇게 많은 것들은 세월이 흐른 현재 그 흔적조차 없이 사라지고 오직 바라문교의 후신인 힌두교와 자이나교만이 남아 있다. 그중 자이나교는 인도 국내에서만 겨우 명맥을 유지하는 실정이며 오직 불교만이 전 세계적인 종교로 발전하였다. 그것은 부처님의 6년 고행과 45년 동안의 초인간적인 철저한 헌신의 결실이라 할 수 있을 것이다.

부처님이 80세가 넘어 그 생애를 마감하기 전후에 대한 것은 <대반열반경>에 비교적 상세히 기록되어 있다.

'열반(涅槃)'이란 원래는 등불 따위를 '불어서 끈다'는 의미였지만 그 뜻이 변하여 부처님의 죽음을 뜻하는 표현으로 쓰이게 되었다.

이에 대한 경전은 팔리 어, 산스크리트 어, 티베트 어 등과 다섯 종류의 한역본이 있는데 마가다의 라자가하로부터 쿠시나가라에 이르는 부처님 최후의 유행과 열반에 대한 사실들이 소상히 묘사되어 있으므로 역사적 사실에 가까운 것으로 추정되며 자료적 가치도 높다.

부처님은 영취산을 떠나 열반에 드실 쿠시나가라로 향한 최후의 유행 길에 올랐다. 이 유행 길에서 부처님은 라자가하와 나란다 중간에 있는 왕원(王園)인 암바랏티카 원(園)에 들렀으며 창녀 암바팔리는 자신의 암바팔리 동산에서 부처님의 법문을 듣고 부처님에게 귀의하였다. 그때 부처님의 일행에게 식사를 대접하고 그녀의 동산을 기증하였다.

그 후 부처님은 베살리 근처의 죽림촌에서 최후의 우안거(雨安居)를 지냈다. 여기서 부처님은 비구들에게 베살리 근방에서 친구에게 의지하거나 아는 사람에게 의지해서 우안거에 들라고 타일렀다고 한다. 이 우안거 동안 부처님은 매우 위독한 병에 걸려 죽음에 직면할 만큼 대단한 고통을 겪었다.

우안거를 마친 부처님은 비구들을 모아 놓고 자신의 수명이 얼마 남지 않았음을 예고하였다. 그리고 쿠시나가라 근처인 파바 마을에 사는 대장장이 아들 춘다에게서 찬다나(檀木 : 버섯의 일종. 돼지고기라고 추측하는 서양학자도 있다)를 공양 받은 후 다시 중병에 걸렸다.

<대반열반경>에는 중병이 생겨 붉은 피를 쏟고 죽음에 가까운 심한 통증으로 형언할 수 없을 만큼 큰 고통을 겪었다 한다.

그때 부처님은 선정에 들어 바른 생각으로 안정을 되찾았으며 고민하지 않고 고통을 견디면서 아난다에게 말씀하셨다.

"아난다야, 지금부터 나는 쿠시나가라로 가겠다."

여기서 의문이 생기는 것은 그렇게 참기 어려운 중병에 시달리면서도 '왜 쿠시나가라까지 가신 것일까' 하는 점이다. 그러나 여기에 대한 언급은 어디에도 찾아볼 수 없다. 다만 생명이 있는 한 한 발자국이라도 더 가겠다는 의지였던 것이 아닌가 추측된다.

중병의 몸을 이끌고 쿠시나가라로 향하던 부처님은 아주 지친 표정을 지으며 말씀하셨다.

"아난다야, 부탁한다. 나를 위하여 상의를 네 번 접어 깔아다오. 나는 앉아 쉬고 싶다."

"네, 알겠습니다. 부처님이시여, 곧 깔아 드리겠습니다."

아난다는 상의를 네 번 접어 부처님이 편히 쉴 수 있는 자리를 마련하여 드렸다.

부처님이 편히 쉬려 하실 때 이곳 귀족 출신인 말라 족 출신의 풋쿠사(Pukksa)라는 청년이 부처님에게 옷 한 벌을 공양하였다. 부처님이 풋쿠사에게서 받은 옷을 펼쳐보니 황금색 옷이었다. 부처님이 이 옷을 몸에 걸치는 순간 부처님의 몸은 찬란한 금빛으로 변하였다.

그 옷을 입으신 부처님의 몸이 황금색으로 빛나는 것을 보고 깜짝 놀라는 아난다에게 부처님은 말씀하셨다.

"부처의 몸은 일생에 두 번 황금색으로 빛나느니라. 한 번은 정각을 이룰 때며 또 한 번은 열반에 들 때다."

뒷날 불교에서 불상을 조성할 때 황금색으로 칠하는 것이 <대반열반경>의 기록에 의한 것이다.

일생을 살아온 부처님에게 마지막으로 바친 황금색 옷은 부처님의 인격이 변함없이 영원히 빛날 것임을 뜻한 것이다. 다시 말해서 지금까지의 육체 속의 인격을 버리는 것은 변함없는 황금색으로 빛나는 몸으로 변할 것을 표현한 것이다. 황금색은 불멸불변, 즉 멸하지도 않고 변하지도 않는 색이기 때문에 부처님의 영원성을 상징한 것이라 하겠다.

쿠시나가라에 도착한 부처님은 아난다에게 이르셨다.

"그대는 나를 위하여 사라쌍수 사이에 머리를 북쪽으로 향하도록 자리를 펴라. 나는 몹시 피곤하여 자리에 눕고 싶다."

잠시 후 부처님은 오른쪽 옆구리를 땅에 대시고 왼발을 오른발 위에 포갠 자세를 취하셨다.

이를 지켜본 아난다는 근심스런 표정으로 여쭈었다.

"부처님, 부처님께서 입적하신 후 저희들은 어떻게 수행해야 하며, 교단은 어떻게 하며, 장례는 어떻게 치루어야 합니까?"

"그대들은 나에게 무엇을 기대하는가? 나는 모든 법을 다 설하였다. 여래의 교법에는 제자에게 감추려는 듯한 은밀한 구석이 없다. 나는 교단의 지배자가 아니다. 교단은 수행자의 공동체며 특정한 지배자는 없다. 그러므로 그대들은 스스로 자기를 의지할 것이며 남을 의지하지 말라."

이것이 유명한 자등명 법등명(自燈明 法燈明)이며 마지막 말씀인 셈이다. 또한 다음과 같이 말씀하셨다.

"나의 장례는 말라 족의 우바새(재가신자)가 치러줄 것이니 그대들은 방일하지 말고 부지런히 정진하라. 내가 죽은 후 비구들은 내 육신(사리)에 정신 팔지 말고 최고선의 추구에 노력해야 할 것이다. '교주의 가르침은 끝났다. 우리들의 교주는 안 계시다.'라고 생각해서는 안 된다. 내가 설한 교법과 계율이 바로 너희들의 스승이다."

그리고 나서 임종을 지켜보고 있는 비구들에게 물었다.

"묻고 싶은 것은 없는가?"

세 번 반복해서 물었으나 아무도 대꾸를 하지 않자 "모든 것은 무상하니 방일하지 말고 정진하라."는 말씀을 끝으로 부처님은 마침내 깊은 선정에 들어 열반에 드셨다.

일설에는 그때 만일 열반을 만류하였으면 유다수행(留多壽行)으로 더 살았을 것이라는 기록도 있다. 유다수행이란 자유자재한 신통력을 얻은 아라한(부처님)이 자신의 원(願)과 정(定)과 력(力)에 의해서 수명을 연장하는 능력을 말한다. 또 열반의 광경을 묘사한 경전에는 큰 지진이 일어났고, 사람들의 모골이 송연해졌으며, 천상에서는 갑자기 북이 울렸다고 한다.

부처님이 열반에 든 광경을 지켜본 비구들 중에서 수행이 잘 된 자는 '생명이 있는 것은 모두 멸한다. 우리 스승 역시 예외는 아니다.'라고 자위하면서 슬픔을 참았지만 그 경지에 도달하지 못한 자는 이성을 잃고 통곡하면서 몸부림쳤다고 한다.

그때 두 그루의 사라 나무는 때 아닌 꽃이 피었고 주위의 모든 꽃들도 활짝 피었다 한다. 꽃들은 부처님에게 공양하기 위해서 부처님의 몸에 떨어지고 하늘의 만다라화와 전단향도 허공에서 뿌려졌다고 기록되어 있다. 이것은 참된 삶이 무엇인지를 보여준 것으로서 삶의 숭고함을 증명해준 것이라 하겠다. 그리고 두 그루 사라

나무를 이후부터 사라쌍수라고 부르게 되었다.

　경전에는 수제자 마하 캇사파가 먼 지방에서 포교 활동을 하다가 뒤늦게 달려왔을 때 이미 관 속에 들어간 부처님의 발이 관 밖으로 나와 스승보다 나이가 더 많은 제자와의 작별을 표시했다고 한다. 이것으로 위대한 스승이었던 부처님은 80세를 일기로 육신의 몸을 영원히 버리고 멸하셨다.

　그때 캇사파의 곁에 있던 나이 많은 발난타(跋難陀) 비구가 부처님이 입적하셨다는 소식을 듣고 이렇게 말했다.

　"우리 스승이 드디어 사라졌다. 이제는 우리를 속박하는 자는 없다. 울음을 그치고 오늘부터 각자 마음대로 수행하며 하기 싫은 일은 하지 말고 자유롭게 지내자."

　카삿파는 이 말을 듣고 경전을 결집할 결심을 했다.

　부처님의 육신을 향탕으로 목욕시킨 후 꽃과 향으로 6일 동안 공양하고 겁패(劫貝) 나무 실로 새로 쩐 베로 전신을 감아 금관에 넣고 삼기름을 부은 다음 다시 철관 속에 넣어, 여덟 명의 말라 족 원로들이 머리를 감고 새 옷을 입고 부처님 관을 천관사에 안치시켰다가 향나무를 쌓아 불을 붙여 다비(茶毘 : 화장)를 거행하였다.

　성대한 다비를 마친 후 수습한 유골인 사리(舍利)는 원래 샤카족이 다 가져가기로 하였다. 그러나 마가다 국왕 아자타삿투와 베살리의 릿차비 족이 사자를 보내어 사리를 요구하였다. 이를 말라 족이 거절하자 전쟁의 위기로까지 발전되었지만 바라문인 드로나가 8등분하기로 조정하여 가까스로 타협하였다 한다.

　카필라밧투의 샤카족, 마가다국의 아자타삿투 왕, 베살리의 릿차비족, 알라캅파의 불리족, 베타디파의 바라문, 쿠시나가라의 말라족 등이 부처님의 사리를 나누어 갔으며 사리를 담았던 빈 병은 드로나 바라문이 차지하고, 뒤늦게 온 핍팔라바나의 몰리야 족은 남은 재를 가지고 갔다. 이리하여 8개의 불사리탑과 1개의 병탑과 재탑이 세워졌다.

처음에 건립되었다는 8개의 사리탑 중에 현재 분명한 것은 2개뿐이다. 한 개는 샤카족이 모셨던 사리탑이고 한 개는 사리탑이 아닌 재를 담은 유재탑이다. 물론 다른 의견도 있으나 나머지 사리탑은 발견된 것이 없기 때문에 현재로서는 더 이상 거론할 여지가 없다.

경율론 삼장의 성립

부처님이 입멸하신 후 불법을 이어받은 마하 캇사파(摩訶迦葉)는 혼자 이런 생각을 했다.

'수십 겁이 지나도 만나기 어려운 불법을 어떻게 하면 오래 유지시키고 교단의 통일을 도모할 수 있을까?'

부처님 재세 시에는 직접 질문하기도 하고 지시도 받고 확인할 수도 있었지만 부처님이 열반하여 계시지 않기 때문에 교법이 쉽게 일실할 염려가 있고 이론이 제기될 위험이 있었기 때문이었다.

그때 떠오른 생각이 부처님의 가르침을 결집(結集)하는 것이었다. 그렇게 하면 부처님의 법이 오래 보존될 것이며, 더 나아가 미래세의 중생들이 불법대로 수행하거나 세속에 살면서도 많은 이익을 얻어 행복하게 살 수 있을 것이라고 생각한 것이다.

장소는 마다가 국 라자가하(王舍城) 교외에 있는 칩엽굴로 결정하였다. 마하 캇사파의 주재로 아라한의 경지에 도달한 500명의 비구들이 모였다. 먼저 '율'에 정통한 지계제일(持戒第一) 우팔리가 그의 기억에 의해서 '율'을 암송하였다. 그 절차는 '계율'의 조목마다 언제 어디서 누구에 대한 규정이었는가를 설명하는 것이었다. 그러면 우팔리의 말이 옳다고 참석자 전원이 승인하는 형식이었다.

다음은 아난다가 지명되어 경을 암송하였다. 이것 역시 율의 경우와 마찬가지로 전원 일치로 채택하였다. 이런 절차로 '율'과 '경'의 본문이 확정되어 참석자 전원의 이름으로 공인되어 전해지게 되었다. 이것이 역사적인 제1회 결집 회의였고 뒷날 율장과 경장의 원형이 되었다.

그러나 다른 이설도 있다. 즉, 그 당시는 종교 풍습상 스승의 성스러운 교법을 문자로 기록한다는 것은 스승에 대한 불경이며 예의가 아니었기 때문에 다만 합송(合誦)하는 방법을 택했으며, 또 인도에 문자가 처음 만들어진 것이 그 시기였던 탓도 있다는 것이다. 그러한 이유로 율과 경의 중요한 교설을 기억하기 쉽도록 간단한 시구인 게송으로 만들어 스승의 입에서 제자의 입으로 구송하고 구전했기 때문에 이에 대한 전문가가 필요하게 되었다. 즉 경전을 암기하는 사람인 경사(經師), 계율을 암기하고 지키며 수행하는 사람인 지율사(持律師), 교법을 설하고 가르치는 사람인 설법사(說法師)가 갖추어져 각 부분별로 계승되었다. 이 형식은 비단 불교뿐만 아니라, 바라문의 성전인 브라마나(梵書) 역시 그 같은 방법으로 몇 백 년 동안 정확히 전승되어 왔다.

제2회 결집은 부처님 입멸 후 100년경 계율에 이의가 생겨 야사

(Yasa, 耶舍)가 주관하여 베살리에서 700명이 모여 율장을 편집하였다. 이 2차 결집은 계율의 문제로 이때 상좌부(上座部)와 대중부(大衆部)로 분열하게 된다. 그 후 불교 역사상 부파불교(部派佛教)시대가 전개된다.

제3회 결집은 불멸 후 200년경에 아소카 왕이 주재하여 수도인 파탈리푸트라에서 목갈리풋타 팃사(Moggaliputta Tissa, 目犍蓮子帝須)가 주관하여 1천 명의 비구가 모여 경·율·론 삼장 전부를 편집하였다. 그러니까 논장은 불멸 후 200년 후에 성립된 것이다.

제4회 결집은 AD 2세기경 카니시카 왕이 주관하고 파르슈바(Parsva, 脇尊者)와 바수미트라(Vasumitra, 世友)가 중심이 되어 캐시미르에 비구 500명이 모여 삼장에 해석을 가했다. 이것을 <대비바사론>이라 한다.

여기 최초 결집 당시의 일화가 있다.

결집에 참여할 수 있는 사람은 아라한(성자)의 경지에 도달한 사람으로 제한되었다. 그런데 제일 큰 역할을 하여야 할 아난다 존자는 오랫동안 부처님을 시봉하느라 그때까지 아라한과를 증득하지 못하여서 참가할 수 없게 되었다. 그때 아난다는 크게 분발, 수일간 용맹정진 끝에 드디어 아라한과를 얻어 결집에 참가하여 경전을 암송하는 중대한 역할을 하였고 다문제일(多聞第一)의 영예를 얻게 된다.

현재 우리나라 사찰에 봉안되어 있는 500명의 나한은 제1회 결집에 참가한 아라한들이다. 그래서 5백 나한이라 한다.

다른 경전에는 마하 캇사파가 수미산정에서 크게 외쳤다 한다.

"부처님의 제자들이여! 만일 마음으로 부처님을 생각한다면 반드시 그 은혜를 갚아야 한다. 그때까지 열반에 들지 말고 부처님의 가르침을 결집하는 데 힘써야 한다.”

캇사파의 외침 소리를 듣고 여러 수행처에 있던 신통을 얻은 제자들이 모여 들었다. 캇사파가 말하였다.

“불법이 멸하려 한다. 부처님께서 오랫동안 노력하여 참된 법(진리)을 깨달아 그 법으로 우리들을 깨닫게 하였다. 그러나 부처님은 열반에 들었고 제자들도 부처님을 따라 열반하였다. 불법이 인멸할 위기에 처했다. 불법이 멸한다면 미래 중생들은 어떻게 할 것인가. 그들은 지혜의 눈을 잃고 어리석고 아둔하여 불행해질 것이다. 그러하니 우리들은 열반에 들지 말고 법장(法藏 : 경전)을 완성할 때까지 기다려야 할 것이다.”

그때 캇사파는 아자타삿투 왕에게 매일 식사를 공급해줄 것을 부탁하였다. 그것은 경장(經藏)을 결집할 동안 탁발할 수가 없기 때문이었다. 그리하여 3개월의 하안거에 들어갔다. 처음 15일은 계를 설하였다.

캇사파는 선정에 들어 천안통으로 누가 아직까지 번뇌가 남아 있는가를 살폈다. 그중 오직 아난다만이 아직 아라한과를 얻지 못한 상태였다. 캇사파는 선정에서 깨어나 아난다에게 말하였다.

“여기는 청정한 사람이 모여 성스러운 경장을 결집하는 곳이다. 그런데 너는 아직 번뇌를 버리지 못하고 있으니 추방할 수밖에 없다.”

칠엽굴에서 쫓겨난 아난다는 부끄럽고 창피하여 슬피 울면서 스스로 생각하였다.

‘내가 25년간이나 부처님을 시봉하였지만 오늘 같은 수모를 당한 적은 없다. 부처님은 훌륭한 분으로 나를 자비로 감싸주었다.’

그래서 캇사파에게 말했다.

"저는 충분한 능력이 있습니다. 지금이라도 증득하려고 하면 할 수 있습니다. 다만 불법대로 일단 아라한이 된 자는 부처님의 시봉을 들 수 없기 때문에 그런 이유로 저는 남은 번뇌를 그대로 남겨 두었을 뿐입니다."

캇사파는 아난다에게 일렀다.

"너에게는 그 외에도 여섯 가지 허물이 있다. 부처님은 여인의 출가를 허락하지 않으려 했는데 네가 세 번이나 간청하였기 때문에 할 수 없이 허락하셨다. 그 결과 부처님의 정법이 5백 년 동안은 계속되지만 그 후는 쇠해질 것이다. 너는 돌길라죄(突吉羅罪)를 범한 것이다."

"그것은 제가 마하파자파티(부처님의 양모)를 가련하게 생각한 탓입니다. 과거의 제불에게도 다 사부대중이 있었고 그중에는 여성이 포함되어 있었습니다. 그런데 왜 하필 부처님의 경우만 그러지 말아야 합니까?"

"부처님이 열반에 들고자 쿠시나가라에 갔을 때 '등이 아프다 좀 쉬고 싶다.'며 칠조 가사를 네 겹으로 접어 깔고 쉬실 때 물을 청하였는데 너는 물을 드리지 않았기 때문에 돌길라죄를 범하였다."

"그때 5백 대의 수레가 강을 건너갔습니다. 물이 더러워서 맑은 물을 긷지 못한 탓입니다."

"물이 흐려졌다 하더라도 부처님은 대해의 탁수도 맑게 하는 신통력이 있어 문제가 없는데 왜 물을 드리지 않았느냐? 이것이 너의 죄이니 돌아가 참회하여라.

또한 부처님께서 너에게 어떤 사람이 4종(欲·精進·心·思惟)의 뛰어난 선정(四如意足)을 잘 수행할 것 같으면 일 겁(헤아릴 수 없이 오랜 세월) 동안 수명을 유지할 수 있다는 말씀을 하시고 세 번이나 질문하였으나 너는 침묵하고 말았다. 만일 네가 부처님께 '예 그렇습니다.'라고 대답하였으면 부처님은 당연히 일 겁을 더 사셨을 텐데 네가 대답하지 않은 탓으로 일찍 열반에 드셨으니 네가 죄를 범한 것이다."

"그때 갑자기 악마가 저의 마음을 뒤덮고 있었기 때문에 대답할 수 없었습니다."

"너는 부처님께서 접어놓은 승가리(대의)를 발로 밟은 죄를 범하였다."

"그것은 그때 세찬 바람이 불었는데도 아무도 도와주지 않았기 때문입니다. 제가 옷을 붙잡았을 때 바람이 불어 옷자락이 제 발 밑으로 들어갔을 뿐 제가 불경해서 그런 것은 아닙니다."

"부처님이 열반에 드신 후 음경을 여인들에게 보게 하였다. 이것은 얼마나 부끄러운 일이냐? 그것 또한 돌길라죄를 범한 것이다."

"그때 저는 더 많은 여인들이 부처님의 음경을 보게 된다면 그들은 스스로 여인이 된 것을 부끄럽게 생각하고 반드시 남자의 몸 받기를 원할 것이고, 부처님의 법대로 수행하여 복덕을 심는 토대를 마련할 것이라고 생각했습니다. 그래서 저는 여인들에게 보인 것입니다."

캇사파는 엄숙하게 말하였다.

"너는 이 같은 여섯 가지의 죄를 범하였다. 그러니 교단의 모든 비구들에게 참회하여라."

아난다는 즉시 무릎을 꿇고 합장하며 여섯 가지 죄를 범한 것을 대중 앞에서 참회하였다.

"너는 이제 참회하였으니 그것은 일단락되었지만 아직도 번뇌가 있으니 이곳에 있을 수 없다."

캇사파는 아난다에게 이렇게 이르면서 문을 닫아 버렸다.

칠엽굴에서 쫓겨난 아난다는 모든 법을 깊이 사유하면서 아직 남아 있는 번뇌를 없애려고 노력하였다. 아난다는 지혜는 많았지만 선정의 힘이 부족하였기 때문에 그때까지 번뇌를 다 소멸하지 못하였던 것이다. 선정과 지혜가 동등해야만 속히 증득할 수 있는 법이다.

아난다는 그날 밤 야반이 지날 무렵 피로가 겹쳐 할 수 없이 잠시 쉬기로 하고 한 걸음 내려 누워 베개를 머리에 대는 순간 확연 대오하게 되었다. 마치 전광석화같이 번쩍하면서 캄캄한 어둠 속에서 길을 발견한 것이다. 이로써 아난다는 3종의 지혜와 6종의 신통과 공해탈(空解脫)을 획득하여 아라한이 되었다.

아난다는 그 즉시 영취산 칠엽굴의 문을 두드렸다. 캇사파는 물었다.

"누구냐?"

"네, 아난다입니다."

"너는 무슨 일로 이곳에 왔느냐?"

"저는 오늘 밤에 번뇌를 다 끊고 도를 이루었습니다."

"문을 열수는 없으니 이곳에 들어오려거든 열쇠 구멍으로 들어오너라."

"네, 알겠습니다."

말을 마친 후 신통력으로 문의 열쇠 구멍을 통하여 칠엽굴로 들어갔다. 아난다는 캇사파를 위시하여 여러 비구들에게 절하고 참회하며 말했다.

"캇사파여! 어쨌든 이제는 저를 질책하지 마십시오. 모든 것이 끝 났습니다."

"나는 일부러 너를 속히 증득케 하기 위한 방편으로 그러하였으 니 나를 섭섭히 생각하지 마라. 내 경우도 그렇지만 네 자신이 얻은 깨달음은 마치 손으로 저 허공에 그림을 그리는 것 같이 물들거나 구겨지는 일이 없을 것이다. 아라한의 마음도 이와 같으며 일체 법 에 집착할 것이 없다. 이제는 네 자리로 돌아가거라."

그때 교단의 비구들은 누가 경장을 결집할 것인지 의논이 분분하 였다.

장로 아니룻다가 말했다.

"걱정하지 마십시오. 여기 아난다가 있습니다. 아난다는 항상 부 처님 곁에서 경을 제일 많이 듣고 그것을 잘 기억하고 있어서 부처 님께서는 자주 감탄하고 칭찬하였습니다. 아난다가 경장을 결집하 는 데는 제일 적격자입니다."

캇사파가 아난다에게 말했다.

"부처님은 너에게 부촉하여 뒷일을 맡기셨다. 너는 반드시 붙은 에 보답해야 한다. 부처님은 어디에 계시면서 최초의 법을 설하였 는가? 부처님의 뛰어난 제자들은 경장을 지켜야 하는데 모두 입멸 하였다. 오직 너 한 사람뿐이니 너는 반드시 부처님의 마음에 따라 중생들을 위하여 부처님이 설하신 숭고한 경장을 결집해야 한다."

이 같은 경위를 밟아 첫 결집이 이루어졌다고 한다.

불탑의 유래와 숭배사상

탑(塔)의 기원은 BC 3세기 말부터 2세기 중엽으로 추정된다. '포 개어 쌓는다'는 '스투파(stupa)'의 음을 따서 솔도파(率都婆)·탑파(塔 婆)·탑묘(塔廟) 등으로 한역하였다.

인도는 본래부터 화장하는 것이 관습이었다. 불교에서도 부처님 이 입멸하자 말라족 사람들이 꽃과 향과 음악으로 장엄하여 화장으 로 장례를 치렀다. 화장(다비) 후 수습한 유골(사리 : 불교에서는 화장 을 '다비', 유골을 '사리'라 한다)을 샤카족이 독점하려는 것을 장례에 참석한 여러 부족들이 강력히 반대하여 중인도의 8부족에게 분배하 였는데 그때 분배 받아간 사리로 탑을 만들어 그 안에 봉안하게 된 것이 사리탑의 시작이다. 또 사리를 분배받지 못한 사람들은 다비 때 사용한 병과 타고 남은 재까지 소중히 여겨 병탑, 재탑을 만들었 다는 것은 앞에서 언급하였다.

불교도들이 사리를 존중하고 숭배하는 이유는 수행의 3대 덕목인 계·정·혜 삼학을 성취하였을 때 나타나는 결정체로서 그 모양이 다양하고 오색이 영롱하며 부서지지 않는 신비스러움이 있기 때문 이다. 그런 연유로 영이로운 사리를 숭배하고 공양, 찬탄하면 그 공 덕이 지대하다고 믿게 되었다.

우리나라의 경우 <삼국유사>에 통도사 금강계단의 불사리 탑 친 견 기록이 있다. 고려 때의 지방 장관인 두 안렴사(按廉使)가 금강 계단 사리탑에 예배한 후 사리탑 뚜껑을 열고 들여다보았더니 돌함 속에 사리 대신 구렁이가 있었다. 그 다음은 큰 두꺼비가 있음을 보았다. 그런 후로는 그 돌 뚜껑을 누구도 들여다보지 못하였다 한다.

그 후 장군 김이생(金利生)과 시랑 유석(庾碩)이 고종의 명을 받아 사리탑에 예배하고 돌 뚜껑을 열고 들여다보니 그 돌함 속에는 유리통이 들어 있었다. 그 통에는 사리가 겨우 4과뿐이었다. 서로 보고 경배하였다. 그런데 사리 통에 조금 금이 간 곳이 있어 유공이 가지고 있던 수정함을 기부하여 그 함에 간수해 두도록 하였다. 그때가 1235년이다. 옛 기록에는 사리 100과를 세 곳으로 나누어 두었다고 한다. 원래 다만 4과뿐이었는데 사라졌다 나타났다 함이 보는 사람에 따라 달라 수가 많고 적음을 이상하게 생각할 것은 없다고 하겠다.

1264년 이래로 원나라 사신과 본국 사신이 다투어 와서 그 돌함에 예배하고 사방의 운수납자(雲水衲子)가 몰려와 참배하였다. 진신(眞身)사리 4과 이외에도 변신(變身) 사리가 있었다. 모래알처럼 부숴져 돌함 밖으로 나타났는데 이상한 향기가 깅렬하게 풍기어 여러 날 동안 사라지지 않은 일이 종종 있었다고 한다.

통도사 사적기를 보면 불사리의 신령스럽고 기이한 전설들이 많이 기록되어 있다. 부처님 진신사리 이외에도 고승 대덕들의 사리에 관한 것은 수없이 많다.

사리를 단순히 일반 보통 물질로 평가하는 것은 참으로 어리석은 일이라 하겠다. 사리란 오랜 수행의 결과로 나타나는 결정체라는 것만 다시 언급해 두고자 한다. 최근에 입적한 퇴옹 성철 스님의 예만 봐도 짐작하고 남음이 있을 것이라 생각한다.

'스투파'란 원래는 일종의 분묘로서 그 모양은 만두같이 흙을 높이 쌓아 올리고 벽돌이나 돌로 그 주위를 감싸는 퇴토(堆土) 형식이었는데 사리 숭배 사상이 일면서 여러 형태로 장엄하게 축조하기 시작하였다. 특히 인도를 통일한 아소카 왕이 8등분하여 봉안했던 사리를 모아 8만 4천 개의 사리탑을 건립하면서 불탑 숭배 사상과 아울러 새로운 탑문화가 발전하게 되었다.

탑의 종류는 퇴토탑·병탑·재탑 외에 석탑·전탑·목탑 등 다양하다. 후대에 내려오면서 그 내용들도 부처님이나 그 제자들의 사리·치골·모발, 부처님이 사용하던 지팡이·의발 등 부처님의 사적을 기념하기 위한 탑들이 많이 세워졌다. 굽타(5세기) 이후에는 궁극의 깨달음에 도달한다는 것이 어렵기 때문에 차선의 방편으로 공덕을 쌓기 위해 대탑 주위에 작은 봉헌탑도 세웠다. 그중에는 경전을 모신 경탑도 있다.

현재 인도에는 BC 180년에 건조한 산치대탑, 아누라다푸라대탑, 무외산사(無畏山寺)의 세 탑 등 많은 불탑들이 도처에 남아 있다.

1888년(일설에는 1898년)에 W. C. 펫페가 샤카족이 살던 '피프이우라와'의 고탑을 발굴할 때 유골(사리)이 담긴 단지 하나가 나왔다. 그 단지에 아소카 왕의 비문보다 더 오래된 서체(書體)로 이런 내용이 새겨져 있었다.

"이것은 샤카족에 의해 모셔진 부처님의 유골로서 샤카족과 그 자매 처자들이 제사 드리는 곳이다."

이것은 <열반경>의 불탑 건립의 언급을 증명해 주는 귀중한 역사적 유물이기도 하다.

<열반경>에 아난다와의 대화에서 부처님은 자신이 열반 후 제자들은 당신의 사리에 정신 팔지 말고 오직 진리의 추구에 전념할 것이며 불탑 숭배는 재가신자가 할 일이지 수행자가 관여할 일이 아

님을 유언하였다. 그런데도 그 후 비구들은 불탑 숭배에 참여하게 된다. 그렇다고 모든 승단이 다 참여한 것은 아니다. 스승의 유훈대로 출가의 목적은 수행에 의한 자아 발견이기 때문에 굳이 불탑 숭배에 관여할 바가 아니라고 하였다. 그러나 견해를 달리하는 승단에서는 경제 문제와 연관되어 있고 비구들도 불탑 공양으로 복전 증장을 원하게 되어 점차 그 수가 증가하게 되었다.

4세기경 인도를 순례한 법현의 기록에 의하면 중승(衆僧)의 주처에는 10대 제자인 사리풋타 탑·목갈라나 탑·아난다 탑 등을 비롯하여 아비담탑(阿毘曇塔)·율탑(律塔)·경탑(經塔) 등이 있었다고 한다.

모든 비구니들은 아난다가 부처님에게 세 번이나 간청하여 여성의 출가를 허락받게 했기 때문에 아난다 탑에 공양하였다. 여러 사미들은 라훌라 탑에 공양하였으며 아비담사는 아비담탑에, 율사는 율탑에 공양하였다. 이렇게 매년 한 차례씩 날짜를 정하여 공양하였다. 또 중승의 수세(受歲·우안거의 舊譯. 또 안거 후의 自恣를 말하다)가 끝나면 장자·거사들은 나름대로 사문이 필요한 의복이나 필수품을 보시하였고 사문도 각각 법을 베풀었다. 부처님 열반 후 위의 법칙을 대대로 전하여 끊임이 없었다고 한다. 그리고 안거 후 1개월간 여러 가지 소원(복)을 바라는 사람들을 권화하여 스님에게 공양하게 하고 비시장(非時漿 : 비구가 병을 치료하기 위해 때 아닌데 먹는 4약 중 한 가지)을 베풀었다.

우리나라의 경우 인도나 중국의 형식을 그대로 모방한 것이 아니라 처음부터 특이하고 독특한 양식의 3·5·7·9·10·11·13층의 다양한 형식의 탑 문화가 나타났다. 그중에 신라 황룡사 9층 목탑(소실하여 없음)은 불법의 가호로 나라를 수호하기 위해 자장 율사의 주청으로 선덕여왕이 백제 제일의 목공 아비지를 초청하여 건립한 탑이다. 이 9층 목탑은 그 당시뿐만 아니라 세계 탑 건립사상 오직 우리나라에서만 세웠던 150평 기단에 80m 높이의 웅대한 고층 목탑이었다.

불국사의 다보탑과 석가탑은 백제의 석공 아사달과 그의 아내 아사녀의 애절한 부부애의 전설이 간직되어 있는 아름다운 탑이다. 다보탑과 석가탑의 건립 배경이 된 사상은 <법화경>, <견보탑품> 제11에 잘 나타나 있다.

옛날 다보여래 부처님이 아직 성불하기 전에 동방에 있는 보정(寶淨 : 깨끗한 보배)이라는 나라에 태어나 수도하면서 서원을 세웠다.

"내가 부처가 되어 열반에 든 뒤에 어디서든지 누가 <법화경>을 설하는 곳이 있으면 그 앞에 탑 모양으로 땅에서 솟아나 참말로 '잘하는 일이다, 잘하는 일이다.' 하고 증명하리라……."

이 보살이 성불하여 바로 다보여래가 되었는데 열반에 들 즈음 제자들에게 말하였다.

"내가 열반 후 너희가 내 몸을 향해 공양하고 싶거든 큰 탑을 세워라. 내가 그곳에 있으면서 어느 곳이나, 누구든지 <법화경>을 설하는 자가 있으면 내 신통력으로 그곳에 많은 보배로 장엄된 탑을 나타나게 하여 그 일을 찬양하리라."

석가여래가 성불하여 <법화경>을 설하실 때 그 앞에 칠보로 장엄된 탑이 땅 위로 우뚝 솟아올랐다. 그것이 바로 다보탑이었다.

다보여래는 탑 속에서 이렇게 찬양하였다.

"잘하는 일이다. 잘하는 일이다. 석가모니불이 두루 누구에게나 다 평등한 큰 지혜로써 <묘법연화경>의 진리를 가르치시니 그가 설하는 바는 모두 다 진실이요, 틀림이 없다."

그때 사부 대중 속에 있던 대요설(大樂說) 보살이 속으로 의문을 품었다.

'무슨 까닭에 이 보탑이 땅에서 솟아나왔고 또 탑 안에서 저런 소리가 나오게 된 것인가.'

곧 이에 대한 설명을 들은 보살은 다시 부처님의 진신을 친견하기를 간청하였다.

부처님께서는 다음과 같이 말씀하시고 양미간의 백호에서 빛을 발하셨다.

"내 분신인 부처들이 시방 세계에서 진리를 설하고 있는데 모두 한곳에 돌아와 모인 뒤에 내 몸이 나타나리라."

그 지혜의 빛이 비치는 곳은 수정처럼 빛나고 찬란함 속에서 진리를 설하는 불보살들이 수없이 많았다.

모든 부처님들이 보살들에게 말하었다.

"우리가 이제 사바세계의 석가모니불이 계신 곳으로 가서 다보여래 탑에 공양하는 것이 마땅하다."

그때 사바세계는 유리처럼 빛나고 향기 속에 만다라 꽃이 만발한 불국토로 변하였다. 그 가운데 부처님들이 대보살을 거느리고 사자좌에 앉았다.

그때에 석가모니불의 나머지 분신불도 다 모여 보탑을 열기를 바라고 있는 것을 보시고 자리에서 일어나 공중에 서시니, 대중들도 따라 일어나 합장하고 다보여래 뵙기를 기다렸다. 이윽고 석가모니불이 탑문을 여니 모든 사람들이 다보여래를 친견하게 되었다.

다보여래는 탑 안 사자좌에 마치 선정(禪定)에 든 것처럼 앉아 계시다가 말씀하셨다.

"잘하는 일이다. 잘하는 일이다. 석가모니불이 이 <법화경>의 진리를 기꺼이 설하심에 내가 이 경을 듣기 위하여 여기 있노라."

그 자리에 모였던 대중들은 먼 아승지겁 전에 열반에 드신 다보여래가 말씀하시는 소리를 듣고 거듭 찬탄하며 두 부처님께 꽃을 뿌리며 찬미하였다. 그러자 다보여래는 탑 안의 자리를 절반쯤 석가모니불께 나눠주며 앉도록 하였다.

그때 대중들은 두 여래께서 탑 안의 사자좌 위에 떠 계신 것을 보고 그들도 여래처럼 허공에 머물게 되기를 기원하였다. 석가모니는 신통력으로 대중을 모두 허공으로 올려놓고 말씀하셨다.

"누가 이 사바세계에서 널리 이 <묘법연화경>을 설할 것이냐? 바로 때는 왔다. 여래는 머지않아 열반에 들 것이다. 나는 이 <묘법연화경>을 이 사바세계에 오래 머물도록 하게 하려 하노라."

이상이 <법화경>, <견보탑품> 제11에 나오는 대강의 줄거리다. 이 이야기를 통해 우리는 탑에 대한 유래와 의의, 수행에 의한 성불, 열반에 든 법신불(法身佛)의 영원성, 석가모니가 이 사바세계에 온 일대사 인연이 <법화경>의 진리를 전하고자 함이며 그 진리가 오래 머물러 모든 중생을 요익케 하기 위함임을 알 수 있다.

우리나라의 탑은 불탑·사리탑·충혼탑 등 세 가지로 분류된다. 불탑은 부처님의 진신사리를 봉안하였다(꼭 그렇지 않다는 것은 앞에서 언급하였다). 사찰 경내에 건립한다. 사리탑, 일명 부도는 고승 대덕의 사리를 모셨다. 사찰 경외에 건립하고 일반 탑과 형식이 다르다. 충혼탑, 일명 위령탑은 우리나라의 경우 895년 해인사 일주문 옆에 세운 묘길상탑이 있다. 신라 진성여왕 9년경 궁예와 견훤이 일으킨 싸움 때문에 굶어 죽었거나 전사하였거나 원통하게 비명횡사한 원혼들을 위로하고 이고득락케 하기 위하여 해인사 대덕 훈현 스님의 원력으로 세운 13척의 3층 석탑이 있다. 우리나라의 충혼 겸 위령탑의 효시며 현재도 남아 있다.

부처님 당시 제자들이 탑을 만들고자 하자 부처님께서 말씀하시기를, "먼저 승려복(상가티)을 4각으로 접어놓고, 그 위에다 윗도리(웃타라 상가)를 얹은 다음 그 위에다 속옷(반타쿠시카)을 포개고, 다시 바리떼(주발)를 얹은 다음 그 위에다 석장(지팡이)을 세우면 탑이 된다."고 하셨다. 경주 불국사 석가탑을 보면 알 수 있다. 옛 인도의 발크국에는 높이 70m나 되는 인도식 탑이 있다.

불타관(佛陀觀)의 변천 과정

불교의 창시자인 부처님에 대한 숭배의 역사를 살펴볼 필요가 있다. 이것은 신을 교주로 하는 종교와 다른 점을 규명하기 위해서 꼭 필요하다고 본다.

불교의 신앙 형태는 법 중심과 부처님 중심의 양 측면이 있다.

원시불교를 살펴보면 부처님과 제자와의 관계는 더없이 밀접한 관계였음을 알 수 있다. 부처님은 항상 유화하고 친밀하게 제자들을 가르쳤을 뿐 위압적이거나 고답적인 위치에서 가르침을 베풀지 않았다. 그리고 제자들은 부처님을 진리의 체현자, 즉 구체적으로 법을 나타내 보이는 스승으로 존경하였지, 예배 대상으로는 생각하지 않았다. 단적인 예로 "내가 펼쳐 보인 법과 율을 내가 없는 후에 스승으로 삼으라."고 유언하신 것에서도 잘 나타나 있다. 그래서 제자들은 항상 부처님이라는 인격을 통하여 법을 듣고 받아 지켰던 것이다.

부처님은 처음 깨달음을 얻은 후 스스로 생각하였다.

'시방 세계에 누구를 존경하여 섬길 사람이 있을까? 나는 내 스승으로 섬길 수 있는 상대를 찾고 싶다.'

그때 범천 등 제천이 천안으로 삼천대천세계를 다 관찰하여도 부처님보다 더 뛰어난 이는 어디에도 없다고 아뢰었다.

그때 부처님은 스스로 생각하고 다짐하였다.

'나는 위대한 지혜인 육바라밀을 행(실천)하여 지금 스스로 부처(각자)가 되었다. 나는 지금부터 이 법을 공경하고 공양하고 존경할 것이다.'

부처님이 입멸한 후 기둥을 잃은 제자들에게 남겨진 것은 어디를 가도 부처님이 가르쳐 준 법(진리)뿐이었다. 그들은 그 법을 의지처로 삼고 수행 생활을 하지 않으면 안 되었다.

그 결과 세월이 흘러감에 따라 제자들 사이에서는 스승의 모습 대신 유골(사리)과 유품, 유적을 통하여 부처님을 추모하게 되고 여기에서 새로운 신앙 형태가 싹트게 되어 급기야 역사적인 부처님이 초인격화한 숭배(예배) 대상으로 추앙을 받게 되었다. 뿐만 아니라 육신이었던 부처님을 현실의 몸인 색신(色身 : 밖으로 나타나 볼 수 있는 물질적인 부처님의 육신)과 입멸 후의 영원한 몸인 법신(法身 : 진리의 신체)으로 파악하는 불신론(佛身論)이 대두하게 되었다.

그러나 여기에서도 만족할 수 없어 부처님을 대신할 다른 부처님을 모색하게 되었고 그로써 부처님 이전의 과거불 사상과 아울러 미래불 사상이 일어나게 되었다. 말하자면 부처님을 대신하여 중생을 구제해 줄 신앙의 대상으로 현재 도솔천(兜率天) 내원궁에서 수행하고 있는 미륵보살, 즉 미래불이 될 미륵불 사상이 생겨나게 된 것이다. 도솔천이란 욕계 6천 중 네 번째 하늘이며 '도솔'이란 만족하다는 뜻이다.

도솔천 내원궁은 부처님뿐만 아니라 모든 보살이 성불하기 전에 이곳에서 수행하였고 미륵보살이 사바세계에 하생하여 부처님의 뒤를 이어 성불하여 세 번의 설법으로 모든 중생들을 구제하게 된다는 미래불 사상과 내세불 사상이 생겨나게 되었다.

내세불 사상이란 현재의 삶이 끝나고 다음 생에 태어날 수 있는 불국토를 말하며 그곳에 태어나면 부처님의 설법을 듣고 교화를 받을 수 있다는 사상이다.

그 세계에 동방묘희 세계의 아촉불과 서방극락 세계의 아미타불이 등장한다. 극락이란 문자 그대로, 즐거움만 있고 괴로움이 없는 세계로서 금생에 선행을 닦고 올바른 생활을 하는 사람은 누구나 사후에 태어날 수 있는 세계를 말한다. 말하자면 인간이면 누구나가 동경하고 희망하는 이상향의 세계인 셈이다. 그리고 56억 7천만 년 후에 미래불이 될 미륵보살의 주처인 도솔천은 도솔정토가 되고 미륵보살은 미륵불로 변신하게 된다. 여기서 현세에 수행하고 바른 생활을 하면 앞에서와 같이 미륵정토에 태어난다는 <미륵상생경>과 함께 미륵불이 사바세계로 하생한다는 <미륵하생경>이 편찬되었다.

특히 인도에서 중국으로 들어온 정토사상은 중국 불교의 개척자인 도안(道安)의 제자인 여산혜원(廬山慧遠, 334~416)의 염불결사에 의하여 발전하였다. 그리고 우리나라에 들어와서는 현세에 압박받고 괴로움을 당하는 민중들에게 내세의 극락왕생으로 보상받을 수 있다는 신념을 심어주게 되었다. 그로 인해 아미타불은 현재까지 꾸준히 불교도들의 신앙의 대상이 되어 왔다. 그런가 하면 <미륵하생경>에 의한 신앙 역시 꾸준히 발전하여 우리나라의 경우 미륵신앙에 의한 신흥 교단이 많이 성립되었다.

그 후 현재 이 세계의 동서남북, 상하, 사유(四維) 등 시방(十方)에 부처님이 가득히 존재한다는 시방편만불 사상의 신앙이 생기게 되었다. 그 대표가 <화엄경>의 부처님인 비로자나불로서 그 뜻은 '광명변조(光明遍照)' 또 '변일체처(遍一切處)'라고 번역되는데, 광명을 본체로 하는 불타관으로서 태양 신앙을 차용한 것 같은 점이 주목된다.

마지막으로 일체 중생 안에 여래장(如來藏 : 불성)이 갖추어져 있다는 내재불(內在佛) 사상이다. 장(藏)이란 지중복장의 뜻으로 땅 속에 있는 금괴가 밖에서는 보이지 않지만 땅을 파서 그 안에 묻혀 있는 금덩이를 정제하면 값진 보배가 되는 것 같이 일체 중생들도 부처의 덕성을 갖추고 있다는 것이 여래장 사상이다. 이 설은 과거세의 상방광명 여래가 태중에서 열반에 들 때까지 항상 광명을 발하였다는 <여래장경>에서 비롯된 것이다.

이로써 석가모니불의 일보살 일불사상에서 과거불을 인정하는 다불사상(多佛思想)으로 정착하게 된다. 그리고 앞에서 언급한 법신·보신·응신(색신)의 삼신설(三身說)로까지 진전하였다.

법신은 영원성을 띠었지만 추상적이라 구체성이 결여되고, 색신은 구체성은 있지만 변화하여 괴멸하므로 영원하지 못하다. 여기서 영원성과 구체성의 둘을 만족시킬 수 있는 방법으로 보신불을 고안하게 된다. 다시 말하면 보신은 영원신인 법신과 현실신인 색신을 통합한 것으로 부처님의 인행과덕신(因行果德身 : 인으로서의 행과 과로서의 덕을 갖춘 몸. 다시 말해 보살행의 공덕으로 얻은 부처님의 몸)으로 발전하였다. 보신불(報身佛)의 대표는 아미타불이다.

다시 참고할 것은 법신·보신·화신인 삼신설에서 색신이 응신으로 변한 것이다. 색신이란 생멸변화하는 현실신을 말하는 것인데 응신을 화신이라고도 하며 중생 구제를 위하여 스스로 응현(應現 : 불보살이 중생의 근기에 따라 나타내는 몸)하는 불신을 뜻한다.

요컨대 여러 가지 부처님에 관한 관념의 변천으로 복잡한 부처님 숭배 사상이 생겼으며 법 중심 사상에서 부처님 숭배 사상으로 변천한 것이다.

그러나 불교는 원래부터 부처가 되는 깃을 기르친 종교다. 여기서 대승불교의 특색을 살펴보면 보리심(菩提心)만 일으키면 곧 부처가 된다(初發心是便正覺)고 가르친다. 보리심이란 일체 중생을 구제하겠다는 서원을 세워 깨달음을 구하는 마음이다. 또 보리심은 중생을 윤회의 괴로움에서 구제하고자 하는 자비심에 바탕을 두어 서원을 튼튼히 하게 한다. 이 서원은 모든 부처님과의 일종의 약속이며 그 서원력에 의하기 때문에 보리심을 일으키면 반드시 성불하게 된다고 한다. 그 예로 법장(法藏) 비구가 보리심을 일으켜 극락세계를 건설한 교주인 아미타불이 된 것이 그 증거다.

대승경전에는 많은 불보살의 이름이 등장한다. 그중 <불명경(佛名經)>, 즉 부처님의 명부에는 부처님의 성격·능력·소질·연령 등 여러 가지 기록이 있다. 그중 부처님의 특성 한 가지만 살펴보면 갠지스강의 모래를 예로 들어 설명하고 있다.

부처님의 수가 많은 것을 비교하는 경우를 소개한 <입능가경>, <찰나품>에 대혜(大慧) 보살이 부처님의 설법 중에 이런 질문을 하였다.

"과거, 현재, 미래 삼세의 많은 부처님들이 갠지스강의 모래 수와 같다고 말씀하셨는데 그대로 받아들여도 됩니까?"

부처님이 말씀하셨다.

"그것을 그대로 받아들여서는 안 된다. 만일 갠지스강의 모래 수로서 삼세의 부처님의 수를 계산다면 그것은 한 부처님의 수도 안 된다. 왜냐하면 부처님은 세계를 초월하였고 어떠한 것과도 비교할 것이 없으며 비교하고자 하여도 비교할 것이 없기 때문이다. 그러므로 세계를 초월한 것을 다시 비교하여 나타낸 것이다.

본래 부처님에 대하여 중생이 이러이러할 것이라고 생각하거나 어떠한 것일 거라고 분별해서는 안 되지만 일단 설명의 수단으로써 모든 부처님은 갠지스강의 모래 수와 같다."

경전에는 갠지스강의 모래 수를 가지고 부처님의 수가 많다거나 부처님의 능력이 뛰어남을 비교한 것이 아니라 갠지스강의 모래 자체의 특성을 가지고 부처님의 특성을 표현하고자 한 것이다. 예컨대 갠지스강의 모래는 고기나 악어, 거북이, 코끼리 등이 짓밟고 분탕질을 해도 그것을 의식하지 않는다. 또 갠지스강의 모래는 대지의 요소를 가지고 있다. 아무리 큰 화재라도 대지를 태우지 못하는 것처럼 부처님의 법신은 멸하지 않는다.

갠지스강의 모래가 무량 무수한 것같이 부처님의 광명(설법, 교화)

이 무량하여 많은 중생을 깨닫도록 인도함이 아주 월등하다. 갠지스강의 모래는 흩어 없어져도 조금도 변함없듯이 부처님이 이 세간에 있으면서 많은 지혜로 중생을 교화하여도 그 지혜는 증감이 없다. 그것은 본성상 그 지혜에는 끝이 있는 것도 아니고 본체가 있는 것도 아니기 때문이다. 갠지스강의 모래는 흐름에 따라 흘러가고 물이 없으면 흘러가지 않는 것처럼 부처님의 설법은 깨달음의 흐름에 따라 행한다. 결코 깨달음을 떠나서 설법하는 일이 없다.

대략 이런 비유로 모든 부처님의 특성은 갠지스강의 모래와 같다고 결론지었다. 다음의 게송으로 비유를 끝내고 있다.

> 모든 도사, 즉 사람을 인도하는 스승이 갠지스강의 모래와 같음을 보는 사람은 불생불멸의 부처님을 본다. 갠지스강의 모래가 모든 더러움을 떠나 흐름에 쫓아 변함없듯 부처님의 본성도 그와 같다.

불상의 조성과 좌법·수인

불상의 조성

부처님이 입멸한 후 부처님을 모방한 불상을 조성한다는 것은 오랫동안 금기사항이었다. 왜냐하면 무한하고 불가사의한 덕을 갖춘 신성한 존재인 부처님을 고정적인 유형의 형상으로 만들 수 없다는 생각 때문이었다. 따라서 부처님과 유사한 모습의 조형물인 불상을 만들지 못했다. 또 부처님은 존경의 대상이지 신앙이나 예배 대상이 아니므로 초인적으로 신격화하면 교리와의 괴리현상이 생길 위험을 배제할 수 없었기 때문이었다. 또 한 가지 이유는 인도에는 예부터 윤회사상의 관념이 강했기 때문이다. 우주 삼라만상이 끝없이 생사를 되풀이 한다는 관념이 지배적인 탓에 죽은 자든 산 자든 초상이 필요 없었다. 그렇기 때문에 윤회사상을 믿는 불교도들이 부처님의 초상(불상)을 만들 수가 없었다.

그러나 시대가 흐름에 따라 일부 제자들은 물론 일반 재가신자들의 생각은 과거와는 달리 자신들의 예배 대상이 없다는 것은 도저히 이해할 수 없다고 생각하기에 이르렀다. 물론 힌두교나 자이나교는 기원전부터 신앙의 대상으로 신상(神像)이나 지나상(자이나 교주)을 조성하였다.

그 같은 추세에 따라 BC 2세기~AD 1세기에 서인도와 동인도에서는 불전도(佛傳圖) 조각에 법륜(法輪)·족적(足跡)·보리수(菩提樹) 등으로 부처님을 상징하기 시작하였다. 또한 불탑 숭배 사상이 싹텄고 일반 신자는 물론 승려까지도 그 예배 의식에 참가하게 되었다. 그 같은 과정을 거치면서 AD 1세기 말에서 2세기 초부터는 불교도들도 불상 조성에 적극적인 관심을 갖게 되었다.

불상의 첫 발상지는 북서 인도의 간다라 지역이다. 물론 마투라에서도 불상 조성이 시작된 것이 사실이며 그 선후 관계를 밝히기는 어렵지만 외형적인 조성 방법에는 많은 차이점이 있다. 특히 간다라 지방에는 일찍부터 조형 미술이 발전한 전통이 있는 데다 그리스계 사람들에 의한 헬레니즘 조각 기법이 일찍 들어왔기 때문이다.

그러나 간다라 불상이 헬레니즘 조각을 그대로 모방한 것은 아니다. 헬레니즘 기법이 간다라의 전통 공예 기법과 조화를 이뤄 새로운 조각 문화를 만들어 냈다.

그 후 2세기 전반에 비로소 부처님의 모습인 예배 대상의 불상이 만들어지게 된다. 그러나 새로운 불상이 조성되기는 하였지만 급격한 변화의 경향이 짙다. 그것은 분명히 부처님 상인데도 보살로 불리게 되었다는 사실이다. 그 증거가 후기 작품이긴 하지만 <십송율>이다. 그 당시 기원정사에서 수닷타 장자가 부처님에게 부처님의 상을 조성할 수 있게 해달라고 간청하였으나 부처님은 허락하지 않고 보살상만을 허락하였다는 기록이 있다. 그들로서는 크게 고무적인 현상으로 받아들였을 것이다.

그 당시 불교 외의 바라문교나 자이나교에서는 예로부터 예배 대상으로 신상이나 교조상이 조성되어 있었는데 오직 불교만 그것을 용납하지 않는 입장이었으므로 그런 변화는 신앙 형태에도 커다란 영향을 미쳤다.

종전의 불교 신앙 형태는 오직 부처님의 가르친인 경전에 있는 그대로 깨달음에 이르는 것이 첫째 조건이고 목적이었다. 물론 그렇다고 그 목적 달성을 위한 수단이 바로 윤리적인 생활 실천의 전부는 아니었다. 부수적인 것으로 '푸자나(pujana, 供養)'를 행하였다. 푸자나란 원래 존경과 봉사를 본질로 하는 것이며 결코 되받기 위한 것이 아니다. 그렇기에 <자타카>에도 '푸자나'의 대상은 부처님·불제자·높은 신들·선인·현인·불사리·보리좌·탑·친척·손님 등에 한정되어 있다.

간다라와 마투라의 불상 형태는 각기 다른 모형으로 발전하였고 그에 따라 불교 전수국에서도 자기 나라의 민족 감정에 부합하는 형으로 조성되었다.

부처님 당시 고삽비 국은 우다야나 왕이 다스리고 있었다. 우다야나 왕은 독실한 부처님 재가신자의 한 사람이었다.

어느 때 부처님께서는 어머니를 위해 도솔천으로 설법차 가시어 3개월 동안 머물러 계신 적이 있었다. 그때 왕은 부처님이 너무나 보고 싶어 생각다 못해 목련존자에게 부탁하여 신통력으로 공인(工人)을 데리고 도솔천에 올라가 부처님의 묘상을 관찰하고 내려와 전단향나무로 불상을 조각케 했다.

부처님께서 설법을 마치시고 3보계단(三寶階段)으로 돌아오시자 그 불상이 벌떡 일어나 세존을 영접하시는 것이었다. 세존께서는 불상에게 "대중을 교화하느라 수고합니다. 내가 없는 말세까지 많이 교화하여 주기 바랍니다."라고 당부하셨다 한다.

7세기경 인도에 유학 갔던 현장삼장법사가 그 불상에 참배했다는 기록이 있다. 이 전설이 사실이라면 불상의 조각의 역사는 다시 고쳐 써야 할 것이다.

좌법

불교에서 선의 기원은 물론 부처님이다.

고행자의 원어인 '무니(muni)'를 인도에서는 현자·성자·성선이라 하였다. 일반적으로 묵언으로 수행하는 사람을 뜻한다. 부처님을 존칭하여 석가모니불이라 할 때 '모니(牟尼)'의 원어가 바로 고행자, 즉 '무니'다.

앞에서 요가의 수행법에 대한 것은 대략 밝혔지만 그 행법 중 앉는 방식인 좌법에 대해서는 언급하지 않았으므로 간략하나마 살펴보겠다.

　먼저 인도의 예법을 살펴보면 호좌(胡坐), 장궤좌(長跪坐)라 하여 두 발가락을 땅에 대고 꿇어앉는 법이 있다. 그리고 윤왕좌(輪王坐)라 하여 여의륜 관음과 같이 한 무릎을 세우고 몸을 지탱하는 것처럼 뒤에 손을 짚는 법과 두 발을 앞으로 내어 X자 같이 앉는 기좌법, 그 외 편좌, 준거좌 등 수없이 많다.

　그중 <요가스트라>의 주석서에는 여러 좌법이 기록되어 있다. 연화좌·영웅좌·길상좌 외에 8종의 좌법이 있다. 또 라자 요가 경전에서는 요가 선정에서 깨달음까지를 8단계로 나열해 놓았다. 그렇지만 좌법에 대한 구체적인 기술은 없다.

　또 원시불교부터 부파불교나 대승불교뿐만 아니라 현존하는 인도의 문헌까지도 다만 '결가부좌(結跏趺坐)한다'는 표현뿐이다. 결론부터 말하면 현재 중국이나 일본 특히 우리나라 선방(선원)에서 행하고 있는 결가부좌법은 기록에서 찾아보기 어렵다고 할 수 있다.

　2~3세기경 간다라 불상에 나타난 좌법을 보면 왼발을 오른발로 누르는 것과 같은 형태였을 것으로만 생각할 뿐이다. 특히 <무애삼장선요>에 초심자가 삼매에 들려면, 오른발이 왼발 위에 있는 반대의 형태인 반가부좌가 일반적이라 하였다. 만일 결가부좌(원문에는 全跏坐라 하였다)를 할 수 있다면 이를 능가할 좌법은 없다고 하였다. 다만 이 좌법으로는 대다수의 사람들이 삼매에 드는 일이 어려웠다고 한다.

　또한 이 가부좌는 조각이나 회화에 공통적으로 나타나는 보편적인 형태였음을 알 수 있다. 이 우상좌하, 즉 오른발을 위로 왼발을 아래로 놓는 좌법이 무슨 이유로 가장 좋은 방법인지 <대지도론>

의 여러 가지 좌법 중에서 결가부좌법이 수행자를 가장 안온하게 하고 피로를 느끼지 않게 한다. 이것이 좌선을 하는 사람의 좌법이며 선의 좌법이요, 진리를 취득하는 좌법이기도 하다. 이 좌상을 보는 이는 두려움을 느낀다. 그림에 그려진 가부좌를 보기만 하여도 두려움을 느낀다. 하물며 실제로 이 선정에 들어 있는 수행자를 직접 보면 어떻게 될지는 더 말할 필요가 없다고 기록하였다. 척추를 똑바로 세우므로 척추를 따라 상승하는 에너지가 자유롭게 흐를 수 있고 따라서 호흡도 자유롭게 유지할 수 있다. 그러므로 허리 부분의 신경 조직을 정화하게 된다. 이로 인해 마음이 안정되고 정신 집중이 용이하게 된다.

결가부좌의 좌법이란 왼발로 오른 무릎을 누르고 다음은 오른발로 왼쪽 무릎을 누르고 앉는 방법이다. 이것을 길상좌(吉祥坐)라 하며 부처님 설법 시에 앉는 방법이다.

왼발로 오른 무릎을 누르고 앉는 것은 반가부좌라 한다. 반가부좌는 결가부좌를 하다가 지쳤을 때, 특히 초심자가 잠시 평안을 되찾기 위하여 자세를 바꾸는 것이다.

또 길상좌의 반대, 즉 오른발로 왼쪽 무릎을 누르고 왼발로 오른쪽 무릎을 누르고 앉는 좌법을 항마좌(降魔坐)라 한다. 길상좌는 부처님의 성도 좌상이고 항마좌는 성도 전 고행시의 좌상이라 한다지만 꼭 그렇다고 단정 지을 수 있는 근거는 없다.

길상수(吉祥睡)라 하여 오른 옆구리를 아래쪽으로 하여 자는 방법은 부처님 이래 불교 교단에서 지켜온 전통적인 와법(臥法), 즉 자는 법으로 부처님의 열반상이 바로 이 와법이다.

수인

수인(手印)은 인상(印相)·인계(印界)·계인(界印)이라고도 한다. 수인이란 손가락으로 암시하는 방법이며 마음을 어디엔가 잡아 매어 마음을 통일하려는 방법의 하나로 고안된 것이다. 또 불보살의 깨달음이나 서원을 나타내는 방법으로도 쓰였다고 한다.

수인에 대해서는 <장아함경> 권6, <증일아함경> 권3, <미란타왕문경>, <선비요법경>을 비롯하여 당대의 <혜림음의>, <천태소지관> 등에 많은 기록이 있다.

그중 <선비요법경>의 내용을 살펴보면, 사문은 조용한 곳에 좌구를 깔고 결가부좌하여 의복을 가지런히 하고 정신단좌(整身端坐)해서 오른쪽 어깨를 내놓고 왼손을 오른손 위에 놓고 눈을 감고 혀를 입천장에 붙여 마음을 안정시켜 흐트러지지 않게 한다. 그리고 생각을 왼쪽발의 엄지발가락 위 한 곳에 모으고 발가락의 반 마디를 밝게 관하여 "여드름이 일어나는 생각을 하고 밝게 관하여 극히 명료하게 하며, 그러한 뒤에 여드름이 사라지는 생각을 한다. 발가락의 반 마디를 보고 극히 희고 깨끗하게 하여 흰 빛이 있음과 같게 한다."고 하였다.

또 "부처님을 생각함으로써 여러 가지 업보장과 번뇌장을 제거하라. 염불자는 우선 단정히 앉아서 차수하여 눈을 감고 혀끝을 올려서 입천장에 닿게 하고 한 마음으로 생각을 붙들어 맨다."고 구마라즙이 번역하였다.

차수(叉手)는 공수(拱手)의 속어로 왼손을 위에 오른손을 아래로 마주 잡아서 공경하는 뜻을 나타내는 예법이다(인도의 차수는 합장하

는 것). 왼쪽 엄지손가락을 꼬부리고 나머지 네 손가락으로 감싸 주
먹을 만들고 오른쪽 다섯 손가락을 펴서 왼손을 덮은 다음 좌우의
팔꿈치를 벌려 가슴 사이에 대는 모습, 또 서 있을 때 양손을 가슴
에 대는 것을 차수망흉이라 한다.

위의 예와 같이 수인은 원래 혼란스런 마음을 한 곳에 집중시키
는 목적으로 고안되었다. 그러면 두 손의 위치는 어떻게 되는가. 우
선 인도의 수행자들은 누구나 오른손을 위에 놓고 왼손을 아래에
둔다. 이는 오른손은 청정하고 왼손은 부정하다고 생각하는 인도인
의 관습에서 기인한 것으로 청정한 손으로 부정한 손을 누른다는
뜻이며 부정한 것을 청정한 것 위에 놓을 수 없다는 발상인 것 같
다. 오른발로 왼발을 누르는 가부좌를 하고 있는 것 역시 그와 같은
생각에서인지 자세한 설명은 없다.

여기서 설법인 등 몇 가지 수인을 살펴보자.

먼저 부처님께서 설법할 때의 손 모양을 설법인 또는 전법륜인(轉
法輪印)이라고도 하는데 세 가지가 있다.

첫째, 왼손의 엄지손가락과 약지를 합하고 나머지 손가락은 위로
향하게 하여 조금 펴서 가슴 앞에 대고 오른손으로 왼손 위를 덮는
것처럼 하여 서로 접촉하지 않게 한 모양이다. 둘째, 중지와 엄지를
합하고 약지와 인지는 넓게 조금 굽히고 소지는 바로 세워 오른 젖
가슴 가까이 멈추게 하고 왼손은 옆으로 하여 가슴 밑에 정지한 모
양이다. 셋째, 엄지와 인지를 합하고 중·약·소지를 나란히 펴고
왼손바닥을 위로 향하여 가슴 위에 놓고 오른손은 왼손의 중지의
머리에 대고 손바닥은 밖을 향하게 한 모습이다. 이 세 종류는 화
신·보신·법신의 설법상을 나타낸 것이다.

촉지인(觸地印)은 왼손을 쥐어 배꼽 위에 대고 오른손은 늘어지게 땅을 향하고 손바닥은 안으로 향하고 다섯 손가락은 다 벌린 모양이다. 시무외인(施無畏印)은 오른손을 위로 올려 다섯 손가락을 펴고 손바닥을 밖으로 향하게 한 모양으로 때로는 시원인(施願印)과 같이 쓴다. 무소외(無所畏)의 덕을 베풀고 두려움을 없애는 인상(印相)이다. 여원인(與願印)은 시원인, 만원인(滿願印)이라고도 한다. 오른손을 벌린 채 아래로 내리고 손바닥은 밖으로 향한 인상이다.

법계정인(法界定印)은 양손을 겹쳐 무릎 위에 놓고 양 엄지 끝을 서로 맞댄 모습으로 태장계 대일여래의 법계정인이다. 이 법계정인은 선정인(禪定印)으로 널리 알려져 있는데 우리나라 선원에도 정착되어 있다. 밀교에서는 이 법계정인을 이법신(理法身), 즉 진리 그 자체로서 신체를 가진 대일여래가 평등을 나타내기 위해서 표현한 수인이라고 한다. 오른손 다섯 손가락은 불세계(佛世界)의 5대인 지·수·화·풍·공을, 왼손 다섯 손가락은 중생계의 5대를 표상한 것으로서 두 개를 포갤 때 중생과 부처가 둘이 아닌 하나임을 표현한 것을 뜻하였다고 한다. 후에 밀교 시대에 변형되어 정착된 것으로 생각된다. 불상이나 불화에 표현되어 있는 것을 참작하면 쉽게 알 수 있다.

근본불교와 부파불교

불교를 체계적으로 분류할 때 소승불교·대승불교·비밀불교(밀교)·선불교 등 넷으로 구분한다. 또 근본불교·원시불교·부파불교라는 용어도 사용한다.

근본불교(根本佛敎)란 불교가 발전하는 데 근본이 되는 불교라는 뜻이다. 일반적으로 원시불교(原始佛敎)와 같은 의미며 부처님 재세 시의 불교를 말한다. 또 부처님의 깨달음 내용과 그 가르침을 말하기도 하고 부처님과 그 당시의 제자 시대의 불교에 한하여 근본불교라고 한다. 그리고 원시불교란 부처님께서 성불한 후 45년 동안 제자들과 일반인들에게 직접 설법한 기간을 말하기도 한다. 그러나 근본불교나 원시불교라는 용어는 경전에는 없다. 130여 년 전에 학자들이 만든 용어다.

부처님이 입멸하신 후 캇사파와 아난다가 주도한 제1결집이 원만히 끝남으로써 교단은 안정되었다. 그 후 100여 년 동안 단일 교단으로 발전하였다. 그러나 불멸 후 100년경에 십사(十事) 문제가 발생하여 300여 년 사이에 18~20개의 부파로 나뉘어졌다. 제2결집으로 불리는 이 사건의 배경은 베살리의 진보적인 밧지족 출신 비구들이 10개 항목의 율을 수정해 줄 것을 요청하면서 비롯되었다.

부처님의 승가법은 탁발로 음식을 시주받는 것이 원칙이었다. 그러나 시대의 변천에 따라 화폐가 유통되면서 보시도 편리한 화폐로 받을 수 있도록 완화해 줄 것을 제청하였다. 이로 인해 700명의 장로들이 각지에서 모여 7개월간이나 이 문제를 논의하였다. 그러나 진보적인 그들의 주장을 비법(非法)이라고 배척하였다. 이유는 율(律)의 조문은 부처님께서 친히 제정한 것이기 때문에 그 규정을 함부로 수정하거나 폐기할 수 없기 때문이었다. 이 문제는 결국 새로운 형태의 부파불교(部派佛敎)를 탄생시키게 되었다.

그러나 그 전승에 대한 것은 기록이 다르다. 북전(北傳)에는 마하 데바(Mahadeva, 大天) 비구의 오사망어(五事妄語 : 다섯 가지 비난) 사건이 원인이 되었다고 하였으며 남전(南傳)에는 십사 문제가 원인으로 기록되어 있다. 또 사건의 발생 연대도 불멸 후 100년, 110년, 116년, 137년, 160년, 200년 등으로 각기 다르게 되어 있다. 여하간 그로 인해 보수적인 상좌부(上座部)와 진보적인 대중부(大衆部)로 갈리었다. 이것을 근본분열이라 하며 이것이 부파불교의 시작이다.

불멸 후 200년 초 대중부에서 일설부(一說部) · 설출세부(說出世部) · 계윤부(鷄胤部)의 셋으로 갈리고 계속해서 다문부(多聞部) · 설가부(說假部)가 생겨났다. 또 200년 말에 제다산부(制多山部) · 서산주부(西山主部) · 대중부(大衆部) 등 본말(本末) 합하여 9부가 되었다.

근본분열 후 상좌부는 히말라야 지방으로 쫓겨 가 불멸 300년 초에 둘로 갈려 설일체유부(說一切有部) · 설산부(雪山部)가 되었다. 다시 설일체유부에서 독자부(犢子部)가 갈려나가고 독자부에서 또 법상부(法上部) · 현주부(賢胄部) · 정량부(正量部) · 밀림산부(密林山部)의 4부로 나뉘었다. 다시 설일체유부에서 화지부(化地部), 화지부에서 법장부(法藏部)로 갈렸다. 300년 말 설일체유부에서 음광부(飮光部)가 분리하였고 400년 초에 경량부(經量部)가 생겨 상좌부는 본말 11부가 성립하여 20부파가 되었다. 이 재분열을 지말(枝末) 분열이라 하고 이것을 소승 20부파라 부르며 북방으로 전승되었다.

남방의 전승에 의하면 불멸 후 200년경에 베살리 지역의 밧지 족 출신의 비구가 새로운 십사(十事)를 주장하여 교단에 분쟁이 생겨 장로 야사가 대중을 소집하여 찬반을 논의하였다. 그때 동방 밧지 족의 자유관용파(대중부)는 찬성하고 서방의 엄숙파(야사파, 상좌부)는 반대하여 2파로 갈렸다. 그 후 100년 동안 대중부는 6부, 상좌부는 12부 총 18부가 되었다.

아소카 왕에 의해 스리랑카에 불교가 전해진 후 상좌부 교단은 불멸 후 400년경, 그때까지 구전으로 전승되어 오던 부처님의 법을 처음으로 문자화하였다. 그것이 현재 남방불교 교단에 전해오는 남전삼장(南傳三藏), 즉 팔리 어 원전이다.

부파불교의 특징은 논장의 성립이다. 인도 전역으로 확산된 부파불교는 결과적으로 인도불교 발전의 원동력이 되었다. 그것은 각 부파마다 경·율·논 삼장을 전지(傳持 : 불법과 계법을 상전하여 보고 하고 지키는 것)하여 독자적인 체계와 철학으로 논장을 발전시켰기 때문이다. 물론 제1결집으로 경장과 율장의 원형이 성립되었지만 그와는 별도로 논장, 즉 아비다르마는 부파불교 성립 이후 BC 250년 경부터 AD 전후에 완성되었다. 이로써 경·율·논 삼장이 구비되었다.

'다르마'는 법을 뜻하고 '아비다르마'는 법의 연구 또 교법의 연구를 뜻하며 후에는 대법(對法 : 법의 연구)이라 번역하였다. 다르마란 말은 불교 이전부터 사용하였지만 아비다르마는 불교의 독자적인 용어다. 물론 부처님 재세시부터 제자 간에 논의하고 연구되어 왔지만 부파불교 성립 이후부터 그 양이 증가하면서 논장으로 독립하게 되었다.

상좌부의 논장 7종이 BC 250~AD 50년 사이에 성립되었다. 설일체유부의 논장도 7장이 있다. 현재는 실전되었지만 유부 삼장 67부, 대중부 15부, 상좌부 14부, 법장부 42부, 정량부 15부, 화지부 22부, 음광부 17부 등이 있었다. 그 외 논장에 대한 주석서가 만들어졌지만 세일론의 상좌부와 유부 것만 몇 개 남아 있다.

부파불교는 신앙 면에서도 장족의 발전을 이룩하였다. 그것은 불교의 근본 목표인 오직 윤회를 벗어나는 길은 깨달음에 의한 해탈만이 최고의 이상이며 목적이었던 것을 '계'를 지키고 '보시'를 행하고 '공덕'을 쌓으면 사후 생천(生天)하게 되고 그 결과로 최고 경지인 열반에 이르게 된다고 강조함으로써 민간 신앙에 큰 영향을 끼치게 되었다(이것은 인도 본래의 戒論, 施論, 生天論을 부파불교에서 열반으로까지 발전시킨 것이다).

그리고 여러 나라로 전파된 부파불교는 부처님의 교훈대로 그 나라 언어로 설교하고 그 나라 문자로 번역하였다. 그래서 많은 사람들이 불교를 쉽게 접할 수 있었고 쉽게 신앙하게 되었다. 그런가 하면 부파에 따라 독특한 교리를 체계화하고 합리적으로 성실히 실천한 부파는 오랫동안 번성하였고 그렇지 못한 부파는 자연적으로 도태의 길을 걷게 되어 곧 자취를 감추고 말았다.

소승불교와 대승불교

부처님 입멸 후 캇사파가 중심이 되어 경전을 결집하고 계를 지키며 수행하는 전통적 보수 교단을 소승불교라고 한다. 소승이란 명칭은 대승불교가 성립한 후 대승 측에서 소승을 폄하하여 칭한 데서 유래된 말이다.

승(乘)은 싣는다, 운반한다는 뜻이며 불교에서는 미혹한 중생을 고통받는 차안(此岸 : 이 세상)에서 괴로움이 없는 깨달음의 경지(彼

岸)로 인도하는 교법(敎法)을 가리키는 말이다. 그러니까 승은 진리를 깨닫게 하기 위한 가르침의 한 수단인 셈이다.

소승은 자리(自利), 즉 자신의 구제(해탈)만이 목표로 삼은 출가주의로 세속을 버리고 출가하여 엄한 계율을 지키고 수행해야만 해탈할 수 있다고 본다. 그러므로 재가자(在家者 : 세속인)는 해탈에서 제외되었다. 이것은 불교의 자유, 평등사상을 저버린 편협한 행위로서 소승불교 소리를 듣게 된 원인이기도 하다. 물론 제자나 신도를 교화하였기 때문에 자리 일변도는 아니지만 교리 자체가 자기 수행 위주로 되어 있다.

그러나 부처님은 제자들에게 비구·비구니·우바새·우바이 등 사부대중이 같이 실천할 수 있는 적법한 수행 방법을 가르쳤다. 그런데도 자리 위주의 교리를 고집하였기 때문에 자연적으로 폐쇄성을 띠게 된 것이 소승이다.

소승에 비해 대승은 재가자와 출가자를 구별하지 않고 사부대중 모두를 수용하였다. 그것은 대승불교 운동이 재가자 중심으로 일어났기 때문이기도 하지만 자리이타(自利利他)의 실천이 바로 자기완성이며 자각각타(自覺覺他 : 자기가 깨닫고 난 후 남도 깨닫게 한다)의 교리를 근본으로 삼았기 때문이다. 대승불교에서 소승불교의 계율을 받아들여 재가자와 출가자를 구별하게 된 것은 후대의 일이다.

소승에는 성문(聲聞)과 연각(緣覺)의 이승(二乘)이 있다. 성문은 부처님의 가르침을 직접 듣고 사제법의 도리에 의해서 깨달은 사람들이며 연각은 부처님의 가르침에 의하지 않고 12인연의 도리를 역순(逆順)으로 관찰하여 벽지불과를 증득하여 아라한(소승불교의 최상위 성자. 성문·연각·아라한이란 명칭은 인도의 여러 종교나 자이나교에서도 공통적으로 사용하였다)이 되는 것이 목표였다. 벽지불(辟支佛)은 독각(獨覺)을 말한다. 독각은 타인의 가르침에 의하지 않고 홀로 수행하여 깨달았기 때문에 무사독오(無師獨悟)라 하고 연기의 도리를 깨달았다 하여 연각이라 번역하였다. 또 독각은 일반인을 상대로 설법하거나 교단을 만들지 않고 다만 중생의 기원에 따라 자유자재한 신통력으로 중생을 구제할 뿐이며, 우리나라의 경우 독성(獨聖)으로 불리는 빈두로(賓頭盧) 존자, 일명 나반(那畔) 존자가 유명하다.

이들 이승은 자기만의 깨달음에 만족하여 중생 구제의 자비 활동을 하지 않기 때문에 대승 측에서 보면 용렬한 수행자라 하여 소승이라 하였다. 또 다른 점은 소승은 회신멸지(灰身滅智), 즉 몸과 마음과 번뇌를 모두 없애는 경지를 추구하는 것이 최종 목적이기 때문에 현실 사회에서 이타행(보살행)을 적극적으로 실천하는 대승 측에서는 일종의 허무주의자라고 비난하였다. 이런 관점에서 보면 보살은 상근(上根), 벽지불(연각·독각)은 중근(中根), 성문은 하근(下根)이라 한다. 근(根)은 능력을 말한다.

소승에 비하여 대승의 보살은 '상구보리 하화중생(上求菩提 下化衆生)'의 이타행을 목표로 삼았다.

대승불교에서는 발심한 사람 모두를 보살이라고 하는데 그 명칭 또한 다양하다. 각유정(覺有情)·도심중생(道心衆生)·대사(大士)·고사(高士)·개사(開士)라 번역하였다. 보살은 보리살타(菩提薩陀)를 줄인 말이다.

보살은 보시·지계·인욕·정진·선정·지혜의 육바라밀을 실천 수행해야 한다. 이것이 난행도(難行道)의 가르침이다. 수행법으로는 교·리·행·과 네 가지가 있다. 즉, 언어에 의한 가르침(敎), 그 가

르침 중에 설한 도리(理), 그 도리에 의해 수행(行)한 인(원인)의 결과
로서 깨달음(果)을 얻는다. 다시 말해 실천한 결과로 깨달음을 얻는
것을 말한다. 교는 성인이 사람을 지도하기 위하여 표현하는 말이
며, 마음에 있는 것은 법이며, 법을 말로 나타낸 것을 '교'라 한다.

보살도 소승불교에서는 석가모니 전신인 석가보살과 미래불이 될
미륵보살뿐이었다. 물론 과거 7불이나 24불도 보살이었던 때가 있
었지만 그것은 이미 성불한 부처님의 전생 설화다. 그러나 대승불
교는 수행하는 사람은 누구나 보살이라고 하였다. 이것이 <법화
경>에서 설하는 일승의 가르침이며 그보다 더 나아가 수기(授記)를
받지 않은 중생도 발심하면 정각을 이룰 수 있다고 한 데서 화엄경
10신(十信)의 최후에 '초발심시변정각(初發心時便正覺)'이라 했다.

BC 317년에 마우리야 왕조가 세워지고 3대 아소카 왕이 즉위 8년
만에 인도를 통일하였다. 아소카 왕은 불교 전파를 위하여 9개 지방
에 전법사를 파견하였다. BC 187년 마우리야 왕조가 붕괴되고 그리
스 인의 뒤를 이어 북방 유목 민족이 북인도를 지배하게 되었다. 이
들 외래 민족의 침입으로 인도 고유문화가 서서히 변형되어 갔다.

카니시카 왕은 중앙아시아에서 이란까지 세력을 확장하여 아소카
왕 이래 두 번째 인도를 통일하는 위업을 달성한 인물로서 그 여세
로 로마와 통상을 시작하고 유럽 문화를 받아들였다. 이로써 인도
고유문화와 중앙아시아, 로마 문화가 혼합된 두 가지 문화가 새롭
게 태어나게 되었다.

이 같은 환경에서 고대인도 학문의 총칭으로 불리던 오명(五明)이
더 발달할 무렵에 대승불교가 형성하기 시작하였다.

여기서 먼저 대승 보살의 가르침인 일승(一乘)의 교리를 보자.

'승'은 앞에서 언급한 대로 중생을 깨달음으로 인도하는 가르침(敎)을 비유한 것이며 일승은 일불승(一佛乘)이라고도 한다.

불교의 교설은 어느 것이나 뚜렷한 존재 의식이 있어서 제각기 사람을 깨달음으로 인도하기 위한 방편(수단)으로 설한 것이지만 실은 오직 하나뿐인 진실한 가르침이 바로 일승 사상이며 어떤 사람도 모두 부처가 된다고 주장하였다. 그 대표적인 경전이 <승만경>, <법화경>, <화엄경>이며 특히 <법화경>에서 강력히 주장하였다. 따라서 사람의 소질과 능력에 따라 성문·연각·보살 등 그 나름의 고유한 실천법(수행법)이 있다는 견해, 즉 삼승(三乘)은 일승으로 이끌기 위한 방편에 지나지 않음을 밝혔다. 즉, 삼승이 일승이라는 것을 깨닫게 하는 가르침이 곧 일승교이다.

여기 재미있는 일월삼주(一月三舟)의 비유가 있다.

달 밝은 밤, 강가에 세 척의 배가 물 위에 떠 있다. 움직이지 않고 정지되어 있는 배를 탄 사람은 달이 허공에 가만히 떠 있다고 생각한다. 남쪽으로 떠내려가는 배를 탄 사람은 달이 북쪽으로 움직인다고 생각한다. 이와 같이 불법의 진리는 오직 하나(달)인데 사람들이 접하고 받아들이는 방법(세 개의 배)에 따라 다양한 불법으로 변한 것을 비유한 것이다.

<화엄경>에서는 실유불성(悉有佛性)의 사상이 설해졌다. <도행반야경>, <승만경>, <대집경>, <보적경>, <오교장>에서는 자성청정심(自性淸淨心)과 여래장(如來藏) 사상을 발전시켰다. 그런가 하면 <반야경>에서는 공(空)사상이 설해지고 공사상은 연기(緣起)를 곧 공으로 보는 교리로 발전하였다. 그리하여 공사상은 대승불교의 특색 중 하나로 자리 잡게 되었다. 따라서 여러 가지 삼매, 즉 백팔삼

매까지 설해지게 되었다.

이런 과정을 거쳐 대승불교는 여러 나라에 전파되어 그 나라의 전통적인 토속 신앙과 습합하거나 새로운 형태의 불교 의식이나 불교문화를 창출하면서 서서히 자생력을 길러 나갔다.

사실 대승불교의 원류를 정확히 규명한다는 것은 심히 어려운 일이다. 다만, 원시·부파불교를 거치면서 토속적 신앙을 포함하고 힌두이즘을 기반으로 한 큰 흐름 속에서 상호 작용하면서 형성, 발전한 것만은 사실이다.

대승불교의 특징을 여러 면으로 고찰해 보면 보살 사상과 육바라밀의 실천, 보리심의 완성, 법신·보신·응신 삼신설, 법공(法空)과 진여(眞如)의 관념 등이다. 특히 자리이타의 사상, 법공 사상, 법신 진여 사상은 대승불교의 결정적 특징이라 할 수 있다.

또 한 가지 외적 특징을 보면 인도의 전통적 힌두교는 인도인의 사회와 그 운명을 같이 하였지만 인도의 토양 속에서 발생한 불교는 일찍부터 출가자에 의한 전도를 통하여 인도 문화권을 벗어나 해외로 진출, 비약적인 발전을 하였다. 그로 인해 세계 3대 중의 하나로 우뚝 솟아나게 됐다.

대승경전의 성립

부처님 입멸 후 5, 6백 년이 지나면서 원시불교는 차츰 침체 현상을 나타냈다. 부처님 재세시는 부처님께서 직접 지도해 주었지만 열반에 드신 2백여 년 후, 아소카 왕 시대에 진보적인 수행승들이 새로운 교의(율) 열 개 조항의 승인을 교단에 요청한 것이 발단이 되어 400년 말에 이르러 부파불교가 성립하여 20여 개 부파로 분열하였다는 것은 이미 설명하였다. 각 부파는 한 명이나 세 명 내지 다섯 명의 소그룹을 만들어 갖가지 형태의 수행 생활을 하였다. 물론 그중에는 재가 신도를 위하여 열심히 포교 활동을 하는 비구도 있었지만 그보다는 현실의 괴로움을 극복하기 위해서 아라한과를 증득하여 열반에 들기를 희망하는 경향이 농후했다.

그 같은 흐름 속에서 1세기경 승원(가람, 절) 제도가 성립함에 따라 비구들이 승원에서 생활하게 되었다. 물론 탁발하는 전통은 남아 있었지만 재가신도들의 초청을 받아들이는 등 변화가 있었다. 더욱이 보다 나은 생활을 위해 비구가 된 예가 있음을 한탄한 율장의 기록도 있다. 이런 분위기였기 때문에 신도의 교화는 형식적이고 비구와 신도와의 관계는 오직 기복에 비중을 두어 공덕을 쌓게 하는 매체로 전락하게 되었다. 그런 역사적 인과관계로 해서 우리 불교 역시 기복 불교가 성하게 되었는지 모를 일이다.

학문적으로 깊은 연구가 이루어지기는 하였으나 그것은 수준 높은 일부 학승들의 전유물에 불과한 것이고 일반인이나 신도에게는 아무런 영향을 미치지 못하였다.

이런 상황에서 1세기경부터 남인도에서 서인도, 북인도로 대승불교 운동이 확산되어 갔다. 이를 입증해 주는 것은 <법화경>과 여러 경전의 편집이나 발전사에 잘 나타나 있다. 특기할 것은 대승불교운동의 중심이 된 것은 승려가 아니라 재가신도였다는 점이다. 또한 여러 집단의 목표가 새롭고 폭 넓은 자리이타의 실천임이 입증된 것이다.

초기 대승불교 운동의 목표는 첫째, 출가자와 재가자와의 협동이었다. 둘째, 경전 중심의 문학 활동이다. 다시 말하면 ① 새로운 불보살 등장(과거에는 석존불과 석존 수행시의 1보살뿐이었다), ② 공사상(실체의 부정), ③ 구제와 자비(자리이타), ④ 신앙 강조, ⑤ 열반 희구를 목표로 한 대승불교운동 등이 요원의 불길처럼 번져 나가기 시작했다.

그 같은 추세에 따라 대승경전인 <반야경>, 즉 <반야바라밀경>을 만들게 되었다. 참고로 밝힐 것은 대승불교의 태동으로 편집된 대표적인 경전이 <반야경>이지만 그 외에 <법화경>, <화엄경>, <무량수경>, <대보적경>, <보살본업경>, <승만경>, 후기에는 <유마경>이 편집되었다. 따라서 여러 불보살, 예컨대 과거·현재·미래의 삼세 불보살이 출현하게 되었다.

반야경전의 성립 과정을 살펴보면 참으로 특이한 점을 발견할 수 있다. 그것은 21년간의 설법 기간과 600권이나 되는 방대한 양이며 그 경전을 제작하는 데 자그마치 800년이나 걸렸다는 사실이다. 구체적으로 설명하면 부처님께서 45년간을 설법하였는데 그 절반에 가까운 21년을 할애하여 <반야경>을 설하였으며 그 분향이 600권이나 된다. 실은 600권 외에 198권이 더 있음으로 도합 798권인 셈이다.

그 증거를 들면 지루가참(支婁迦懺)이 중국에 와서 처음으로 <도행반야경> 10권과 <반주삼매경>, <보적경>을 번역한 것이 197년이며 803년 후인 982년에 천식재(天息災)가 마지막으로 <불모출생경>을 번역하였다. 그런가 하면 현장 삼장이 <대품반야경> 600권의 번역을 끝낸 것이 663년이고 다음 해인 664년에 옥화궁에서 56세로 입적하였다(일설 663년, 665년 설도 있다). 이 기록을 참고할 때 600권 외에 198권의 <반야경>이 있음이 확실하다.

<반야경>은 한결같이 선정에 의한 공의 실천으로 반야지혜의 완성을 강조한다. 다시 말하면 여기에는 수행자들이 궁극적으로 도달하게 될 목표를 명확히 제시해준 중요한 내용이 담겨 있다. 21년간의 설법, 798권이나 되는 방대한 양, 공의 원리 한 가지만을 설명한 내용, 800년이란 오랜 세월에 걸쳐 만든 것 모두가 유사 이래 그 유례를 찾아볼 수 없는 전무후무한 대 역사라 하겠다. 이에 대해서 인도인의 끈기도 끈기지만 중국인의 신심에 의한 인내심 또한 경탄하지 않을 수 없다. 굳은 신심의 밑받침이 없었다면 생각조차 할 수 없는 일이다. 인도에서 중국까지의 거리가 얼마며 그에 소요된 인원과 중도에서 사고로 죽었거나 자연사한 사람까지 합친 인명 피해 등 물질·시간·고통·노력 등을 만일 금전으로 따진다면 과연 어떠한 계산이 산출될 수 있을까. 이같이 어려운 일을 왜 실천하였는가.

돌이켜 생각해보면 이러한 모든 일들의 궁극적인 목표가 자신을 포함한 모든 중생들이 다함이 없는 무명의 번뇌 속에서 다겁생을 육도를 윤회해 왔고, 앞으로도 윤회할 후학(중생)들을 위한 자비행이라면 그간의 노고와 희생은 우주 공간 속의 티끌 하나보다도 더 가벼울 것이라고 비유할 수 있을 것이다.

밀교와 불교의 쇠퇴

밀교

밀교란 비밀불교(秘密佛敎)를 줄인 말이다. 밀교는 불교의 여러 교리 중 그 뜻이 가장 심원하여 그 경지를 직접 체험해 보지 않고는 감히 어떻다 말할 수 없고, 더구나 사유의 대상이 아니라고 한다.

밀교는 지금까지 추상적으로 설해진 오묘한 불교의 진리를 체계적으로 구상화하는 데 크게 공헌하였다. 물론 현교(顯敎)에서 언어나 문자로 그 뜻을 분명히 밝혀 놓았지만 그것은 언어나 문자에 의한 추상적인 설명일 뿐 즉각적, 감각적, 시각적인 면에 있어서는 미흡한 것이 사실이다. 이 점을 보완하기 위하여 우주의 진리나 불보살의 세계를 이해하기 쉽게 각종 색채를 융합하여 감각적인 회화로 다양한 만다라(도상·탱화)를 형성화한 점이 밀교의 특색이며, 밀교의 발생은 화려한 만다라 문화를 성립시킨 계기가 되었다.

만다라(曼茶羅)는 원래 단(壇), 신성한 단(영역)에 불보살을 배치한 그림(도상)을 말한다. 그 내용은 다양하게 전개된 여러 가지 신앙형태를 하나로 체계화하고 통일하는 원리와 우주의 진리를 표현한 것이다. 그 뜻은 본질, 혹은 진수(眞髓)를 의미한다. 만다라는 진언(眞言) 밀교에서 말하는 초월적, 절대적인 법신 대일여래(大日如來)의 깨달은 경지를 그림으로 표현한 것이며, 또 진언 행자의 우주적 심리의 영사도(映寫圖)라고 할 수 있다.

만다라는 크게 두 종류로 나뉘는데 <대일경>을 소의경전으로 하는 태장계(胎藏界) 만다라와, <금강정경>을 소의경전으로 하는 금강계(金剛界) 만다라가 그것이다.

인도에서는 만다라를 토단(土壇) 위에 호분(胡粉)으로 그림을 그렸고, 중국과 우리나라, 일본에서는 족자 형식으로 변하였다. 진언 밀교에서는 만다라를 예배 대상이나 관상 대상으로 삼았다.

밀교를 3단계로 분류하면 다음과 같다.

제1단계 초기 밀교인 잡부 밀교(雜部密教, 잡밀)는 주술적, 샤먼적으로 1세기 이후 태동하였다. 제2단계 중기 밀교인 순수 밀교(純粹密教, 순밀)는 의례적으로 7세기 이후 발전하였다. 제3단계 후기 밀교인 비의적(秘儀的 : 비밀한 의식 행위) 밀교는 성력(性力, 샤크티)으로 8세기 이후에 성립하였다. 이 중에서 제1, 2단계의 밀교가 중국, 우리나라, 일본에 전래되었다. 또 초, 중기 밀교는 진언승(眞言乘, 진언도)이며 주술과 샤먼적 색체가 중심을 이루었다.

인도 밀교에는 금강승(金剛乘) · 구생승(俱生乘) · 시륜승(時輪乘)의 3대 구분이 있다. 이들의 중심이 되는 금강승에서 탄트라승, 즉 탄트라 밀교가 파생하였다. 탄트라는 힌두교의 쉬바파 중에 특히 성력을 숭배하는 집단의 문헌을 총칭하는 말이다. 다시 말하면 초기 밀교인 잡밀 시대는 부처님의 설법 형식을 그대로 답습하였다. 그러나 신앙 형태는 옛 관습대로 세간 차원의 주술에 의한 소재초복(消災招福)을 목적으로 한 의식 중심이었다. 이와 같이 정통 불교와 토속적인 주술 행위가 혼합된 신앙 형태를 이루게 된 것은 당시 인도의 고유문화와 침입자인 아리안 문화가 복합된 새로운 힌두교 문화를 탄생시킴으로써 바라문의 의례와 새로 생긴 힌두이즘의 민간 신앙이 결국 대승불교에 크게 영향을 끼쳤기 때문이다.

대승불교는 성립 초기부터 주술적 신비주의적 색채를 띠게 되었다. 불멸 후 3백 년경 화지부에서 분파된 법장부에는 삼장 외에 주장(呪藏)이 만들어졌고 <대반니원경>에도 수호주(守護呪)가 있음이 그 증거다(밀교의 기원에 대한 이설도 있다).

중기 밀교인 순밀 시대는 석가모니불 대신 대일여래(大日如來)가 본존불로 등장하여 설법주가 되고 대일여래의 깨달음의 경지가 구경 목표가 된다. 이로써 대승불교 사상과 밀교의 비밀 의식이 밀접하게 융합하게 되었고 수행법으로는 신·구·의 삼밀(三密)을 실천하게 되었다. 삼밀이란 육대체(六大體), 사만상(四曼相)에 대한 삼밀을 말한다. 신밀(身密)은 신체상의 모든 행위, 즉 우주의 전체적 활동을 말한다. 구밀(口密)은 언어상의 모든 행위, 즉 우주 내의 모든 언어와 음성상의 활동을 말한다. 의밀(意密)은 정신상의 모든 행위, 즉 우주 내의 모든 정신활동을 말한다. 일반 불교에서 모든 삼밀은 신·구·의 삼업을 말한다. 그러나 밀교에서는 신·구·의 삼업이 그대로 법신 대일여래의 6대 작용이므로 세 가지 비밀, 즉 삼밀이라 한다. 6대란 만물을 성립시키는 만유의 본체인 여섯 가지 근본 요소로서 지(地)·수(水)·화(火)·풍(風)·공(空)·식(識)을 말하고 이 여섯 가지는 서로 편만하여 있어서 대(大)라 한다. 밀교에서는 이 여섯 가지가 대일여래를 상징한 것으로 본다.

삼밀은 첫째, 손으로는 결인(結印)을 통하여 우주의 신밀(동작의 비밀)에 합치해야 한다(후기 밀교에 오면 결인은 에로틱한 동작으로 발전한다). 둘째, 입으로 진언을 외워서 우주의 어밀(語蜜, 소리의 비밀)에 합해야 한다(후기 밀교에 오면 에로의 극치에서 발하는 본능의 소리로 발전한다). 셋째, 생각이 중생과 부처님이 하나가 되는 삼매에 들게 하여 우주의 심밀(心密, 정신상에 일어나는 비밀한 명상)과 하나가 되어야 한다(후기 밀교에 오면 남녀의 완전한 결합의 경지, 즉 쌍입불이·남녀불이로까지 발전한다).

현재 우리의 삼밀(중생의 삼밀)이 우주적 에너지 활동인 그 원(源)으로서의 삼밀(부처님의 삼밀)의 그 본래적 기능으로 되돌아간 경지를 삼밀유가(三密瑜伽)·삼밀상응(三密相應)·삼밀가지(三密加持)라 한다.

삼밀가지의 가지(加持)란 부처님의 대비와 우리들의 신앙심을 말한다. 비밀 행자는 부처님의 빛과 우리들의 마음이 서로 비치고 빛나는 경지를 철저히 명상해야 한다. 그때 이 육신 그대로 불멸의 법신인 대일여래임을 확신하게 된다. 또 남자의 정수가 여자의 궁전에 새어 들어가는 것을 가(加), 파정된 정수를 여자의 모태에서 키우는 것을 지(持)라고도 한다. 6대는 서로 걸림이 없어 본질의 움직임이므로 네 가지 만다라 역시 각각 떨어지지 않으니 삼밀이 가지하는 곳, 거기에 깨달음이 나타나 이 세상 티끌 하나도 부처님이 아닌 것이 없다고 하였다.

7세기 중엽에 성립한 <대일경>과 7, 8세기에 걸쳐 성립한 <금강정경>의 주술적 관념과 의례가 승화하여 깨달음과 직결되면서 현세 이익을 목적으로 한 기도까지 깨달음의 경지로 이해하려는 경향이 농후해졌다. 그 같은 경향은 수행자는 부처님(진리)과 일체가 되어 부처님의 가지(加持 : 불보살의 불가사의한 힘으로 중생을 보호하는 것)를 받음으로써 현실적인 이익을 자신은 물론 제3자에게 회향할 수 있다고 생각하게 되었다.

여기서 더 발전하여 가지성불(加持成佛 : 부처님의 삼밀과 중생의 삼업이 서로 가지감응하여 이 몸 그대로 부처님이 된다) 사상은 즉신성불

(卽身成佛 : 현재의 육신 그대로 성불한다) 사상으로까지 발전하게 되었다.

또한 밀교의 2대 경전인 <대일경>과 <금강정경> 외에 <반야경>의 부정적인 논리를 적극적인 현실 긍정으로 전환시킨 밀교 경전인 <이취경(理趣經)>(반야부 578권째)에서는 인간의 현실적인 모든 욕망을 긍정함으로써 성(性)도 청정한 보살의 경지라고 갈파하였다. '이취'란 지혜의 피안에 도달한 상태를 설한 것이란 뜻이다. <이취경>의 현실 긍정은 인간의 욕망을 그대로 수용한 것이 아니라 수행에 의한 반야지(般若智)를 통해서 인간 본능의 욕망을 본질적인 우주 생명으로 승화(전환)한 것을 말한다. 따라서 근본 번뇌인 욕망은 청정무구한 구경지(究境智)가 된다는 것이다. 즉, 현실적인 존재와 우주 생명과의 융합은 결국 남성과 여성과의 만남을 극대화하여 신성시하며 불이(不二)의 경지를 대락(大樂)·묘적(妙寂)이라 하였다.

대락이란 '보편 절대의 대 안락'을 뜻하고 묘적이란 '남녀의 교합을 비길 바 없는 황홀경'을 뜻한다. 즉 대락과 묘적 사상을 인간으로서 더 이상 도달할 수 없는 극치로까지 표현하여 완벽하게 밀교화하는 데 큰 역할을 한 것이 <이취경>이다.

5세기경에 창건한 나란다(Nalanda, 那爛陀)사(寺)는 대승불교의 중심지로서 많은 대승 교학승을 배출하였다. 나란다사를 시무넘이라 번역 7세기 초 현장(玄裝)이 유학한 절이며, 중국에 밀교를 전한 금강지(金剛智) 선무외(善無畏) 등도 이 절 출신이다. 그 나란다사가 7세기 후반에 갑자기 밀교 중심지로 바뀌게 되었는데 그것은 어느 날 이름조차 모르는 탄트라(주문) 행자가 나타나 16대 호법신장의 그림을 대학 정문에 붙이고 논전하기를 청한 데서 비롯되었다고 한다.

즉, 그와의 논전에서 5백 명의 학승이 논파 당함으로써 밀교의 터전이 되어 후기 밀교의 황금기를 맞게 되었다는 것이다. 나란다 사와 쌍벽을 이루었던 비크라마실라 사(寺)는 5백 개의 학사에 1,080명의 학장(學匠)이 있던 금강승의 본거지였다. 9세기 후에 티베트에 후기 밀교를 전해주었고 밀교의 경궤(經軌)를 번역한 밀교승들은 거의 이 대학 출신들이다.

이같이 8세기 전반부터 이미 비밀적 구상을 갖추어 정체를 드러낸 밀교의 극치라 불리는 무상유가부(無相瑜伽部) 밀교(후기 밀교)가 독립된 수행 체계를 갖춘 것은 8세기 후반이다. 그 수행법이란 성적(性的)인 비밀 의식으로부터 시작된다. 또 비밀 수행은 요가를 실제 행함에 있어서 샤크티(성력)의 의식을 갖는 것이다. 그 의식 외에 오육·오감로라는 음식을 일정한 법에 따라 복용하는 것을 해탈에의 첩경이라 하였다. 오감로란 정수(精水), 견육(犬肉 또는 인육), 인혈(人血), 대·소변의 다섯 가지다. 이같이 상상하기 어려운 의식을 행하게 된 것은 <대일경> 계통의 우도 밀교가 <금강정경> 계통의 좌도밀교(左道密敎 : 좌파 외도)의 세력에 압도당했기 때문이다.

8세기 초부터 서인도에 침입한 이슬람교들은 13세기 초 가장 정밀한 밀교도들이 있는 동인도 벵골 지방까지 침입하여 힌두 사원과 불교 사원을 불사르고 모두 파괴하면서 승려들을 대량 학살하였다.

한편 금강승의 한 유파인 시륜승이 1027년~1060년을 전후로 샴브할라국에서 출현하였다. 시륜이란 시간을 재는 기기이며 시륜사(師)는 시간이 만물의 근본이라고 주장하는 사람들로 그들은 조상학, 점성술을 기반으로 체계를 구성하였다.

시륜승은 비슈누파적 색채와 요가적 샤크티의 요소가 뚜렷하였는데 그 사상 체계와 성취법, 만다라 구성은 방편 남(男), 반야 여(女)의 양 탄트라의 통합을 시도하였다. 시륜을 다시 설명하면 시(時 : 대혜·방편, 남), 륜(輪 : 공성·반야, 여), 즉 방편과 반야, 소우주와 대우주와의 쌍입불이(남녀불이)를 의미한 것이다. 이것은 방편 남과 반야 여의 이원적 대립 관념을 하나로 융합하여 보리심을 발생시키기 위한 의례 행위로 성교가 행해졌다.

이 같은 탄트리즘은 소우주와 대우주, 성행위에 의한 쾌락과 종교체험에 따른 무한한 행복은 앞에서 언급한 대락과 묘적의 경지라 하였다. 그러나 그들은 성행위를 한 의례로서 초심자는 제외되고 중위자 이상에만 차원 높은 은밀한 방법으로 '차크라 푸자(cakrapuja)'를 행하였다. 이것이 비난의 대상이었음은 물론인데 당시의 힌두교와 불교의 현실이기도 하였다.

이러한 이유로 탄트리즘을 인도 밀교(불교) 자체로 보는 사람도 있다. 그들이 불교 사상과 불교 용어를 사용하고 불교 수행 체계를 구성한 데서 이 같은 견해차가 생긴 것 같다. 따지고 보면 그들은 어디까지나 불교를 모방한 한 방법일 뿐 탄트라 밀교는 초기의 잡밀, 중기의 순밀과 다른 제3기인 후기 밀교로써 근본 불교 사상과는 거리가 먼 탄트리즘이었다.

12세기에 접어들면서 이슬람의 치열한 공격으로 나란다사와 비크라마실라사에 산적한 비밀 경궤와 숱한 문헌 등이 모두 한줌의 재가 되었다. 뿐만 아니라 수많은 보물은 그들의 약탈의 재물이 되고 말았다.

부처님은 사실 처음부터 샤먼적 주술이나 바라문의 의례를 엄격히 거부하였다. 불교의 목적은 현세의 기복이나 사후의 생천이 아나라 정혜쌍수(定慧雙修)의 실천으로 정각을 이뤄 열반에 드는 것을 궁극의 이상으로 삼았다. 그러나 비록 출가한 수행자라 하더라도 재가 시절 의례나 주술 등이 일상생활의 일부였기 때문에 하루아침에 버리기란 참으로 어려운 일일 수밖에 없었다. 원시불교나 부파불교, 대승불교에서도 그 관습은 마찬가지였다. 고대부터 인도인의 일상생활이나 종교 생활의 내면에 깊숙이 뿌리 박혀 도도히 흐르고 있는 탄트리즘적인 것을 완전히 단절한다는 것은 문자 그대로 불가능에 가까운 일이라 할 수 있다. 그 같은 상황 때문에 부처님이 입멸한 지 1천 수백 년이 흐른 후기 불교 시대에 이르러 탄트라 밀교의 발전은 어쩌면 당연한 귀결인지도 모르는 일이다.

여기서 중요한 점은 다름 아닌 <초회금강정경>이 대승불교를 부정하는 것으로 밀교의 논리를 확정하였다는 점이다. <대일경>, <주심품>에서 제시한 세계관, 인생관은 순수한 대승적인 반면 <초회금강정경>은 완전한 밀교이기 때문에 내승불교와는 확연히 양립불가능하다는 사실을 인식해야 할 것이다.

<대지론>의 저자이며 중관파의 시조 나가르주나(龍樹)는 여러 외도의 주술은 선업(善業)이 아니기 때문에 삼악도에 떨어진다고 결론지었다는 것은 주지의 사실이다.

불교의 쇠퇴

고대 인도에서 <리그베다>를 중심으로 종교가 성립한 것은 BC 12세기경이다. 그 후 잡다한 여러 종교와 사상가, 논사들이 배출되었다. BC 5세기경 출현한 불교는 여타 종교를 제압하고 빠른 속도로 확고한 기반을 구축해 나갔다.

더구나 부처님 입멸 후 BC 3세기경 아소카 왕이 인도를 통일함과 아울러 인도 전역과 이웃 나라에까지 불교를 전파해 나갔다. 학문·조각·회화·예술 등 문화를 발전시키면서 많은 학승이 배출되는 등 발전을 거듭하였다. 그러나 1세기를 전후하여 승원(가람)제도가 확립되면서 불교는 침체하기 시작하였다.

대승불교가 발달함에 따라 대승 경전의 편찬은 필연적인 요청이었다. 그리고 대승 경전의 편찬은 힌두적인 요소를 융합하는 결과를 가져오게 되었다.

7세기경 밀교(비밀 불교)가 성립하였는데 일설에는 4세기에 편집된 경전에 주술적 의례가 다루어지고 또 '만트라(mantra, 眞言)의 의의'나 만다라에 관한 것도 설해진 데서 4세기경부터 잡밀(雜密)의 시기라고도 한다. 그것은 여하간 7세기에 <대일경>, <금강정경>, 일설에는 <이취경>에 의한 순밀(純密 : 순수 밀교)의 시대가 전개된 것은 사실이다. 8세기 중엽부터는 팔라 왕조가 불교를 신봉하였는데 그 불교가 바로 밀교였고 왕조의 비호를 받은 밀교는 대승불교를 밀교화 시켜 밀교의 전성기를 맞게 되었다.

8세기 후반에는 탄트라 밀교가 성립하였다. 탄트라는 힌두교의 쉬바파 중, 특히 성력(性力)을 숭배하는 문헌을 뜻하는 말이다. 즉, 여신 숭배 과정을 거쳐 여신은 남신을 배필로 삼기 때문에 여신의 에너지(샤크티)는 남신의 기능을 대신하게 된다. 더구나 좌도파(左道派)에서는 인간의 육체에 대한 특별한 행법까지 개발하였다. 결국 지혜와 방편의 이원적인 대립 관념을 하나로 통일함으로써 보리심을 발생시키기 위한 의례로 남녀의 성교 행위를 행하게 하였다. 또

한 힌두 탄트리즘의 좌도파에서도 동일한 의례를 행하였다. 이것을 엄밀히 분석하면 잡밀이나 순밀과는 전혀 다른, 말하자면 남녀 간의 성희의 오르가즘 경지를 불교의 최후 단계인 열반의 경지와 동일시하여 힌두교의 탄트리즘과 동질화시키려 하였다고 볼 수 있다. 만일 그처럼 동질화한다면 불교의 존재 이유는 없어질 수밖에 없었다.

이런 와중에서 이슬람(일명 마호메트교, 회교)이 침입해 왔다. 이슬람교는 교주인 마호메트의 어록인 <코란>이 유일한 경전으로 알라신을 신봉하는 종교다. 그들은 전쟁터에 나갈 때 한 손에는 칼, 또 한 손에는 <코란>을 들고 싸울 만큼 강력했다. 이들이 동쪽으로부터 확산하기 시작하여 7세기 말엽에는 이란과 동아시아를 거쳐 아프가니스탄에 이슬람 왕국을 수립하기에 이른다. 그때부터 인도는 점차 그들의 위협을 받게 된다.

986년경부터 인도 정복을 시작한 가즈니 왕조는 997년에 마하무드가 왕위에 오르면서 2/년간 17회에 걸쳐 북 인도를 원정하여 서쪽의 반을 완전히 장악하였다. 마라무드의 원정 목적은 우선 노예와 물자의 약탈이었고 이민족을 항복시켜 이슬람교도로 개종시키는 것이었다.

그들은 우상 숭배를 가장 혐오하였다. 그런 관계로 불교나 힌두교의 사원이나 사리탑, 유적, 성지를 철저히 파괴하고 승려를 무참하게 학살했다.

그러나 이 기간 동안 데칸 고원에 세워진 라수트라굽타 왕조, 서북인도와 북부 갠지스강 상류 지역에 있던 푸라티하라 왕조, 동인도 지방을 중심으로 한 팔라 왕조 들은 8세기 중엽부터 이슬람 침입에 적극 대항하여 2~3세기 동안 그들의 왕조를 유지하는 데 전력을 다하였다. 특히 벵갈 오랏사 지방을 중심으로 한 팔라 왕들은 모두 불교 보호에 적극적이었기 때문에 이 지방에는 한동안 불교가 번성하였다. 이 시기에 외래문화의 자극을 받기 쉬웠던 서북 인도 스와르 지방에는 밀교가 꽃피었다.

가즈니 왕조는 마하무드가 죽은 후 서쪽 달주크 세력에 밀려 동쪽으로 쫓겨 가다가 새로 일어난 고르 왕조에게 급기야 참혹하게 멸망하고 만다. 고르 왕조는 동남쪽 구르에 살던 투르크계 이슬람 교도들로 구르왕 무하마드는 가즈니 왕조를 정복하여 그들의 본거지로부터 완전히 추방시켰다. 그리하여 이슬람이 북인도에 그 세력을 구축하기에 이른다.

그 후 강력한 저항 세력이 있던 벵갈 만까지 완전 장악한 1206년, 무하마드가 죽고 그의 부장인 아이바크가 옛 도시 델리에 독립하여 최초의 궁전을 건립하여 소위 악명 높은 노예 왕조(1206~1290)를 세웠다. 그러니까 12세기 초부터 이슬람은 다시 공격을 가속화하여 곳곳에 산재해 있는 불교나 힌두 사원을 완전히 파괴시켰다. 그리고 그 안에 보관되어 있던 귀중한 유물과 경전을 남김없이 약탈하고 방화하였다.

그러나 그 찬란했던 불교의 옛 모습은 아직도 여러 기록에 남아 있다. 그 예로 5세기 초엽에 쿠마라굽타 1세가 창건한 나란다 사원은 굽타 왕조의 보호로 점차적으로 확장되었다. 7세기 현장이 체류했던 당시에는 여러 개의 승원과 탑, 예불당이 하나의 외벽으로 둘러싸인 대 사원이었으며 대학이었다. 이곳에서 수학한 현장, 의정 그 외 중국 승려들의 기록에 의하면 여기에서는 단순히 불교 철학만이 아니라 각종 베다의 연구에서부터 문법·음운·천문·의학·바라문계의 철학 등 광범위한 연구가 행해졌다고 한다. 그 당시 나란다는 학문의 전당으로 입학 자격까지 제정하였을 만큼 대학으로서의 기능을 완비하였다.

8세기 중엽 팔라 왕조의 창시자인 고팔라 왕은 오단타푸리 사원을, 다르마팔라 왕은 비크라마실라 사원을 건립하였고 11세기 소마푸리 사원은 벵갈 지역의 학문의 전당으로 유명하였다. 현재의 방글라데시 소재 치타 공원에 있는 판디타 사원에 많은 학승들이 모여 불교 학문을 번성케 했다는 기록만 봐도 불교가 단지 하나의 종교로만 그친 것이 아니라 여러 방면에 이바지한 바가 크다는 것을 알 수 있다.

그런데 AD 1203년, 밀교 연구의 중심인 비크라마실라 사원이 완파되고 말았다. 이 대학을 공격한 목적은 그곳에 있던 수많은 보물 때문이라고 한다. 이 때문에 밀교의 거장들은 부득이 티베트·네팔·남인도·자바 등지로 목숨을 선 피난길을 떠나야만 했다.

이로써 인도 본토에서는 불교의 참모습을 찾아볼 수 없게 되었다. 1234년 마갈타 지방을 순례한 티베트 밀교승의 기록을 보면 나란다 사원은 오직 두 개의 승원만 남아 있었고 밀교의 거장 라훌라쉴라바드는 90세의 고령인데도 70여 명의 제자들과 연구를 하고 있었다고 전하고 있다. 그러나 이슬람의 공격으로 두 개의 승원마저 불길에 휩싸이자 그들마저 어디론가 자취를 감추고 말았다 한다.

그러면 인도에서 발생한 불교가 왜 외세인 이교도의 손에 무참히 짓밟혀 쇠퇴의 길을 걷게 되었는가. 그 원인은 무엇이었을까. 외적 요인과 내적 요인의 두 가지 측면에서 고찰해야 할 것이다.

외적 요인으로는 이슬람교도의 침입으로 철저히 유린당하고 파괴되었음을 지적할 수 있고 내적 요인으로는 우선 부처님 입멸 후 100년경부터 근본 분열이 시작되면서 결국 20개 부파까지 분열하여 교단의 응집력과 결집력이 약화되었다는 점을 들 수 있겠다.

불교와 거의 같은 시기에 생겨난 자이나교는 불교와 같이 고난을 당하였고 힌두 신들을 받아들였다. 그런데도 자이나교단은 응집력이 강하여 재가신자들이 12계율의 의무 사항을 잘 지키고 12종의 통과의례도 확립되어 있었다. 뿐만 아니라 자이나교는 힌두 세계 속에서도 의례와 생활 방식이 뚜렷하여 독자성이 잘 유지되었다. 그러므로 사회적으로도 체제가 뚜렷한 집단으로 인정받을 수 있는 결집력을 내세울 수 있었다. 이것이 바로 자이나교가 힌두 세계 속에서 살아남은 원동력이라 할 수 있다.

그러나 불교는 그 세력이 가장 왕성한 시대에도 바라문을 완전히 제압한 적이 없었다. 오히려 힌두교와 습합하여 차츰 힌두화 하였다. 대승불교가 흥기하여 밀교를 탄생시키면서 바라문의 <리그베다>에 의한 불의 의식은 성(性) 에너지를 일깨우는 준비 의식인데도 그것을 그대로 받아들인 것이 그 증거의 하나다. 캇사파 형제는 원래 사화외도, 즉 불을 섬기는 이교도였으나 부처님과 신통력 대결에서 굴복하고 부처님의 제자가 되었음을 상기하면 불의 의식이 외도임을 쉽게 이해할 것이다.

그리고 부처님이 열반 당시 말씀하신 '자등명 법등명'의 가르침을 생활화하거나 실천하지 않고 오히려 힌두교의 호마법(護摩法)에 의한 주술적인 기복 신앙에 흡수되어 갔다. 특히 탄트라 밀교 시대에는 불교 본래의 목적인 깨달음에 대한 가르침을 외형적인 의식에 편승하려 한 면이 농후하며 불교의 독자성을 상실하고 힌두교와 습합하여 오히려 흡수당하고 말았다. 그 증거로 현재 인도에서는 불교를 바라문교의 한 종파로 인식하고 있는 사람이 많다는 점을 들 수 있다.

물론 힌두교에 불교의 흔적을 남긴 것도 사실이지만, 부처님께서는 재세 시에 이런 일들이 장차 일어날 것을 염려하여 제자들에게 교단의 붕괴는 교단 안에서 일어날 것임을 수차 예언하셨다.

불교 교단은 방대한 조직력을 형성하였는데도 불교도들의 일상적인 생활에 강력한 영향력을 미치지 못한 것이 사실이다. 그것은 교리 자체가 어떤 집단이나 일상생활에 있어서 신앙적인 교리로 이끌어 주는 통제력이 약한 면이 있고, 또 다른 면은 어디까지나 타율적 제재보다 자율에 의한 신앙 행위를 존중했기 때문이기도 하다. 역설적으로 불교의 가장 큰 강점인 자유와 평등사상이 오히려 약점으로 작용한 하나의 역사적 사례라 하겠다.

선의 근원과 선사상

선종에서 부처님의 가르침을 말할 때 선(禪)과 교(敎)와 율(律) 셋으로 나눈다. 선은 부처님의 마음, 교는 부처님의 말씀, 율은 부처님의 행이라 한다. 그중 선은 마하가섭에게 3곳에서 전한 것을 삼처전심이라 한다.

• 삼처전심이란
1. 영산회상에서 연꽃을 들어 이심전심의 뜻을 보이신 것(영산회상염화미소)

2. 다자탑 앞에서 자리를 나누어 앉게 하신 것(다자탑전반분좌)
3. 사라쌍수의 관 속에서 두 발을 보이신 것(사라쌍수곽시쌍부)

그중 염화미소(염화시중), 즉 부처님이 영산회상에서 대중들에게 연꽃을 들어 보이시자 오직 마하가섭만이 미소를 짓자 이때 세존께서 말씀하시기를, "내가 지니고 있는 정법안장 열반묘심 실상무상의 미묘법을 이제 마하가섭에게 부착하노라."고 선언하시었다. 이를 선종에서는 불립문자 교외별전 이심전심이라 하고 일차전심의 여래선이라 한다.

다음의 다자탑전반분좌는 이차전심으로 조사선이라 한다. 마지막인 사라쌍수에서 7보의 금관 속에서 두 발바닥의 폭윤상을 보이시고 구시라성을 7번 돈 것을 3차전심의 교외별전의 선이라 한다.

선의 원에는 산스크리트 어(범어)의 '트야나'를 중국에서 선나(禪那)로 음역한 것을 줄여서 '선(禪)'이라 한다. 그 뜻은 정(定), 정려(靜慮), 기악(棄惡), 사유수(思惟修) 등으로 설명하지만, 실은 선 자체는 아니다.

부연하면 선은 선정의 줄인 말로서 선정은 단순한 이론이 아니라 좌선(坐禪)이라는 행(실천)을 통하여 진정한 이치를 사유하여 닦아, 모든 잡념과 망상이 일어나지 않도록 정신을 고요하게 하여 안정된 경지에 드는 것을 말한다.

그러니까 행주좌와 어묵동정 중에 선악·호오·시비·유무의 분별에서 벗어나 마음이 안락자재한 경지에 머물게 하는 것이 선정의 본 뜻이며 그 수행법을 좌선이라 한다.

이 수행법을 중국에서 최초 실천한 분이 보리달마, 즉 달마대사이다.

선종의 6대조사-보리달마, 혜가, 승찬, 도신, 홍인, 혜능

보리달마(菩提達磨)

보리달마는 서역(인도) 28조며 동토(중국) 선종의 초조(시조)라 한다.

부처님의 이심전심 교외별전의 심법이 마하가섭에게 사자상전하여 12조에 이르러 대승불교를 일으킨 마명(馬鳴)에게, 제14조며 제2의 석가로 불리고 8종조(八宗祖)로 일컫는 용수에게, 제21조인 세친(천친 : 무착의 동생)은 대승불교를 반석 위에 올려놓은 종조이다.

그러나 선법마는 보리달마가 양나라 무제연간에 중국에 건너옴으로서 비로소 선의 터전을 마련하게 되었기 때문에 보리달마를 중국 선종의 초조(시조)라 한다. 그 문하에 2조혜가 3조승찬 4조도신 5조홍인 6조혜능 같은 불멸의 혜성이 나타나 중국불교는 물론 중국 지성인들의 정신세계를 뒤흔들 만큼 큰 선풍을 일으켰다.

보리달마는 남인도 향지국의 셋째 왕자이며 속명은 보리다라이다.

당시 제27대조인 반야다라를 만나 7세 때 출가하여 보리달마라는 법명을 받았다. 달마(達磨)란 크게 통했다는 뜻이다. 달마는 스승 밑에서 40여 년간 교학과 수행을 닦아 반야다라의 심인(心印)을 얻었다. 그는 당시 성행하던 소승선관을 닦는 6파 소승과 여러 이단을 굴복시킴으로써 인도 전역에 그의 명성이 널리 퍼지게 됐다.

달마는 스승에게 소승은 이미 법을 깨달았으니 다른 나라에 가서 불사를 펴게 해 주시기를 건청했다.

스승은 "내가 죽은 뒤 67년을 기다려 동쪽으로 가라. 반드시 너를 기다리는 자가 있으리라."는 유언에 따라 3년여 만에 남지나 해를 거쳐 광주에 온 때는 양나라 무제(보통 7년 9월 21일)이다.

달마는 광주자사 소묘의 영접을 받은 후 곧 양무제를 만나게 됐다. 무제와의 대화에는 여러 설이 있다.

무제가 달마에게 묻기를,

"짐이 그간 천개의 절을 짓고 천 개의 탑을 쌓고 10만의 성려를 길러냈는데 그 공덕이 얼마나 되겠소?"

"아무런 공덕도 없소."

"그러면 어떤 것이 성제제일의 입니까?"

"확연무성입니다."

"짐을 대한 스님은 누구입니까?"

"불식(모르겠소)."

이 첫 문답으로 무제와 달마와의 인연은 끝맺고 말았다.

무제와의 인연이 없음을 안 달마는 강을 건너 위나라 승산 소림사로 들어갔다. 달마가 장강을 건너는 장면을 그린 달마 절로도강도는 유명하다. 즉 무제와 헤어진 달마는 한 줄기 갈대를 꺾어 타고 장강을 건너 소림사로 갔다는 내용을 그린 그림이다. 뒷날 무제는 지공화상에게 물으니, 그는 관음보살의 후신으로 불심인(佛心印)을 전하고자 함이라 하니 무제가 크게 후회하고 곧 모시려 하자 화상이 말하기를, "폐하께서 양나라 사람을 다 보낸다 해도 다시는 돌아오지 않을 것이다." 했다.

달마는 소림사에서 선법을 펼 기회가 오기를 기다리기를 9년여, 이를 달마의 면벽 9년이라 한다.

그 후부터 선승들이 좌선할 때 반드시 벽을 향해 앉게 했다. 그리고 면벽 9년을 사사귀진 응주벽관이라 한다.

참고할 것은 달마대사에 대한 여러 설이 있으나 굳이 어떤 설이 정설이라 고집할 이유는 없다.

혜가(慧可)

어느 추운 날 소림굴로 신광(神光)이라는 젊은 승려가 찾아왔다. 그러나 면벽좌선하는 달마는 찾아온 사람은 아랑곳 하지 않고 묵묵 부동이었다.

신광은 토굴 밖에서 합장한 채 기다렸다. 공교롭게도 밤새도록 내린 눈은 신광의 무릎까지 쌓였다. 새벽 동틀 무렵에야 좌선을 풀고 나온 달마는 신광을 꾸짖었다.

"부처님의 오묘한 법은 다겁동안 신명을 버려가며 정진 수행해도 이루기 어려운데 너같이 서만한 놈이 이찌 불법을 구하려 하느냐?"

"신표(믿음의 표시)를 보여라!"

달마의 엄명이 떨어지기 무섭게 신광은 차고 있던 계도로 자신의 왼팔을 잘라 구법의 신표로 바쳤다.

달마는 즉석에서 신광의 팔을 이어주고 혜가(慧可)라는 법명을 주고 제자로 받아들였다.

달마는 첫 법문으로 "밖으로는 모든 인연을 쉬고 안으로는 마음의 헐떡임을 없게 하라. 마음이 벽같이 되고서야 비로소 도에 들어갈 수 있느니라."라고 했다.

그러나 망상이 없어지고 마음이 고요해 졌다고 깨달음이 이뤄진 것은 아니다. 잘못하면 허무에 떨어져 단멸낙공의 병이라는 위험이 있다.

어느 날 달마는 혜가에게 물었다.

"단멸낙공에 떨어지지 않았느냐?"

혜가는 "마음이 맑고 밝아서 항상 깨어 있어서 아무 것도 얻을 것이 없사옵니다. 하오나 마음이 불안하오니 원컨대 평안하게 해주시옵소서."라고 하자, "그러면 너의 불안한 마음을 내게 가져오너라. 내가 편안케 해 주리라." 하였다.

스승으로부터 중대한 가르침을 받은 혜가는 앉으나 서나 잠시도 잊지 않고 마음을 찾았으나 찾을 수가 없었다. 그러구러 6년 만에 마음이 텅 빈(공한 것) 것임을 깨닫게 되었다.

"스님, 마음을 아무리 찾아도 끝내 찾을 수가 없습니다."

"내가 이미 너의 마음을 편안하게 하였노라."

다음 날 달마는 제자들에게 "내가 이 땅에 온 뜻은 부처님의 법을 전하여 중생을 구제코자 함이다. 꽃 한 송이에 다섯 잎 피어 열매는 자연히 이루어지리라." 하고 "능가경 4권은 여래께서 지극히 말씀하신 법요이다. 이제 너에게 부촉한다."고 인가하였다.

이로써 혜가는 중국 선종의 제2조가 되었다. 부연하면 능가경 4권 외에 벽관안심법문, 이입사행 등이 있다. 이 중 이입사행(二入四行)은 달마의 근본사상이다. 이입(二入)은 이입(理入)과 행입(行入)이며 사행(四行)은 행입(行入)의 내용이다. 이입은 인간이 본래 청정한 불성을 가지고 있음을 깊이 믿는 것이며 행입은 그것을 실천함으로 드디어 도를 깨닫는 것을 말한 것이다.

4행은 행입의 구체적인 행법으로서 1. 보원행, 2. 수연행, 3. 무소구행, 4. 침법행으로서 도를 행하는 도리를 밝힌 것이다.

혜가는 무주 법란 때 서주 완공산에 숨어 지내다가 579년에 업도로 돌아와 제자들을 제접하다가 593년 3월 16일 107세로 입적했다. 태종은 정종보각대사의 시호를, 12대 덕종은 대종사의 시호를 내렸다.

참고할 것은 고려의 이규보는 달마대사 상(像)에 대한 찬(讚)에서 '전할 것은 마음이요, 몸은 쓸모없다. 몸이 이미 떠났거늘, 왜 반드시 그림을 그려야 하나'라고 읊었다. 이는 달마상으로 인한 구복행위를 미리 경계함이라 하겠다.

승찬(僧璨)

제3조 승찬대사(606)는 원래 중병환자였다. 혜가를 찾아간 승찬은 "저는 숙세의 죄업이 많아 불치의 병으로 여러 해를 고생하는 몸입니다. 부디 자비를 베풀어 목숨을 구해 주시기를 바랍니다."라고 간청하였다.

"오! 그런가? 그러면 그 죄업을 이리 내 놓게. 내가 바로 소멸시켜 줌세."

스님의 시원스런 대답에 승찬은 스님 앞에 앉은 채 깊은 생각에 잠겼다. 하지만 죄업을 아무리 찾아도 소용이 없었다.

"스님, 죄업을 아무리 찾아도 찾을 수가 없습니다."

"그래? 너의 죄업은 이미 참회하여 마쳤느니라."

승찬은 이 한 마디에 활연대오하였다.

승찬이 출가하여 2년간 수행 중 중국은 당시 진나라와 북주 간에 전쟁이 치열한 중이었다. 북주 무제는 법난을 일으켜 승려를 모두 환속시키고 사원과 토지를 몰수하는 행태가 자심했다.

　승찬은 스승과 함께 완공산에 숨어 지내다가 5년 뒤 스승은 업도로 돌아갔으나 승찬은 사공사로 자리를 옮겨 그 곳에서 24년간이나 지냈다.

　승찬대사가 남긴 선심명은 불교의 중도사상을 철저히 밝힌 명저라 하리만치 많은 사람들의 회자의 대상이 되어 전해진다.

　승찬은 임종시 제자들에게 "나는 본래 사라왕여래로서 이 사바에 3번 다녀갈 인연이 있어 첫 번째는 천축에 출현하여 제17대조인 승가난제 존재였고 두 번째가 지금의 나이며, 다음은 조주 땅에 출현할 것이다."라고 말했다. 그 예언대로 170년 뒤 조주 땅에 태어난 조주종심선사는 승찬대사의 행적을 누구보다 잘 알았고 승찬의 선심명을 인용하여 많은 제자들을 길러냈다.

도신(道信)

　제4조 도신(580~651)은 당나라 초 기주 광제원에서 사마(司摩)씨 집안에서 태어났다. 도신이 3조 승찬대사를 찾아간 것은 그의 나이 불과 13세 때였다. 총명한 그는 스님을 한참 우러러 본 뒤 대뜸, "스님, 자비를 베풀어 고뇌에서 해탈하는 묘법을 가르쳐 주십시오."라고 말했다.

　스님은 내심 크게 놀라면서, "참 당돌하구나. 해탈이라니. 누가 너를 속박했다는 말이냐?" 했다.

　"네에? ……."

　스님의 한 마디 질문에 말문이 막혀 갈피를 잡을 수가 없었다. 스님의 질문대로 과연 누가, 무엇이 나를 속박했기에 해탈코자 함일까? 이리저리 백방으로 궁리해 보았으나 어떠한 대답도 찾을 수가 없었다.

"스님! 스님의 말씀대로 저를 속박한 것은 아무것도 없는 듯 하옵니다."

"그래! 속박한 것이 없는데도 무슨 해탈을 구하려는 것이냐?"

"네에? 아! 참……."

마치 천지를 뒤흔드는 뇌성벽력 같은 한 마디 말씀에 모든 의문이 봄눈 녹듯 스르르 녹으면서 문득 크게 깨쳤다. 참으로 큰그릇다운 깨침이었다.

"스님, 참으로 감사하옵니다. 이 은혜 백골난망이옵니다."

이같이 몇 마디 선문답으로 사제의 연을 맺은 도신은 승찬 문하에서 12년간 시봉한 뒤 승찬의 법을 이어 받고 제4조가 됐다. 그의 나이 불과 38세 때였다.

그 후 당나라는 문사 그내로 태평성대가 되어 불법 역시 번성기에 들어갔다. 도신은 여산 대림사에서 10년간 머무는 동안 많은 학인이 운집했다. 624년에는 고향 파두산에 선원을 세워 학인을 제접했다. '역대삼보기'에 의하면 그의 명성이 높으므로 천자로부터 칙명이 내려왔으나 응하지 않았다고 한다. 특기할 것은 신라 법랑(法朗) 스님이 도신에게서 그의 법을 받아 우리나라에 처음으로 선법이 들어왔다는 기록이 있다.

그 뒤 도신은 기주 쌍봉산에 30여 년간 주식했기 때문에 쌍봉도신이란 명칭이 생겼다. 그때 많은 선승이 운집하여 중국 천하에 선풍이 일어나 선종의 토대가 형성되기 시작하면서 일정한 도량에서 선수행을 하게 됐다. 그러자 황실·대관·귀족·학자·서민에 이르기까지 선에 대한 관심을 갖게 되어 선의 가치를 인정받게 됐다.

이전에는 독립된 선원이 없었고 율원 등에서 더부살이를 하는 처지였다. 그러니까 달마에서 승찬대까지는 순수한 선승으로 두타행을 닦은 승려가 많았으나 선승이면서 경론을 설하는 교가에 닮은 사람도 있었다. 반면에 전자는 순수한 선승으로 많은 제자가 있었으나 스승 자신은 일의일발(一衣一鉢)로 한 곳에 머물러 있지 않았기 때문에 선풍의 영향력이 절대적일 수 없는 실정이었다.

도신대사는 651년(대당 제3대 고종 3)에 72세로 입적, 시호는 대의선사라 했다.

홍인(弘忍)

제5조 홍인(602~675)은 호북성 기주 황매현 출신, 속성은 주(周)씨다.

4조 도신선사는 늦도록 눈 밝은 제자를 두지 못해 고심하던 어느 날 자신보다 더 늙어 보이는 노승이 찾아와, "제가 스님의 높은 법을 이어 받겠습니다."라고 말했다. 그래서 도신선사는 부처님의 법을 여러 모로 물어보았더니 노승은 하나도 어긋남 없이 대답하였다. 하지만 나이가 너무 많은지라, "그대가 불법의 묘의는 다 터득하였으나, 너무 연로해서 법을 전할 수 없으니 몸을 바꾸어 오면 그때 법을 전해 주겠네." 하였다. 노승은 소나무 한 그루를 스님 방 앞뜰에 심어 놓고 떠났다. 그 후 몇 해가 지나 어린 동자가 찾아와 스님에게 큰 절을 올린 뒤, "큰 스님 법을 받으러 왔습니다." 하였다. "무엇으로 그대를 인정할꼬?" 스님이 묻자, 동자는 "저 소나무가 신표의 증거가 아니옵니까?" 하였다. 그러나 스님은 "너무 어리구나.

좀 자란 뒤 다시 오려무나." 하였다. "큰 스님! 언제는 너무 늙어서 안 된다 하셔서 몸을 바꾸어 왔사온데 이제는 너무 어려서 안 된다 하시니, 그러면 언제 법을 전해주시렵니까?" 동자가 이렇게 말하자 스님은 그 자리에서 법을 전해주었다고 한다.

4조의 법을 이어받은 홍인은 많은 보림을 쌓은 뒤 황매산에 주식하면서 인근에서 모여든 6, 7백여 명의 수좌를 제접하여 도량을 넓혀나감으로 비로소 4조와 함께 선종의 기틀이 완전히 자리 잡게 된 것이라 할 수 있다.

원래 초조 달마로부터 2조혜가가 물려받은 안심법문·이입사행·수증법·능가경 4권 등이 3조 승찬, 4조 도신, 5조 홍인까지 전해졌으나 6조 혜능이 <금강경>의 응무소주 이생기심의 게송을 듣고 깨달았고 홍인대사로부터 <금강경>의 법문을 듣고 다시 크게 깨달았으므로 그 후부터 <능가경> 대신 <금강경>이 선종의 소의경전이 되었다.

그러나 사자기 홍인전에는 신수(神秀) 대사가 <능가경>의 현리를 통했으며 10인의 제자가 있고 그중에 혜능대사와 고려 지덕(智德) 스님의 이름이 있다.

그렇다면 선종의 처음은 능가종으로 시작하여 홍인대사에 이르기까지 능가종 또는 남천축일승종으로 불리어 오다가 혜능이 아닌 신수 대사에게 정통이 이어져 온 것으로 돼 있다.

그것은 신수는 북종, 혜능은 남종이 대립되면서 그런 일이 벌어졌을 뿐 4조 도신 대사 이전에는 일정한 수행도량도 없이 전전할 정도로 빈약한 교세였으므로 5조 홍인 이전에는 선종이 성립되지 않았다.

그러니까 북종의 신수와 남종의 혜능 이후에야 비로소 선종으로 문을 열어 독립된 종파가 이뤄진 것이라 할 수 있다.

혜능(惠能)

제6조 혜능(638~713)은 남쪽인 신주(신흥주)라는 고을에서 노씨(盧氏) 집에 태어났다. 그의 어머니는 뜰 앞에 백화가 만발하고 백학이 쌍 지어 날고, 방안에 향기가 가득한 꿈을 꾼 10개월 뒤 아들을 낳게 되었다. 그때 두 분 스님이 찾아와 말했다. "아이의 이름을 혜능(惠能)이라 하시오." 그 연유를 물으니 "혜(惠) 자는 법을 베풀어 중생을 제도하고 능(能) 자는 부처의 일을 할 수 있다는 뜻"이라 하고 사라졌다. 그 후 3살 때 아버지를 여의고 어머니를 모시고 땔나무 장사로 연명하는 처지였다.

어느 날 시장에 나무를 팔고 돌아오는 길에 한 스님이 독경하는 소리를 듣는 순간 생전 처음 느껴보는 말로 표현할 수 없는 감정을 맛본 혜능은 스님에게 다가가 "지금 스님이 독송한 것이 무엇입니까?"라고 물었다.

"아! 그것은 금강경이란 경전인데, 마음을 깨우쳐 주는 귀중한 경전이라네."

"마음을 깨우치면 어찌되는데요?"

"만일 마음을 깨우치면 황제보다도 더 높고 천하제일의 보배보다 몇 만 배 더 값진 것을 얻을 수 있다네. 그러니 어디 한 번 배워볼 생각이 없는가?"

혜능이 채 대답하기도 전에 "황매산 5조 홍인 스님을 찾아가면 천여 명이나 되는 제자들에게 이 금강경을 가르치시고 자기 스스로 그 참뜻을 깨우치는 선(禪) 공부를 시키신다네. 그러니 꼭 가보라." 고 권하는 것이었다.

그러나 그에게는 늙은 노모를 모시는 어려운 생계 때문에 쉽게 대답을 못하자 객승은 서슴없이 은자 열 냥을 주며 "이것으로 자네가 공부 마칠 때까지 어머니 생활비를 충당하고 나머지는 여비로 쓰라."는 것이었다.

혜능이 큰마음 먹고 황매산으로 5조 홍인선사를 찾아간 것은 24세 (661년) 때로 추정한다.

혜능의 예배를 받은 홍인 스님은 "너는 어디서 살며 무엇을 구하려 왔느냐?"고 물었다.

"저는 영남 신주에서 부처가 되려고 스님을 찾아왔습니다."

"너는 영남 오랑캐가 아닌가. 그런데 어떻게 부처가 되겠다는 말이냐?"

"사람은 비록 남북이 있지만 불성은 본래 남북이 없사오며 불성이 어지 차별이 있다 하오리까?"

홍인 스님이 혜능이 장차 큰 그릇이 될 것을 알아차렸으나 주위에 사람이 있기 때문에, "이 놈! 오랑캐놈이 쓸데없는 말을 마구 지껄이는구나. 정히 배우고 싶다면 여러 말 말고 우선 후원에 나가 방아나 찧으라."고 분부했다.

그러구러 8개월이 지나 하루는 홍인 스님이 제자들에게

"오늘 너희들에게 이르겠다. 그동안 생사고해를 벗어나기 위한 공부에 애들 썼다. 만일 불법의 대의를 깨친 자 이으면 의발을 전하여 제6대조로 삼으려 한다. 누구든 게송을 지어 바치게 하라."는 명을 내리셨다.

그날 밤 벽에 붙은 게송이 있었다.

> 몸은 보리의 나무요
> 마음은 밝은 거울틀일세.
> 때때로 부지런히 털고 닦아서
> 티끌이 끼지 않도록

이 게송은 신수의 것이었다.

> 보리는 본래 나무가 없고
> 밝은 거울 역시 틀이 아닐세.
> 본래 한 물건도 없거늘
> 어디에 티끌이 끼일 것인가.

이 게송은 혜능의 것이었다.

여기에서 신수는 점수, 혜능은 돈오, 즉 점수와 돈오의 구별이 생기고 남돈북점이라는 새 용어가 생기게 됐다.

수행방법으로는 4가지가 있다.

점수점오·점수돈오·돈오점수·돈오돈수 등이며 처음의 두 문은 점수문, 뒤의 문은 돈오문, 이것을 경절문이라 한다.

선은 경절문이므로 뒤의 두 문을 거치는 것이 한 방편인 것이다.

홍인 대사는 혜능이 돌을 지고 방아를 찧고 있는 것을 보고는,

"그래, 쌀이 다 찧어 졌느냐?"

"쌀이 찧어진 지는 이미 오래이오나 아직 키질은 못했습니다."

홍인 조사는 주장자로 절구통을 세 번 두드리고 뒷짐 지고 물러

났다.

조사의 질문에 "네, 익기는 하였으나 아직 보림은 못하였다."는 대답이었고, 방아를 3번 치고 뒷짐 진 것은 밤 3경(三更)에 뒷문으로 오라는 암시였다.

조사께서 노행자에게,

"내 금강경을 읽어줄 터이니 자세히 듣거라."

그리하여 금강경 응무소주이생기심에 이르자 혜능은 크게 깨치게 되었다.

홍인 조사는 혜능이 본성을 깨친 것을 아시고 법의와 발우를 전해주고 "그대는 제6대조가 되었으니 불법을 잘 호렴하여 널리 중생제도와 정법 유포에 정진하라."고 당부하시면서

"뜻(정)이 있는 데서 씨(존자)가 내리니

인(원인)이 있는 땅에 과(열매)가 나로다.

뜻이 없으면 씨앗도 없어서

성품도 없고 또 남(생김)도 없도다."

라는 게송을 들려주며 잘 기억하라고 하였다.

"옛적에 초조 달마대사께서 이 땅에 오셔서 선법을 펴려 하시었으나 사람들이 믿지 않으므로 이 옷과 발우를 전하여 믿음의 바탕을 삼으신 바 이에 대대로 전해 내려왔으나 법이란 마음으로써 마음에 전화여 스스로 깨치고 스스로 알게 하는 것이다. 예로부터 부처와 부처가 오직 본체를 전하셨고 조사와 조사가 은밀히 본심을 비치셨던 것이다. 그런데 이 옷이 이제 다투는 빌미가 되기 쉬우니 네게서 그치고 더 전하지 말라. 만일 이 옷을 전하면 목숨이 위태로울 것이다. 그리고 너는 빨리 남으로 떠나거라. 누가 너를 해할까

두렵도다."

그 후부터 달마 대사로부터 전해 오던 의발이 제자에게 전하는 일이 없어지고 몇 대조라는 호칭도 쓰지 않게 되었다. 다만 자신이 태어난 곳이나 오래 머물렀던 지명이나 산 이름만을 쓰게 됐다.

혜능은 홍인 조사의 안내로 대강을 건너 구강을 지나 대유령에서 도명(道明)을 만나 제자로 삼은 후 은둔하길 장장 16년간이었다.

그동안 소주·신주·회집 사회·광주 등을 전전하면서 법을 펼 시절 인연이 오기를 기다렸다.

드디어 667년(39세) 때 광주 법성사(法性寺)에서 인종(印宗) 법사의 설법장에서 "바람이냐 깃발이냐?"는 학승들의 문답이 빌미가 되어 비로소 지광 율사에게서 구족계를 받은 다음 보림사에 들어가 소주 자사 사위거의 간청으로 성내의 대범사에서 설법한 것이 유명한 육조단경(六祖壇經)이다.

육조 혜능은 그날로 조계로 돌아와 그 곳에서 머물기를 38년간 705년 중종의 부름을 받았으나 칭병하고 고사했다.

혜능은 8월에 입적할 것을 예언, 8월 3일 밤 3경에 열반하셨다. 세수는 76세, 법랍은 52년, 황제로부터 받은 시호는 여럿이 있다. 혜능의 많은 제자 중 뛰어난 제자는 행사, 회향, 신회, 현각, 혜충 등이 유명하다. 그리고 대유령에서 첫 제자가 된 도명에게 불사선 불사악 하라는 첫 설법과 본래무일물이라는 명구는 지금까지 많은 사람들에게 회자되고 있다.

혜능의 두드러진 점은 자신의 근본정신인 선을 일상화했기 때문에 6조를 선종의 중흥조로 높이 추앙한다.

남종과 북종의 다른 점

5조 홍인 선사 밑에는 많은 제자들이 있었다. 그중 혜능(남종)과 신수(북종, ?~706)가 뛰어났다.

혜능은 5조의 법을 전해 받고 강남으로 가서 종풍을 폈고, 신수는 낙양에서 포교하였다. 그 종풍에 돈(頓)과 점(漸)의 구별이 있어 남도북점 또는 남능북수(南能北秀)라고도 한다.

혜능의 돈은 미(迷)와 오(悟)가 결국 하나임으로 본래무일물 수증불이의 관점이 선의 본뜻이라 한 반면 신수는 수행과 공덕을 쌓으므로 마침내 깨닫게 된다는 점수론을 펼쳤다. 돈·점의 차이점은 혜능의 문하에는 5가7종이 생겨 면면히 이어져 오고 있으나 신수의 점교는 중국 최초의 여황제인 측천무후와 중종·예종 등 3제왕의 국사가 되어 그 명성이 천하를 풍비하였지만 당나라가 멸망(907년)하자 북종선맥은 끊어지고 말았다. 이 점이 남종과 북종의 다른 점이다.

신수대사는 신종 2년(707) 100세에 낙양 천보사에서 병 없이 좌탈입망 하였다.

선종의 성립에서 쇠퇴까지

천여 년이란 오랫동안 깊이 뿌리내린 유교와 도교문화 속에서 그들의 정신세계를 풍요롭게 하는 새로운 불교문화를 발전시키는 계기가 된 선사상을 역사적으로 살펴보면 성립(초창기), 발달(개화기), 수성(성숙기), 쇠퇴(결실기) 등 4기로 나눌 수 있다.

1. 선의 성립시대는 보리달마로부터 6조 혜능에 이르는 약 200여 년간을 중국선의 초창기라 할 수 있다.

초창기의 선의 특색은 이심전심의 심법(心法)의 전수로 삼론계통의 교학일변도에서 벗어나 독특한 선풍을 일으킴으로서 도신·홍인·혜능 시대에 이르러 비로소 중국선의 기초를 확립하게 됐다.

2. 선의 발달은 남악·청원 시대로부터 당나라 말기에서 송나라 초기까지 약 250여 년간을 중국선의 발달, 즉 개화기라 할 수 있다. 이 시대는 혜능을 기점으로 남종선이 활발하게 도약하면서 5가(五家 : 위앙·임제·조동·운문·법안종) 등이 성립하면서 교계가 매우 복잡한 시기였다. 그러나 도신·홍인·혜능 등의 선법을 결실시키고 사상적으로는 즉심시불 평등심시도를 설하고 승단 중심의 독립선원을 세우고 선원청규를 제정하는 등 선풍을 선양하면서 다양한 기용으로 후학을 제집해 나갔다.

3. 수성(숙성) 시대는 법안문익(885~958)이 입적 후(960) 북송을 거쳐 남송 멸망(1280)까지 약 320년간을 선의 수성시대라 한다. 이 시대의 선의 특색은 당시 임제종법통하에서 양기·혜남이 독특한 선풍을 선양하면서 양기방회(992~1049)가 양기파를 황룡혜남(1002~1069)이 황룡파를 세웠다.

이로써 5가7종이 성립하게 됐다. 또한 조동종에서는 굉지정각의 묵조선풍을 펼치게 됐다.

그러나 임제종 대혜종고(大慧宗杲, 1089~1163)는 간화선풍을 선양했다. 묵조선은 일체의 사량분별을 끊고 오직 묵묵히 좌선함으로서 심성 그 자체에 계합되어 영묘한 작용을 갖추게 된다는 것이다.

이를 지관타좌라 한다.

그러나 대혜선사는 공안 없이 묵묵히 정좌만 하는 내용 없는 좌선이라고 강력히 비판했다. 심지어 삿된 선이라고까지 매도했다.

묵조선은 전편 4언 72구 288자로 이루어져 있는 묵도명 1권이 있다.

그런가 하면 만송행수(1166~1246)가 종용록 6권을 만들어 조동종의 종풍을 거양함으로서 널리 이용되고 있다.

이 같은 불교계, 특히 임제와 조동종의 영향으로 신흥유학인 송학(宋學)이 일어나는 한 원인이 되어 성리학에 철학적 근거를 제공하게 되었다. 그로 인해 모든 교를 하나로 융합하는 환경이 조성되이 선정을 유·불·선(도교)과 일치하고, 교학과 선, 선과 정토가 상관관계라는 풍토로 인해 선의 독자적 순수성이 완전히 상실하게 됐다.

중국에 달마선이 자리 잡은 지 약 2백여 년 후부터 중국의 대표적인 최고 지성인인 시인 왕유, 시선 이백(이태백), 시성(두보), 백거이(백낙천), 소식(동파), 시·서·화에 능한 귀재 등이 앞 다투어 선사상에 심취하여 많은 명선시를 남겼다. 심지어 왕유는 유마힐(유마거사)의 마힐을 자로 쓸 정도로 선을 즐겼다.

그런가 하면 이백은 청련거사, 백낙천은 향산거사, 소식은 동파거사로 불리었다.

그중 백낙천이 도림조과 서사를 찾아가 평생 지닐 좌우명을 청하

자 선사는,

"7불통계인 모든 악을 짓지 말고 뭇 선을 받들어 행하라. 스스로 그 뜻을 밝힐지니 이것이 모든 부처의 가르침이니라."

"스님, 그것은 삼척동자도 다 아는 게송이 아닙니까?"

"삼척동자가 알기는 쉬워도 100세 노인이 행하기는 어렵다."는 법문은 유명하다.

이 외에 방온거사는 마조·석두·회상에서 깊은 뜻을 깨닫고 약산 유엄·단하천연 스님 등과 지기지우가 되어 선수행을 철저히 했다. 방거사는 원래 큰 부자였으나 깨달은 후 모든 재산을 가난한 이웃에게 나눠주고 초가삼간에서 돗자리를 짜서 생계를 꾸려갔다.

그의 슬하에 남매가 있었는데 깨친 후에는 부인과 자녀까지 참선을 시켜 일가족 모두가 도를 이루어 사자굴 안에는 다른 짐승이 없다는 말이 생길 정도로 온 가족이 도인 아닌 사람이 없었다.

이태백 시에 "꽃 사이에 홀로 앉아 한잔 술을 마시니 달과 그림자까지 셋이어라. 달도 그림자도 술이야 마실 수 없지만 그들과 더불어 봄밤을 즐기기라."는 참으로 풍류가 넘치는 선시가 있다.

그리고 중국불교는 네 차례의 법란을 겪었기 때문에 많은 경전이 소실됐지만 선종은 불립문자 교외별전의 종의(宗義)를 발휘할 수 있는 좋은 기회이기도 했다. 그래서 선종은 노장(노자와 장자) 사상과 품격을 내면적으로 조화시켜 선원의 청규에 유교의 예악을 끼워 넣어 중국민족의 정서에 가장 잘 맞는 선불교를 만들어냈다.

그런 영향으로 주자 같은 대학자가 대혜종고선사가 쓴 대혜서를 탐독하였음은 잘 알려진 사실이다. 그런 연유로 선종이 우위를 차지하게 되었고 그로 인해 뛰어난 인재들을 선종에서 많이 배출하게 됐다. 그런 반면 유교는 위·진 시대 이후 남북조와 수·당대까지 오랫동안 불교의 그늘에 가려 위축되어 있었다. 그러나 송나라 때가 되면서 사학(私學)이 일어나면서 혁신의 기운이 팽배, 그동안 받아온 불교의 사상적 지배에서 벗어나 유교를 독립시키려는 운동이 태동하기 시작했다.

그 결과로 송대의 유학자인 주염계, 장횡거, 정명도·정이천 형제, 송회암 등이 주축이 되어 불교사상과 실천면을 교묘하게 유교의 술어로 탈바꿈하여 유교화한 것이 불노(불교와 노자) 사상이다. 그런가 하면 한층 더 나아가 유불노(유교·불교·노자) 3교일치를 내세워 결국 유교를 상위에 올려놓는 데까지 발전하게 됐다.

따라서 의종 이후 송나라 초까지 100여 년 이상 궁중에서 3교담론(三敎談論), 즉 유·불·선의 담론이 수차례 열렸다. 그러나 삼교일치를 통박하는 반대여론이 있었으니 결국은 "염불은 참선을 꺼리지 않고, 참선 또한 염불을 막지 않는다."는 절충습합하는 시대적 큰 흐름을 막을 수 없는 추세였다.

선의 성립에서 발달·수성 시대를 지나 쇠퇴기에 접어든 것은 원(元)이 중국 전토를 통일하고 명나라 시대를 거쳐, 청의 건륭 시대가 될 때까지 약 450여 년 간을 선의 쇠퇴기라고 한다.

몽고족은 원래 요와 금에 예속됐던 유목민이었으나 테무진이 몽고를 통일시키고 대한(大汗)의 자리에 올라 성길사한, 즉 칭기즈칸이란 칭호를 받음으로서 세계 역사상 가장 넓은 제국을 건설한 영웅이 되었다.

태조의 뒤를 이은 태종이 금나라를 멸망시키고 세종(흘필열)이 수도를 연경으로 옮기고 국호를 원나라로 바꾸고 모든 종교에 자유를 준 것은 태조(칭기즈칸)의 영향이었기 때문이다. 세종은 특히 나마교를 보호하게 됨으로써 불교는 변하지 않을 수 없게 되었다. 하지만 선종만은 세조의 왕업에 절대의 힘을 주어 불교의 번영에 힘을 다해 조정과 밀접한 관계를 유지한 탓으로 그런대로 여세를 유지할 수 있었다. 하지만 그 후 몇몇 선승들에 의해 선법이 이어져 오기는 했으나 제교융합 선정상수의 풍조는 여전히 그 시대를 지배했다.

원이 건국한 지 160여 년이 지나면서 조정의 재정기강이 문란해지면서 각지에서 반란이 일어나자 큰 공을 세운 인물이 나타났다. 그가 바로 사주 황각사의 승려인 주원장(朱元障)이다. 그가 정권을 장악하여 명나라를 세워 태조가 됐다. 그는 우리나라까지 원정 온 인물이다. 그러나 그가 원래 선승이었기 때문에 선종이 가장 번창하는 계기가 되기도 했다.

하지만 명대의 불교는 송·원대 이후의 사상인 모든 종파 간의 융합의 도모로 순수한 선종의 법맥이 이어지지 못하면서 염불공안이 대두하여 당시의 풍조를 이끌어 가게 됐다.

그리고 명나라 초기의 유학자들이 정주학(程朱學)을 했으나 그들의 언행은 선승들과 유사했다. 양명학의 시조인 왕양명은 선사상을 빌려 유학을 혁신하여 명나라 말의 철학을 대성시켰다.

그러나 그가 주장한 심즉리(心卽理) 지행합일(知行合一) 사상은 근 8백여 년 전 원효 성사가 이미 밝힌 것이다.

앞에서 언급한 대로 주자(주희) 역시 대혜서에 심취했음이 주지의 사실인 만큼 대소 유학자들이 선사상의 영향을 받지 않은 사람이 없음을 알 수 있다.

또한 나마교는 원나라 시대와 같이 융성하지는 못했으나 상당한 보조 아래 어느 정도 활약했다. 도교는 황제가 독신한 탓으로 한때 불교를 대신하여 세력을 얻었으나 목종은 그 폐단을 알고 드디어 금지시켰다.

고종(건륭제)의 4대에 걸친 150여 년 동안 불교는 국운의 번영과 병행하여 청나라 불교의 황금시대라 한다. 세종은 성총에게 법을 구하고 도민에게 선을 물었고 통수에게 가르침을 받은 것을 보면 세종(옹정제)은 나마교를 버리고 불교로 뜻을 바꾼 것이 분명하다. 성조(강희제)는 불교를 보호하여 각지에 사찰을 수축·부흥시켰다. 이로서 성조 황제의 숭불은 유석일치(유교와 불교) 사상에 중점을 둔 것이라 하겠다.

청나라의 세종은 불교에 뜻을 두고 월명거사라 자칭하기로 했으나 고종은 불교를 멀리했다.

그 당시부터 불교는 재가자에게 옮긴 경향을 보였다. 불교를 배척하는 유가들의 주청에 이어 1833년 이후 장발적들의 난동으로 인한 폐불 사건으로 불교계는 큰 피해를 입게 됐다. 그중에서 양인거사는 홍수전의 폐불 사건 후 호법가로 노력했기 때문에 불교는 대체로 출가승의 손에서 재가거사에게로 옮겨지는 경향이었다. 인도에서는 침체된 소승(근본) 불교에서 재가자가 주동이 되어 대승불교를 일으켜 크게 발전했으나 중국에서는 선종의 부흥은 이뤄지지 못했다. 그 원인은 수성시대부터 일어난 유불도의 통합·선정습합·교선일치의 제창 하에서는 순수한 선정 시대가 열릴 수가 없었다.

그러므로 중구난방 격으로 어떤 것이 '선'인지 '도'인지 '유'인지 '무(무속)'인지 분간하기가 어려운 지경에 이르게 됐다.

그 영향은 우리 불교계까지 파급되어 많은 종파가 난립하는 현상이 벌어져 결국 불순한 선동에 무지하고 순진한 신도들만 피해를 입은 사례가 허다하였다.

한국 해동선원의 9산선문

신라 말부터 고려 초까지 당나라에서 새로운 선법을 받아 온 선승들이 귀국하여 문을 연 것이 9산선문(九山禪門)이다. 9산선문 설립 이전 3백여 년간 중국불교의 화엄·법상·밀교가 신라에서 융성하여 교학불교가 크게 발전하게 되었다. 그 원인은 왕실과 귀족들의 적극적인 후원이 있었기 때문이었다.

때문에 귀족불교화하여 일반 민중들은 접하기가 어려운 실정이었다. 그런 환경에서 원효 스님께서 일반 민중에게 아미타불을 부르면 고통이 없고 즐거움만 있는 극락세계에 왕생한다는 정토신앙을 일으킴으로써 비로소 일반 백성에게 불교신앙의 뿌리를 내리게 되었다.

그런가 하면 9산선문에서는 종래의 교학불교와 전혀 다른 직지인심 견성성불을 표방한 선사상을 내세운 선종은 권력과 재력과 문화집단이 사는 수도 경주가 아닌 외진 산간벽지에서 문을 열었으므로 지방 호족의 적극적인 지원과 귀의자가 잇따르게 된 것은 우연이 아니었다.

신분의 귀천이나 빈부를 따지지 않고 노동과 생산을 겸한 실천 수도하는 그 자세에 일반 민중들이 지지하게 된 것이다.

더구나 신라 말과 고려 초의 소용돌이 속에서 중앙 권력의 쇠퇴와 불교계의 혼란한 틈새를 놓칠세라 재빨리 펼친 새로운 사상과 그에 상응한 새로운 면모를 보여준 9산선문을 높이 평가할 만하다 하겠다.

9산선문의 효시는 증각홍척(생몰 연대 미상) 국사가 828년에 지리산에 실상산 문을 열었다. 홍척은 명적도의보다 늦게 선법을 받았으나 귀국하여 산문을 연 것은 먼저이기 때문에 해동선(海東禪)의 초조(시조)라 한다.

그러나 도의가 산문을 열지는 않았으나 염거에게 선법을 전했기 때문에 따지자면 도의가 먼저라는 설도 있다.

명적도의(생몰 연대 미상) 국사가 859년에 세운 것이 가지산문이다.

도의는 선덕왕 5년(784)에 당나라에 들어가 마조도일의 수제자들인 서당지장·백장회해의 선법을 받아 헌덕왕 13년(821)에 돌아와 법을 펴려 했으나 당시는 경교(經敎)만을 숭상했기 때문에 경교를 배척하고 문자를 세우지 않고 오직 무념무수를 심요(心要)로 하는 선법은 삿된 마설이라 매도하고 믿지 않기 때문에 할 수 없이 설악산 진전사에 머물기를 40여 년, 마침 염거에게 법을 전하고 입적했다.

염거는 제자 보조체증(804~880)에게 법을 전했다. 체증은 841년에 당나라에 들어가 5년간 수도했으나 조사인 도의선사가 물려준 법 외에 더 구할 것이 없다며 귀국하여 전남 가지산에 보림사를 창건 도의의 선풍을 일으킴으로 도의-염거-체증의 일파를 가지산문이라 한다.

지증도헌(824~882) 국사가 881년에 문경 회양산에 봉암사를 창건하고 회양산문을 열었다. 9산선문 중 전통이 가장 긴 문파이기도 하다. 지증은 헌강왕이 내린 시호며, 법명은 지선이며 일찍 화엄종 범체에게 득도한 후 혜은의 현지를 참구했다.

경문왕이 지선을 청했으나 고사함으로 세상에 그 이름이 널리 알려졌다.

해동의 선맥은 중국 마조문하에서 득도한 사람이 제일 많고 4조 도신의 방계에 속하는 사람도 있다.

지증은 도신의 법통을 이은 사람이며 도현국사이다. 헌강왕 7년 (881)에 심충(沈忠)이 산형수세가 기이하고 뛰어난 회양산 봉암룡곡을 희사하여 봉암사를 지어 산문을 열어 대대로 선맥이 이어오고 있다. 현재 9산선문 중 국립공원으로 개방되지 않은 곳이 이곳뿐이다.

통효범일(810~889) 국사가 세운 것이 사굴산문이다. 범일은 831년 22세 때 입당하여 마조의 제자 염관재안(?~842)에게 인사하니,

"어디서 왔는가?"

"동국(신라)에서 왔습니다."

"바다로 왔는가, 육지로 왔는가?"

"바다도 육지도 밟지 않았습니다."

"바다도 육지도 밟지 않고 어떻게 왔는가?"

"해와 달이 동에서 서로 가는데 무슨 장애가 있겠습니까?"

대사는 참으로 동방보살이라 칭찬했다.

범일은 염관선사의 평상심시도라는 말에 크게 깨닫고 6년간 시봉한 뒤 약산에 가서 도를 묻는 등 두타행을 한 후 문성왕 8년(846)에 돌아와 백달산에서 정진하다가 태백산 굴산사를 창건했다. 경문·헌강·정강왕이 국사로 모시려 했으나 끝까지 거절했다. 탑호는 연휘며 많은 제자 중 낭공, 즉공 등은 10성으로 불린다. 그중 낭공대사는 효공, 신덕왕의 국사가 되었으므로 두 임금의 국사라 불렸다.

무주무념(801~888)이 847년에 성주산문을 열었다. 스님은 무열왕의 8대 손으로 어려서 해동신동 소리를 들었다. 821년(27세)에 당나라에 들어가 마조의 법사인 불광사 여만에게 법을 물었다. 여만은

백낙천의 도우이며 역시 마곡보철의 법을 이어 받았다.

그를 동방의 대보살이라 불렀다. 문성왕 7년(845)년에 돌아와 오합사에 법을 폈다. 문성왕은 성인이 머무는 절이란 뜻으로 성주사(聖住寺)라 고치고 편액을 내렸다. 또 경문왕의 귀의를 받았고 제49대 헌강왕이 광종이란 호를 내리고 제50대 정광왕이 입궐을 명했으나 사양하고 진성여왕 2년(888)에 천화했다. 진성여왕이 대랑혜라 했다. 그 문도 중 순인·원장·승량·영원·현휘·승광·보신 등이 유명하다.

그의 무설토론은 부처님의 교설을 뜻하는 불교와 선종 조사들의 도인 조도를 구별해야 함을 논했다. 이 구분은 무념에 의해 최초로 도입된 것으로 말에 의존하지 않고 곧바로 이심전심하는 것을 조도라 정의하고, 말로써 정·부정을 구별하는 불교를 낮은 초기의 중생들을 구제하기 위한 부처님의 방편이라고 하였다. 그에게서 2천 여 제자가 배출되었다.

쌍봉도원(798~868) 국사가 850년 영월 사자산에 문을 연 것이 사자산문이다. 도원은 귀족 후손이며 18세에 출가하여 화엄학을 배우고 현덕왕 17년(821)에 당나라에 가서 마조 제자로 유명한 남전보원(748~834)의 법을 받았다.

남전이 탄식하길 내 법이 동국(신라)에 간다고 했다. 20여 년 당나라에 머물면서 선법을 연마하고 통훈 범일과 함께 귀국한 다음 풍악에 머물다가 쌍봉사로 옮겨 많은 제자들을 길러내는 등 종풍을 크게 떨쳤다. 868년에 입적, 시호는 철감, 호는 징소이며 경문왕의 귀의를 받았다.

제자인 징효절중(826~900)이 쌍봉도원이 당에서 귀국하여 금강산에 머문다는 말을 듣고 찾아가 법을 받은 뒤 자인과 함께 16년간 도리를 참구하여 망언(忘言)의 경기에 이르렀고 사자산문을 여는데 크게 기여했다.

원감현욱(787~869) 국사가 창원 봉림산에 개산한 것이 봉림산문이다. 현욱은 신라 현덕왕 15년(824)에 당나라에 들어가 태원부에 이르러 마조의 제자인 장경회휘(754~815)의 법을 받고 희강왕 2년 (837, 50세)에 왕자인 김의종을 따라 귀국하여 지리산 실상사, 혜목산 고달사에서 선법을 폈다. 민애·신무·문성·헌강 등 네 임금의 귀의를 받았다.

그의 제자 진경심회(854~923)가 봉림사를 세우고 선맥을 이었으므로 후세에 봉림산파라 한다. 봉림사는 장군 김인광이 귀의하여 공덕주가 되어 큰 역할을 했다.

경문왕이 법응 대사, 탑호는 보월능공어라 했다. 문도에는 융제·경제·행기 등이 유명하다. 체공혜철(785~861)이 전남 곡석 동리산에 개산한 것이 동리산문이다.

혜철은 15세 출가, 부석사에서 화엄학을 수학한 후 헌강왕 6년 (814)에 입당, 마조문하의 서당지장에게서 심인을 받았다. 스승 지장이 입적하자 사방을 행각하다가 서주 부사사에서 3년간 대장경을 열람하다가 문성왕 1년(839)에 귀국하여 곡성 동리산에 대안사를 짓고 선법을 펴기 시작하자, 문성왕이 혜철의 명성을 듣고 글을 보내 위문하고 치안의 요체를 물었다.

혜철이 몇 조(條)의 글을 올려 시정의 급무를 상주하니 왕이 크게 치하했다.

경문왕 6년(861) 때 병 없이 시적했다. 경문왕이 적흘이라 시호를 내렸다.

그의 문하에 도선국사, 여선사 등이 있어 동리산문을 형성했다.

진철이엄(870~936) 국사가 932년에 해주 수미산 광조사에 개산하였으니 9산선문 중 제일 마지막으로 개산한 것이 수미산문이다.

이엄은 진성왕 10년(896)에 입당하여 조동종 종조 동산양개의 제자 운거도응의 심인을 받고 여러 곳을 참배한 후 효공왕 15년(911)에 귀국하였다.

그때 부사 소율회 거사가 승광산에 법당을 짓고 머물기를 청하므로 4년여를 주석했다. 고려 태조 왕건이 그의 명성을 듣고 궁중으로 청하여 스승의 예로 맞이했다. 태조 15년에 해주영산을 택해 정사를 짓게 하였는데 이곳이 수미산 광조사이며 수미산문이다. 태조 19년(936)에 천화했다. 시호는 진철대사, 탑호는 보월승공이다.

일설에는 신라시대는 통불교였기 때문에 종파가 없었다고 하나 남악파와 북악파의 두 파가 있었나는 기록이 있다.

조선시대 처음에는 12종까지 생겼으나 태종은 7종으로, 세종은 다시 선교양종으로 감축한 것을 중종과 명종조에서 그 양종마저 없앴다가 구한말인 1908년경에 원종(圓宗)이 생겼다. 그 이전에는 종명이나 종파도 없는 무종무파의 시대였다.

한국불교 약사

우리나라에 불교가 들어온 것은 소수림왕 2년(372)이며 티벳의 한 종족인 전진왕 부견(符堅)의 명으로 사신과 함께 전도승 순도(順道)가 불상과 경전을 가지고 옴으로 고구려에 불교가 처음 전해지게 되었다. 순도는 천축 또는 진나라 사람이라고도 하며 고구려에 귀화하였다.

그때 순도가 가지고 온 경전이 대승경전으로 짐작된다. 당시 진나라에는 대승경전이 유포됐기 때문이다. 2년 뒤에 아도(阿道 : 아두)가 들어왔다. 다음 해에 성문사와 이불란사를 지어 성문사에는 순도, 이불란사에는 아도를 주석시켰다. 이것이 우리나라 사원의 기원인 셈이다. 그 뒤 담시(曇始)가 진나라에서 많은 경전과 율장을 가지고 고구려 땅인 요동에 와서 불교를 폈다.

제18대 고국양왕 9년(392)에 불교를 국교로 정하고 백성에게 불교를 널리 알리라는 왕명이 내렸다. 광개토왕 2년에는 평양에 9개 사찰을 지어 신라·백제의 침입을 방어하는 정신무장의 근본도량으로 삼았다. 참고할 것은 소수림왕 2년은 유교의 태학(太學 : 국립교육기관)을 세워 자제들을 교육하게 했다. 이것은 새로 들어온 불교와 기존의 유교교육을 병행시키고자 한 것이라 하겠다.

고구려 혜랑(慧朗)은 신라에 가서 진흥왕의 청으로 승통(僧統)이 되어 백고좌법회와 팔관회를 처음으로 베풀었다. 승랑(僧朗)은 본래부터 박학한데다 사색이 치밀하여 어느 경전에도 통달했다. 특히 화엄과 삼론학에는 조예가 아주 깊었다. 중국에 가서 삼론학을 연

구하여 용수(龍樹)의 중관불교를 체계화시켰으며 많은 제자를 길러
냈다. 그를 랑법사 랑대사라고도 불렀다. 그 뒤 그의 영향으로 수나
라 길랑(吉藏, 549~623)이 삼론종을 완성시켰다.

제25대 평원왕 18년(576)에 의연(義淵)이 중국 업에 가서 법상에게
불교 역사와 교리를 배워와서 처음으로 연대를 만들어 전했다.

혜편(慧便)은 583년에 일본으로 건너갔으며 소아마자가 공경하였
다. 사마달의 딸 선심과 선장·혜선 등 일본 최초의 비구니의 스승
이 되어 고구려 불교를 일본에 심어 주었다.

595년에 혜자(慧慈) 역시 일본에 건너가 성덕태자의 스승이 되어
경전 등 불교를 가르쳤다.

담징(曇徵, 579~631)은 오경(五經)에 능하였다. 610년에 백제를 거
쳐 일본으로 건너가 채화·공예·종이·먹·칠·맷돌을 만들고 사
용법을 가르쳐서 일본인들의 생활문화를 크게 향상시켰다. 일본 성
덕태자는 담징이 일본에 늦게 온 것을 한탄할 만지 그의 사르침의 영
향이 얼마나 컸는가를 짐작할 수 있다. 그가 법륜사 금당에 그린 그
림은 동양미술의 3대 걸작품으로 손꼽힐 정도로 유명했으나 1948년
대화재로 소실되어 아쉽다 하겠다.

보덕(普德)은 고구려 승려이면서 백제로 간지 10년 뒤 백제가 망
했다. 보덕은 고구려 영류왕(618~642) 때 처음 받아들인 "노자도덕
경"에 의한 도교의 일파인 오두미교가 극성스러워지자 보장왕에게
도교만을 지나치게 신봉하면 나라가 위태로워진다고 여러 번 간했
으나 왕이 듣지 않자 자신이 거처하던 방장(方丈)을 완산주 남쪽 고
대산으로 옮겼다. 이를 비래방장이라 한다. 연개소문 역시 도교를
믿고 불교를 억제했다. 때문에 8도교에 의해 나라가 혼란스러워지

면서 645년과 661년 두 차례나 당나라가 침입한 것을 연개소문이
잘 물리쳤음에도 연개소문이 죽은 뒤 당나라의 3차 공격 때는 신라
와의 연합공격이었기 때문에 보덕의 예언대로 705년간의 고구려는
멸망하고 말았다.

불교를 받아들여 온 백성이 불교만을 함께 믿을 때는 나라가 융
숭하여 다른 나라까지 그 영향이 미쳤는데 다른 종교가 들어옴으로
백성들의 생각이 제각각으로 분열되어 결국 나라가 망했노라고 백
성들이 울부짖었다 한다.

종교의 힘이란 그만치 영향이 크다는 것을 실감할 수 있다고 할까.

백제불교

백제는 고구려보다 12년 뒤인 침류왕 1년(384)에 인도의 마라난타
가 중국 진나라(晉)에서 들어와 불교를 전한 것이 불교의 시작이다.

마라난타를 왕궁으로 맞아들여 융숭하게 대접하고 다음 해에 한
산주에 절을 지어 10명의 승려를 득도케 함으로 백제불교가 터전을
마련하게 됐다.

인도승으로부터 직접 불교를 받아들인 백제는 모든 면에서 많이
발전하게 되었으나 여러 차례 수도를 옮기는 과정에서 140여 년간
의 불교에 관한 변천사는 알 수 없게 됐다.

그 뒤 성왕 4년(526)에 겸익(謙益)이 인도에 가서 율을 연구하고
범승(인도승)과 같이 돌아와 흥륜사에서 28명과 함께 율부 72권을
번역했다. 담욱과 혜인이 소(疏) 30권을 지은 것을 왕이 친히 서문
을 지어 율종을 뒷받침하였다. 겸익은 백제 율종의 시조가 됐다.

또 541년에는 왕이 사신을 당나라로 보내며 열반경을 구해 오게 했으며 장육불을 조성하여 일본 왕을 위해 기도문까지 지어 보냈다.

다시 522년에는 불상과 경전을 일본에 보내어 불교 교류에 공헌했다.

554년에는 담혜(曇慧)와 9인의 승려가 일본에 건너가 그들보다 먼저 가서 포교하고 있던 도심 등 7인과 교대하였고 577년에는 경사·율사·선사·화공·목공 등 여러 학자를 보냈다. 583년에는 일라(日羅)스님이 일본에 갔다가 피살당했다.

584년에는 미륵석불과 불상 일구씩을 보냈고 588년에는 부처님 사리를 보냈다. 일본 중신 소가우마고(백제혈통)는 백제 고승을 초청하여 계사(戒師)를 삼아 수계법을 배움으로 그 뒤 계율을 연구하는 학승들이 많이 배출됐다.

제29대 법왕 1년(595)에는 불교를 널리 펴고자 살생을 금하는 법령을 내렸다. 다음 해에는 웅장한 왕흥사를 창건하였다. 제30대 무왕은 고승 지명(知命) 법사에게 귀의하였고 당시 동양에서 가장 큰 미륵사를 지었다.

고승 혜현(慧現)은 일찍 출가하여 오로지 법화경만을 외우고 기도하여 염험을 얻었고 삼론학을 깊이 연구하여 북부 수덕사에 있으면서 많은 사람을 교화한 후에 산속에서 입적하며 유해를 석굴에 보관한 것을 범이 먹다 남긴 혀가 3년 동안 방광하다가 돌같이 굳어진 것을 석탑에 넣었다고 송속고승전에 실려 있다. 무왕 3년(602)에는 삼론학자 관륵(觀勒)이 일본에 건너가 원흥사에서 삼론학을 펴면서 역본·천문·지리·둔갑·방술 등을 전하였고, 일본에 의학의 기초를 세워준 시조이기도 하다. 그 외에 많은 승려와 기술자가 일본에 건너가 사람들을 가르쳐주었고 그중 왕인(王仁)은 근구수왕(375~384) 때 천자문 1권, 논어 10권을 가지고 일본에 건너가 일본태자를 가르쳐 줌으로 비로소 일본 한문학이 발전하게 됐다.

그러나 백제불교는 소승적인 율종에 너무 치우친데다 일본불교를 위해 막대한 국비를 낭비한 탓에 결국 경제파탄을 초래하였고 의자왕(義慈王)은 만년에 사치와 방탕에 빠져 충신들의 간언도 듣지 않고 국정을 소홀히 하다가 나당연합군에게 비참하게 망하고 말았다.

그러나 고구려·백제·신라 3나라 중 백제가 일본에 우리문화와 불교를 전해준 공적은 길이 남을 만하다 하겠다. 그뿐만 아니라 백제 석공 아사달은 신라 경주 불국사에 다보탑과 석가탑을 조성했고 목공 아비지는 황룡사 9층(80m)목탑을 세웠는데 이 목탑은 아마 세계 최초이자 최고의 작품이었을 것이다. 아깝게도 목탑은 화재로 소실됐지만 두 탑은 남아있어 백제인의 예술 솜씨를 자랑하고 있다.

신라불교

신라에 불교가 공인된 것은 법흥왕 13년(527)이다. 그러나 그 전에 묵호자(墨胡子 : 신라에 불교를 처음 전했다는 인도스님)가 일선군(경북 선산)에 와서 모례집에 토굴을 만들고 지내던 중 마침 양나라 사신이 가지고 온 향의 사용법을 모르는 것을 가르치고, 향을 태워 공주의 병을 고쳤다 한다. 그 뒤의 행방은 알 수 없다. "삼국유사"에는 아도와 같은 사람이라 하나 알 수 없다고 했다. 또 아도(阿道, 아두)는 고구려 스님이며 그의 어머니는 고도령, 아버지는 위나라 아굴마라 한다. 5세에 출가하여 16세에 위나라에 가서 아버지를 만나고 현창화상에게 수학한 후 19세에 돌아왔다. 어머니의 뜻에 따라 신라 미추왕 2년(263)에 궁궐에 들어가 불교를 펴려다 실패, 일선군 모레 집에서 3년 동안 숨어 지내다가 마침 석국공주의 병을 고쳐줌 으로 왕이 기뻐하여 절을 짓고 불교를 일으키게 했다. 처음에는 초 가로 흥륜사를 짓고 설법하자 하늘에서 꽃이 떨어졌다 한다. 현재 선산 태조산에 있는 도리사가 아도화상 창건이며 아도화상 사리탑 과 사적비가 있다. 뒤에 미추왕이 죽었을 때 백성들이 죽이려 하자 모레 집에 돌아와 무덤을 만들고 들어가 다시 나오지 않았다 한다. <삼국사기>, <삼국유사>에는 아도가 신라 소지왕 때 시자 3인을 데리고 모레 집에 있다가 수년 후 병 없이 죽었고 시자 3인은 경전 을 강독, 믿는 사람이 있었다고 하였다.

그러나 신라는 고구려보다 155년 늦게 불교를 받아들였다. 이유 는 토속신앙에 젖어있던 귀족세력의 반대 때문이었다.

"아! 어찌하리오 천하에 나 혼자뿐이니 누구와 너불어 불법을 일 으키며 그 법을 남기리오."라는 왕의 탄식을 들은 이차돈(異次頓, 성 은박씨, 506~527)은 "오늘 죽어 내일 불법이 행해진다면 부처님 세 상이 오고 성주(왕)가 편안할 것이라 생각하고 왕에게 아뢰기를, 나 라를 위해 죽는 것은 신하가 할 도리며, 임금을 위해 목숨을 바치는 것 역시 백성의 바른 뜻이라며 자신이 천경림에 절을 짓기 시작하 면 처단하라고 요구했다. 왕은 망설였으나 이차돈의 제의를 받아들 였다. 신성한 천경림에 절을 짓기 시작하자 위세 당당한 귀족들이 흥분하여 왕을 핍박하자 이차돈이 말하길, 천경림에 절 짓는 것은 부처님의 뜻에 따라 내가 시작하였소. 불법을 행하면 나라가 번영 해 질 것인데 무슨 죄가 되느냐"며 항변했다. 결국 형장에 나선 이

차돈은 "만일 부처님이 계신다면 내가 죽은 뒤 반듯이 이적이 있을 것"을 예언했다. 왕명으로 이차돈의 목을 베자 목에서 흰 피가 하늘 높이 치솟고 잘린 머리는 금강산(경주시 동천리, 현 백율사, 원래는 주차사) 꼭대기에 떨어졌는데 갑자기 천둥번개가 치고 사방이 암흑으로 뒤덮이면서 꽃비가 내리고 땅이 진동하는 것이었다. 이 광경에 혼비백산한 귀족들은 불교를 국교로 받아 들였다.

불국토가 된 신라는 발전을 거듭하여 삼국통일의 터전을 마련하게 됐다. 그때 이차돈의 나이 불과 22세로 젊은 나이였다. 이차돈의 순교 7년 뒤인 법흥왕 21년(534)에 천경림에 신라 최초의 사찰인 흥륜사를 창건했다. 법흥왕은 진흥왕에게 양위하고 승려가 되어 법공(法空)이라 했다.

진흥왕 5년(544)에는 사찰을 짓고 누구나 출가할 수 있는 법령을 내렸다. 549년에는 양무제가 신라의 첫 구법승인 각덕(覺德)에게 불사리를 보냈다. 551년에는 고구려 혜량(慧亮)을 초청하여 승통으로 받들고 처음으로 백고좌법회와 팔관회를 열었다.

553년에는 새로 월성에 궁을 짓는데 황룡이 나타나는 상서로운 일이 있어 절 이름을 황룡사라 했다. 법흥왕이 불교를 일으킨 뒤 진흥왕은 불법을 존중하고 외호했기 때문에 불교는 크게 발전하게 되었고 불교정신을 바탕으로 화랑도 제도를 만들어 인재양성을 하게 했다.

왕은 만년에 출가하여 스스로 법운(法雲)이라 했고 왕비도 비구니가 됐다.

원광법사(圓光法師)는 진나라에서 불교연구를 마치고 600년에 돌아와 청도 가실산에 머물렀다. 귀산과 추앙이 종신토록 가질 교계

(좌우명)를 청하니 세속 5계(戒)를 가르쳤다.

이것이 곧 신라 화랑도의 근본 사상이 됐다. 그는 왕명으로 걸사표를 지을 만치 문학에도 능했음을 알 수 있다.

신라 진골출신인 자장(慈藏)은 선덕여왕이 정승을 삼으려하자 "하루 동안 계율을 지니다 죽을지언정 계를 타하고 백년 살기를 원하지 않노라"며 거절했다.

자장은 당나라로 건너가 청량산(오대산) 문수보살에게 기도하고 부처님 가사와 사리를 받아 가지고 돌아와 통도사를 창건하고 금강계단을 설치했다.

분황사에 머물면서 황룡사에 가서 보살계를 대중에게 설하는 등 교화에 힘썼으며 남산율종의 개조가 됐다. 자장은 여왕에게 주위의 9나라의 침입을 막을 9층 목탑을 세울 것을 건의하여 황룡사에 건립했다. 신라가 불교국가가 된 지 90년 뒤에 탄생한 원효(元曉)는 출가하여 일정한 스승 없이 불법을 터득, 당시 고승이며 괴승으로 불리던 혜공(惠空, 전생의 구마라습의 제자 승조)과 함께 대안과 법을 논했으며 의상(義湘)과 당나라로 가던 도중 무덤에서 자다 해골에 고인 물을 마시고 구토한 후 크게 깨닫고 신라로 돌아왔다. 그 후 요석공주에게서 아들을 낳으니 그가 설총(薛聰, 설씨 시조며 신라 10성 중 한 분)이며 최치원·강수와 함께 신라 3대 문장가로 불린 인물이 되었다.

원효는 분황사에 머물면서 무애가를 지어 두룽박을 두드리며 민중에게 미타신앙을 심어주고 통불교를 주장했다. 또 중국에서 들여와 아무도 풀지 못하는 "금강삼매경"을 왕과 고승 앞에서 설하여 파계승에서 고승의 반열에 서게 됐다.

　의상은 원효와 헤어져 단독으로 당나라 지상사 지엄에게서 화엄학을 공부하고 화엄일승법계도(법성계)를 지어 인가를 받은 후 중국 화엄종 3조자리를 현수법장에게 물려주고 676년 52세 때 신라로 돌아와 왕명으로 태백산에 부석사를 짓고 화엄 10개 사찰의 창건과 화엄일승의 교리를 펴는데 주력함으로 신라에 화엄학이 크게 발달하게 되었다. 의상은 신라 화엄종의 초도가 됐다. 의상에 얽힌 일화 중 당나라 선묘녀는 부석사 창건설화에 잘 알려졌지만 일본에서는 원효사와 함께 선묘사를 지어 의상과의 설화를 그림으로 그린 두루마리와 벽화가 남아있을 만치 일본인들의 존경의 대상이 되어 있다.

　의상과 거의 비슷한 때 당나라로 간 신라 왕손인 원측(圓測)은 유가·유식·구사·성실에 정통했으며 그의 학식은 현장의 수제자 자은보다 더 우수했다. 당태종의 신임을 받아 서명사에 머물면서 유식학의 한파를 이루었기 때문에 그것을 신라유식학파라고도 한다.

　중국에서 가장 존경받는 현장법사 탑이 있는 홍교사 중앙에, 현장탑 좌측에, 원측 우측에 자은탑이 있다. 자존심 높은 중국인들이지만 법사의 높은 도력과 학덕을 얼마나 높이 평가했는가를 이로써 능히 짐작할 수 있는 증거라 하겠다.

　그 외, 다재다능한 고승들이 수없이 많지만 그중 위대한 업적을 남긴 분이 혜초이다. 그가 남긴 왕오천축전은 당시의 인도의 모든 것이 담겨있는 귀중한 자료로서 높이 평가할 수 있을 것이다. 그리고 신라에서는 화엄·유식·유가·불교·염불·인명 등 모든 교학과 사상이 발달한 신라 불교의 황금시대를 자장·원효·의상·월명 등이 활동한 시기라고 할 수 있다. 그런가 하면 문무왕 때는 광덕·엄장 등에 의해 염불 왕생신앙이 널리 퍼졌고, 경덕왕 때는 미타사를 지어 만일회를 설치하였다. 또 서방왕생을 발원한 승려들이 승천했다 한다. 그 같은 뛰어난 고승대덕과 찬란한 불교문화를 꽃피웠던 신라지만 경순왕 8년(935)에 천 년의 왕업을 고려태조 왕건에게 넘겨주고 말았으니 생주이멸의 법칙은 어길 수 없는 대진리라 하겠다.

태봉불교

궁예는 신라 제47대 헌안왕 또는 제48대 경문왕의 서자라 한다. 일찍 세달사의 승려가 되었다. 신라가 혼란해지면서 각지에서 반란이 일어나자, 기훤과 양길의 부하가 되었다. 얼마 후 양길을 타도하고 고구려의 부흥을 구호로 내세워 송악(개성)을 근거로 후고구려를 세웠다.

궁예는 898년에 팔관회를 설치하였고 국호를 "마진" 뒤에는 철원으로 옮겨 태봉이라 했다. 궁예는 스스로 미륵불이라 자칭하고 머리에 금책을 만들어 쓰고 찬란한 법복을 입고 두 아들을 청광보살, 신광보살이라고 부르게 하여 좌우보처보살을 삼았다.

틈틈이 나들이 할 때는 흰말을 타고 동남동녀가 번개를 들고 산개를 바치고 향불을 피워 앞서가게 하였다. 비구 200명에게 범패를 부르게 했다. 또 20여 종의 경전을 새로 만들었다. 자신은 관심법으로 사람의 마음을 훤히 꿰뚫어 본다면서 사람들을 위협하는 등 종교개혁을 단행하여 새로운 나라를 세우려고 했다.

특히 의형제를 맺은 왕건의 활약으로 세력이 강대해지자 사치스런 생활을 일삼는 한편 많은 신하를 무참하게 살해했다. 심지어 승려들마저 만인이 보는 앞에서 타살했고 더구나 처자까지 죽이는 만행을 일삼았다.

그때 장군 신숭겸·홍유 등의 모의로 결국 의형제요 부하였던 왕건에게 왕위를 빼앗기고 도망치다가 강원도 삼방협에서 백성들에게 붙잡혀 무참하게 피살당하고 말았다.

고려불교

고려 태조왕건은 원래 불교 집안 출신인데 신라 말 풍수지리의 원조격인 고승 도선(道詵, 827~898) 국사의 예언대로 신라 말의 신라·태봉·백제 등 후3국을 통일했다. 그러나 새나라의 기틀을 속히 안정시키려고 신라인들이 400여 년간 국교로 믿었던 불교를 적극적으로 비호하기 위해 송도에 많은 절을 지어 호국의 근본도량으로 삼았다. 그리고 왕사와 국사제도를 만들고 고승들을 우대하는 등 큰 법회도 자주 열었다.

왕건은 왕가 대대로 이어질 신앙의 귀감이 될 십훈요(十訓要)를 지었으며 팔관회 연등회를 나라의 연중행사로 정하는 등 불교를 국교로 삼을 기반을 만들었다. 또 율종·밀종·화엄종·법상종 등 여러 종파가 있었으나 그중 선종을 선호했다. 그중에 이엄은 중국 조동종을 이어맡아 고려에 널리폈다. 또 현휘와 제자 윤행은 성주산에서, 다윤은 성당의 증손이며 동리산에서 크게 교화의 문을 열었다. 제4대 광종은 처음으로 승과제도를 설치하고 승려에게 계급을 줌으로 많은 승려가 선발되어 등용하게 됐다. 승과는 선종과 교종의 예비고시에 합격하면 국가고시에 응하게 했다. 교종은 승통 선종은 대선사까지 오르게 하였다.

그 영향으로 왕족 양반의 자제와 전국의 수재들이 운집하게 되어 불교의 기반은 더욱 굳어졌다.

그러나 제7대 목종 뒤부터는 순수한 수도와 교리연구보다 연중행사인 연등회와 팔관회 등 여러 가지 의식불교에 치우쳐 결국 궁중에까지 그 영향이 미치게 되어 하나의 폐단을 만들게 됐다.

하지만 호국불교의 기치를 내건 불교는 군왕과 백성이 하나로 단결되어 국난이 일어나면 오직 부처님의 가호를 빌게 됐다.

그것이 현종 1년(1010)에 글안이 침입하자 군왕의 발원으로 대장경판 불사로 오랑캐가 물러갔다. 또 고종 23년(1236)에는 몽고군 침입 때도 대장경판 불사를 봉행했다. 그때 만든 대장경판은 세계유산으로 등재되었다. 이것이 고려가 474년간 군왕과 백성이 한결같이 불교를 믿었다는 증거이기도 하다. 왕건은 재위 중 5백여 개의 사찰을 창건하였으며 마지막 공양왕까지 불교정책은 그대로 유지됐다.

고려불교의 대표석인 인물로 내각국사 의천(義天)과 보조고사 지눌(知訥, 1158~1210)이 있다.

의천은 문종의 4째 아들이며 송나라에 가서 화엄학과 천태학을 배워 와서 송도 흥왕사에 교장도감을 설치하고 국내의 논소와 송·요·일본에까지 널리 전적을 수집하여 1,085부를 수록한 "신편제종교장총록"이라는 대목록을 만들고 이중에서 엄격히 검토하여 "고려속장경"을 간행했다.

의천은 선종과 교종을 통합하여 천태종을 만들고, 회삼귀일의 교리를 근본사상으로 삼아 국가정신을 확립시키고자 했다.

의천이 천태종을 세우자 이에 대립해서 생긴 것이 선종이다.

그 대표는 학일과 탄연이다. 그 뒤 조계산에 수선사를 만든 지눌은 신라의 도의·겸거·체징 이래 한국 선종은 중국 선종의 연장에 불과했지만 지눌은 독특한 종지를 내세워 새로운 선관을 세워 구각에서 벗어나는 기틀을 마련했다.

이 두분의 시대를 고려 불려의 황금시대라 한다. 그리고 삼국사기와 해동고승전의 잘못 된 곳을 바로 잡은 삼국유사의 저자인 일연(一然, 1200~1289) 역시 고려의 뛰어난 학승의 한 사람이다. 국교로서 영광을 떨친 고려불교는 국가의 비호를 받은 탓에 점차 폐해를 나타내기 시작했다. 때문에 유신들은 척불을 주장했다. 그 이유는 사찰의 쟁탈사건이 빈번하게 일어난 탓이다. 그것은 국왕의 명령에 따라 하루아침에 선종이 천태종으로 천태종이 화엄종으로 뺏기고 뺏는 비극이 이어졌기 때문이다. 그 원인은 국법과 종파의 종지가 일정한 것이 아니라 국왕의 귀의에 따라, 말하자면 권모술수가 능한 승려의 농간으로 국왕의 변심에 따라 그 같은 사찰 쟁탈사태가 일어나게 된 것이다. 그런 와중에 승려가 정치에 참여하면서 요승 묘청(妙淸)을 시작으로 환속승인 신돈(辛旽)의 처형으로 끝을 맺게 됨으로 그로인해 고려불교계는 돌이킬 수 없는 치명상을 입게 되었다. 그 후유증으로 조선조에 와서 숭유억불정책의 빌미가 되었다.

조선조의 불교

조선조의 불교는 굴곡이 심한 쇠퇴의 역사라 하겠다. 고구려·신라·고려 등은 국왕과 왕족·귀족의 불교였기 때문에 성대한 불사와 많은 법회가 이어졌다. 그로 인해 찬란한 불교문화가 만들어지면서 일반 서민들은 자연히 그 영향을 받게 되었던 것이다.

그러나 조선조는 국권이 바뀌면서 정치는 물론 불교에 대한 승정(僧政)마저 돌변하여 천여 년의 연륜이 쌓인 불교가 하루아침에 천 길의 나락에서 그 명맥마저 유지하기에 급급한 처지가 되고 말았던 것이다. 하지만 뿌리 깊은 나무가 쉬 말라 죽지 않듯 튼튼히 자리 잡은 불교를 성급하게 괴멸시키려한 집권자나 유신(유생)들의 예상은 완전히 빗나가고 말았다. 고구려·신라·고려로 이어져 온 궁중의 왕비와 궁녀들의 믿음인 불교는 그들만이 아니라 일반 백성인 부녀자들에게는 더할 수 없는 소중한 신앙의 하나였기 때문에 아무리 강력한 권력의 힘이라 해도 그들의 내밀한 믿음마저 빼앗을 수는 없다는 사실을 그들은 미처 몰랐던 것이다. 더욱이 임진왜란의 국란이 닥치자 억불정책에 극성이던 유신들은 이렇다 할 묘책하나 내놓지 못하고 자신들 일파의 보신에만 급급하여 우왕좌왕할 무렵, 8천(八賤) 중의 하나로 천대받던 승려들 중에서 70이 넘은 노승(老僧 : 서산대사)의 격문 한 장으로 방방곡곡에 흩어졌던 승려들이 구름떼같이 몰려와 목탁대신 총칼을 들고 나라를 넘보던 왜적을 몰아내며 풍전등화같이 위급한 나라와 백성을 구했으니 불교야말로 진정한 구세주요 더할 나위 없는 믿음의 등불이 아닐 수 없었다.

조선조의 배불은 고려 충렬왕의 사신 안향(安珦)이 중국에서 베껴온 "주자전서"에 의해 싹트기 시작했다.

또 하나의 원인은 고려 인종 때 묘청의 반역사건이 있었고 고려 말 공민왕 때 정치에 참여한 요승 신돈(辛旽) 사건 등은 새로 참여한 조선조의 개국공인들에게는 숭유억불정책의 좋은 공격대상이었던 것이다. 그들은 불교를 배척하는 것이 유교를 일으키는 길이며 불교를 더 많이 공격하는 것만이 자신들의 입신출세의 첩경이라고

까지 여겼던 것이다. 상황이 그런데도 승려들은 신라나 고려 시대
와 같이 왕성한 종교적 교학적 활동을 일으키거나 이렇다 할 만한
큰 반발조차 없이 타성에 젖어 오직 정책에 순응하는 태도를 보인
것이 조선시대의 불교도들이라 할 수 있다.

현종조에 시·문의 귀재로 유생들마저 존경하던 백공처능(白谷處
能)은 8만여나 되는 언어의 상소문인 "간례석교소"를 올렸다. 그 내
용 중에 "승려가 정교(政敎)를 어긴 자가 있다고 하여 불법을 폐하
고자 하는 것은 마치 청금(青衿 : 유생)이 죄를 지었다 하여 공자의
도를 폐하는 것과 같지 않겠느냐"고 상소한 것은 오직 백곡 한 사
람뿐이었다.

한 가지 기이한 것이 있다면 신라·태봉·고려·조선조를 창업
한 군왕들이 한결같이 불교를 좋아한 호불왕(好佛王)이었다는 점이
다. 신라태동 김춘추, 태봉태조 궁예, 고려태조 왕건, 조선태조 이성
계가 그러했다.

그리고 신라불교는 통일불교, 고려불교는 호국불교, 조선불교는
구국불교로 각기 다른 성격을 띠고 있는 점 역시 기이하다 하겠다.

태조 이성계

태조 이성계(李成桂)는 원래 불교집안에서 태어났다. 이성계의 불
교관은 불교는 개인의 소원을 이뤄주고 잘못한 죄도 뉘우치면 구제
해주며, 나라의 번영을 자손대대로 이어줄 것이라고 굳게 믿었다.
그가 재야시절 조선 8도 곳곳에서 치성(기도)드렸다는 유적이 현재
여러 곳에 남아있는 것이 그 믿음의 증거이다.

　이성계는 집권하자마자 많은 불사를 시작하면서 고승을 우대하는 정책을 펴나갔다. 예전에 함경도 안변에서 만난 무학대사(無學大師)의 예언대로 왕위에 오르면서 안변 설봉산에 석왕사(釋王寺 : 왕의 꿈을 해석했다 뜻)를 창건하고 무학대사를 왕사(王師)로, 3년 뒤에는 청태종 조구(祖丘)대사를 국사(國師)로 봉하고 이상불국토를 만들고 자 했다. 그 표시로 도첩(度牒 : 고려 때 중이라는 인정증명서)법을 만 들고 승과(僧科 : 고려 때 3년마다 승려를 위해 시행하던 과거시험)를 실 시하였다. 또 승려의 승계(지위) 사찰주지 임명, 일반인의 출가를 허 락하는 등 고려 때의 제도를 그대로 이어 받았다.

　태조는 새로 도읍한 한양(서울)에 흥국사·흥천사를 창건하고 각 종 법회를 성대하게 열고 경전인출 사업도 펼쳤다. 양주 회암사에 머물 때는 승려들과 함께 수도하면서 스스로 송헌(松軒)거사라 자처 하리만치 불심이 돈독했다.

　그러나 개국공신 조준(趙浚)이 22개조의 상소문 중 승려의 도첩제 를 엄하게 하고 사찰에 시주를 금하는 조항을 윤허함으로써 그간에 강력하게 제기해온 척불론이 표면화되기 시작했다. 태조를 도와 조 선을 창업한 삼봉정도전(三峰鄭道傳)은 고려 말의 뛰어난 유학자로 모든 면에 유능한 천재였다. 고려를 배반하고 이성계를 왕위에 오 르게 하며 조선왕조 개국1등공신이 되어 왕조의 문물제도와 정책 대부분을 결정할 만치 큰 업적을 세웠다. 삼봉은 자신의 포부였던 숭유배불을 국시(國是)로 삼아 유학을 크게 발전시키고자 "불씨잡 변"을 지어 철저한 억불정책을 펴기 시작했다. 그러나 "불씨잡변" 은 자신의 창작이 아니라 송나라 유학자가 쓴 "주자전서"의 척불론 을 그대로 옮겨 쓴 것에 불과했다.

  삼봉은 태조 3년에 "경국대전"을 지었는데 그중 상제(喪祭)는 불교식을 폐지하고 "주자가례"에 따르게 하고 사대부 집집마다 사당을 만들어 신주(神主)를 모시게 했다. 처음에는 시행되지 않았으나 중종 때 조정암(趙靜菴)이 대사헌이 된 후 그를 따르는 유생들이 앞장서서 시행하게 됐다. 다시 말하면 배불론의 효시는 고려 충렬왕 때 안향, 충숙왕 때 최해, 고려 말의 이색에 이어 조선 초의 정도전이 완성한 셈이다. 하지만 세상사는 시작이 있으면 끝이 있는 법, 한동안 조선천하를 주름잡던 삼봉 정도전이지만 태조 선위(禪位) 문제로 야기된 왕자난 때 반역모의가 발각되어 이방원(李芳遠 : 태종)의 칼끝에 살해되어 역적이 되었으니 그전에 새운 혁혁한 많은 공로가 그 빛을 잃고 말았으니 이를 사필귀정이라 할까.

  태조는 1차 왕자난 후 재위 7년 만에 정종에게 양위하고 상왕이 되었으나 2차 난을 겪은 뒤 경흥 구저로 낙향하여 쓸쓸한 여생을 마쳤다.

  태조에 의해 왕사가 된 무학은 고려 공민왕 때 중국 연경에서 지공(指空)화상을 만났고 뒤에 나옹(懶翁)화상을 만나 그의 법을 받았다. 무학의 문하에는 함허기화(득통)·퇴옹장휴·월강보경·급암도사·진사대사 등이 있다. 그중 함허가 수제자이다.

태종 이방원

  태종 이방원(李芳遠)은 원래 한학에 소양이 깊었다. 고려조에서 문과 급제하여 관직도 받은 인물이다. 1, 2차 왕자난을 겪고 왕위에 오른 태종은 측근인 유학자들의 권고를 받아들여 숭유억불정책을

편 조선 최초의 군왕인 셈이다.

　우선 국초의 12종(혹은 11종)이던 것을 7종으로 통폐합시켰다.

　그리고 척불정책의 6개항을 공시했다.

　1. 사액(寺額)을 감축하고 승려를 환속시킬 것.

　2. 사찰의 토지를 국고에 환수할 것.

　3. 사찰에 딸린 노비를 군인으로 충당할 것.

　4. 도첩제를 엄수할 것.

　5. 왕사·국사·봉구제를 폐지하고 승려의 대우를 강등시킬 것.

　6. 능사를 폐지하여 인심을 새롭게 할 것 등이다.

　이 6개항은 국익을 도모하는 한편 불교를 완전히 고사시키는 정책이었다. 이 가혹한 정책에 반발한 승려 중 고려왕사 찬영문하의 성민(省敏)이 신문고를 두드려 왕에게 직소했으나 가납하시 않았다. 이것이 조선조 척불시정의 제1기라 한다.

　그러나 산중에 있는 대가람은 다행히도 비보사(裨補寺)라는 명분으로 유지할 수 있었다. 또 왕사·국사·봉군제는 태종 5년 때 무학왕사가 입적함으로 봉군제도도 함께 폐지됐다.

　태종은 왕위에서 물러난 2년 즉 세종 2년에 왕비 민씨가 서거하자 헌릉에 장사지내고 능사를 세울 것을 군신이 간청했으나 태종은 완강히 거절할 뿐 아니라 고려의 풍습을 모두 폐지하게 했다.

　그렇지만 태조대왕을 위해서는 평소와는 달리 불사로서 부왕의 명복을 빌었다. 또 12년에는 태조를 위해 개경사를 창건하고 해인사의 대장경을 인출하며 절에 모시게 했다.

태종은 재위 19년 동안 철두철미한 배불시정을 게을리하지 않았다. 때문에 고려 이래의 불교는 큰 법난을 맞게 되었다. 만일 세종조까지 배불정책이 그대로 유지되었다면 연산군조까지 기다릴 것 없이 조선불교는 그 법맥이 영원히 끊어지고 말았을 것이다. 다행히도 세종은 중년 이후 불교를 믿었기 때문에 그동안 피폐해진 불교가 기사회생의 기회를 맞이하게 됐던 것이다.

세종

세종(世宗)은 조선의 요순이라 불리는 성군이었다. 세종의 치세에는 국력이 크게 신장하고 애민정치로 태평성대의 기운이 충만하여 문교가 크게 발전하여 큰 문장가를 배출하면서 처음으로 조선이 유교국다운 면모를 갖추게 됐다.

즉위 2년 처음으로 집현전(集賢殿)을 만들어 인재양성을 꾀하는 한편 젊고 문재가 뛰어난 자에게는 관직을 주고 산사(山寺)로 보내어 더욱 정진하게 했다. 세종 3년에 세운 성균관(成均館) 역시 나라의 큰 선비를 기르는 양성소로 만들었다. 그 결과로 고려사·효행록·자치통감강목·삼강행실·용비어천가·칠정산내외편 등은 세종이 친히 제정하였다. 그 외에 율려음악의 개량 천상제간의·측우기 등 역시 세종의 명으로 만든 것이다.

특히 3년에는 왕세자를 성균관에 입학시켜서 대성부자 "문성왕"의 위패에 절하고 그의 제자가 되어 그 가르침을 받들 것을 선서함으로써, 조선 국왕과 공자 사이를 사제지간의 관계로 맺어 유교로써 나라의 종교·정치·도덕의 궤범을 삼게 하였다. 이로써 조선의 유교입국주의는 세종에게서서 처음 확립하게 되었다.

세종은 예전부터 있던 궁중의 내불당을 폐지하고 성안에 남아있던 홍천·홍덕 두 사람만 남기고 불상과 불구는 병기를 만들게 하고 승려의 도성출입도 금했다. 그런데 어찌된 일인지 무학대사의 수제자 함허득통을 세종이 초청하여 대외사찰에 4년간 머물게 하였다. 그때 세종에게 불교의 심오한 묘리를 이론적으로 설하여 배불정책의 잘못된 점을 설파하였다. 때맞추어 세종의 어머니와 형의 회유와 감화로 불교를 이해하게 되어 결국 귀의하게 됐다. 그 뒤부터 세종은 중신들의 극간에도 불구하고 태조대왕이 창건한 홍천사 사리탑각을 재건하는 등 많은 불사에 정성을 다했다. 그때 안평대군은 금불상 3위를 홍천사에 봉안했다. 세종은 훈민정음을 만들어 수양대군(뒤에 세조)에게 명하여 부처님의 8상성도를 간략하게 한글로 번역·해석하여 "석보상설"이라 한 섯을 세종이 직접 친송을 지어 "월인천강지곡"이라 했다.

그 외에 한글로 경전을 번역하여 무식한 백성에게 불교를 알리는 등 그간의 불교탄압이 얼마나 잘못된 정책이었는가를 참회하고 훼손·방치한 사찰을 수리케 했다. 이때 적극적으로 반대하는 정승 판사는 물론 집현전 학사까지 총사직하는데도 경찬회를 설치케 했다. 수양대군이 석가는 공자보다 더 뛰어난 성인이라 공인한 기록도 있다.

앞에서 언급한 성균관은 유교 교육을 전담한 교육기관이며 뒤에 만든 것이 서원(書院)이다. 서원은 선비들이 모여 명현을 제사지내고 학문을 강론하고 인재를 키우는 사설기관이며 향교(鄕校)는 문묘(文廟: 공자를 모신 사당)에 달린 관립학교로 지방에 두었다. 이로써 신라·고려의 800여 년간의 국교였던 불교를 유교가 대신하기에 이르렀다.

　그러나 공자의 유학보다 주자의 성리학이 조선조 500년을 지배하면서 명분 없는 논쟁으로 국론을 분열시켰고 사색당파는 나라까지 위태롭게 만들고 말았다.

　우리나라 서원의 시초는 경북 풍기면 백운동 서원인 소수서원(紹修書院)이며, 중종 3년 풍기군수 주세붕이 우리나라에 주자학(성리학)을 처음 들여온 안향을 제사지내고 선비 자제를 교육시키기 위해 만들었다.

　소수서원은 원래는 대찰인 숙수사(宿水寺)였으나 배불책의 위세에 밀려 서원에게 뺏긴 셈이다. 그 과정에서 많은 승려가 희생되었다 한다. 현재 남아있는 국보 82호의 당간지주가 숙수사였음을 말해주는 증거인 셈이다.

　서원이 각광받게 된 것은 연산군이 독서마저 금하면서 학식과 덕망 있는 스승이 필요하게 되면서 발전한 것이 서원이다. 그때 서경덕·이언직·이황·이이·조식·기대승·성훈 같은 덕망 있는 분들이 그들을 이끌었다. 이 같은 상황에서 번성한 서원은 붕당의 후방기지가 되어 사림(士林)세력의 정치적 성장을 가져왔다. 그로 인해 16세기 이후 조선 사회는 사림이 주도권을 잡게 됐다. 그렇게 되자 조선 사회의 중심사상은 지배자인 유교의 양반들이며 풍속예습은 유교교의를 구상화했을 뿐이었다. 대다수 힘없는 평민은 무교육자로서 오직 양반유생들에게 맹종할 따름, 어떤 반발이나 항의조차 할 수 없이 인권을 유린당하게 됐다. 그러나 큰 세력이 형성되면서 지연·학연·혈연·정치세력까지 얽히고설키면서 비리의 온상으로 전락하게 된 서원의 횡포로 말미암아 승려는 물론 백성들의 피해는 도를 넘을 수밖에 없었다.

홍선대원군이 집권하자마자 자신을 괴롭혔던 악덕 사원은 물론 당시 378개 서원 중에서 사액사원인 소수·도산 등 47개만 남기고 모두 철폐시켰다. 그리고 향교와 서원의 차이는 성균관·향교에는 위패를, 서원에는 영정을 모신 점이다.

세조(世祖)

단종을 폐위시키고 등극한 세조는 태조 이성계와 흡사하여 무용이 전륜하고 과단성이 뛰어났다. 마침 문약(文弱)에 흐를 위험이 있는 조선초기의 기풍을 일신하면서 불교를 외호하는 봉불(奉佛)왕이라 불리었다. 당시 고승인 신미혜각존자와 학조대사를 존경하여 선왕인 세종의 뒤를 이어 많은 사찰을 중창하고 중흥대시주가 됨으로써 조선불교는 최초의 기사회생의 기회를 맞게 됐다.

세조 3년에 오대산 상원사에 머물던 어느 날 비몽사몽간에 백의대사(관세음보살)가 나타나 말하길 "동대 동쪽 기슭 50리 쪽에 청학사가 있다. 그곳은 내가 항상 머물면서 매일 아침 인시에 나타나 32응신으로 무량중생을 제도한다. 이 범찰이 퇴락하여 대왕이 보호하지 않으면 납자들이 지탱하기 어렵다"고 말하고 자취를 감추었다. 세조는 괴상히 생각하여 즉시 알아본즉 꿈과 같았다. 세조는 기쁜 마음으로 공양미 50석과 모든 부역을 감면케 했다. 세조 8년에 오대산 상원사 중창불사 때 혜각신미의 권선문과 세조의 수기의 말미에 불제자 조선국왕 이유(佛弟子 朝鮮國王 李瑈) 자성왕후 윤씨(慈聖王后

尹氏) 채색, 쌀 500석, 정포 500필, 정철 1만5책근을 하사하면서 직접 불제자라 쓸 만치 신심이 돈독했다. 또 처음으로 한문을 먼저 쓴 다음 한글(언문)로 써서 부녀자나 평민 누구라도 읽을 수 있게 했다. 또 금강산 건봉사에는 세조가 5일간 머물면서 원당과 어각을 세우는 비용으로 전답을 하사하고 발원문까지 지었다. 그 외에 많은 사찰을 창건하고 중수하였으며 용문사에 동종, 흥천사에는 대종을 새로 만들었다. 9년에는 대원각사 불사를 시작했다. 대원각사탑은 규모가 클 뿐만 아니라 조각예술의 백미로 손꼽을 만치 뛰어난 13층 석탑으로 동양에 둘도 없는 한수탑으로 뛰어난 석공의 솜씨에 모두 경탄했다.

세조는 수년간 금강산 오대산 등의 유명한 사찰에서 승려와 같은 생활을 수행했다. 그때 태종 이전의 배불정책이 불교를 얼마나 억압하고 승려들의 수행을 방해했는지 그 실정을 알고 그간의 잘못된 점을 모두 해제케 하고 관헌의 사찰출입을 금하고 사찰에 정당한 세금 외에 각종 물품과 병역·부역도 면제시켰다.

세조는 불교를 옹호하기 위해 3대 목적을 세웠다. 1. 선왕이 제정한 6전에 의해 도승선시법을 정하고 경국대전에 명기하여 자손이 따르게 할 것, 2. 사찰을 중수하여 삼보를 극진히 모실 것, 3. 종종의 경전을 간행하여 세상에 유포할 것. 이것이 세조의 3대 목적이었다.

성종(成宗)

세조가 봉대하고 성종조가 되면서 도승법 폐지 등 불교탄압이 다시 시작되어 연산군조에는 선교양종 사원까지 철폐, 승선제 역시 폐지함으로 조선불교의 제1기가 끝나고 다시 법란의 시대가 되었다.

조선 초의 고승들

고려조에는 많은 고승대덕이 배출되어 불교가 융성하고 빛나는 유산도 남겼다. 그러나 고려 말이 되면서 신돈(辛旽) 같은 요승이 나타나 불교의 이름을 빌려 국정을 농단하다가 실각당하자 주자학자인 정도전이 배불론으로 불교를 강력히 비판하던 시대에 활약한 분이 혜근나옹(惠勤懶翁)화상이다. 20세에 친구의 죽음을 보고 공덕산 묘적암 명필인 요연(了然)에게 출가 후 양주 회암사에서 개오했다. 충무왕 4년(1348)에 원나라에 가서 연경 법원사에서 인도승 지공(指空)을 참배한 후 보타낙가산의 관음을 참배, 육왕사와 무주복통산에서 여러 대덕과 문납하고 연경으로 돌아왔다. 그때 순종의 명으로 광제사에서 설법하고 법원사에서 다시 지공화상을 만난 후 귀국하여 왕의 초청으로 설법했다. 뒤에 금강산 정양암 청평사를 거쳐 회암사에 머물렀다. 19년(1380) 광명사에서 양종의 공부선을 주관하고 다음 해에 왕사가 되어 동방 제1도량인 송광사에 주석하게 됐다. 신우 2년(1376) 신륵사에서 입적, 선각(禪覺)의 시호를 받았다.

나옹이 사사한 지공(指空)은 인도 마갈다국 왕자, 8세에 출가 19세에 보명에게서 의발을 받은 서천(인도) 108대 조사이다. 그는 중국에 오면서 많은 사람을 감회시키고 비를 오게 하는 등 여러 가지 이적을 보인 선승이라 한다. 그때 고려인의 간청으로 1327년에 조선에 들어와 금강산에 머물다가 다시 연경으로 돌아갔다. 그때 나옹과 무학을 만나게 됐다.

신륵사 조사당에는 조선불교의 대포격인 3화상인 지공·나옹·무학을 모신 탱화가 있다.

공민왕의 왕사인 태고보우·나옹혜근은 임제를 찾았다. 태고는 임제 제18대 석옥청공의 법을, 나옹은 경산처림의 법을 받아 고려로 돌아와 임제의 법을 폈다. 그 법맥이 바로 조선선문의 주류를 이루게 됐다. 그러나 나옹의 법은 무학에서 함허에 이은 뒤에는 법맥이 전해지지 않아서 그간의 자세한 내용을 알 길이 없다. 반면 보우의 법통은 사자상승하여 오늘까지 잘 이어오고 있다. 그러나 초기에는 나옹파가 보우파를 능가하였다. 무학왕사의 후광설이 있으나 목은집이나 그 외 기록에도 나옹은 석가불의 후신설이 있을 만큼 각광을 받은 것 같다. 그리고 중종조까지는 조사의 위치에 있었다. 그런 나옹이 서산문중(西山門中)에서 왜 조사의 위치를 잃게 되었는지가 문제로 남아있다.

태조에서 태종의 배불, 성종의 승려사태, 연산조의 사찰철폐로 인해 대부분의 승려는 환속 아니면 죽었거나 심산유곡으로 은신하면서 함허의 법맥은 끊어지고 말았다. 반면 보우문하에서는 정심 벽송에 이어진 뒤부터는 승려의 환속이 다소 완화되어 보우의 법등이 이어져 오늘에 이르게 됐다고 한다.

설잠 김시습 (金時習)

세종에서 세조조에 걸쳐 특출한 인물로 등장한 분이 김시습이다. 그는 설잠·매월당·동봉·청한자·벽산청은 등 몇 개의 법호가 있다. 그중 설잠과 매월당으로 알려졌다. 그가 3살 때 시를 짓는 신동으로 중용·대학에 통했다. 5살 때 세종이 승정원으로 초청, 박이창의 대화에 막힘없이 대답하므로 세종이 칭찬하며 상으로 비단 50필을 주면서 스스로 가져가라고 명했는데, 서슴없이 한 자락을 입에 물고 궁궐문으로 끌고 가는 기지를 보여 모두 탄복했다. 단종 3년에 삼각산 중흥사에서 수학 중 세조가 단종을 폐위시켰다는 소식을 듣고 두문불출, 3일간 대성통곡한 후 모든 서적을 다 불태우고 그길로 머리를 깎고 설잠(雪岑)이라 했다. 그 후 9년간 운수행각을 하였고, 세조 9년에는 불경 언해 사업을 잠시 돕다가 경주 남산의 금오산방을 짓고 "금오신화"라는 우리나라 최초의 소설로 문학계에 큰 영향을 끼쳤다. 세조의 부름을 거절한 설잠은 야음을 타서 사육신의 시신을 노량진에 묻고 계룡산 동학사 삼은각 옆에 단을 모아 사육신의 원혼을 불러 제사지냈다. 성종 12년 47세 때 고기를 먹고 머리를 기르고 시를 짓고 조부의 제사를 지내며 사쇠한 후 부인을 맞이했으나 얼마 후 부인이 사망하자 다시 입산, 두타행을 철저히 했다. 성종 24년 홍산 무량사에서 입적, 유언하길 다비(화장)하지 말 것을 당부하여 절에서 빈소를 차려 3년 뒤 열어보니 안색이 살았을 때와 같았다고 한다. 모두 놀라 부처의 재생이라 찬탄하고 다비하여 부도를 세웠다. 그의 저서 중 도교에 관한 것만 요약하면 하늘에는 영(靈 : 신령)이 있으므로 여러 신이 있다고 믿고 여러 종류의 기도, 즉 초제(별들에게 제사지내는 것)를 지낸다. 도교는 나라를 위한 기도라는 명목으로 하늘과 별과 산천에 제사지내는 옛 풍속에 따랐다.

강화도 마니참성은 단군제천소라 하여 매년 천제를 올리는 곳인데 그 의식에 도교와 합쳐 우리사상에 침윤되어 소격서(昭格署)라는 관청까지 두었다. 소격서는 도교의 기도 제사일을 맡아보던 곳인데, 중종 11년에 폐지되었다가 20년 후 부활한 것을 임진왜란 후 혁파했다. 도교는 별의 형체 및 그 영험을 설하고 북방임계지령신 현천대성은 인간의 생명을 맡아 주관함으로 매년 6번 인간 세상에 내려와 머무는데 그때 정성을 다해 초제를 잘 지내면 죄를 사하고 복을 받아 부귀장수한다는 것이다. 도교는 황제와 노자를 교조로 한 중국토착 종교로 노자 사상과 잡다한 신과 방술을 위주로 장생 불사를 추구하는 사신(邪神)에게 제사 지내는 사교이다. 설잠은 그 점을 들어 크게 공격했다.

조선 초기의 사류와 승려

조선조의 건국 후 태종에 의해 시작된 척불(斥佛)정책은 세종과 세조에서 숭불(崇佛)정책의 보호를 받다가 성종에서 다시 배불정책으로 변했다. 그러나 고려시대의 숭불의 인습이 사회에 남아 있었기 때문에 사류(士流 : 선비무리)들이 승려를 대할 때 표면으로는 척불을 외치지만 내면으로는 교제가 여전한 실정이었다. 당시 불교를 좋아한 문사들은 홍유손·김수은·효령대군·권안·김시습 등이었다. 그 원인은 승려 사이에는 려조의 좋은 유풍이 남아있어 시문(詩文)에 능하며 유생들과 대화의 상대가 되었기 때문이다. 승과에 뜻이 있는 승려는 많은 공부를 하여 독경 고시에 응해야 하고 승계를 얻으려면 불경을 배워 문장에도 능해야 했다. 만일 승과에 합격하면 신분이 보장되며 사류들과 교류할 터전이 마련된다. 또 당시의 승려들 중에는 가문이 대체로 좋았다. 그리고 선비들이 어려서 공부하자면 조용한 산사가 제일이었다. 산사에서 공부하다보면 자연히 승려들과 친해지기 마련이다. 그러다가 과거에 급제하여 관직에 나가게 되면 서로 왕래하게 된다. 그렇게 되면 서로의 관계는 좋아지면서 배불 의식이 적어질 게 당연했다. 용재총화에도 국초 이래 불교를 억압했으나 그 유풍은 남아있다고 했다. 조선 초의 사류들이 어려서 산사에서 공부하면서 시문을 습득하는 풍습은 고려로 부터의 풍습으로 오랫동안 계속 이어져 왔음이 조선명류의 전기에 남아 있다. 조선은 조혼 풍습이 있었다. 대계는 신부의 나이가 신랑과 같거나 아니면 2, 3세 많았다. 그들이 일찍 성에 눈을 뜨게 되면 건강을 해칠 위험이 컸기 때문에 혼인을 치르고 바로 동거하는 것을 피하게 했다. 또한 사대부 집안에서는 과거에 응하기 위해 홀로 산사에 머물며 공부하도록 했다.

성종(成宗)

세종과 세조의 호불정책으로 침체되어 있던 유림들은 예종을 거쳐 유학을 좋아하는 성종조가 되면서 고려조 이래 정착되어 온 불교의식을 전폐하고 유교의 상제(喪制)로 바꿈으로 시회에서 불교를 격리시키는 한편, 승려 수를 줄이고 승려는 선비집 출입조차 못하게 하여 오직 아녀자나 무식한 천민만을 상대하게 했다. 성종은 세종이 만들고 세종이 파했던 집현전을 부활하여 예문관을 열어 사림의 명사를 우대하고 용산에 있던 폐사를 독서당으로 만드는 등 유교 부흥정책으로 일관했다.

태종 이후 옛 절터가 아니면 절을 짓지 못하게 하고 삭발한 자를 보면 곧 환속시켰다. 실은 불교를 사회로부터 완전히 퇴출시키는 것을 강령으로 삼았던 것이다.

연산군(燕山君)은 조선 제1의 폭군으로 알려져 있을 만치 궁중의 문란은 물론 교정(敎政)을 완전히 퇴폐시킨 폐군이다.

서울에 있는 선교양종 종무원을 성 밖으로 내보내고 3년마다 실시하던 승시도 폐지했다. 또 성균관을 봉쇄하여 유연지를 만들만치 방종황음이 극에 달했다. 허나 조모인 덕종왕비인 인수대비는 돈독한 불자였기 때문에 대비 생전에는 척불을 다소 조심한 편이었다. 하지만 승니(僧尼)의 도성출입을 금한 법령을 어기면 장(杖) 100대에 군·읍의 노비를 삼게 하고 유생이나 부녀자가 절에 가도 장 100대의 벌을 내릴 만치 가혹한 승정을 펼쳤다.

인수대비가 서거하자 성균관을 폐쇄하고 공자상을 원각사로, 뒤에는 고산암 태평관 심지어 장악원으로까지 옮겼다.

양종 승려로 하여금 삼각산 장의사로 불상을 옮기게 한 후 삼각산을 유흥장으로 만들었으며 원각사도 기생방을 만듦으로 서울에 있던 양종을 폐한 것은 연산군 10년이다. 이로써 조선불교는 명종 15년간을 제외한 종파가 없는 시대가 되어 중대한 전환기를 맞게 됐다.

그러나 연산군이 승시와 양종을 폐지한 본뜻은 억불을 하기 위해서가 아니라 윤락황음의 장소를 확장하기 위해 사찰뿐 아니라 성균관·집현전·분묘·능묘·관아 심지어 백성들의 민가까지 없애버린 것이다. 비단 불교뿐 아니라 유교와 유생 역시 그때까지 그토록 심한 학대를 받은 사실은 없었다. 그 원인을 살펴보면 즉위 초에는 국방에 힘쓰고 사항·상평창 등을 설치하여 빈민을 구제하는 한편

여지승람 간행 등의 업적도 남겼다. 그러나 세자 시절을 불행하게 보냄으로 이상 성격이 형성되어 그 같은 황음무도한 정치를 하게 됐다. 연산군 5년(1498)에는 훈구파의 계략에 빠져 사림파를 대숙청한 무오사화를, 11년(1504)에는 갑자사화 등 두 차례의 사화로 수많은 인재가 살상당했고 자신의 난행을 비방한 한글(언문)투서 때문에 한글 책을 불사르는 등 나라 전체가 어지러워 말세라는 탄식소리가 끊이지 않았다. 결국 재위 13년 만에 중종반정으로 강화도로 유배됐다가 병사하고 말았다.

중종(中宗)

연산군 폐위로 왕위에 오른 중종 역시 철저한 폐불정책을 펼쳐나갔다. 4년에는 도성의 사찰을 폐하여 관아로 만들었다. 그는 한때 유교정치를 시도하여 왕도정치를 복요한 소상소(趙光祖)를 중용했으나 급전적인 개혁에 대한 반대파의 모함으로 그를 제거함으로써 크게 일어나려던 유교정치를 무너트린 군왕이라고 비판받았다. 중종은 승려의 사회적 지위를 저하시킴으로 우수한 자가 승려가 되려하지 않기 때문에 무뢰한이나 범죄자나 건달배가 승려가 되어 파계승이나 가짜승이 나타났고 절을 본거지삼은 도적떼까지도 있었다. 중종은 궁여책으로 호패(號牌)법을 만들었다. 호패는 신분을 보장하는 신분증이지만 실은 무료상임봉사표로서 승려를 무임으로 혹사하려는 악법이었다.

이 제도는 명종 5년(1550)에 도승법이 부활함으로 자연히 없어졌다. 명종 이전의 성종·연산군·중종 등 3대에 걸친 강력한 억불정책은 수많은 승려를 사태시켰다. 그때 뜻있는 수행승들은 깊은 산속으로 피신할 만치 급박한 상황이었다. 그즈음 황악산 물한리 골짜기에서 속복차림에 머리를 기르고 숨어 지내던 벽계정심(碧溪淨心)은 벽송(碧松)에게 벽송을, 청허(淸虛)와 부휴(浮休)에게 법을 전해줌으로 비로소 고려 보조(普照)국사의 법맥이 이어지게 됐다.

명종(明宗)

오랫동안 배불정책으로 기지사경에 이르렀던 불교가 명종조에 와서 기사회생하게 됐다. 그것은 문정왕후(文定王后)라는 한 여걸 덕이었다. 그녀는 역대 왕비 중 남성을 능가할 만한 강인한 성격과 뛰어난 임기응변을 지닌 여인으로, 불교를 믿으면 큰 공덕이 있다는 믿음으로 중종 재위 때부터 내수사를 통해 은밀히 여러 절에 불공을 드리고 궁중의 내불당에도 기도 드렸다. 인종이 승하하고 12살의 아들이 왕위에 오르자 수렴청정하게 되면서 빈사상태였던 승정(僧政)을 혁신하여 연산군조에 폐했던 선교양종과 도첩제·승시 등을 부활시킴으로 명종 5년에서 20년까지의 15년간은 조선불교사의 극히 중요한 시대였다.

그 당시 생불로 칭송하는 보우(普雨)화상을 추대하여 불교 부흥에 나섰다.

먼저 봉은사에 선종, 봉선사에 교종을 두고 선시(選試)를 행할 것을 발표하자 유생들은 적극반대, 성균관 학생까지 가세했지만 왕후는 초지일관 요지부동이었다. 더구나 보우를 판선종사도대선사 봉은사주지, 수진화상을 판교종사도대사 봉선사주지로 임명했다. 그즈음 유생 이이(李珥 : 율곡)는 금강산에 입산 경전공부를 하면서 승려생활을 했다. 그 외 사대부 자제들 중에서 더러 삭발하는 자가 있었다.

세월은 유수와 같아 어언 명종 20년, 모든 권력을 좌우하던 여걸 문정왕후 역시 윤회의 굴레에서 자유롭지 못했던지 65세로 파란만장한 일생을 마치게 됐다.

학수고대하던 명종이 집권하면서 왕명으로 보우화상을 제주로 유배, 후장살당하고 말았다. 문정왕후가 불교에 남긴 업적 중 하나가 승시(僧試)의 부활이다. 그 승과에 합격하여 누란의 위기를 구한 승장 두 분이 있다. 바로 서산과 사명대사이다.

만일 문정왕후에 의해 발탁된 두 승장과 많은 승병이 아니었다면 임진왜란의 위기를 그 누가 감당해 낼 수 있었으리요 많은 무명의 승병과 불자인 한 여장부의 힘으로 오늘의 우리를 있게 한 그 공덕이 무량하다 하겠다. 물론 그것은 그 뒤를 받쳐준 윤원형이 있었기에 가능했다.

선조(宣祖)

명종조에 불교를 부흥시킨 보우화상이 순교한 후 선조의 승정은 확실한 방침을 세워 승려의 지위를 떨어트리려 했다. 선조 초의 승정의 복안을 볼 때 선조는 이퇴계·이율곡·성무계 등의 대유들을 중용했다. 왕은 불교를 밀지 않았으나 모후와 귀인 김씨는 독실한 불자였다. 7년에 황랍(밀랍)사건으로 정업원(비구니절)을 폐지한 사건이 있었다. 정업원은 고려 고종 때 시작, 조선조 태조 7년 경순공주와 세조 1년 단종왕후 송씨가 이 정업원에서 비구니가 됐다. 선조는 역대 왕 중 척불왕은 아니었으나 불교와 승려를 박해·억압하는

데 간접방법으로 유생들의 실력을 향상시켜 그들로 하여금 이단(불교)을 꼼짝하지 못하게 하려는 생각을 갖고 있었다. 그런데 선조 25년에 임진왜란이 일어나면서 당황한 나머지 승려들에게 도총섭·총섭 등의 승직을 만들어 최고의 예우를 하게 했다. 그때 서산·송운·장헌대부·회은장로 등을 배출하였다.

말하자면 임란으로 인해 서산·송운이 일어나 나라에 전공을 세움으로 사태는 일변하여 천시하고 핍박하던 승려를 국가유용기관으로 활용하여 남·북한 산성축조공사 책임자로 도총섭제가 생기게 됐다.

당시 승려들은 근왕(勤王)의 보수로 승과급제의 은전을 요구했다. 조정도 화급한 형편이라 어쩔 수가 없어 일단 윤허하게 되었지만 실은 살생을 금하는 승려들이 비록 적이라 해도 많은 살상을 하게 되므로 선과대선을 주기로 한 것이다. 그러나 사헌부에서는 선과를 받고자 하면 전에 양종선과를 본 자라도 사정에 따라 허락했다. 그 결과로 승려들은 선과에 급제한 판사의 승직·승제를 받게 됐다. 당시의 상황을 군정(軍丁 : 군인)들의 기강이 형편없이 해이해져 비변사 군정에게는 최전방을 맡길 수 없게 되어 일선을 맡을 승군을 지휘할 도총섭·부청섭을 두게 된 것이다.

또 후방에 근무할 대찰에 있는 승군(僧軍)을 통솔할 임무를 도총섭이나 부총섭이 지게 하여 훈련동원령이 내리면 즉시 수백 명을 보내는 등의 책무를 지웠다. 그 외에 선종·교종판사라는 칭호로 각 도에 2인씩 임명했다. 그러나 사헌부의 관리와 조정대신들이 그 명칭은 보우당시의 승적과 같다면서 고치기를 주장하였고 임금 역시 동조했다. 화급한 국정은 모른 채 명분만을 내세웠던 당시 유생들의 치졸함을 엿볼 수 있다. 선조는 임란 후 승려집단이 국가에 유용한 기관임을 인정하면서 선과출신에 대해 총섭이라 했다. 그러나 과거의 도첩과는 달랐다. 왜냐하면 명종 20년에 도첩법이 폐지됐기 때문에 엄밀히 따지면 위법사항인데도 조정에서 묵인했을 뿐이기 때문이다. 다만 전공에 따라 선사·대선사 등의 칭호만 받게 된 셈이다.

임진란이 끝나자 대다수 승려는 산중으로 돌아갔으나 특출한 무장을 다시 산성축조공사에 나가 총섭으로 국사에 봉사해야 했다. 그로 인해 송월응상, 벽암각성은 남한산성 축성을 위해 예전처럼 도총섭의 칭호를 준 것이다.

임란과 정유재란이 끝난 후 유공자에 대한 논공행상이 있었다. 문인은 호성공신, 문인은 선무공신으로 책봉했다. 그런데 임금을 따라다닌 호성공신은 86명인 반면 전쟁터에서 목숨을 걸고 싸운 선무공신은 겨우 18명뿐이었다. 참으로 어이없는 공신책봉이었다. 더구나 선조는 선무공신 없이 호성공신의 끄트머리에 몇 명의 무장을 붙이려 한 것을 이항복의 반대로 선무공신을 따로 책봉하게 했다. 이미 죽은 이순신·권율·이원균 등 3명을 선무공신으로 책봉했는데 원군은 당초 2등이었으나 선조가 이순신과 공이 같다고 주장하여 1등 공신으로 승급하게 하는 등 백성이 존경하는 이순신을 철저히 배제하려한 점은 임금다운 처사가 아니었다.

더구나 공신이 되면 자손에게 공신전(功臣田)을 주어 대대로 세습하게 했다. 그런데 승려의 경우, 명장이나 책임자에게는 총섭·도총섭 등의 명칭을 줄 뿐이었고 졸병이나 전사자에 대한 배려는 전무했다. 이같이 유공자인 승려들을 괄시하고 배척한 것이 조선조 500년의 유교정치의 실상이었다.

청허휴정(淸虛休靜)

휴정의 호는 청허. 자는 현응. 중종29년(1535) 진사시험에 낙방하자 지리산 숭인화상의 제자가 됐다가 21세에 명관스님의 인가를 받았다. 명종4년(1549 : 30세) 문정왕후가 부활시킨 승과에 급제하여 대선으로부터 양종판사의 봉은사 주지 등을 지냈다. 37세 때 양종판사의 승적을 사퇴하고 금강산, 묘향산(서산), 두류상 등지를 두루 행락했다. 선조 25년(1592) 임진왜란이 일어나자 선조가 의주로 뭉진길에 만나 8도16종 도총섭의 특명을 받았다. 그때 73세의 고령을 무릅쓰고 나라의 위급함을 알리는 격문(檄文)을 전국승려에게 보내어 1500여 명의 의승군(義僧軍)을 모아 그들의 총수가 되어 적을 물리쳤다. 다음 해에 서울을 수복하는 공을 세웠다.

임금과 서울로 돌아와 늙음을 핑계삼아 제자 유정(惟政)과 처영(處英)에게 군무를 위임하고 묘향산 원적암에서 여생을 마쳤다. 선조는 "국일대선사 선교도총섭 부종수교 보제등계존자"의 시호를 내렸다.

제자 천여 명 중 70명이 유명하고 그중 송운유정(사명당) · 평양언기 · 소요태능 · 정관일선 등의 4파가 종풍을 크게 떨쳤다. 그중 편양언기파가 현재까지 전해온다. 그 외에 청매 · 중관 · 허한파도 있었으나 전해지지 않는다.

휴정은 조선불교를 선종인 조계종으로 통합하고 유 · 불 · 도가 하나임을 주장, 삼교통합론인 삼가귀감을 지었다. 특히 선가귀감은 선가의 지남서로 유명하다.

그 외에 전남 해남 두류산 대흥사에는 스님의 유언에 따라 스님의 귀중한 유품이 보존되어 있다. 또 유가식의 표충사(表忠祠)가 있어 스님의 높은 덕을 기리는 추모행사를 받들고 있다.

사명유정(四溟惟政)

유정의 호는 송운·사명당 13세 때 황여헌에게서 "맹자"를 배우다가 "유도(유교)의 경전들이 세상과 더불어 어찌 구경법(究竟法)이 될 수 있으랴" 하고 황악산 직지사 신묵화상의 제자가 됐다. 18세(1562)에 선과(禪科)에 급제하니 당시의 학사대부인 사암, 이산해, 고경명 등이 대사와 문장을 논하였으므로 사림(士林)에게 널리 알려지게 됐다. 1575년(32세)에 선종 봉은사 주지로 초빙되었으나 사양하고 묘향산에 들어가 휴정(서산대사)의 법을 받았다. 그 후 금강산 등 명산을 행각하며 수행하다가 43세 때 옥천산 상등암에서 소나기에 떨어진 낙화를 보고 무상을 절실히 느꼈다. 1592년 임진왜란이 일어나자 승병을 모아 나음 해에 스승의 추천으로 승군도총섭이 되어 평양을 수복했다. 1597년 정유재란 때는 명나라 장수와 울산의 도산에서, 다음 해는 순천에서 전공을 세워 1602년에 동지중추부사가 됐다. 1604년에는 왕명으로 국서를 가지고 일본에 건너가 8개월 동안 머물며 도쿠가와 이에야스와 강화조약을 맺고 우리나라 포로 3,500여 명을 데리고 돌아왔다.

선조는 사명에게 가의대부행룡양위대호군으로 승격, 어마와 석장과 귀저포리를 하사한 뒤 "지금 국세가 이러하니 대사가 퇴속한다면 100리의 책임을 맡기고 3군을 통솔케 하리라"고 유혹했으나 사양했다. 그때 아버지에게는 가선대부한성좌윤을 추증했다. 그 뒤 1610년 해인사에서 앉아서 입적했다. 해인사에 비가 있다. 저서는

"분충서란록", "사명집"이 있다.

뒤에 제자들이 대사의 덕을 추모하여 밀양 생가 터에 사당을 지었다. 뒤에 영조는 서원(書院)의 형식에 따라 표충사의 사액을 하사하고 서산·영규대사를 함께 제사 지내게 했다. 사명당에 대한 일화는 수없이 많지만 생략한다.

광해군(光海君)

광해군은 선조가 붕어한 뒤 전란으로 황폐해진 궁궐과 관아를 수축하여 왕조의 면모를 회복하는 데 주력했다. 당시 요승 성지(性智)라는 자가 풍수설로 사대부에게 환심을 사서 궁궐을 드나들게 되어 광해군의 총애를 얻게 됐다. 광해군에게 권하여 인경궁을 세우게 하고 다음은 자수·경덕 두 궁을 지으면서 수많은 민가를 헐어버리고 8도에서 재목을 가져오게 하는 한편 8도 승려를 동원하여 궁궐을 짓게 했다. 승려의 고초는 이만저만이 아니었으나 무료봉사였다. 총책은 총섭이나 부총섭이라 하고 일반 승려는 공적을 따라 도첩을 주었다. 광해군의 서비류씨는 불교를 좋아했기 때문에 궁중에 불상을 모시고 또 여러 사찰이나 궁녀들에게로 불상을 하사했다.

인조(仁祖)

인조는 원년(1623)에 승려의 도성출입을 금하고 광해군이 세운 인경궁을 부숴버렸다. 2년에는 남한산성을 쌓았는데 8도의 승려를 동원했다. 도총섭에 송월응상과 벽암각성이었다. 남한산성 안에는 망월사등 9개의 사찰이 있었는데 성을 쌓을 승려들의 숙소로 이용하기 위해 지은 절들이다.

또 남한산성 축성시는 승직을 주고 도첩을 발행하여 신분을 공인 보장했으나 그렇다고 사회적 지위가 향상되지는 않았고 단체로서의 세력은 충분했다. 그러나 천하가 태평해져 병력을 쓸 곳이 없어지자 총섭이라는 이름도 빛 좋은 개살구 격이 되었다. 그러자 조정에서는 사고(史庫)가 있는 다섯 곳의 사찰 주지에게도 총섭이라는 칭호를 주었으나 승장이란 역할은 아무것도 없었다. 효종(孝宗)조에는 별다른 사건이 없었고 지리산 화엄사를 선종대사찰이라 했다.

현종(顯宗)

현종조가 되면서 유학이 융성해지자 임금도 배불정책을 강화하여 양민의 출가를 금하고 만일 어기는 자는 환속시키거나 저빌했다. 다음 해에는 도성 안에 있는 비구니 사원인 자수원과 인수원을 철폐하고 나이 젊은 자는 환속시키고 늙은 비구니는 성 밖 비구니 절로 내보냈다. 자수·인수 양원은 척불이 심한 몇 대 동안 명맥이 유지되었으나 현종 2년에 철폐되고 말았다.

절 안에 있던 역대 왕들의 위패를 봉은사의 예에 따라 깨끗한 땅에 묻었다. 이것은 주자(朱子)가 사찰을 헐어 서당을 만든 예와 같은 것으로 송준길의 상소에 따라 자수·인수원 터에 북학(北學)을 세웠다. 현종 4년(1663)에는 두 절을 헐은 재목으로 성균관 서쪽에 비천당, 일양재, 관팔재를 지었다. 또 과거를 볼 때 그 과제 중에 불교에 관한 문구가 있으면 무조건 낙제시키는 법을 만들었으며 유생이 승려의 비명이나 문집의 서문을 쓰는 것 역시 지탄의 대상이었다. 얼마나 가혹한 탄압인가. 또 사찰의 노비와 위토까지 환수하였다.

숙종(肅宗)

숙종은 현종에 비해 승정을 완화했다. 만년에는 궁중에 불교가 들어가 궁중과 사찰 간의 왕래가 빈번해졌다. 숙종 임술년 간에 바다에 많은 경전이 떠내려 왔고 5, 6년 뒤에는 도금불상이 제주도에 표류한 사건이 있었다. 이것은 왕이 불교를 좋아하기 때문이라 했다. 그러나 숙종 2년에는 요승 처경 사건으로 인해 성내에 니승(尼僧)의 출입을 금했다. 그러나 궁중에서의 불법신앙은 여전했다. 37년(1711)에는 북한산성 공사가 시작됐다. 승병 350명과 졸병 천여 명이 배치되었다. 성안에는 11개 사가 있었는데 승병의 숙사로 사용됐다. 승병이 주야로 성을 지켰기 때문에 군왕이나 공경대부는 편안하게 살 수 있었지만 승려들의 고통은 형언할 수 없을 정도였다. 요약하면 남북한 두 성의 수비는 윤번으로 섰는데 승려가 이를 위해 지방에서 올라오려면 가재도구를 팔아야 여비를 충당할 수 있었다. 만일 당번을 면하자면 1인당 40양이 필요했다. 당시로는 큰돈이었다. 승병의 1년 경비는 40양 내외에서 의식을 지급했다. 만일 중병이나 특별한 사유가 없으면 제대할 수 없고 평생 승병노릇을 해야 했으니 이 얼마나 무거운 형벌이었나를 짐작할 수 있다. 정조 9년에 이르러서는 가렴주구가 심해지면서 승려 수가 줄어들어 승병을 구할 수 없게 됐다. 두산성 승병 정원이 700명이고 1인당 40양이니 총 2만8천 양의 경비가 필요했는데 이를 충당할 수 없게 되자

각 도의 사찰에서 할당하여 증수하도록 했다.

당시의 암행어사는 누구나 무서워하는 존재였다. 박문수어사(御史)가 왕명을 받고 순행 길에 들리는 곳이 예천 사불산 대승사였다. 때마침 공교롭게도 젊은 수좌 몇 사람이 누각에서 장기를 두고 있는 광경을 보게 됐다.

깊은 산중에서 수도하는 스님네들이 염불이나 참선에만 전념하는 줄로만 짐작했던 어사로서는 뜻밖일 수밖에 없었다. 농부들은 바빠서 눈코 뜰 새 없는 판에 장기나 두고 있다니 무언가 잘못돼도 한참 잘못됐다고 생각한 어사는 여러 곳을 순행하고 서울로 돌아와 숙종임금에게 이 사실을 상소하면서 산중의 승려들에게 무엇인가 시킬 것을 강조했다. 그 뒤부터 각도 사찰에는 종이, 기름, 새게, 가마니 등을, 금강산 같은 산악 사찰에는 잣박산을 만들어 진상토록 했다.

엎친 데 겹친 격으로 지방관아나 토호들 사이에서는 양반입네 하고 덩달아 족보종이·미투리·심지어 개인의 잔치 음식까지 만들어 달라는 얌체족이 생겨났다. 이렇게 되다 보니 착실히 공부하던 스님들까지 부지할 수 없게 됐고 어영부영 지내던 스님들은 하산하는 사태가 벌어졌다.

이것이 현종·숙종·영조조까지의 승정의 한 단면이었다.

영조(英祖)

영조는 역대 왕 중에서 성질이 강의과감한 왕이며 유학을 숭상하고 불교를 배척했다. 23년(1747)에는 무당과 음사(淫祠 : 사신을 모셔놓은 집)를 철폐, 2년 뒤에는 승려의 도성출입을 금했다. 29년에는 세자강의부에 능엄경이 있는 것을 보고 가르치지 못하게 했다. 44년에는 각도 사찰에 있던 원당(願堂 : 왕실의 명복을 빌던 곳)을 없앴다. 그러나 전부 없앤 것은 아니었으며 이것은 배불책의 실패였다. 원당은 건국 초부터 내려온 관습이었기 때문에 아무리 억불책을 쓴다 해도 궁중의 신앙을 은밀히 그대로 실천해 왔기 때문에 불교에 많은 도움을 주게 되었다. 그 대안으로 전환한 것이 중역(무거운 부역)정책이었다. 그로 인해 최하위 벼슬아치까지 나서서 부추겼기 때문에 피해가 심했다. 현종 초부터 과역으로 삼남지방의 대찰은 피폐해질 수밖에 없었다. 그 위에 도첩제까지 다시 폐지했으므로 그들의 요구를 거절하는 길은 환속밖에 없었다. 이를 미끼로 갖은 잡역을 부과하여 승려의 사회적 지위를 최저로 낮추는 정책을 썼던 것이다. 영조 말년에는 평북까지 지역을 확대하여 지역(紙役 : 종이를 만드는 부역)을 시켰다. 이 같은 잡역을 승려에게 부과시킴으로 조선불교는 중대한 위기를 맡게 되었다. 승려의 사회적 지위를 낮춤으로 국가의 공사가 있으면 언제나 무상으로 동원할 수 있게끔 하였던 전철을 밟은 것이었다.

이때 살아남기 위해 권문세조가의 힘을 빌려 사찰 안에 원당(願堂)을 설치했다는 방(榜)을 부치는 것으로 관리의 행패를 막을 수 있었다.

정조(正祖)

선왕의 뒤를 이어 왕위에 오른 정조 역시 처음에는 배불정책을 고수했다. 원년(1777)에는 원당을 폐지하는 칙령을 내렸다. 그러나 완전히 금한 것도 아니고 그대로 남아있었다. 정조 10년 묘향상 사찰에 지역(紙役 : 종이 만드는 부역)이 과중하여 승려가 견디지 못하고 절을 비우거나 4방으로 흩어져 700여 년의 역사가 있는 명찰이 황폐해진 것을 알게 된 왕은 그곳 사정을 잘 아는 관원에게 사실여부를 확인한 결과 역시 사실이었다. 이로써 효종, 현종, 영조, 정조 초까지 배불정책이 얼마나 참혹했던가를 능히 짐작할 수 있다.

정조는 14년(1790)에 보경(寶鏡)화상에게서 "부모은중경" 설법을 듣고 감동하여, 28세의 젊은 나이로 부왕(영조)에 의해 뒤주에 갇힌 지 8일 만에 숨진 아버지 사도세자의 한 맺힌 원혼을 천도하기 위해 절을 짓기로 했다. 사도세자(장헌세자)의 묘를 양주에서 화성으로 옮겨 현릉원(뒤에 융원으로 승격)이라 하고 보경스님을 8도 도화주로 삼아 전국에서 모은 8만 냥으로 4년 만에 완공한 그 절이 바로 경기도 제1의 용주사(龍珠寺)이다. 설이 완공되던 닐 밤, 용이 여의주를 물고 승천하는 꿈을 꾼 왕이 절 이름을 용주사라 지었다. 새로 지은 용주사에 모실 불상을 조성하고 복장에 넣을 발원문도 손수 지었다. 용주사는 전국 5규정소(승려들의 생활을 감독하는 곳)의 한 곳으로 승풍을 규정했으며 8도에 도총섭을 두어 전국사찰을 통제하기도 했다. 정조가 보경당을 예우하기를 마치 고려조의 왕사와 방불케 했고 성종조의 학조대사, 명종조의 보우대사만치 군왕과 궁중에서 존경을 받은 것은 500년간에 보기 드문 걸승이었다 한다. 정조는 장헌세자(사도)의 헌릉원 옆에 용주사를 지은 것은 역대 군왕릉에 재실을 처음 지은 태조대왕 한 번으로 폐지한 것을 세조·성종 두 능에 봉은사와 봉선사를 지은 뒤에는 오직 정조뿐이었다. 그해

에 함경도 안변 석왕사에는 태조 이성계가 모신 500나한에게 기도
하면 영험이 있다는 말에 아들이 없는 정조는 왕비와 3년간 기도를
드린 후 생남한 공덕으로 전답을 하사하고 감사비를 세웠다. 그때
순천 선암사에도 기도를 드렸다. 2년 뒤인 16년에는 석왕사를 개산
한 무학과 그의 스승인 혜근과 지공 등 세화상에게 다시 시호를 내
렸다.

용주사에는 부모은중경을 새긴 비석이 있고 대웅보전 오른쪽에는
200년 전 정조가 심은 회양목 한 그루가 천연기념물로 지정되어 있
어 부모를 기리는 효성의 향기가 절 경내에 감돌고 있는 듯하다.

순조(純祖) 이후의 불교 상황

정조 이후의 승정(僧政)방침은 사찰과 승려를 보호하는 경향을 보
였으나 400여 년간의 습관 때문에 승려의 대우가 개선되기는커녕 8
천(八賤) 중의 하나로 괄시받기는 매일반이었다.

법주사·해인사·석왕사 등은 지역과 잡역이 면제됐지만 그 외
의 사찰은 관아나 양반 나부랭이에게까지 선물하던 과거의 습관대
로 그들에게 비공식으로 주는 물품이 많았다. 때문에 절 살림살이
가 말이 아니었다. 그뿐만 아니라 사찰물건은 공짜로 써도 된다고
생각하였고 심지어 일반 여행객에게 무료 숙박까지 제공해야 했던
것은 영조·정조 이후의 일이었다. 그런 분위기다 보니 양반이나
관리가 때때로 천렵이네 시회(詩會)네 하면서 관기(官妓)까지 데리고
와 주지육림의 술판을 벌이면 그들의 여흥을 돋워주기 위해 범패와
승무 등이 강제 동원되기가 일쑤였다.

사찰이란 원래 스님들의 수행처로 엄숙하고 성스러운 도량인 것이 상식인데 스님네를 8천 취급하던 그들에게는 절이란 더할 수 없이 쾌적한 놀이장이었던 것이다.

그 같은 현실을 참지 못한 수좌들은 대중처소를 떠나 깊이 외진 곳을 찾아 토굴을 만들어 은신하면서 오직 본래의 면목을 찾기 위해 정념하게 됐던 것이다.

그러니까 학덕과 수행이 철저한 승려는 승직을 싫어하게 된 것이 원인이 되어 여기에서 이판사판(理判事判)으로 나누어지게 됐다. 이판승은 청정한 수도승을 말하고 사판승은 사찰의 사무를 담당하는 승려를 말한다. 승려의 본분은 불법의 대의를 깨쳐 중생을 구제하는 것이 목적(서원)이긴 하다. 그러나 당시 양반과 관청의 횡포를 막는 데에는 사판승의 역할이 컸다. 만일 당시에 순수한 이판승만 있었더라면 어찌 되었을까를 생각해보면 이판과 사판승이 꼭 필요했다 하겠다(현재 역시 다르지 않다).

그즈음부터 승려의 수행방법은 선과 염불과 교의 등의 삼문으로 구별하게 됐다. 대찰에는 선원 강원 염불당(만일회)이 있었다. 염불문인 만일회는 금강산 건봉사에서 처음 생겼다. 순조조에 용허(龍虛)노사는 신라 원성왕(785~798) 때 발징노사의 제1차에 이어 제2회 만일회는 정확히 1만일의 염불법회를 마쳤다. 철종 때 벽오화상이 제3회의 만일회를, 고종 18년 만화화상이 제4회를 시작하여 융희 2년 9월에 회향했다. 그 공적으로 광무 5년 부종수교 전불심인 대각등계존자 수호오대산 정멸보궁 겸 팔도승풍 규정도원장의 승계승직을 받았다.

염불회가 번성하면서 속가의 거사(居士)들이 대거 증가했다. 그 이유는 선과 교에 들어가 일척안(一隻眼)의 경지에 들어가기는 어렵지만 염불문은 간단명료하며 누구나 쉽게 들어갈 수 있었기 때문이다.

그 여파로 흔히 말하길 10년 공부 나무아미타불, 노는 입에 염불하라는 말이 유행하게 됐다.

순조 원년(1801)에 천주교가 크게 증가하여 칙령으로 청나라 신부 주문모와 많은 신도가 처형당했다(신유박해). 헌종(憲宗) 5년(1839)에는 천주교는 탄압했으나 불교는 탄압하지 않았다. 철종(哲宗) 2년(1851)에 영의정 권돈인이 법주사 수리자금모금을 위해 시주첩(권선문) 400장을 보급, 5년에는 영의정 김좌근이 금강산 유점사 영산루 중수를 위해 권선문 150장을 하사했다. 고종(高宗) 2년(1865)에 경복궁 중창에 봉사할 승려에게 3년간 도성출입 금지를 해제했다. 1902년 4월 칙령으로 국내부 소속 사찰과리에 전국사찰에 관한 사무를 관장케 하고, 7월에는 36개소의 사찰령을 공포했다. 이곳은 전국사찰을 국가관리 하에 두려는 조치였다. 이때부터 승려의 도성출입이 자유롭게 됐다. 이 사찰령에 의해 법회개최, 포교활동이 공적으로 인정되고 그 외에 승려의 법계, 사원의 등급, 승려의 도첩 등이 제정됐다. 1910년 한일합방으로 일본의 식민지가 됐다.

범패(梵唄)와 승무(僧舞)

범패는 인도의 영법을 기본으로 노래 부른다는 뜻이다. 중국에서는 위왕 조조(曹操 : 155~220)의 3남 조식이 "태자서응본기경"을 모델삼아 태자송을 만든 것이라 한다. 일설에는 조식이 영산에 머물 때 하늘에서 소리가 들려오는데 아직껏 들어본 적이 없는 기이한 음악과 노래에 크게 감동하여 그 소리를 흉내 내어 만든 것이 범패의 시초라 한다. 내용은 음절이 졸곡강승, 즉 노래를 부르면 이리저리 굽어 꺾이고 올라갔다 내려갔다 짧았다 길어지면서 마치 물결이 파도치듯 한없이 길게 이어진다. 사람에 따라 각양각색의 미묘한 음색과 음성을 내면 듣는 이들이 저절로 흥이 나서 덩실덩실 어깨춤을 추게 되며 마음을 흥분시키거나 요지경 속으로 빠져들게 하는 음율이다.

범패는 불교에서 법회를 시작할 때 "여래묘색신"의 게송을 읊으며 부처님의 높고 큰 덕을 찬탄하는 노래이다. 이 범패에 의해 시방에 계신 세존의 상호가 구족하고 모든 근(根)이 열예하므로 큰 공덕을 성취한다고 했다.

우리나라는 신라 말 진감(眞監) 선사가 지리산 쌍계사에서 문을 연 것이 효시이다. 뒤에 백제 고려를 거쳐 조선조에 이르게 됐다. 그러나 백제·고려·조선조 초기에는 불가에 출가한 승려 중에는 귀족이나 명문사류(유생)가 있었기 때문에 그들의 포교대상 역시 지식계급이었다.

처음과는 달리 불교가 점차 평민층으로 파급하게 된 것은 배불정책으로 사류(유생)들에게서 배척당하면서 조선 중엽 이후에는 왕생극락을 믿는 백성과 부녀자를 상대로 알기 쉬운 염불이 유행하면서부터이다. 이때 범패 역시 성하게 됐다. 더구나 세종대왕은 "영산회상지곡"을 친히 지어 조정의 정악으로 삼았기 때문에 그 여파는 민간에게 널리 알려지게 됐다. 이 같은 사실에 비춰볼 때 우리나라의 재래음악인 아악이 범패의 영향을 받은 것은 분명한 사실이라고 하겠다.

우리나라 범패의 역사는 영조 24년 전라도 장흥가지산 보림사 대
휘화상(大輝和尙)의 범음종보와 범음족파의 1권이 있다.

그에 의하면 진감대사의 옥음금성(玉音金聲)의 범패는 백제 고려
를 거쳐 조선조에 이르렀는데, 국초에는 특출한 자가 있어 구슬픈
듯 아름답고 유연한 그 음조는 천하를 풍비할 정도였다 한다. 허나
그 스승은 알려진 바가 없다. 그의 법은 제2세 응준, 제3세 혜운, 제
4세 천휘, 제5세 인청, 제6세 상환, 제7세 설호, 제8세 운계당법민,
제9세는 혜감의 법제에 순명이 있고 순명의 제자에 유민, 유평이
있다. 혜감에 이르러 번창하면서 많은 제자들이 있었고 경상·전라
의 거찰에 특히 많았다. 끝으로 사손들은 줄을 이을 만치 끊어지지
않았다.

근래 대흥사 사문 범해각안이 지은 동사열전에 의하면 범패명사
(梵唄名師) 자행선사는 호훈화상에게 범패를 배웠고 그 입제자에 용
면 운파 등 수 10인이 있었다 한다. 또 서울근교 백련사에 만월노
승이 범패의 명인이었다 한다. 이같이 범패원류가 상전해 왔으나
명치 44년 6월 사찰령이 발표되면서 범패와 승무를 금했다.

승무는 고려조에 시작했으나 고승들은 이를 배척했다. 후일의 병
패를 예견했음이라 할까?

그러나 조선조에서는 불법이 위기에 처하면서 대다수 승려들은
궁여지책으로 어린 행자인 동자승들로 하여금 흰 사로 고깔을 접어
쓰고 나비같이 날렵한 법의에 소매가 긴 장삼자락으로 얼굴을 살짝
살짝 가리며 작은 법고나 꽹과리 장단에 맞춰 회심곡이나 백발가를
애잔한 소리로 구성지게 부르도록 하였다. 이를 듣는 사람마다 자
신도 모르는 사이에 흥이 솟구쳐 어깨춤을 추었다. 그 광경에 매혹

된 궁녀나 돈 있는 부녀자들은 저절로 시주하게 마련이었다. 이로
인해 승려들은 구차하나마 생활을 할 수 있었다.

범패나 승무의 유행은 불법의 권위를 위축시킨 면이 있는 것이
사실이지만 200여 년간이나 승려들의 필수 과목의 하나로 전승되어
왔고, 현재까지도 태고종에서 그 법맥을 이어오고 있다.

갑계와 염불계 발생

제14대 선조조까지 큰 사찰은 나라에서 하사한 사전(寺田 : 절에
딸린 땅)과 양반 귀족들이 기증한 재물이나 토지가 있어서 많은 운
수납자를 공부시킬 수 있었다. 반면에 작은 절은 죽은 사람의 49재
나 탁발, 기도불공 등의 수입으로만 살아야 했다.

그런데 임진왜란 때 모든 전답이 황폐해짐에 따라 갑계(甲契) 제
도가 생기게 됐다. 한 사잘에 쉬띠(사닌생)에서 뱀띠(巳年生), 또 말띠
에서 돼지띠까지를 한 단체로 만들어 매월 또 1년 단위로 일정한
금액을 축연하여 모은 돈이 많아지면 그 것으로 땅을 사서 절에 기
증하게 했다. 그 갑계와 같이 염불계도 만들어졌다. 이 역시 한 사
찰을 중심으로 염불하는 승려가 모여 염불회를 존속시키기 위해서
약간의 땅이나 돈을 거두어 만든 만일회의 염불결사이다.

앞에서 언급한대로 큰 절에는 선원·강원·염불당이 있었다. 그
중 염불당에서 행한 법회를 만일회라 하는데, 만 일 동안 염불을 수
행하는 것이 목적이었다. 만일회는 화주(化主)를 두어 회를 유지하기
위한 회비를 모아 토지를 독립적으로 운영하도록 했다.

경상도 오어사(吾魚寺, 혜공과 원효와의 전설로 유명하다) 염불계의 비

문에 의하면 순조 11년(1811) 오어사의 승려와 마을사람 150인이 협력하여 돈을 내는 계를 만들었다. 그리고 그 돈을 증식시켜 땅을 사고 그 수확으로 염불회를 유지케 했다 한다. 염불계는 경상도와 전라도에서 성행하였고 그 여파로 속가의 거사불자가 증가하게 됐다.

조선조의 승직 변천사

태조의 승정(僧政) 역시 고려의 제도를 따랐기 때문에 선비들의 위계나 관직과 별로 다르지 않았다. 승직(僧職)의 가장 윗자리가 국사 다음에 왕사이다.

왕사는 고려 공민왕의 왕사였던 보제 나옹선사의 적사 무학이며 국사는 천태종의 조구이다. 조구국사의 기록은 전하는 것이 없다.

그러다가 태종 5년 무학왕사가 입적하자 국사와 왕사제도를 폐지하면서 승려들의 자격도 강등시켰다. 그러나 승록사(僧錄司, 승려의 일을 맡아 보던 관아)를 그대로 두어 선교 7종을 3년마다 선승시(選僧試)를 치러 합격자에게 처음 승계대선(僧階大選)을 수여하고 각종 종류에 따라 승진시켰다.

세종 6년에는 7종을 선교양종으로 합하여 선종은 대선에서 중덕, 중덕에서 선사, 선사에서 대선사로 승진하고, 대선사는 선종본산인 흥천사, 주지는 선종판사라 하고, 특히 도대선사가 된다.

교종은 대선에서 증덕·대덕·대사로 승진하면 대사는 교종본산인 흥덕사 주지로 교종판사라 하고 특히 도대사의 최고위에 오른다. 각 사찰의 주지 자격은 중덕 이상으로 정했다. 따라서 예조 소속의 승록사가 폐지되면서 승적 역시 폐지됐다. 그러나 선교양종의 승계는 연산군 말년까지는 존속되었는데, 서울의 3대 사찰인 원각사·흥천사·흥덕사를 경기 광주 청계사로 옮긴 후 폐지했다. 그때 승려를 강제로 환속시킴으로 불법이 유린당하면서 승계도 받지 못하게 됐다.

연산군이 물러난 후 승려의 신분격인 호패(號牌)를 주었다. 호패란 도첩과 같으나 "무료상임봉사표"이다. 호패를 받은 승려는 언제나 국가징집에 응하여 무료로 국가 공사에 봉사해야 했다. 즉 호패는 승려를 착취하는 수단으로 이용되었다. 그 예로 중종 31년 한강 상류 제방공사와 충청도 개미목운하공사 등을 들 수 있다.

명종의 섭정이 된 문정왕후에 의해 선교양종을 복귀시키고 양종 승선제도도 부활했다. 이때 승계제도는 세종 때와 같았다. 그러나 문정왕후가 죽음으로 보우선사선가 몰락하면서 양종이 폐지됐다. 조선조의 건국에서부터 명종 20년까지는 승계(僧階)가 존재한 기간이었다. 이때에는 나라에서 내린 법에 따른 승계였기 때문에 일반 선비의 위계와 같이 존경의 대상이기도 했으나 선조 이후에는 승계 승직이 없어졌다. 임진왜란 때 서산, 사명과 서산문하의 처영, 뇌묵, 영규 등이 나랏일을 돕자 선조는 서산대사에게 선교 16종에도 총섭을 내려 전국 8도의 승병의 총통령을 맡았다. 서산대사는 제1세 도총섭, 제2세는 송운대사였다. 그때까지 조선남부지방은 다음날을 위해 산성 축조공사를 시작하게 됐다. 그 공사에 많은 승려가 투입되어 대중을 감독했다. 장성 입암산성에 법권대사, 남한산성에 송월·벽암 두 스님이 책임자였다. 숙종조에는 북한산성을 축조하면서 남한산성의 방법대로 성안에 있는 중흥사에 370명의 승려가 공사를 했다는 기록이 있다. 이 같은 공사는 고종의 대개혁(명치 27년, 명치는 일왕의 명칭)까지 계속됐다. 그때 남북산성을 폐했다.

　　임진왜란 후 경복궁에 있던 "조선실록"이 재해를 입었고, 전주 경기전 역시 다소의 피해를 입었다. 때문에 인조 때 봉화·무주·강화·강릉의 4개 명산으로 옮겼는데 그 수호사찰은 강릉월정사, 무주 적낭산성, 봉화 각화사, 강화 전등사 등 4개 사찰 주지에게 총섭이란 호칭을 허락했다. 또한 함남 석왕사에는 태조의 제전(사당)이 있고, 충북 법주사에는 선희궁의 원당, 금강산 유점사에는 예종대왕의 원당과 해인사에는 대장경판이 있기 때문에 언제나 조정에서는 중요사찰로 여겨 그 주지를 총섭이라 불렀다.

　　정조는 불교를 중시하는 왕이라서 처음부터 서산·사명의 공로로 양대사를 받드는 밀양 표충사(表忠祠)를 세우고 명현을 모신 서원과 같이 때에 따라 제사를 지내게 했다. 그리고 4사람의 승직을 두었다.

　　인조 이후 나라가 태평해지면서 다시 승군을 쓸 일이 없게 되자 도총섭의 직책도 이름일 뿐 유명무실해졌다. 그 후 승려들의 기강이 점점 해이해지면서 승려의 기강을 세울 기관이 필요해서 숙종 29년에 전라도 선암사에 도내 승려를 감독할 기관을 설치할 허가를 받아 좌우규정소를 두어 도내 대사찰의 학식과 덕망이 있는 고승을 추천하여 도총통을 삼았다. 그 외에 금산사 선암사 등에도 도총통을 임명했다.

　　철종 10년 대중의 반대로 5개 사찰에 있던 5개 규정소를 폐지했다.

　　고종 3년에 동대문 밖에 원흥사를 창건하여 중앙통일기관으로 도섭리 1인과 내산섭리 1인을 두었다. 내산섭리란 서울 근방 사찰을 감독하고 또 그때 전국 13도에 각 1개의 수찰을 지정하여 1인의 섭리를 두었다.

　　고종 6년에 궁내부에 사찰관리서를 두었다가 8년에 폐지, 관리서에서 발표했던 승제는 명치44년 6월에 총독부사찰령으로 바뀌었다.

대정 3년에 전국에 있는 산찰을 통솔할 30본산연합규정이 만들어졌다. 그때 승계도 새로 고쳤다. 선종에는 대선 중덕·선사·대선사, 교정에는 대선·중덕·대덕·대교사의 4계(四階)를 정했다.

승직(僧職)과 승계(僧階)의 차이점은 승직은 사찰종무소에 있는 승려의 직무의 명칭이고, 승계는 승려의 학덕에 대해서 국가나 종단에서 수여하는 법호를 말한다. 또 승계는 그 사람이 있는 사찰 또는 종무소의 직무와는 무관한 것이다.

조선 말에 이르러 높은 승직에 있는 승려일수록 학덕이 없었고 학덕 있는 승려는 오히려 승직을 피하여 깊은 산속 토굴에서 수행하기를 즐겼다. 이 점이 조선 말기의 피폐한 불교의 상황을 그대로 반영하고 있다고 하겠다.

∞ 후기

불법과 인연을 맺은 지 어언 70여 성상이나 되었다. 이 책은 길다면 긴 세월이지만 실은 찰나에 지나지 않는 그 시간 동안 틈틈이 여기저기서 귀동냥으로 또 등 너머로 익힌 것을 여러 곳에서 강의한 것과 스스로 느끼고 깨우친 것을 더해 다시 엮은 것이다.

불법이란 듣고서 믿지 않더라도 성불할 수 있는 인연을 심게 되고, 배워서 이루지 못해도 인천(人天)의 복보다 더 수승하기 때문에, 아직 불법의 핵심을 제대로 알지 못하는 많은 선남자 선여인들에게 그 씨앗을 뿌릴 터전이나마 마련코자 이 책을 썼다.

한국불교 1600년 역사를 몇 줄로 쓴다는 것은 사막에서 귀빠진 바늘 찾기만치 어려운 일이다. 하지만 소위 불교도라면 대강의 불교역사를 알아야 한다는 생각으로 어려운 작업이었지만 두서없이 이곳저곳에서 발췌하여 써보았다. 불법의 오묘한 뜻을 밝히는 데는 한 마디의 말이나 한 줄의 글이면 족한데도 수천 언이나 늘어놓은 것은 천경만론(千經萬論)이 있어도 깨달을 수 있는 곳은 오직 한 구절이며 그물코가 천만 개라도 고기가 걸리는 곳은 역시 단 한 코뿐이라는 사실을 알기 때문이었다.

붓을 놓으면서 서산·사명 이후의 근대 고승에 대한 것을 다루지 못한 점이 아쉬우며, 따라서 조선유학자 대부분이 불교를 모르면서 무턱대고 불교를 배척하는 우를 범한 점이 유감스럽다 하겠다.

이 수정증보판이 다시 세상 빛을 보게 된 것은 역락 이대현 사장 덕이며 적극 협조한 최상길 법사 및 이태곤 편집장과 편집에 애쓴 이소희 님에게 두루 감사드린다.

불기 2551년 부처님 오신 날에
여여실에서 류정훈 분향 합장

▌참고문헌

<본생담>

<리그베다>

<유교경>

<상응부경전>

<옥야경>

<욱가장자경>

<성읍경>

<인도불교사>

<선정사상사>

<이조불교>

<대승불교강좌 10권(일서)>

<기신론>

<금깅경>

<선가귀감>

<선나경>

<선비요경>

<안반수의경>

<범망경>

<도사의선화>

<육조단경>

<삼세인과경>

<대반열반경>

<율장화엄경>

<유마경>

<광명경>

<고승전>

<벽암록>

<목은집>

<용화총화>

<조선실록>

<불씨잡변>

<매월당집>

저자 류정훈

1927년 충남 서천 출생
충남 공주 능인 고등공민학교 설립
경기도 남한산 망월사 거사림 고문·법사
강원도 설악산 신흥사 불교대학 전 강사
충주 중앙 경찰학교 전경실 법사

역서 및 저서
『업』(희곡), 『석존의 호흡법』, 『원각경보안보살장』, 『목련경』,
『부모은중경』, 『삼세인과응보』, 『알기 쉽게 풀어쓴 불교입문』,
『현미경에 비친 인체의 신비』, 『붓다의 호흡법』(증보판),
『천하제일의 경전 반야심경과 대당서역기』

불교를 알면 영원히 행복하다
<불교 역사와 교리의 지침서>

인 쇄 2007년 10월 5일
발 행 2007년 10월 15일
지은이 류정훈
펴낸이 이대현
편 집 이소희·양지숙
펴낸곳 도서출판 역락
        서울 서초구 반포4동 577-25 문창빌딩 2층
        전화 3409-2058, 3409-2060 | FAX 3409-2059
        이메일 youkrack@hanmail.net
        등록 1999년 4월 19일 제303-2002-000014호
ISBN 978-89-5556-572-0 03320

정 가 16,000원

* 잘못된 책은 교환해 드립니다.